美国商业秘密诉讼案例精选与分析

第四知识产权之路

王润华 ——— 著

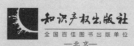

知识产权出版社

全国百佳图书出版单位

—北京—

图书在版编目（CIP）数据

美国商业秘密诉讼案例精选与分析：第四知识产权之路/王润华著. —北京：知识产权出版社，2024.3

ISBN 978 - 7 - 5130 - 9048 - 3

Ⅰ.①美… Ⅱ.①王… Ⅲ.①商业—保密法—案例—分析—美国 Ⅳ.①D971.222.94

中国国家版本馆 CIP 数据核字（2023）第 249726 号

内容提要

本书结合美国历史上商业秘密诉讼经典案例，阐述了商业秘密保护的内在价值、不构成商业秘密的易混淆信息、商业秘密的定义与识别、离职员工与原雇主的商业秘密不当挪用纠纷、商业秘密保护的新情况以及过度的商业秘密诉讼，厘清了商业秘密法律的发展进程、内涵与社会价值，为立法者、司法者、管理者和学者揭开了商业秘密保护相关问题的神秘面纱。

责任编辑：王瑞璞	责任校对：谷　洋
版式设计：王瑞璞	责任印制：刘译文

美国商业秘密诉讼案例精选与分析
——第四知识产权之路

王润华　著

出版发行：**知识产权出版社** 有限责任公司		网　　址：http://www.ipph.cn	
社　　址：北京市海淀区气象路 50 号院		邮　　编：100081	
责编电话：010 - 82000860 转 8116		责编邮箱：wangruipu@cnipr.com	
发行电话：010 - 82000860 转 8101/8102		发行传真：010 - 82000893/82005070/82000270	
印　　刷：三河市国英印务有限公司		经　　销：新华书店、各大网上书店及相关专业书店	
开　　本：720mm×1000mm　1/16		印　　张：22.5	
版　　次：2024 年 3 月第 1 版		印　　次：2024 年 3 月第 1 次印刷	
字　　数：410 千字		定　　价：128.00 元	

ISBN 978 - 7 - 5130 - 9048 - 3

作者简介

王润华 法学博士，北京科技大学副教授、硕士研究生导师，美国、中国注册律师，世界知识产权组织多元纠纷解决机制青年成员。主要研究方向为知识产权、创新政策与管理、法律与科技，擅长法经济学、实证研究方法与比较法。

2011 年毕业于北京航空航天大学，获管理科学与工程（工业工程）与法学双学士学位。2016 年毕业于美国伊利诺伊大学香槟分校法学院，获法学硕士（LL. M.）、法学博士（J. S. D.）学位，从事知识产权、税务与金融政策对中小企业创新行为影响的有关法经济学理论与实证研究。曾任美国伊利诺伊大学香槟分校法学院博士后助理研究员、美国乔治梅森大学法学院汤姆·爱迪生创新研究员、日本知识产权研究所（IIP）研究学者，其间承担多个国际研究项目，对中国、美国、日本专利及司法制度就专利价值、创新激励、政策效果等问题进行实证研究。

2018～2020 年，任美国伊利诺伊理工大学芝加哥肯特法学院实证知识产权研究员，教授知识产权导论、公司金融、法学学术写作等课程，同时，研究美国商业秘密法及著作权法、中国指导案例制度对激励创新动机的影响。

曾在 *Minnesota Law Review*、*American Business Law Journal*、*Buffalo Law Review*、*UMKC Law Review*、*Technological Forecasting and Social Change*、*Journal of Small Business Management* 等法学与管理学领域国际重要期刊发表研究成果，著有专著《第四知识产权——美国商业秘密保护》《知识产权法律保护学说概论》《人工智能法律分析》等，创办、运营公众号"IP 罗盘"，联合创办"大国知识产权论坛"。

前　言

商业秘密作为一类经济权利得到了普遍的认同，也被视为最重要的知识产权类别之一，相关诉讼案件日益增加。在这种趋势下，健全商业秘密保护体制与机制、完善商业秘密保护法律势在必行，我国商业秘密保护法律之路正在铺就。

现代商业秘密法起源于一个重叠的侵权、财产和合同网络，且常突破现代法律当事人的二元法律关系，其中，各类公共利益与不同法律及政策间的平衡越来越重要。商业秘密在立法、司法、政策管理与企业战略中表现出法理、法益、原则、规则边界的不确定性、模糊性和非刚性。

本书从美国 180 多年的裁判案例中精选出能阐释法理、法益、司法审理内涵的经典案例，也纳入了一起对美国商业秘密法发展极为重要的英国案例。这些案例揭示了商业秘密保护的神秘性、认识的模糊性、识别的复杂性，呈现出美国商业秘密法的发展趋势和内涵，更揭示出一方面要加大商业秘密保护力度，另一方面严守商业秘密边界与公共利益，实现维护商业竞争公平性以及经济、科技与劳动力市场可持续发展的政策目的。

本书由 6 章共 47 个法律问题组成，每个法律问题下配备一个案例。第一章的 9 个诉讼案例，揭示了商业秘密法律保护的内在价值，表现为财产属性、信赖关系、商业道德、多项利益平衡这四项保护范式。第二章使用 4 个诉讼案例，揭示出不构成商业秘密的几类易混淆信息，即一般知识、技巧和经验不是商业秘密，没有独立价值的客户名单不构成商业秘密，商业秘密排除公众所知，缺乏具体性和新颖性的想法不能构成商业秘密。第三章使用 14 个案例，分别阐述了在实际商业秘密诉讼审理中，《统一商业秘密法》等法律中所普遍定义的"信息、客户名单、工艺或配方、未发表的专栏内容、营销数据、工艺方法、配方、原材料信息、机器设计与规范、经验公式、操作手册、商业营销方法与计划"等信息是如何确定为商业秘密的，尤其反复展示诉讼审理中法院是如何适用侵权法规则六要素的。第四章通过 6 个案例，阐述当雇佣关系变化时，如何把握促进不受约束的竞争和保护企业免受不公平行为的影响之间的微妙平衡。美国不同州法院对商业秘密诉讼中竞业限制协议的有效性和不可避免泄露原则适用存在差异性态度。第五章使用 6 个案例，阐述商业秘密法律保护脱胎于反不正当竞争法、侵权法、合同法，类比于专利法、商标法、著作权法，随着对商业秘密侵害救济的《经济间谍法》出台，在商业秘密诉讼审理中出现了一些法律上的差异问题，而这些差异问题更值得重视，如《经济间谍法》规定法律上的不可能不能作为辩护理由。2022 年新颁布的《美国创新法》将其中相关的刑事规则结合联邦民事规则，更将商业秘密保护有关法律的实质性应用推向新高潮。第六章使用 8 个案例，揭示出商业秘密法律保护的本质是一类政策补贴，任何政策补贴都存在平衡临界点，商业秘密法律保护也不例外。通过解析，读者可以全面了解如何对过度使用商业秘密诉讼进行甄别，确保商业秘密法律内容与实施在范式的边际内，既要充分保护，又要避免过度使用、滥用，甚至是恶意使用，避免通过商业秘密这一诉由对某些群体过度救济。

在阅读本书时，读者可以先从法律问题下手，先初步了解案件的基本背景，其中包含通过庭审被确认的事实部分。在此基础上，可围绕诉讼焦点，以时间顺序了解诉讼过程，再进入核心的法院观点阐述部分。这部分通常以解决争议焦点为序，结合当事人的观点、前审法院的处理方法与观点以及对事实的重新审视，进行法律适用与政策观点输出。对于反复出现的法条，后续案件中将不再重述。而每个案件的价值，也不仅限于选定的法律问题之中，读者应深入阅读裁判观点，针对案件的整个处理方式与法律依据进行全面学习。在这个过程中，还可以学习到一些美国民事诉讼制度之中的特殊之处。最后，可以通过文末的总结部分，整体回顾并把握案件的学习重点。

本书强化和厘清了对商业秘密法律保护的认识。首先，现代商业秘密法起源涉及侵权网络、财产类比、合同原则、公共利益等，条文法无法就其保护主题、保护要素详尽列举，而案例法不断挖掘出新空间。其次，商业秘密定义的不确切性在于将其通过权衡所有公平因素来确定。商业秘密法保护涉及商业伦理、资产受损、信赖关系损害、公共利益失衡，必须将加强保护力度与限制措施有机结合。再次，商业秘密法区别于其他现代法律，是因为在实施过程中突破了诉讼双方当事人的二元结构，公共利益作为第三方的权益变得日趋重要与敏感。最后，商业秘密法本质是对于通过劳动与合法手段获得秘密持有者的一种补贴。对于鼓励与支持创新，补贴不可没有，但要有限度，防止商业秘密保护过度损害公共利益。

　　本书为立法者、司法者、管理者、学者揭开了商业秘密保护财产权利、维护商业伦理道德、平衡公共利益的神秘面纱，对自我定义边界树立不可逾越篱笆，既要严格保护，又要戒尺在握。商业秘密法律保护的根本点在于既要尊重劳动，又不可使这种尊重成为异化市场与竞争秩序治理的工具。

目　录

第一章　商业秘密保护的内在价值

　　了解商业秘密保护的实质性价值是了解商业秘密及相关法律存在与发展的根基，更是了解商业秘密法内涵的前提。本章通过9个案例，揭示了商业秘密法律保护的内在价值，表现为财产属性、信赖关系、商业道德、平衡私有利益与公共利益这四项核心范式。

第一节　商业秘密成为诉讼权利

 法律问题

　　商业秘密能否构成一项诉讼权利？转让商业秘密后，原商业秘密持有人有怎样的义务？商业秘密转让条款的约束是否足以保证这些义务的成立？

> ### 维克里诉韦尔奇案
> *Vickery v. Welch*, 36 Mass. 523（1837）

- ■ 原告：约翰·维克里（John Vickery）
- ■ 被告：乔纳斯·韦尔奇（Jonas Welch）
- ■ 法院：马萨诸塞州最高法院

 案例背景

韦尔奇经营一家巧克力工厂，将被维克里通过执行债券合同的方式收购。债券合同中有这样一项条款：除了巧克力工厂的房产与相关工业设施，韦尔奇还有义务一并转让他制作巧克力的排他性权利、工艺或秘密方法，以及交流所有关于他所说制作巧克力方式的信息和所有的必要信息，使维克里能够使用这种权利或秘密工艺。韦尔奇不会向其他任何人泄露这个秘密。

该条款的具体条件是：维克里应在 1836 年 9 月 1 日或之前提出请求，韦尔奇应向维克里转让并确保维克里在布伦特里巧克力工厂拥有某些特权和用水特权，韦尔奇独有的巧克力制作权、工艺或秘密方式，以及所有关于韦尔奇制作巧克力方式的信息，同时还包括所有可移动的家具、器具和用具，现在及以后使用这些器具的权利，并通过善意和充分的担保契据，清除所有的麻烦。维克里将先向韦尔奇支付或担保相关收购款项，即契据交付时的 2000 美元，以及债券条款中规定的 8 笔年度付款中的另外 7500 美元。

在签订该债券合同条款后，有另外三人同意加入维克里的队伍与他一起收购巧克力工厂，而且维克里和韦尔奇双方口头同意。

1836 年 9 月 1 日，维克里及其合伙人和韦尔奇在波士顿召开会议，以完成合同中规定的内容。维克里及时发给了韦尔奇一份意愿书，表示要收取 2000 美元和剩余购买钱款的担保，并要求韦尔奇提供一份符合条件的运输工具。韦尔奇随即与维克里及其合伙人，签署了一份转让磨坊、机械、工具和装置的合同，但遭到了维克里及其合伙人的反对。他们要求韦尔奇在合同中，转让自己制作巧克力的权利或工艺。

韦尔奇拒绝了。他说，他会与维克里交流制作巧克力的秘密和所知道的一切，但是他不会约束自己与除维克里及其合伙人之外的其他人交流。韦尔奇表示，他自己没有专利或其他排他性权利，而且维克里在签订合同的时候就知道这一点。

当天下午，维克里前往韦尔奇的住所，再次向韦尔奇出示了之前的提案，即 2000 美元以及他在波士顿时提出对剩余款项提供的担保。同时，维克里也告知韦尔奇，自己的合伙人将退出对巧克力工厂的收购。维克里根据债券合同条款的条件，要求韦尔奇单独向他提供一份转让书。维克里要求韦尔奇写一份书面转让书，或者可以等到第二天早上，让韦尔奇找人写一份。

但是，韦尔奇拒绝提供任何他在波士顿提供的除不动产以外的合同。这份合同里还写着："据所有人所知，有关我韦尔奇，和维克里之间签订的合同，向维克里与他的代理人和受让人转让并保证，我独有的权利、工艺或秘密的巧克力生产方式；但是，我在此澄清，除了从技能和经验中获得的东西外，我没有任何专利或其他独有的权利或工艺，并且从未宣称或声称拥有任何其他权利或工艺；**我从来没有，也不在此默认，不会将我的经验告诉他人**。"

韦尔奇表示，在律师的建议下，他不能再提供其他文件了。看起来，还有两三个人知道韦尔奇制作巧克力的秘密，但是韦尔奇已得到他们的誓言或债权，在韦尔奇还在营业中时，这些人不能泄露相关秘密。

由此，维克里将韦尔奇告上了法庭。

争议焦点

债券债务执行过程中，韦尔奇拒绝将自己制作巧克力秘密方法的排他性权利转让给受让人维克里，这一行为是否构成违约。

原告代理律师意见

合同的意思是，原告应该享有按照被告生产巧克力方式的独家利益；被告应该签订协议，将他的秘密技术转让给原告，并不泄露给任何其他人；至少他应该提供一份与债券合同中完全一致的契约书。

被告代理律师意见

基于债券合同原文的转让并没有对原告有利；被告同意向他透露一个秘密，他也愿意这样做，但被告没有规定过自己不会向其他人泄露这个秘密；这样的规定是无效的，因为涉嫌限制贸易。

法院意见

被告辩称他已履行或提议履行合同要求他履行的一切义务，而原告则否认任何此类履行或提议。

这个问题应通过确定合同的真正意图和含义来解决。很明显，双方都提到了被告排他且保密的巧克力制作工艺，并且这种工艺应该和巧克力工厂一起转让给原告。必须承认的是，这种转让在原告给予被告的财产价值或对价中占有很大比重。

被告准备向原告转让制作巧克力的秘密方法，并使原告获得对该秘密的排他性使用权利。**双方当事人必须明白，被告使用了这种专有技术，使他在巧克力生产中获得了巨大的利益**。原告将成为巧克力工厂以及相关工艺等的所有者，也是债券合同所假定的被告使用和拥有的秘密制造方式的所有者——被告要卖，原告要买。

现在审理法院无法理解的是：在这样的出售之后，为什么被告还可以合法地保留所出售财产或任何权利，被告有什么权利将向原告转让的部分转让给陌生人。 专有权或排他性权利将转让给原告。审理法院无法将这视为一种排他性权利：如果被告在这种转让之后，还允许尽可能多的人参与，以有偿或无偿的方式获得被告给予或答应给予原告同样的"专有特权"。

在房地产转让契约中以适当的同一条款授予这样的权利也同样没有任何困难。合同条款在描述不动产转让之后，加上"连同转让人的排他性权利、制作巧克力的工艺或秘密方式，以及与他所说的制作巧克力的方式有关的所有信息"，就足够了。在债权条款中，设定一项本质是对未来的担保条款（债券必然隐含的），这样才能将必要的信息都传达给原告，使其排他地使用并享有秘密工艺的权利，并应还设定一项条款，使原告从此以后都可以不受其他人的任何合法干预，排他地使用并享有秘密工艺的权利。

双方当事人没有必要在产权转让中广泛传播这个秘密，也没有必要将这个秘密公之于众。正如大家所看到的那样，这个过程会破坏权利的转移。双方当事人都知道，被告没有被授予专利权。双方当事人是为了被告的排他性秘密进行谈判的，这个秘密如果被公之于众，就不会被保密。

但是，总的来说，在条款中确保这项权利归属原告，使其可以在约定下做任何事，并向其提供全部事务所需要的信息，从而使其使用并享有相关权利，这一切并不困难。这项指示和信息应当私下给予原告，以便他能够保留这项权利，保守这项秘密，供自己使用并享有排他性权利。但被告拒绝这样做。

被告给出了这样一种解释，他出于爱或金钱，可以将秘密告诉所有其他人。审理法院认为这种解释完全不符合他对原告的义务，而且他拒绝按照保证书条件的真实意图和意义去保障原告的权利，尽管作为这种保障的先决条件，原告已经做了他必须做的所有事情。

被告辩称，这项义务因为限制了贸易而无效。但审理法院不认为这个案子符合这项原则。公众不会因为将巧克力制作工艺转移给原告而遭受到区别对待。如果制作巧克力工艺有任何价值，被告会使用并保密，那么无论这些秘密工艺是被原告使用还是被告使用，都不会对公众有任何影响。

审理法院还认为，被告在其位于布伦特里的家中，拒绝向原告转让，违反了债券合同的责任。原告与其合伙人达成的口头协议，并不影响或改变被告对原告的合同责任。因为被告拒绝向原告及其合伙人保证他们的权利，由于这种拒绝，原告放弃了收购企业。

判决结果

被告违约并放弃了债券，衡平法院管辖适当，原告可获得损害赔偿。

案例学习意义

在 19 世纪的企业生产中，除了专利专有权外，还存在一类专有的技术或信息。它除了给所有权人带来利益外，还可以转让。虽然当时还没有商业秘密的说法，但读者通过该案，可以了解到这一类信息与专利权利不同。它是秘密的，不能无条件披露或转让，但依然可以成为诉讼权利要求的对象。

该案开启了美国商业秘密作为实质诉讼权利要求的先河，是美国商业秘密保护、商业秘密权利属性的定义及商业秘密法发展的种子案。该案发生时间较早（19 世纪前叶），是美国法院审理的第一起以主张违约为名，实则请求商业秘密权利的债务诉讼案。也是第一次，美国法院通过对商业秘密转让条款的解读，对转让人的义务进行了明确。

另外，这个案件反映了在 180 年前，在美国使用知识产权质押，尤其是商业秘密质押的情况。当发生质押物不被赎回的情况时，该案体现了债权人是如何通过债券合同执行时签署有关商业秘密的转让条款，回收被质押的商业秘密的。

学习该案的意义在于通过了解商业秘密法律权利及商业秘密诉讼案件的起源，深入地领会商业秘密。

截至 2023 年 1 月，该案被美国其他案例判决文书引用 16 次，并被其他法律文件引用 99 次。

第二节 商业秘密被赋予财产属性

法律问题

针对未申请专利且依然未披露过的信息在法律上能否获得排他性使用权利？换言之，商业秘密是否具备独占的财产属性？

> ### 皮博迪诉诺福克案
> *Peabody v. Norfolk*，98 Mass. 452（1868）

■ **原告**：约瑟夫·皮博迪等（Joseph Peabody et al.）
■ **被告**：约翰·R. 诺福克等（John R. Norfolk et al.）
■ **法院**：马萨诸塞州最高法院

案例背景

该案发生在雇主的继承人与雇员及雇员的新商业合作伙伴之间。弗朗西斯·皮博迪（Francis Peabody）长年秘密从事有关机械的实验、发明和改造，成功制造并完善了一种用黄麻纤维制造麻布的机械和工艺。皮博迪知道，这样的制造从未有过。于是，皮博迪在塞勒姆市的布里奇街上建了一座大工厂，并在工厂里安装了这种机器，也在建筑物、机器、材料上投入了一大笔钱。

在皮博迪所有的实验中，以及在为工厂制造机器以及安装运行这些机器的过程中，皮博迪雇佣了机械师诺福克。在雇佣期间，支付工资用以补偿诺福克的全部时间和技能；诺福克在承诺保密的情况下，获得了有关机器和工艺的知识，这些知识都应该是被完全保密的。

在诺福克受雇期间，皮博迪与他签订了一份书面协议，日期是1865年6月24日，规定了皮博迪支付给诺福克工资是对诺福克承诺的充分考虑，包括对皮博迪的发明进行保密，以及承诺担任工程师。诺福克在为皮博迪工作期间将获取有关这些发明的机密知识，协助其进行这些发明的实验，并为工厂建造机器。该协议的具体内容如下：

"诺福克同意皮博迪关于担任其在布里奇街的黄麻厂工程师的提议，特别是负责与运转和建造发动机和锅炉有关的部分、担任制造货物所用机械的工程师，以及担任所需建筑物的建造和修理工程师"；并且"同意他不会直接或间接向任何当事人提供与机械或其任何部分有关的信息"。这些信息指的是曾用于实验，或应该用于工厂的信息。并且"将认为所有这些神圣的机器用于皮博迪或其受让人的利益，且诺福克将尽其所能阻止其他人获得任何有关这些机器的信息，从而阻止其他人能够使用这些信息"。

"皮博迪同意每年将总额 1000 美元以每月支付 83 美元 33 美分的方式作为上述服务的全额补偿，条件是只要诺福克愿意接受皮博迪的雇佣，就像他以前做的那样。并且使皮博迪或他的代理人能够继续在布里奇街或其他地方的工厂生产黄麻制品。"合同还规定，皮博迪有权提起诉讼，通过禁令获得救济。

1867 年 1 月 1 日，诺福克离职，并准备与皮博迪不认识的人筹备建立另一家用黄麻纤维制造麻布的工厂。诺福克向这些人提供了用皮博迪的机器模型制造的机器，向他们传授皮博迪的秘密制造工艺，并协助他们通过这一工艺制造麻布。诺福克从皮博迪那里获取了机器原始图纸或副本，并打算用它们来实现上述的工作。

于是，1867 年 1 月 5 日，皮博迪的遗嘱继承人对诺福克提起诉讼。起诉状的诉讼要求是要求法院颁布禁令，禁止诺福克实施任何此类活动，或向任何人通报他在上述保密工作过程中获得的任何有关上述机械和工艺的信息；并要求他归还从皮博迪那里获取的图纸或副本。

1867 年 6 月 8 日，皮博迪本人又提交了一份补充诉状，引用了起诉状和禁令的内容，并将詹姆斯·P. 库克（James P. Cook）列为被告，要求对库克发出类似于对诺福尔发出的禁令。

在这份补充诉状中，皮博迪宣称自从诺福克被颁布禁令以来，自己第一次得知，库克是与诺福克一起安排这一切的人之一。

此外，库克及其同伙知道皮博迪和诺福克之间的关系，也知道存在禁令的事实，仍然使用皮博迪的秘密工艺着手制造机器，用黄麻纤维制造麻布。

库克假装以自己的名义制造机器，基于诺福克以前或在禁令有效期间获得的信息、模型和图纸。事实上，早在他与诺福克就这个问题作出安排之前，就已经注意到皮博迪与诺福克的所有关系和对诺福克的要求。

另外，虽然诺福克假装遵守禁令，但事实上他是库克在建造这些机器时的现任同伙之一。相应地，库克对这个补充诉状提出了一般性的异议。

 争议焦点

是否可以对非合同参与方就商业秘密保护实施禁令。

 被告代理律师意见

没有任何证据显示皮博迪的技术方法秘密已经被传递给了库克，现有证据只够说明库克正在着手制造机器。

诺福克保证皮博迪的机器神圣不可侵犯的书面许诺缺少对价，因此无效。皮博迪支付的薪水是基于诺福克作为工程师的"服务"。诺福克以前就有针对这些机器的有关知识，这些知识与他的服务无关。而且原告也没有针对他曾经承诺过要保守秘密而提出指控。

如若不然，整个书面协议都会因为缺乏确定性而无效。只要诺福克对此事有控制，他就只能选择永远效忠。这样的效忠没有时间限制，除了对皮博迪有好处。

该协议会因为限制贸易而无效。按照皮博迪的说法，诺福克已经熟悉了某些有用的机械和制造工艺，除了为皮博迪或他的代理人谋利，不能使用它们，而且只能随皮博迪的意愿使用。基于过往的系列判例，法庭不会支持这样的协议。另外，长时间在皮博迪的雇佣下工作后，诺福克可能不再适合从事其他行业。但是，由于他只能在皮博迪意愿下做这份工作，公众可能不仅会失去诺福克所掌握的机械和工艺知识，还会失去其作为一名机械师拥有一般技能的价值。

但是，假设有一个人受保密协议约束而不能开展一些活动，他将基于保密协议获取这些活动的有关知识，并对这些知识进行保密。这个情况发生的根本性前提是，这样的知识必须是一个秘密。皮博迪全部有关秘密的请求都是关于发明了制造该机器的方法，没有关于如何使用或运行该机器的方法。从事物的本质上来说，在一家充斥着大规模编织麻布粗糙机器的工厂里，这样的秘密是不可能存在的。不可能说，有关这些机器的知识是个秘密，即使大量运行该机器的工人都和皮博迪签署了协议，并受约束不去泄露关于该机器的秘密。但是，诉讼请求里也没有任何有关限制使用机器、修理机器，或与负责检查官员沟通的相关知识。

进一步说，假设诺福克违反了保密协议而被起诉，从往年的判例来看，也不能说明衡平法院会通过禁令来保护皮博迪。

如果有秘密且诺福克否认秘密的存在，此时只能交给秘密是否存在或暴露的有关证据来决定了。如果法院基于那些机器是秘密的或对于皮博迪是"神圣的"而限制诺福克继续制造，那诺福克应主张自己要造的机器与那些"神圣的"机器不同。但是，皮博迪也会主张这两者机器相同。那么，司法调查就会展开，导致一些类似机器的曝光。并且，在这种曝光发生之后，再禁止使用这种对所有人来说都很普通的机器就违反公共政策了。

在这次诉讼中，为了保护这样一个秘密而采取的方法，是违反专利法有关政策的。起诉状中的指控与可专利化的机器和工艺有关。皮博迪作出了一项获得专利的发明，如果他选择将其永远保密，并试图将公众永远排除在其使用之外，从此前的判例来看，法院是不会"努力"保护这一秘密的，"约束的确在授权专利想要保护的范围上最大程度地保护专利所有人，因为专利权人是公共权利的受益人，有义务在专利到期时向公众透露他的秘密"。

皮博迪对库克没有任何权益要求。他们之间没有合同相对性。库克没有参与诺福克和皮博迪的协议。在诺福克向库克透露的任何所谓信息中，都没有违反信赖原则。这顶多只是违约，因为直到诺福克获得那些"神圣的"知识，他都不同意泄露这个秘密。

最后，不管皮博迪本人在这个起诉状上有什么权利，他的遗嘱执行人都没有。有关制造方法的秘密不是可以通过遗嘱或继承而流转的财产。如果真到了皮博迪去世时，他还没泄露这个秘密，诺福克仍然是其唯一的保管人；这时，阻止诺福克泄露这个秘密是违反公共政策的，因为如果他不这么做，这个秘密将是全世界的损失。但如果皮博迪死前泄露了这个秘密，那就不再是秘密了。如果他这样做了，是在什么条件下对谁这样做的？利益相关方是谁？他有没有向这些原告吐露过，如果有的话，他有没有限制他们不得再向任何人透露此事？

🔲 法院意见

为了公众的利益，鼓励和保护发明和商业企业是法律的政策。**如果一个人创办了一家企业，并通过其个人技能和影响力使企业变得有价值，那么法律应承认该企业的商誉为财产。**

如果他采用并公开使用一个商标，他可以基于普通法或衡平法向未经他许可使用该商标的人索要补偿。

如果他对任何机器或物质的组合进行了新的和有用的发明，可以向有关公共

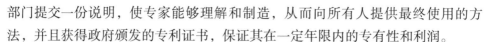

部门提交一份说明，使专家能够理解和制造，从而向所有人提供最终使用的方法，并且获得政府颁发的专利证书，保证其在一定年限内的专有性和利润。

如果他发明或发现了一种制造方法，并对此保密，不论该制造方法是否符合专利主题的要求，他就不拥有针对公众的专利专有权，也不拥有针对善意获得知识者的专有权，但他拥有其中的财产，法院将保护这些财产不被授予违反合同和违反信赖利益的人使用，或向第三者披露的侵害。 当损害无法弥补，法律补救措施不足时，权威机构有权通过强制令进行干预，以防止这种违反信托的行为。

在最早报道的这一类案件中，如果声明专利制造药丸的技术和方法是秘密的，法庭不能在没有披露的情况下确定它们是否被侵权了。在后来的一个案例中，法庭毫不犹豫地针对那些根据协议条款不被告知秘密的人，以及那些通过违反借贷合同而获得秘密的人发布了一项禁令。

在另一项上诉法院审理的莫里森诉穆特（*Morison v. Moat*，本章第八节）案中，法官的意见是：本案中争论的原则，实际上是不容争议的原则。**毫无疑问，在贸易中拥有秘密的一方根据明示或默示的合同雇用人员，或根据明示或默示的合同义务雇用人员，这些人不能得到秘密知识之后再用于对抗其雇主。**

美国最高法院大法官约瑟夫·斯多利（Joseph Story）用最宽泛的术语阐述了这一原则，即："衡平法院将限制一方披露在保密工作过程中向他传达的秘密。在这种情况下，这些秘密是商业秘密还是财产秘密，或者对他的利益重要的任何其他秘密，都无关紧要。"秘密工艺是一项合法的财产对象，这一点已经是确定的了。对它排他权转让的债券合约并不适用于限制交易的义务，但可通过法律强制执行，并要求不得将秘密泄露给任何其他人。

有关皮博迪和诺福克之间的合同意思，在诺福克方面，是按照要求，在皮博迪的黄麻厂担任工程师，特别是在机器的建造和运行方面，不直接或间接向任何第三方提供有关机器任何部分的信息，而是"将所有这些机器都视为神圣的，只能用于皮博迪或其受让人的利益，并尽其所能防止其他人获得任何有关这些机器的信息并进行使用"。

在皮博迪方面，向诺福克支付年薪"作为对上述服务的全额补偿"意味着诺福克应向皮博迪提供其所能接受的服务，从而皮博迪或他的受让人可以继续经营黄麻制品的生意。"上述服务"明确包括，不仅承诺担任工程师，而且承诺不泄露秘密，并尽力保守秘密。

这里，薪水是与诺福克全部协议的合法并充分的对价。原告没有要求作为工程师的诺福克对具体履行的承诺。因此，没有必要考虑这一承诺是否在时间上设限，或者可以随意确定，又或者能够具体地执行。

无论诺福克服务义务的限度或效果如何，他受合同约束。在他实际服务期间，绝不得泄露所获得的秘密。协议的这一部分可以公平地具体执行，即便其他部分也许不能。

起诉书中声称，这项发明与制造方法一直是被保密的，而且是皮博迪的财产，对他很有价值，并在存在信赖义务的情况下转交给了诺福克。在考虑库克的异议中，这项指控一定是被采纳为真实的。

虽然这个方法是在一个大工厂里实施的，但是工人们可能不懂或者不被托付这个秘密，或者可能已经获得了这个秘密的知识。经营或制造的秘密不会因为泄露给代理人或服务人员而失去其特性，没有他们的协助，这个秘密就不会有任何价值。

即使如支持库克在异议中的所述（即第五条被告代理律师意见中），有关程序须由其他政府官员检查，机器所有者并不因此而少了保障，免遭受违反合约及违背保密规定而答应披露或从中获益的人的侵害。

在司法调查过程中泄露秘密的危险，使衡平法院没有合理的理由拒绝对不法行为者采取任何补救措施。补充诉状声称，且库克在异议中也承认，在得知皮博迪和诺福克之间的关系后，已作出安排，由诺福克把秘密告诉他，并与他一起为了共同利益而使用这个秘密。根据这样的事实，库克并不比诺福克更有资格获得禁令豁免。

判决结果

驳回库克的异议。遗嘱的执行人继承了皮博迪的权利，并在诉状的指控中指出，有权获得其所要求的救济，即禁令。

案例学习意义

该案具体化并概括了对一类秘密信息的约定和管理，是美国第一个形成的具有凝聚力的商业秘密法律声明。该案中，法院承认，商业秘密具有广泛的财产权益。这使得商业秘密所有权人能够从取得或披露一项反垄断条约的当事人处保障权益。

撰写法院判决意见的格雷法官是美国第一个具象提炼出法律应予商业秘密保护相关原则的法官。格雷法官提炼出，法律承认商业秘密是财产，保护这种秘密免受侵害、员工不能使用获得的秘密知识对抗雇主的基本原则，开启了商业秘密保护的一种范式，即法律保护具有财产属性的商业秘密。这种范式对 19 世纪下半叶及 20 世纪初美国商业秘密保护的司法判例起到重大标示作用。直至今天，这种范式仍然是商业秘密法律保护的一种基本模式。

该案承认了商业秘密法在物权法、合同法和侵权法中的基础，并将其与这三项法律区别开来，形成了独特的法律领域，这也是商业秘密法的雏形。一个人有关制造方法的发明或发现，无论该发明或发现是否适合申请专利，只要处于保密状态，就等于获得了法院保护财产的权利，可以对抗他人违反合同或违背信任使用或向第三者披露。

截至 2023 年 3 月，该案被美国案例判决文书引用 105 次，被其他法律文件引用 172 次。

第三节　政府为征用商业秘密数据予以补偿

法律问题

实验数据和财务信息可构成商业秘密，商业秘密是企业的"财产"。当这些"财产"被政府征用，继而用于公共利益或其他用途时，企业能否得到公正的补偿？法律依据是商业秘密法，还是其他法律？

鲁克尔斯豪斯诉孟山都案
Ruckelshaus v. Monsanto Co.，467 U. S. 986（1984）

■ **原告/上诉人**：威廉·D. 鲁克尔斯豪斯（William D. Ruckelshaus，时任美国国家环境保护局局长）
■ **被告/被上诉人**：孟山都公司（Monsanto Co.）
■ **法院**：美国最高法院

案例背景

该案发生在美国国家环境保护局（The Environmental Protection Agency，EPA，以下简称"环保局"）与一家企业之间，法律依据是 1978 年修正的《联邦杀虫剂、杀真菌剂和杀鼠剂法》（*The Federal Insecticide*，*Fungicide*，*and Rodenticide Act*，FIFRA）有关数据审议（data - consideration）与披露的相关规定。

FIFRA 授权环保局使用申请人提交的关于被覆盖产品（以下简称"农药"）注册的数据来评估后续申请人的应用，并公开披露所提交的部分数据。根据 FIFRA 第 3 条有关数据审议的条文，申请人被授权排他性使用 1978 年 9 月 30 日后注册的除害剂所含新活性成分的数据。

有关 1969 年 12 月 31 日后提交的所有其他数据，如果申请人表示愿意补偿首次提交人，则可在首次提交 15 年后对这些数据进行引用和审议，用以支持另一项应用。当事人对赔偿金额不能达成一致的，可以提起有约束力的仲裁程序；若首次提交人拒绝参加协商或者仲裁的，视为其放弃赔偿请求。不符合 10 年专有使用期或 15 年补偿期的数据，可由环保局处理。

但 FIFRA 对数据的管理不限于此。FIFRA 第 10 条批准对公众公开所有健康、安全和环境数据，即使这可能导致泄露商业秘密。

孟山都公司（以下简称"孟山都"）是多种化学产品的发明者、开发者和生产者，其中包括杀虫剂。孟山都总部设在密苏里州圣路易斯市，其产品在美国国内外市场都有销售。它所属的行业是发明和开发新杀虫剂活性成分，并对这些活性成分进行大范围研究和测试的行业。这些活性成分有时被称为"生产用产品"，因为它们一般不直接销售给除害剂的使用者。相反，它们必须首先与"惰性成分"结合在一起，这些惰性成分可以溶解、稀释或稳定活性成分。这个过程的产物有时被称为"终端用产品"，而生产终端用产品的公司则被称为"配方师"。生产活性成分的公司可以将其用于自己的终端用产品，也可以将其出售给配方师，或者两者兼而有之。孟山都生产活性成分和终端用产品。

孟山都通过提起诉讼来保护这些健康、安全和环境数据。孟山都向联邦初审法院——密苏里东部地区法院提起诉讼，要求针对 FIFRA 第 3（c）（1）（d）条和第 10 条及相关第 3（c）（2）（a）条的数据审议条款实施强制性和宣告性的救济。

原告意见

孟山都声称，FIFRA 的数据审议和数据披露条款违反了美国宪法第五修正案，在没有公正补偿的情况下"征用"了财产。并且，该征用是为私人目的而不是为公共目的。

争议焦点

授权政府部门对数据进行审议或披露的法律是否违反美国宪法第五修正案。

初审法院意见

孟山都和任何其他农药注册申请人一样，必须提交支持其申请的研究和测试数据。初审法院发现，孟山都所寻求保护的大部分数据包含或涉及侵权法中的商业秘密、经营信息。孟山都在开发其根据 FIFRA 提交的健康、安全和环境数据时花费了超过 2360 万美元的费用。与申请一起提交的信息通常对孟山都有价值，而不仅仅是获得该特定申请的手段。孟山都利用这些信息开发更多的最终用途产品，并扩大其注册产品的用途。这些信息对孟山都的竞争对手也很有价值。因此，孟山都采取了严格的安全措施，以确保数据的保密性。

初审法院还发现，开发一种潜在的商业杀虫剂方案通常需要在几年内每年花费 500 万 ~1500 万美元，开发过程可能持续 14 ~22 年，而且通常需要很长时间，才能获得投资回报。平均而言，每家公司最终销售的每一种生产用杀虫剂，平均需要对另外 2 万种杀虫剂进行筛选和测试。孟山都的成功率明显高于平均水平，它在每 1 万种测试化学品中就能成功销售一种。

初审法院认为，被质疑的数据审议条款"让孟山都的竞争对手免费搭乘孟山都的顺风车"。理由是，第 3（c）（1）（d）条侵犯了孟山都的基本权利，也就是排他性权利，会对它产生巨大影响。

初审法院进一步认定，孟山都的财产被挪用于私人目的，这种干涉比挪用可能造成的公共利益损失严重得多。执行 FIFRA 的披露条款构成了对孟山都财产的征用。孟山都的财产"永久性地属于了公有领域，因此实际上被毁坏"。所产生的费用大大超过了一般公众因有能力查看数据而获得的任何利益，因一般公众好像可以从环保局决定注册产品和批准标签而获得所需的关于农药安全性和有效性的所有保证。

经审判，初审法院认为，孟山都在其提交的数据中拥有财产权，具体包括防止他人未经授权使用这些数据并禁止披露这些数据，从而排除他人使用这些数据的权利。

综上，初审法院判决，1978 年修正的 FIFRA 第 3（c）（1）（d）条、第 3（c）（2）（a）条、第 10（b）和 10（d）条违宪，并永久禁止环保局实施或执行这些条款。

环保局提起上诉。

🔲 美国最高法院意见

农药登记申请人提起诉讼，要求对《联邦杀虫剂、杀真菌剂和杀鼠剂法》的数据审议和公开规定的操作实行禁令和宣告性救济，声称受到质疑的规定违反了宪法第五修正案，在没有公正赔偿的情况下"征用"了财产。

一、确定审理思路

由此，美国最高法院审理该案面临四项问题：（1）孟山都在提交给环保局的健康、安全和环境数据中，是否存在受宪法第五修正案条款保护的财产权益。（2）如果有，环保局用来评估他人的申请或向符合资格的公众披露这些数据的使用对这些财产权益是否产生征用的效果。（3）如果符合征用条件，这些数据是否供公众使用。（4）如果征用以用于公共用途，相关法条能否充分提供公平补偿。

二、回顾 FIFRA 立法过程

在过去的一个世纪里，使用杀虫剂来控制杂草，减少由昆虫、疾病和动物引起的作物损害，对美国农业来说变得越来越重要。虽然使用杀虫剂提高了生产力，但也增加了对人类和环境造成伤害的风险。美国联邦政府对杀虫剂的使用已经有近 75 年的历史，FIFRA 在 1947 年首次被采用。

FIFRA 首次实施时是调整许可和标签的。它要求所有的杀虫剂在跨州或跨国商业销售之前必须向农业部注册。1947 年版的 FIFRA 也载有一般标准，列明注册除害剂正确标签所需的资料种类，包括使用说明，防止对人、动物和植物造成伤害的警告，以及有关产品功效的声明。在美国农业部部长的要求下，申请人须提交测试数据以证明标签上的声明，包括除害剂的配方。另外，明确禁止披露"任何与产品配方有关的信息"，但对随申请一起提交的任何健康和安全数据的披露保持沉默。

1970 年，美国农业部的 FIFRA 职责被移交给当时新成立的环保局。即该案的上诉人。

由于公众越来越关注除害剂的安全及其对环境的影响，以及越来越多的人认为现行法律不足以保障公众利益，美国国会 1972 年通过了 FIFRA 修正案，对 FIFRA 进行了全面修订。1972 年修正案将 FIFRA 从标签法转变为全面的监管法规。美国国会还增加了一项新的注册标准，即由环保局确定被审批的杀虫剂不会对环境造成"不合理的不利影响"。

就该诉讼而言，1972 年修正案中最重要的一项涉及农药注册程序，以及公开披露通过该程序获得的信息。国会在 FIFRA 中增加了一项新条款——第 10（a）条，管理向公众公开的用来支持申请注册所提交的数据。根据该条款，数据提交人可以指定其所提交材料的任何部分为"商业秘密或商业或财务信息"。第 10（b）条禁止环保局公开披露其认为包含或与"商业秘密或商业或财务信息"有关的信息。第 10（c）条规定，如果环保局不同意提交人将某些信息指定为

"商业秘密或商业或财务信息"，并提议披露这些信息，首次提交人可以在联邦初审法院提起宣告性判决诉讼。

1972年修正案还包括一项规定，允许环保局审议申请者提交的数据，以支持另一项与类似化学品有关的申请，前提是后续申请人对最初提交数据的申请人进行补偿。实际上，该条款制订了一项强制性数据许可计划。赔偿金额将由双方协商，或者，如果协商失败，将由环保局决定，并在首次数据提交人的请求下接受司法审查。

然而，1972年修正案的数据审议条款范围是有限的，因为根据第10条，除非首次提交人同意，否则环保局根本不能对被指定为"商业秘密或商业或财务信息"的任何数据进行审议以支持另一项产品注册申请。1972年修正案没有规定将提交的数据指定为"商业秘密或商业或财务信息"的标准。此外，美国国会未能为数据审议和披露计划指定生效日期。

1975年，国会修订了第3（c）（1）（d）条，规定数据审议和数据披露条款仅适用于1970年1月1日当天或之后提交的数据，但未回答有关商业秘密等定义问题。

基于FIFRA的数据审议和数据披露规定，许多诉讼围绕"商业秘密或商业或财务信息"的定义展开。环保局坚持认为，免于审议或披露情形只适用于一小部分信息，主要是配方和生产工艺的声明。

然而，在一系列的诉讼中，提交数据的企业质疑环保局的解释，并胜诉。一些判决书的大意是，"商业秘密"一词适用于任何数据，包括健康、安全和环境数据，符合《侵权法（重述）》对商业秘密的定义。这些司法判决使环保局无法披露其决定注册农药所依据的大部分数据，也无法在审查后续申请时审议之前申请者提交的数据。因为1972年修订的FIFRA中包含的管理方案存在诸多问题，美国国会在1978年颁布FIFRA修正案，由1978年《联邦杀虫剂法》实施生效。新修正案对FIFRA包括第3条和第10条等在内的数据审议和数据披露条款进行了一系列修订。

根据FIFRA第3条，申请人可以在10年内独家使用1978年9月30日之后注册农药中含有的新活性成分数据。在1969年12月31日之后提交的所有其他数据，如果其他申请人提出补偿首次提交人，可在首次提交后15年内被引用和审议以支持其申请。根据第3（c）（1）（d）（iii）条，不符合10年独家使用期或15年赔偿期的数据可以不受局限地被环保局审议。

同样在1978年，美国国会增加了一项新条款——第10（d）条。其中规定，尽管第10（b）条中禁止披露商业秘密，但该法规定向合格的申请者披露所有健康、安全和环境数据。然而，第10（d）条并不授权披露可能会披露"制造或质量控制工艺"的信息，或故意添加惰性成分的某些细节，除非"管理者已首先确定披露是必要的，以防止对健康或环境造成不合理的伤害"。

第10（g）条规定，环保局不得向外国或跨国农药公司的代表披露数据，除非数据的首次提交人同意。

第10（f）条规定了对政府雇员或承包商不当披露机密或商业秘密数据的刑事处罚。

三、法律问题讨论

（1）是否存在受宪法第五修正案保护的财产权益？

法院此前从未讨论过将宪法第五修正案适用于该案这种销售数据。在现在回应这个问题时，通过过往的普通判例，有一项基本的思想共识："财产权利益不是被宪法创造而来的。它们是被源自现存的各种法律或州法的一些认识创造出来且定义着。"

孟山都认为它向环保局所提交的健康、安全与环境数据是在密苏里州法律下的财产。这种财产是被《侵权法（重述）》所定义的商业秘密。《侵权法（重述）》第757条将商业秘密定义为：商业中使用的任何公式、模式、设备或信息汇编，使拥有者有机会获得超过那些不了解或使用过它的竞争对手的优势。该案双方都认同，孟山都根据FIFRA向环保局提交的信息、科研与测试数据都符合《侵权法（重述）》中所定义商业秘密的标准。

虽然法院此前并未直接讨论过商业秘密这种无形的财产利益是否被美国宪法第五修正案的征用条款所保护，但这种无形财产权利是受州法所保护的。因此，法院也认为美国宪法第五修正案的征用条款本身也隐喻着保护该财产权益。

总之，法院认为，孟山都在其健康、安全与环境数据中所被视为商业秘密的、受密苏里州法保护的财产权也受美国宪法第五修正案中的征用条款所保护。

（2）FIFRA是否违宪？

在1972年修正案之前，FIFRA或者其他任何法律也没授权环保局泄露从孟山都处获取来的数据。但是，州商业秘密法不能成为数据提交者的信赖保证。并且，在缺乏表述承诺的情况下，孟山都不应有合理的投资支撑性期望（invest-ment－backed expectation，"财产权"在涉政府干预情形下的一种表达），即环保局会对其掌握的数据保密。在长期受公众关注政府重点监管的行业中，联邦政府很有可能出于公共利益而披露有关杀虫剂的健康、安全与环境信息。因此，在

1972 年 10 月 22 日之前，为注册而提交申请中的数据，州商业秘密法并不能成为环保局应将数据进行保密的有力理由。

但 FIFRA 可能对于 1972 年 10 月 22 日之后、1978 年 9 月 30 日之前向环保局提交的数据有影响。根据当时生效的 FIFRA 制度，提交者有机会在提交时指明提交的是商业秘密，从而使它们被保护而免被披露。环保局也只能使用那些提交的非商业秘密数据，用来审议其他申请人的申请。同时，环保局也要求后续申请人向首次提交人进行"合理补偿"。但 FIFRA 有关法条同样也规定，若申请人与环保局都将数据认定为商业秘密，环保局禁止向公众公开该数据，或用于审议其他申请。

因此，在 1972 年修正案与 1978 年修正案适用期间，联邦政府明示向孟山都等注册申请人保证了排他性的保密使用与排他性使用。这项明示的政府保证从而构成了一项合理的投资支撑性期望。

环保局希望审理法院将它的行为不视为征用孟山都关于商业秘密的财产权益，而是一种对孟山都可能形成商业秘密财产权益的抢先占有。但在法院看来，这正是美国宪法第五修正案征用条款有意要防止的一种情况。

判决结果

没有发现 FIFRA 法条本身违宪的情况。鉴于农药注册申请人有关其健康、安全和环境数据的利益在密苏里州法律下作为商业秘密财产权予以认可，该财产权受到美国宪法第五修正案条款的保护。

环保局对申请人在 1972 年《联邦杀虫剂、杀真菌剂和杀鼠剂法》修正案之前或者在该法 1978 年修正案生效日之后提交的数据审议或者披露，不构成征用行为。如果申请人在 1972 年 10 月 22 日至 1978 年 9 月 30 日期间向环保局提交数据，则环保局对其健康、安全和环境数据的审议或披露也将构成征用行为。无论征用是否被用作公共用途，应予以孟山都适当的补偿。一旦采取征用措施，应当对农药注册申请人可能由于实施《联邦杀虫剂、杀真菌剂和杀鼠剂法》的数据审议和数据披露条款而遭受的损失予以补救。

案例学习意义

绿色经济与数字经济正在成为新的经济主流。为了保护公共利益，行政法规实施了越来越多的数据监管，要求数据企业进行数据申报用以审查、监督、管理和公开。但相对于数据审议与数据披露要求，保护数据隐私也同样是保护公共利

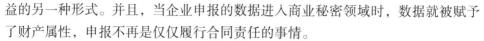

益的另一种形式。并且，当企业申报的数据进入商业秘密领域时，数据就被赋予了财产属性，申报不再是仅仅履行合同责任的事情。

因此，在不同公共利益面前，一方面要求数据披露和审议，另一方面应保护数据隐私，两者需要适当平衡。当数据进入商业秘密领域时，公共利益与私有利益也需要平衡。这种平衡的把握是动态的，动态的幅度与时机就是政策。该案很好地阐释了商业秘密本质是一种政策补贴。

面对数据背后的各种危机，如何开展各类利益平衡？美国法律明确规定为了公共利益，实施监管申报，对涉及公共利益但具有财产属性的商业秘密征用予以补偿。但该案并没有将分析重点落在政府征用商业秘密的用途是否属于公共利益上，而是落在了政府的行为基础和行为性质上。

商业秘密法本身并不够用来保护被政府征用的数据。被政府征用的数据是否受商业秘密法的保护还是要回归到法律基本权利以及授权政府征用相关信息的法律规定中来，继而确定其是否是商业秘密法的保护客体。整体的思维是，美国在其宪法指导下，避免政府对于商业秘密这类财产权的无偿侵占。

在数字经济快速发展环境下，数据可作为商业秘密受到保护，其中关联的公共利益与数据拥有者的个体利益平衡越来越重要，选入该案的意义就在于此。

截至 2023 年 1 月，该案被美国法院的后续判决文书引用 1432 次，被其他法律文件引用 3343 次。

第四节 商业秘密保护信赖关系

 法律问题

当无法确认是否存在具有财产属性的可被排他性使用的秘密时，是否存在其他方式对被主张的对象进行保护？信赖关系是否是法律保护商业秘密的主题？

杜邦诉马斯兰德案
E. I. du Pont de Nemours Powder Co. v. Masland，244 U. S. 100（1917）

■ **原告/被上诉人（再审申请人）**：E. I. 杜邦穆尔粉末公司（E. I. Du Pont de Nemours Powder）、杜邦法布里科德公司（Du Pont Fabrikoid），两者以下简称为"杜邦公司"

■ **被告/上诉人（再审被申请人）**：沃尔特·E. 马斯兰德等（Walter E. Masland et al.）

■ **法院**：美国最高法院

案例背景

该案发生在前雇主与前雇员之间。在该案发生前10年来，马斯兰德一直是杜邦公司所雇佣的化学家。该公司实验站的运转是基于调查、发明和探索的目的，其中一些发明和探索受授权专利的保护，另一些则作为商业秘密受到保护。

马斯兰德的任职条件是，他能够接触到所有的秘密工艺，但不得向他人透露经营秘密，也不得由他本人或其他雇员以任何方式使用。

1914年6月，马斯兰德离开了杜邦公司，并打算开始制造人造皮革，在其中可能会使用到杜邦公司的秘密工艺、仪器、制造物品和物质组合。

杜邦公司向宾夕法尼亚州东区地方法院提交了一份诉状，请求初步禁令，约束马斯兰德这种存在威胁的使用或泄密行为。

争议焦点

能否对尚未定性的商业秘密开展司法救济。

诉讼过程

杜邦公司的诉状旨在防止马斯兰德使用或披露其在杜邦公司受雇期间知悉的秘密工艺。在此前的诉讼阶段中，马斯兰德向法院提交答复书，其中承认了诉状中的许多内容，包括他存在制造人造皮革的意图。关于制造人造皮革，确有部分工艺提及原告诉讼提及的秘密工艺，但否认自己打算使用原告的任何发明、商业秘密或秘密工艺等。他坚称从未同意与杜邦公司建立关于人造皮革制造方面的任何信赖关系，并宣称自己打算使用人造皮革制造商中常见的制造工艺："从事这项工作时，我打算使用一些基本的原材料，据我所知，这些原材料没有被（杜邦公司）使用过，也从未被使用过，但在某种程度上被竞争公司用于某些地方。"

马斯兰德坚称，所有人造皮革制造商对这些材料普遍了解，并重申，自己不打算使用或泄露在受雇于杜邦公司期间获得的任何信赖关系中的任何知识。还宣称，杜邦公司声称的许多工艺和配方作为其自身的秘密是业内人所共知的。马斯兰德要求拒绝初步禁令。但在最终庭审前，马斯兰德提议聘请一名或多名专家，并根据辩护准备的需要向他们披露信息。

因此，初审法院发布了初步禁令，禁止在取证期间向专家或证人披露原告提及的任何工艺，但律师除外。如果出现马斯兰德在必要时咨询专家证人或出现其他情况时，允许撤销已作出的禁令。美国联邦第三巡回上诉法院推翻了这一判决。于是，杜邦公司提出再审。

美国联邦第三巡回上诉法院意见

在该案中出现了一种不寻常的情况，这个问题源于以下事实条件：提出该诉状是为了阻止被告披露据称是原告的商业秘密，被告在受雇于原告期间就知道了这些秘密，并且原告秘密地告知了被告。

杜邦公司声称其具有专有财产权的秘密工艺，有权在等待权利证明期间，不因秘密工艺披露而遭受损失。相应地，马斯兰德有权适当查明和确定杜邦公司的权利范围，使自己的经营活动不受阻碍。

由此产生的结果是，该案应尽早安排进行审判，同时，产生了一个是否给予杜邦公司财产保护的强制令以保护其秘密工艺不被泄露的问题。初审法院曾裁决拒绝原告对被告初步禁令的申请，原因包括被告在当时没有充分的意愿进行任何泄露行为。如果原告需要保护，它可以再重新申请。

于是，一个困境出现了。被告坚持认为，有些所谓的秘密工艺根本不是这样的，而是业务中任何一方都有自由使用权的方法。两方辩词的真实性可以适用专家知识和证言来衡量。因此，被告告知原告及法院，希望行使其主张的聘请专家的权利，并与他们讨论有争议案件的特点。正如所预料的那样，这令原告感到震惊，于是重新提出了初步禁令或保护令的申请。原告所处的困境不容忽视。

虽然杜邦公司提供了两次证词，但并没有反映庭审过程的记录报告摆在上诉法院面前，该法院不知道其具体内容。显然，在这个过程中，杜邦公司还在积极诉讼，其中不乏已经泄露了一些它自己声称是商业秘密的方法。

于是，美国联邦第三巡回上诉法院认为，法院禁止和强制要求这种审判的所有参与者保密的权力是有效的，但不可避免地要冒一些风险；庭审就是庭审，法院就是法院，只有在遵守规范这类调查基本规则的情况下才能进行听证。因此，该上诉法院不可避免得出结论：有关命令不适当地限制了被告人行使其申述的权利；就目前而言，他很难让专家出庭作证，且实际上，他无法传唤除自己以外的任何人。该上诉法院解除了限制被告马斯兰德"直接或间接地透露本案中的任何和所有被原告称为财产的工艺等"的禁令。

🗽 美国最高法院意见

该案被认为是财产权和充分辩护权之间的冲突，处理这个问题的方式有些不同。**适用于商标和商业秘密的"财产"一词使法律对诚信作出一些基本要求，而这一主要事实会造成未经分析的表达这一次要后果。**无论原告是否拥有有价值的秘密，被告都知道自己接受了特殊保密义务这个事实，无论事实是什么。

财产权利可以被拒绝，但保密义务不能被拒绝。

因此，**该案的出发点不是财产或正当法律程序，而是被告与原告存在信赖关系。当这些信赖关系已经被恶意所取代时，首先要确保的是，被告不得欺诈性地滥用他所享有的信任。**这是信赖关系中的常见情形。如果被告知道原告的秘密，并对这一事实有任何不利之处，他必须承担起责任。

原告所要求的禁令仅禁止披露其声称的工艺，包括在取证过程中向专家或证人披露，但被告律师除外。一些更宽泛、模棱两可的措辞似乎被不当地纳入裁决中，可能会被删掉，放在一边。

这项禁令不会阻止被告提出问题，这些问题应能揭示任何与所指控的秘密最接近的公开事实。也的确难以看出它为何没使原告的权利显得不切实际。到目前为止，还没有非常明确的理由可以进一步推进。但审理案件的法官将知道这些秘密。如果在这位法官的意见或自由裁量权下，认为有必要听取他人意见，引入其他人，他可以这样做。能理解的是，如果初审法官认为有必要或应该有必要向他人披露秘密，则法官将自行决定是否、向谁以及在何种预防措施下披露秘密。

 判决结果

撤销美国联邦第三巡回上诉法院对被告有利的判决。因为原告所主张的商业秘密的信赖义务对被告准备抗辩时向专家披露有关事实至关重要。

向美国联邦第三巡回上诉法院提交调卷令，要求该法院重新审查对宾夕法尼亚州东区地方法院判决的一项判决，在该诉讼中禁止被告使用或披露商业秘密，不得向取证过程中出现的专家或证人披露此类秘密。

初审法院有自由裁量权，判定对谁及对哪些信息采取怎样的防护手段，以保护相关信息不被泄露。

发回重审，按照上述意见进行进一步审理。

案例学习意义

商业秘密保护原则由一系列相关普通法下侵权行为的治理原则演变而来，包括违背信赖关系，普通法意义下的挪用、不正当竞争、不当得利和侵入或未经授权侵害他人财产，也包括从合同法和普通法等一系列的法律规则中演变出规范雇佣关系的法则。

在 19 世纪，法院将商业秘密视为财产权利，但今天目前尚不清楚该术语的准确含义。到了 20 世纪初，这一法律范式得到了发展。据法律规定，盗用商业秘密被视为侵权行为当事人之间的信赖关系遭到破坏或当事人的不当行为。

该案例对于深刻理解商业秘密的侵权行为具有重要意义。在该案中，美国最高法院大法官霍姆斯裁判时所遵循的法理是不论秘密是否具有财产属性，如果有秘密也不需要整个审理过程的相关人员都知道，法律应该保护为这种秘密存在的信赖关系不遭到破坏。该案中，大法官霍姆斯创造了 20 世纪初商业秘密保护从商业秘密赋予财产属性的保护范式转移到保护信赖关系的范式。财产权利可以被拒绝，但信赖关系不能被拒绝。这一范式至今仍然在商业秘密保护中扮演着重要角色。

截至 2023 年 1 月，该案例被美国案例判决文书引用 212 次，被其他法律文件引用 264 次。

第五节　商业秘密保护商业道德

法律问题

当同时存在商业秘密法与专利法，两套体系在适用上是否存在矛盾？它们所保护的公共利益有哪些区别？

科隆石油公司诉比克朗公司案

Kewanee v. Bicron, 416 U. S. 470（1974）

■ **原告/上诉人、被上诉人**：科隆石油公司（Kewanee Oil Company，以下简称"科隆"）

■ **被告/上诉人、被上诉人**：比克朗公司等（Bicron Corporation et al.）

■ **法院**：美国最高法院

案例背景

该案发生在两家存在竞争关系的企业之间，一家企业的前员工离职后加入了另一家企业，于是前一企业状告后一企业以及离职的员工。

哈肖化学公司（Harshaw Chemical Co.，以下简称"哈肖公司"）是科隆的一个非法人部门，是检测电离辐射的合成晶体的领先制造商。

1949 年，哈肖公司开始研究这种晶体的生长情况，并有能力生产出直径不到两英寸的晶体。最终，它首次成功研制出一种 17 英寸的晶体，这种晶体在电离辐射探测中很有用。这是以前从没人做过的事。哈肖公司在原材料的提纯、晶体的生长和封装方面开发了许多工艺、程序和制造技术，从而完成这一壮举，并认为其中一些工艺是商业秘密。

比克朗公司成立于 1969 年 8 月，在晶体的生产方面与哈肖公司存在竞争关系。到 1970 年 4 月，它已经研制出了一块 17 英寸的晶体。

被告之一是哈肖公司的前雇员，在哈肖公司工作时签署了不披露作为雇员获得的商业秘密的协议。直至后来，被告加入了与哈肖公司在生产晶体方面存在竞争关系的比克朗公司。

哈肖公司在俄亥俄州北区地区法院提起了这一多样性诉讼，寻求禁令救济，禁止前员工披露或使用其主张的商业秘密，并要求被告对盗窃商业秘密的行为进行赔偿。

争议焦点

适用专利法还是商业秘密法及如何适用这些法律来对该案展开裁判。

诉讼过程

初审法院（即俄亥俄州北区地区法院）适用俄亥俄州商业秘密法，批准了一项永久禁令，禁止被告披露或使用 40 个原告主张的商业秘密之中的 20 个，直到商业秘密公开，或以其他方式普遍可供公众获取，或被告从有权传递信息的合法来源获得。美国联邦第六巡回上诉法院推翻了初审法院的判决，并发回重审。诉讼双方都提起了上诉。

美国联邦第六巡回上诉法院意见

初审法院的事实调查结果没什么明显的错误。而且从诉讼记录中可以明显看出，个别被告为了比克朗公司利益利用了在哈肖公司任职期间获得的有关工艺的秘密信息。初审法院恰当地适用了俄亥俄州有关商业秘密的法律。

然而，俄亥俄州的商业秘密法与美国专利法相冲突，前者相对后者没有优先权。第一，国家不禁止保护可能构成商业秘密标的的知识产权；各州可以进行监管，唯一的限制是，专利和著作权领域的监管不得与该领域联邦法律的运作相冲突。第二，取消商业秘密保护不会导致更多地向公众披露非专利主题领域的探索，公众也不会从披露此类探索中受益。第三，鼓励发明的联邦专利政策不会因存在另一种形式的发明激励而受到干扰，例如商业秘密保护。在这方面，这两种制度并不冲突。第四，一旦进入公共领域，重要的专利政策也不一定与商业秘密保护的存在不相容。第五，无论涉及可专利主题问题的商业秘密是否属于①明显不受专利保护，②可以受专利保护或③明显可受专利保护的类别，商业秘密法与披露专利政策之间也不存在任何冲突。

至于第一类，专利替代方案不可用，商业秘密法将鼓励发明并促使创新者继续发现和利用其发明，并允许他人使用秘密工艺。至于第二类，最终专利无效的风险和成本可能会促使发明人不寻求专利保护，而不管是否存在商业秘密法，鼓励某些可能获得专利保护的发明人取消对专利申请的商业秘密保护，可能会对社会和专利政策产生有害影响。至于第三类，与专利法相比，商业秘密法提供的保护较弱，因此不存在阻止专利申请的合理风险。

由于商业秘密法不存在与联邦专利政策冲突的实际可能性，对明确可申请专利的发明采取部分优先权的做法是不合适的，而且可能会给各州的商业秘密法管理带来不必要的负担。因此，专利法优先于州商业秘密法。

美国最高法院意见

美国最高法院同意审理该案是为了解决上诉法院中存在冲突的一个问题，即联邦专利法是否优先于州商业秘密法保护。

在该案中，美国联邦第六巡回上诉法院认为联邦层面的专利法存在优先权。但是，美国联邦第二、第四、第五和第九巡回上诉法院得出了相反的结论。

一、法律优先权问题

美国联邦第六巡回上诉法院认为，俄亥俄州的商业秘密法与专利法相冲突。因为俄亥俄州不能对符合美国专利法主题范围的工艺和制造技术给予垄断性保护。这些工艺和制造技术已经被用于商业用途一年多，因此不再符合专利法的新颖性规定。

对此，美国最高法院认为，专利法对俄亥俄州的商业秘密法没有优先权，因此，最高法院对上诉法院意见予以撤销。

二、商业秘密法内容

俄亥俄州采用的是《侵权法（重述）》第 757 条的评述中广受信赖的商业秘密定义。

从过往判例得知，商业秘密的客体必须是秘密的，不得为公众所知，也不能是行业或企业的一般知识。当商业秘密的持有者"秘密地"向另一方透露该商业秘密时，若这种泄露是在保密情况并有默示义务不泄露的情况下进行的并且满足构成商业秘密的必要要件，秘密则不受影响。另一方可能包括持有者的雇员，因为为了将商业秘密用于预期用途，有必要向其透露信息。通常，商业秘密客体机密信息的接收者是其持有者的被许可人。

给予商业秘密持有者的保护是防止根据不披露或不使用的明示或默示限制条件向相对人披露，而相对人未经授权使用商业秘密。**法律还保护商业秘密的持有者对抗其知识被泄露或使用的情形。这种泄露或使用不是出于所有者的意愿，而是通过某些"不正当手段"发生的。**

在专利法意义上，新颖性不是商业秘密所必需的。很明显，探索不是发明。如果仅仅因为不具备新颖性的事物通常为人所知，就需要某种新颖性；在商业秘密方面，保密性至少意味着最低限度的新颖性。

三、重新审视问题难点——类比其他知识产权州法

美国最高法院处理的第一个问题是，是否禁止各州在保护可能构成商业秘密主题的各类知识产权方面采取任何行动。

各州在保护发明的知识产权方面，与保护著作权、商标的有关知识产权方面一样，可能持有不同的观点。对各州唯一限制是，在规范专利和著作权领域时，它们与国会通过这一领域的法律的运作并不冲突，而美国最高法院现在要讨论的问题更困难。

四、解决问题——州制定的商业秘密法与联邦制定的专利法是否冲突

俄亥俄州的商业秘密法在美国宪法第6条的最高条款（Supremacy Clause）下是否无效的问题，涉及该法律是否"阻碍了国会的全部宗旨和目标的实现和执行"。

当州法涉及根据宪法授权颁布的联邦法规领域时，"熟悉的理论是，联邦政策不得被置为零，或其利益被州法否定。当然，这一点属实，即使州法是在行使不容置疑的州权力时颁布的"。

在该案中，美国联邦第六巡回上诉法院认为与俄亥俄州商业秘密法相冲突的法律，是美国国会通过的专利法，无可争议地行使美国国会的明确权力。专利法没有明确认可或禁止商业秘密法的实施。

然而，正如已经指出的，如果俄亥俄州制定的保护商业秘密法案，与联邦专利法的目标相冲突，那么州商业秘密法就必须废除。为了确定俄亥俄州的法律是否与联邦法律"冲突"，检查专利和商业秘密法律的目标是有帮助的。

美国宪法赋予美国国会在知识产权领域立法的权力，其明确目标是"促进科学和实用作品的进步"。专利法通过在有限的时间内提供排除权来鼓励发明者冒着花费大量时间、研究和开发成本的风险来促进这种进步。通过将新产品和制造工艺引入经济，以及通过增加就业和改善公民生活的方式产生的影响，将促进生产性努力对社会产生的积极影响。专利法对发明人规定了披露要求以

作"发明奖励"这项排他性权利的交换。**维护商业道德标准和鼓励发明是商业秘密法背后的广泛政策。诚信和诚实、公平交易的必要性，正是商业世界的生命和精神。**

第六巡回上诉法院曾在其判例中强调，即使一项探索不可能被申请为专利，但这并不会"破坏探索者的探索价值，或者利用不正当手段获得所需知识的竞争者，或者作为背信弃义的受益者，而不必为探索者花费的劳力、金钱或机器付出代价"。宾夕法尼亚州最高法院指出了商业秘密保护的重要性，即通过分散对创造性发展的责任，补贴研发以及提高大公司的经济效率。

正如前面提到的，商业秘密法保护的是那些根据美国专利法第101条，不适合作为专利保护对象的主题。当然，鼓励发明的专利政策不会因为存在另一种形式的发明激励而受到干扰。在这方面，两个系统没有冲突，也永远不会发生冲突。同样，曾经属于公共领域的政策必须保留在公共领域，这与商业秘密保护的存在并不矛盾。根据定义，商业秘密并没有被公开。

美国联邦第六巡回上诉法院认为，在确定发明人是否会因为存在商业秘密法而不申请专利，从而剥夺了公众了解发明的权利时，区分三类商业秘密是有用的：①商业秘密所有人认为构成可申请专利且获得有效专利发明的；②商业秘密所有人知道不可申请为专利的；③对于是否可以申请有效的专利存疑。每一类的商业秘密保护都将针对违反信任原则的员工和被许可人盗窃与其他形式的工业间谍行为。即使将商业秘密保护扩展到所有者知道不符合可专利性的主题范围，也不会与专利要求披露这一项公共政策相冲突，这将对社会产生决定性的有利影响。

商业秘密法将鼓励专利法未涉及领域的发明，并将促使独立创新者继续探索和利用其发明。鼓励竞争，不会剥夺公众对有价值发明的使用权，即使这些发明不都可以申请专利。商业秘密的持有者不可能与制造商分享秘密，因为制造商不能承担支付许可费或保护秘密的法律义务。相反，如果授权他人使用自己的发明，并最有效地利用行业内现有的制造和销售结构，商业秘密持有者就会倾向于要么限制自己对该发明的使用，从而剥夺公众使用该发明的最大利益，要么从事耗费时间和造成经济浪费的行为，即建立重复的制造和销售机制以利用该发明。如果由于联邦专利法优先而导致对雇员或许可证持有者的商业秘密保护被废除，那么将会发生不利分配资源和经济浪费的局面。

专利法中没有任何条款要求各州不采取行动阻止经济间谍。除了增加防止盗窃、窃听、贿赂和其他盗用商业秘密手段的成本，当一家公司从另一家公司偷窃

时，社会基本礼仪不可避免地要遭受侵害。隐私权，这一项最基本的人权，在经济间谍得到宽恕或获利时受到威胁。因此，国家剥夺这些企业非法获得的利益是不容置疑的。

商业秘密保护将有助于发明者更高效地利用其发明成果，而不会与专利法发生冲突。最好永远不要无效率地申请或授权专利。如果商业秘密法被废除，更多本来存疑的专利可能会被授权。逻辑在于，在商业秘密法缺失的时候，可能在专利法的鼓励下，发明人的发明"谷糠"掺半。"糠"是指被专利局扔出来、无法获得专利保护的发明。它们原本可以在商业秘密的保护下被社会所用。专利局可能也把一些"糠"保留下来了。

美国最高法院已经意识到美国专利商标局和法院在确定可专利化问题上存在不同的标准。无效专利对于某些创意的免费试用构成威胁。与其再将专利无效，不如从未将那些专利授权。那些或有或无的发明可能对社会和专利政策产生有害的影响。不能说这种影响会被某些发明人鼓励可疑的发明所产生的投机性收益所抵消。因此，商业秘密法与专利法的披露政策并不存在冲突。

商业秘密法不禁止通过公平和诚实的方式发现商业秘密，例如独立创造或反向工程。专利法构建"对抗世界"的权利，禁止他人在相当长的时间内未获授权将发明用于任何目的。商业秘密的持有者也承担着很大的风险，即该秘密将以不易被发现或证明的方式，通过盗窃或违反保密关系，传递给竞争对手。

即使存在一个发明人，在专利法和商业秘密法都不禁止的情况下，将自己的探索完全保密，他的发明也很可能很快就会被独立开发出来。如果这项发明虽然仍是商业秘密，但被公开使用，则竞争将使这位发明家不仅面临来自私营产业的压力，还面临来自大学和其他公共支持的学习和研究中心工作的熟练科学家的压力。

审理法院的结论是，将商业秘密保护扩展到明确可申请专利的发明，并不与专利披露政策相冲突。也许是因为商业秘密法在明确可申请专利的发明领域没有产生任何积极影响，而与商业秘密保护在可专利性存疑和明确不可申请专利的发明领域产生的有益影响相反。

有人建议，部分优先权可能是适当的，法院应拒绝将商业秘密保护应用于商业秘密持有者本应获得专利，并因此而被披露的发明。然而，由于商业秘密法不存在与联邦政策相冲突的实际可能性，联邦政策倾向于披露明确可申请专利的发明，因此部分优先权是不合适的。此外，部分优先权很可能会给州法院在商业秘密法的管理方面造成严重问题。作为商业秘密诉讼的一个初步事项，州法院将有义务区分理性发明人会和不会正确地认为明确可申请专利的内容。商业秘密的持有者认为发明不可申请专利，而商业秘密的侵权者则认为其不具有新颖性、实用性和非显而易见性。联邦法院在确定一项被限定在专利申请程序且固定于已获得专利的发明的特定表述的专利是否可以获得专利方面有很大的困难。

尽管在某些情况下，州法院必须与联邦法院一起判断一项已授权的专利是否有效，但对一项在行政程序中、尚未获得专利并且仍然完全不受专家分析限制的发现，进行可专利性判断，这一事实上和在理性发明人考虑下的问题，是将几乎不可能的义务强加给州法院，是不可取的。因此，州商业秘密法的完全优先权和部分优先权都是不正当的。

商业秘密法和专利法在美国共存了 100 多年。每个体系都有自己独特的角色要扮演，一个体系的运转并不会减少对另一个体系的需要。**商业秘密法鼓励发展和利用那些比专利法规定的保护范围更小或不同的发明项目**，但那些项目仍然在国家的科技进步中发挥重要作用。商业秘密法促进知识的共享和工业的有效运作，使得个人发明者通过与足够大的公司签订合同来发展和开发商业秘密，从而获得他的劳动报酬。专利法并不优先于商业秘密法的结论与最高法院以往的判例是一致的。

判决结果

俄亥俄州商业秘密法不优先于联邦专利法。撤销美国联邦第六巡回上诉法院的判决，发回案件，并指示恢复地区法院的判决。

案例学习意义

商业秘密与专利法的保护范围与标准并不一致，但这并不造成商业秘密法与专利法的冲突。在审理商业秘密案件中，新颖性不是商业秘密所必需的，但保密性至少意味着最低限度的新颖性。

维护商业道德标准和鼓励发明是商业秘密法背后的广泛政策。诚信和诚实、公平交易的必要性，正是商业世界的生命和精神。如果不实施商业秘密保护，就会牺牲更大的社会成本。

该案对商业秘密与专利法是否冲突，是否有优先权问题进行了多轮审判，美国最高法院通过审理该案明确了商业秘密法与专利法不存在相互冲突的矛盾，商业秘密保护商业道德。

　　美国最高法院首席大法官伯格清晰阐述了州商业秘密法不会被联邦专利法优先而取代，确立了鼓励创新与商业道德是商业秘密法的基本原则。

　　通过学习该案可以深刻理解商业秘密法律存在的意义与商业秘密保护的根本法理。截至 2022 年 6 月，该案被美国案例判决文书引用 749 次，被其他法律文件引用 3013 次。

第六节　商业秘密适度保护与过度保护的张力与平衡

法律问题

通过法院强制令实施商业秘密保护的过程是对市场竞争进行调整的过程。这个过程中，如何调整商业秘密所有人和被告之间的法律权利与义务？

具体来说，商业秘密所有人可以通过哪些诉讼手段来获得有效救济？为实现这些救济，需要满足哪些基本的程序性要求？换言之，实现这些救济的过程中，被告有哪些基本权利必须得到保障？

> ### 美国罐头公司诉伊什瓦尔·曼苏卡尼案
> *Am. Can Co. v. Mansukhani*, 742F. 2d 314（1984）

■ **原告／被上诉人**：美国罐头公司（American Can Co.）
■ **被告／上诉人**：伊什瓦尔·曼苏卡尼等（Ishwar Mansukhani et al.）
■ **法院**：美国联邦第七巡回上诉法院

案例背景

该案发生在前雇主与前雇员及其创立的企业之间。美国罐头公司，开发、制造和销售商用喷射油墨。商用喷射油墨能在不直接接触的情况下喷射到印刷表面上，因此可用于在精细表面或不适合接触印刷的其他表面上印刷。例如，该案涉及的一些商用喷墨墨水用于在铝制啤酒罐上打印日期代码，或在塑料防冻罐上打印日期代码。曼苏卡尼是一名经验丰富的油墨化学家，他的妻子露丝·布兰德（Ruth Brand）也是一名物理化学家，尽管她在1980年底和丈夫开始经营之前没有油墨方面的经验。

美国罐头公司与曼苏卡尼的关系可以追溯到1976年8月。当时，美国罐头公司有一家全资子公司——M&T 化学公司（M&T Chemicals Inc.，以下简称"M&T 化学"），从事商业喷墨业务。M&T 化学聘请曼苏卡尼担任化学家。当时，曼苏卡尼有油墨化学方面的经验，但没有喷墨墨水方面的经验。于是，曼苏卡尼与 M&T 化学签署了一份协议，承诺不使用其商业机密，并在雇佣关系结束时返还所有文件。

入职后，曼苏卡尼开始开发商业喷墨墨水，并发明了许多墨水。在接下来的几年里，曼苏卡尼继续在同一个实验室工作，但他的雇主身份发生了几次变化。1977 年 8 月，美国罐头公司将 M&T 化学出售给 Axco 工业公司（Axco Industries, Inc.，简称"Axco 工业"）；1979 年 8 月，Axco 工业将 M&T 化学出售给惠特克公司（Whittaker Corporation）；1980 年 10 月，惠特克公司又将与喷墨打印业务有关的资产和权利出售给美国罐头公司。

当美国罐头公司接管该业务时，要求曼苏卡尼继续工作，但后者拒绝了这一提议。相反，他和妻子在 1980 年 12 月开始了自己的商业喷墨业务，并以远低于美国罐头公司的价格向其几个客户销售商业喷墨墨水。

于是，1981 年 10 月 23 日，美国罐头公司提交首次诉状，指控曼苏卡尼盗用其商业机密，进行不公平竞争。

争议焦点

是否可以且如何对尚未定性的侵犯商业秘密行为开展司法救济。

诉讼过程

1982 年 3 月的一次审判后，进行初审的地区法院发现，曼苏卡尼在离职时携带了专利申请、墨水配方和其他文件的副本，违反了保密协议。还发现，曼苏卡尼联系了惠特克公司的几位前客户，并以更低的价格出售喷墨墨水。曼苏卡尼获得了配制适合这些客户特定需求的油墨所需的信息，曼苏卡尼销售的油墨与他帮助为原告开发的"400 系列"油墨完全相同。

根据威斯康星州商业秘密法，该法院认定 400 系列油墨的配方是商业秘密，曼苏卡尼和其他两位被告，即他的妻子和其企业，盗用了这些秘密。

该法院于 1982 年 6 月 18 日发出永久禁令，永久禁止被告出售其被雇佣期间开发的商业喷墨墨水。被告要求法院作出解释，该禁令是否涵盖"在原告的前身雇佣期间，曼苏卡尼为特定客户开发的任何商业喷墨配方"。

被告针对地区法院的永久禁令提出上诉，上诉法院维持原判。

1983 年 7 月 20 日，美国罐头公司向地区法院提交缺席审判申请文书，表示被告出售油墨 SK - 2914 和 SK - 2916，违反了永久禁令。美国罐头公司请求缺席临时禁令（temporary restraining order），并指出被告违反禁令、出售墨水是藐视法庭。但法院认为其阐述不充分。五天后，美国罐头公司向法官提交了第二次缺席审判动议，并附上了补充案情摘要。在该动议中，它寻求一项缺席临时禁令：①禁止被告向自己的任何客户销售任何类型的喷墨墨水；②允许自己的雇员（在美国执法官陪同下）进入被告的场所，以扣押墨水样品和各种文件。7月 25 日，地区法院就原告申请临时禁令的动议举行了缺席听证会。7 月 26 日，地区法院签署了缺席命令，禁止被告向美国罐头公司的任何在曼苏卡尼受雇于该公司或其前身服务过的客户出售任何类型的喷墨墨水，包括被告的 SK - 2914 和 SK - 2916 喷墨墨水。

该命令有效期为 10 天。地区法院还命令美国执法官陪同原告美国罐头公司的雇员前往被告的工厂，并没收由原告雇员识别出的墨水样本和文件。临时禁令不允许原告保留扣押的样品和文件，而是指示执法官保存好材料，等待法院的进一步命令。此外，该命令将原告初步禁令请求的听证会日期定为 8 月 5 日。法院发布缺席命令后，原告的雇员和美国执法官前往被告的工厂，向被告送达临时禁令，并根据该命令采集样本。

同样在当天，原告通知其所有商业喷墨客户，被告受临时禁令的约束。当天晚些时候，被告提出动议，要求地区法院取消或修改临时禁令。7 月 27 日，地区法院就该动议举行了听证会，但不允许被告提供与缺席命令所依据的宣誓书相矛盾的证词。地区法院驳回了被告撤销禁令的动议，并于 7 月 28 日驳回了被告在上诉期间的紧急中止申请。1983 年 8 月 4 日，即初步禁令听证会的前一天，原告和被告的重要客户安海斯 - 布施放弃被告的墨水而使用原告的墨水，用于其圣路易斯罐头厂。

1983 年 8 月 5 日，地区法院就原告的初步禁令请求举行了听证会。在听证会结束时，地区法院得出结论，应发布初步禁令，并指示双方律师针对禁令制定适当的措辞。

在律师无法或不愿就措辞达成一致后，地区法院于 1983 年 8 月 16 日发布了一项备忘录命令，补充了之前的永久禁令。该命令永久禁止被告将在原告前身的雇佣期间开发的商业喷墨墨水出售给专门为其开发这些墨水的公司或个人，或出售给任何其他公司或个人。被告禁止销售的油墨包括但不限于编号为 R - 453、P - 473 和 BK - 493 的油墨。1983 年 8 月 16 日的法院命令中，被告还被初步禁止出售编号为 SK - 2914 和 SK - 2916 的墨水。

被告上诉。初步禁令对被告的业务产生了严重且可能无法弥补的后果，并且只有通过立即上诉才能有效质疑禁令。

被告（即上诉人）代理律师意见

临时禁令缺席发布不当，初步禁令无效。

美国联邦第七巡回上诉法院意见

一、问题的重新审视与概述

这是对地区法院初步禁令的上诉，该禁令禁止被告采取可能构成盗用原告商业秘密的行为。上诉提出了几个重要的程序问题，涉及在商业秘密案件中使用缺席临时禁令，还涉及商业秘密案件中禁令救济的范围和必要的精确性。

该案的核心是法院在制定命令以防止被告利用他人的商业秘密进行不公平竞争，同时仍允许被告利用公共信息与自己的工艺和经验进行公平竞争时面临的问题。

二、临时禁令

上诉人以若干理由质疑地区法院临时禁令的有效性，但他们所有的论点都围绕着该命令是缺席发布的这一事实。他们在此次上诉中值得注意的论点是，临时禁令不应缺席发布，而且该命令未能遵守《联邦民事诉讼规则》第65（b）条，且表面上存在缺陷。

1. 临时禁令的有效性

上诉法院必须首先考虑有关临时禁令有效性的任何问题是没有实际意义的，因为该命令已被初步禁令所取代。

美国罐头公司辩称，由于临时禁令已不再有效，该命令不会产生进一步影响。然而，众所周知，禁令保证金（injunction bond）的存在可能会阻止过期命令的有效性变得毫无意义，美国罐头公司引用的案例不涉及禁令保证金。如果获得禁令的一方交纳保证金，以保护被禁止方免受错误禁令造成的损害。当被禁止方有很大的可能性寻求根据保证金进行赔偿时，则禁令的有效性就没有争议。一项过期禁令的有效性可以继续影响当事人，如果被责令的当事人寻求因禁令而造成损害的保证金的话。

如果上诉人索要美国罐头公司的禁令保证金作为赔偿的可能性很小，那么这些保证金的存在就毫无意义，并不能阻止他们之间的争议。然而，在该案中，上诉法院需要猜测被告寻求获得保证金的可能性。在口头辩论中，原告告知上诉法院，被告已经根据民事诉讼规则第 65（1）条追讨地区法院的临时禁令及初步禁令所导致的损害赔偿。地区法院对这项动议的处理，几乎肯定会解决上诉人要求上诉法院考虑的问题。因此，这些临时禁令的有效性在双方之间仍然存在激烈的争议。

然而，有一个问题是，上诉法院是否应该将其作为一个审慎的问题，处理有关这项上诉临时禁令的有效性，还是应该等待地区法院和当事各方采取进一步行动。如果临时禁令的有效性转向与案件最终实质相关的问题，例如被告的墨水 SK－2914 和 SK－2916 是否滥用了原告的商业机密，那么上诉法院不会试图就此次上诉裁定此类问题。

然而，这里所述临时禁令的有效性并非取决于这些最终问题，而是取决于缺席临时禁令是否遵守了《联邦民事诉讼规则》第 65（b）条中的正当程序和规则。这些问题与侵犯商业秘密和不正当竞争案件的结局、裁判结果完全无关，并且相关记录是完整的。此外，当事各方已就这项上诉作了充分的简要说明。

因此，上诉法院认为没有理由将这些问题推迟到诉讼程序的稍后阶段审议。由于这些原因，临时禁令的有效性并无争议，上诉法院可以在这次上诉中加以讨论。

2. 缺席诉讼与临时禁令的合理、合法性

上诉法院根据适用于初步禁令的"滥用自由裁量权"标准审查了临时禁令。无论如何，如果地区法院基于对法律的错误观点或未适当考虑此类命令的程序要求而发布临时禁令，则可能构成滥用其自由裁量权。

临时禁令并非仅仅因为缺席发布就无效。先例显示，美国最高法院认识到，在某些有限的情况下，法院可以适当地发布期限短、范围有限的缺席命令，以在听证会之前维持现状。此外，《联邦民事诉讼规则》第 65（b）条明确规定可以发布缺席临时禁令。然而，缺席命令应被授予的情况极其有限，应实施"严格限制"。

关于缺席临时禁令的可用性问题反映了这样一个事实，即整个判例与在合理送达之前采取法院行动的概念背道而驰，而且争端双方都获得了听取意见的机会。缺席临时禁令在某些情况下无疑是必要的。但是根据联邦法律，只要是举行听证会所必需的，缺席临时禁令就应该被限制在维持现状和防止不可挽回伤害的基本目的上，而不是继续下去。缺席临时禁令适用的情况是，不可能送达对方当事人，因为不知道对方当事人的身份，或因为无法及时找到已知当事人以进行审理。

但这不是该案的情况。该案中，原告和地区法院早在发放临时禁令之前就知道被告和他们律师的身份。此外，时间上也并不一定紧迫，因为地区法院直到原告首次提出缺席申请6天后才发布命令。在此期间，原告及法庭均没有作出任何努力对被告人进行送达。

原告认同，本可以向被告发出送达，但向被告发出送达将导致进一步起诉无效。缺席申请的送达"会立即导致上诉人改变工厂的油墨，并隐藏相关文件。此外，送达将允许被告处理显然属于法院禁令范围内的墨水。该送达实际上会令有关行动的目的，即查明侵权物品的存在受挫"。

在此前的商标侵权先例中，有地区法院驳回了这种针对缺席命令的申请，因为禁令申请人知道对方的身份，但被美国联邦第二巡回上诉法院纠正。美国联邦第二巡回上诉法院认为，禁令申请人已经证明，如果送达被指控的侵权人，侵权人极有可能在听证会开始前的几个小时内处置侵权物品，使行动变得徒劳无益。因此，申请人的证明足以证明有理由发布"范围狭窄，期限短暂"的命令。

由于缺席命令只有在没有合理的替代办法时才是适当的，因此该案中，必须审查保护令的每一项执行条款，以确定所声称的风险是否证明缺席行动是合理的。缺席命令的第一项执行部分禁止被告10天内"继续向原告的任何客户销售任何类型的喷墨墨水，之前由曼苏卡尼在其受雇于原告或其前身时提供服务……"没有合理的理由缺席发布这部分命令。因此，根据规定，美国罐头公司有充分的理由被批准保存墨水样本和文件的缺席命令，但该理由完全不适用于命令中为实际目的关闭被告业务10天的部分。这项命令并没有因此受到限制，也不应该被发布。

缺席命令的第二个执行部分授权原告雇员在美国执法官的协助下进入被告场所，采集喷墨墨水样本，并获取"与被告销售喷墨墨水有关的所有文件，包括向原告客户的销售、用于制备墨水的生产文件以及与原告客户的通信"。上诉法院同意美国联邦第二巡回上诉法院的意见，即如果申请人表明送达会导致证据销毁，那么范围非常有限、期限短的缺席命令可能是合理的。

现阶段审理面临的问题是，美国罐头公司能否充分表明缺席诉讼的必要性。在向对方发出送达没有实际障碍的情况下，只有在没有更严厉的手段保护原告利益的情况下，缺席命令才是合理的。

在该案中，法院有可能发布缺席命令，告知被告准备在立即听证会上提出理由，说明为何不应作出对文件进行取样和披露的命令。这样的命令本可以指示被告在庭审期间固定他们的库存或隐藏文件，而这样的命令不会引起对缺席诉讼的担忧。为了证明一项不严厉的命令不足以保护原告的利益，原告必须证明，被告将事实上无视法院发布的明确且直接的命令，将墨水和文件保存几个小时到举行听证会。

在为支持临时禁令动议而提交的文件中，美国罐头公司可以支持其主张，即被告将隐藏或销毁文件，并伪造墨水样本，理由是被告在审判前或审判时未能按照原告的调查请求和传票出示任何配方、墨水样本或文件。原告还指出，在法院发出永久禁令时，曼苏卡尼持有原告的一些机密文件，并按照法院的命令将这些文件移交给原告。上诉法院已经检查了庭审记录，以寻求对原告论点的支持，并得出结论，记录不支持任何假设，包括被告会故意无视法院的直接命令，将墨水和文件保存数小时。

法院永久禁令之前的记录揭示了许多涉及双方调查请求的调查争议。这里的双方都要求对方提供技术数据、财务信息和客户名单，但双方都拒绝了这些要求。地区法院不得不解决其中几起纠纷，但没有任何迹象表明被告没有遵守法院的命令。如记录所示，真诚地拒绝对方调查请求是一回事，而不服从法院解决此类纠纷的命令则完全是另一回事。没有任何依据可以推断，善意拒绝对方调查请求的一方也会故意违反法院的调查令。

美国罐头公司主张，被告被证明故意无视法院命令，因为他们出售的墨水违反了法院永久禁令的条款。然而，缺席命令所依据的缺席藐视法庭指控，与法院认为其命令遭到违反的结论大相径庭。此外，永久禁令的范围并不完全明确。上诉法院认为，原告或法院不能从被告的行为推断出他们是否愿意违背明确、具体和直接的法院命令。

3. 临时禁令的表面有效性

临时禁令也无效，因为该命令违反了《联邦民事诉讼规则》第 65（b）条的具体条款。在该规则对缺席临时禁令的严格要求中，每一项此类命令"都应定义损害，并说明其无法弥补的原因，以及为何该命令是在未经送达的情况下下达的……"1983 年 7 月 26 日的临时禁令未能满足这些要求。该命令没有：①定义，甚至没有提到要预防的伤害，②说明为什么未定义的损害是不可修复的，或者③说明为什么该命令在未经送达的情况下被批准。《联邦民事诉讼规则》第 65（b）条的具体要求不仅仅是技术上的法律细节，而且是"措辞强硬的强制性规定，应该得到尊重。它们不是毫无意义的词语"。

　　临时禁令可能是一种极其强大的武器，当缺席发布此类命令时，滥用的危险很大。因为"整个判例与在合理送达之前采取法院行动的概念背道而驰，争议双方都获得了陈述的机会"。第65（b）条的程序障碍旨在迫使动议人和法院在寻求和发布缺席禁令时谨慎行事。如果确实需要缺席审判，则第65（b）条的要求不必过于繁重。

　　这里讨论的只是要求发布命令的法官明确说明，并因此仔细考虑禁令的必要性和缺席审判的必要性。然而，由于这项临时禁令不符合这些表面要求，因此被错误地签发了。

　　三、初步禁令

　　该上诉中的其他问题涉及原告商业秘密的范围以及原告有权获得禁令救济的范围。这些问题影响了原告根据案情证明其存在合理成功的可能性。同样的问题也影响到初步禁令是否符合《联邦民事诉讼规则》第65条的有关要求，即禁令"应在条款上具体；应合理详细地描述寻求限制的行为，而不是通过提及本诉讼或其他文件"。

　　上诉法院确定了**发布初步禁令的四项要求**。原告必须证明：①**在法律上没有充分补救措施的情况下，存在不可弥补损害的威胁**；②**对原告的威胁损害超过禁令可能对被告造成的损害**；③**原告有合理的胜诉可能性**；④**发布初步禁令不会损害公共利益**。

　　在审查地区法院授予初步禁令的决定时，只有在地区法院滥用其自由裁量权的情况下，上诉法院才会撤销该决定。然而，地区法院在发布初步禁令时滥用其自由裁量权，因为它在根据案情确定成功的可能性时采用了错误的法律标准。同样，不遵守法院命令的实质性或正式要求可能构成**滥用自由裁量权**。

　　如果地区法院的错误是其命令的前提，则必须撤销该命令，以作为**临时行使法院自由裁量权的行为**。在该案中，地区法院滥用其自由裁量权，采用了错误的法律标准来确定原告根据案情胜诉的可能性。**地区法院的结论是，原告通过展示其受保护的墨水与被告的新墨水在功能上或实践上的相似性来履行其责任**。然而，关于原告墨水配方的公开信息（尤其是专利文件中披露的信息）以及曼苏卡尼本人的知识和经验，在原审中对原告的商业秘密设定了非常狭窄的限制。**地区法院的功能或实践相似原则没有充分考虑原审中这些对原告商业秘密限缩的局限性**。因此，地区法院错误地发布了新的初步禁令，但并没有发现被告的新墨水实际上主要来源于原告的商业秘密，而不是公开信息和曼苏卡尼自身的技能、知识和经验。

此外，由于法律标准不准确，初步禁令不符合联邦民事诉讼法的有关规定。因为条款过于模糊，无法让被告公平地了解被禁止的行为。在地区法院的整个诉讼程序中，最棘手的问题之一涉及给予原告的禁令救济的范围。

很明显，被告可以而且应该被禁止继续盗用原告的商业秘密。但与此同时，同样明显的是，不能禁止曼苏卡尼使用公共信息和他的一般知识和经验，在商业喷墨业务中公平竞争。

1982 年，地区法院的永久禁令禁止被告"将原告前身雇佣曼苏卡尼时开发的商业喷墨墨水出售给专门为其开发这些墨水的公司或个人，或出售给任何其他公司或个人"。1983 年的初步禁令使用了几乎相同的语言。如原告所说，该措辞是否应该禁止被告制造任何成分与原告开发的墨水相似的墨水（如 SK – 2914）？还是像被告辩称的那样，只禁止复制原告开发的精确墨水配方？

为了解决这个问题，上诉法院必须从 1982 年产生永久禁令的审理开始，详细追踪地区法院对原告商业秘密范围的处理和适当的救济。

在那次审理中，曼苏卡尼的主要辩护理由是原告 400 系列油墨的配方不是商业机密。他提出，专利文件披露了相关信息，从而消除了维持商业秘密主张所需的保密性。其中几项专利申请是由曼苏卡尼本人提出的，是在受原告的前身雇佣时开发的墨水。他的辩护显然有充分的法律依据，因为专利申请中披露的信息不是秘密，不受商业秘密保护，至少在被告知道专利披露的情况下是如此。被告指出，一种公开的专利墨水配方与被称为秘密配方的 400 系列配方之间有着密切的相似性。然而，曼苏卡尼的辩护在事实上失败了。

专利配方和 400 系列油墨包含相同成分（不同染料除外），比例相似。然而，地区法院认为，两种墨水中四种成分的比例差异足以支持商业秘密的主张。"尽管地区法院不认为这些差异重大，但确实同意原告的意见，即制造（由曼苏卡尼出售给原告三名客户）的商业油墨所需的信息并未在专利的所有细节中披露。"地区法院同意，这些差异足以支持 400 系列配方墨水是商业秘密的结论。

此次上诉的问题是原告商业秘密的范围，或者更准确地说，被告是否可以被禁止销售仅在成分上与原告配方相似的墨水。上述专利披露了商业秘密配方中的每种成分（染料除外），以及这些成分的比例，这些成分与配方中的成分没有差异。因此，受保护的商业秘密必须是 400 系列配方中成分的精确比例。根据该专利，原告的配方仅在很窄的比例范围内受到保护，任何超出这个范围的东西都不是秘密。上诉法院必须根据这些对原告商业秘密原始调查结果的限制来看待初步禁令程序。

原告辩称，曼苏卡尼的两种新油墨与法院命令保护为商业机密的 400 系列油墨"几乎相同"。原告受永久禁令保护的 400 系列油墨之一和曼苏卡尼新 SK－2914 油墨的配方在初步禁令听证会上显示如表 1 所示。

表 1　400 系列油墨与 SK－2914 油墨成分对比

成分	400 系列/%	SK－2914/%
A	20.0	18.5
B	40.2	41.2
C	26.5	27.5
D	11.0	—
X	—	10.0
E	0.3	—
Y	—	0.3
Z	—	0.5
染料 1	2.0	1.4
染料 2	—	0.5
染料 3	—	0.1
	100.0	100.0

都不需要是化学家，一个普通人就能看出这两种配方的成分非常相似。出于同样的原因，最初试验的专利配方也与相同的 400 系列墨水非常相似。

美国罐头公司在初步禁令听证会上的证据表明油墨配方之间的差异不会对油墨的性能产生显著影响。原告的化学家被问及配方的每一次变化时回答说，每一次变化都不会产生重大的实际效果，也不会产生任何"商业差异"。被告采取了一种不同的方法，提出了证据，证明新成分的替代在喷墨化学领域是众所周知的，相同成分数量的变化反映了经过深思熟虑的判断，这将略微但显著地改善墨水的性能。他们还指出，原告的墨水和被告的墨水是为在同一印刷设备中使用而设计的，该设备对其中使用任何墨水的物理特性施加了严格的限制。

地区法院重点关注墨水之间的"实践"相似性。尽管地区法院 8 月 16 日的书面备忘录没有讨论该专利，但法官在 8 月 5 日听证会结束时的口头裁决中确实讨论了与该专利的比较。

地区法院法官说："我不认为商业专利的比较特别重要。我不认为问题在于 SK－2914 与商业产品的区别有多大，而在于它与 473（400 系列墨水）的区别有多大。我已经指出，我认为后两者很接近。我的意思不一定是说这一切都是故意的，我不知道，还得再等一天，但我要说的是，我认为原告最终可能会获胜，我应该也将发布初步禁令。"

地区法院还处理了原告和被告的墨水没有使用相同成分的事实。对于不同的溶剂，地区法院关注的是类似的"功能适用性"。该法院提及："如果在贸易中，大家知道两者具有同样功能，不认为这实质性地区分了墨水。"关于被告在墨水中使用少量水的问题，地区法院显然接受了露丝·布兰德对其目的的解释，但认为该目的并不重要。

此外，地区法院表示，被告在一本笔记本中墨水使用染料的比例也与曼苏卡尼受雇于原告前身时使用的相同，这一事实给地区法院留下了深刻印象。因此，地区法院得出结论，曼苏卡尼在试图为原告客户开发特定油墨时了解了染料的组合。基于这些理由，并根据完整的诉讼记录，地区法院裁定原告在案情上有足够的胜诉可能性，并发布了禁令。地区法院得出结论，被告的油墨 SK–2914 和 SK–2916 "用于为特定客户商业开发的实用目的，由原告的前身使用……"。

上诉的问题是，原告是否根据案情证明其有可能胜诉。原告若想胜诉，它必须证明被告的新墨水是对其商业秘密的盗用。被告辩称，虽然承认其新墨水与原告的墨水相似，但却是从公开信息中开发出来的，并且具有足够的独特性，因此不会体现原告的商业秘密。

这里讨论的是商业秘密法的两个成熟且有时相互矛盾的原则。

第一个原则是，一方不得使用另一方的商业秘密，即使有独立的改进或修改，只要产品或工艺实质上源自商业秘密即可。如果法律不够灵活，无法作出这样的调整，那么商业秘密保护将相当空洞。正如美国最高法院在处理专利等同物的类似问题时所说，"完全和直接的复制是一种枯燥且非常罕见的侵权类型"。

第二个原则是第一个原则的推论：商业秘密保护不应超出保护真正商业秘密所需的限度。**商业秘密法的主要目的是鼓励创新和发展，而不应被用来压制合法竞争。更广泛的保护将通过禁止竞争对手使用自己的独立发现、公共信息和反向工程来扼杀合法竞争。**

先例显示，威斯康星州法院一直要求商业秘密保护仅限于真正的机密信息。只有在绝对有需要提供合理保障的情况下，才可容许限制贸易。**商业秘密所有人无权阻止他人利用公共信息复制其产品，也不得阻止他人制造非源自商业秘密的类似产品。特别是前雇员，他们的生计很可能取决于前雇主保护商业秘密的范围，因此必须允许该雇员使用其技能、培训和经验。这两个一般原则之间的张力和平衡是该案的核心。**

　　美国罐头公司已经证明，它的一些墨水配方是商业秘密，而且曼苏卡尼过去盗用了这些商业秘密。因此，美国罐头公司有权得到有效保护，免遭这种滥用。与此同时，美国罐头公司的商业秘密范围极其狭窄，仅限于本身已经属于公共领域的 330 种成分的精确比例。很明显，曼苏卡尼在制造商业喷气墨水方面，拥有丰富的技术、知识和经验，有资格利用这些技术与美国罐头公司竞争。

　　为了在这些相互冲突的考虑之间寻求正确和微妙的平衡，地区法院重点关注了曼苏卡尼的新墨水和受永久禁令保护的美国罐头公司配方之间的实践相似性。**在大多数情况下，产品之间的密切相似性无疑会支持商业秘密被盗用的调查结果**。然而，在该案中，有必要考虑到原始限制条件，这些限制条件使得原告表明其配方完全值得保护。

　　参考先例，只有通过严格限制商业秘密的范围，将其与公共领域的信息区分开来，美国罐头公司才能维持其最初的商业秘密主张。地区法院现在在考虑美国罐头公司可以享有的救济范围时，不能无视这些必要的限制。否则，原告的商业秘密保护将扩大，使得原告免于合法竞争。

　　上诉法院发现，法院有时会将保护扩展到原告商业秘密的范围之外，否则就无法进行有效的救济。然而，这些案件通常涉及更广泛的商业秘密或产品，如果不使用这些商业秘密，就无法制造这些产品。相比之下，在该案中，有效商业秘密的原始范围非常狭窄，扩大保护往往会限制竞争。

　　如果这是一个涉及证据的直接冲突的案件，上诉法院当然会尊重地区法院对此类冲突的解决。**但该案涉及一个更微妙的问题，即相互冲突的法律标准。地区法院采纳了原告的理论，即商业秘密保护涵盖任何与原告受保护的油墨相似的油墨，相似性应根据印刷机的实际操作来衡量。被告的理论是，由于原告的原始商业秘密保护范围非常狭窄，存在非常相似墨水的可用公共信息，相似的墨水不会当然表明盗用原告的商业秘密，除非被告的新墨水显然来自原告的商业秘密，而不是非常相似的公共信息。**

　　上诉法院不对地区法院可能从未禁止被告生产和销售被质疑的墨水裁决。要推导的是一个事实问题，也受到明显错误的审查标准的制约。然而，上诉法院认为，**地区法院在发布初步禁令时采用了错误的法律标准。**

　　虽然该标准没有明确规定，但地区法院采用了功能或实践相似性标准，以确定是否应禁止被告出售其新墨水。相似性也许在推导中是可证明的，但如果商业秘密的范围像该案这样狭窄，那么它就不是可证明的了。"相似性"标准忽略了原告商业秘密的原始限制。只有当被告的新墨水实质上来源于原告的商业秘密，而非公开信息和曼苏卡尼的一般技能、经验和知识时，原告才有权获得保护。如果公开信息和被告人自己的知识将有效商业秘密的范围限制得如此狭窄，则需要更多的相似性认定。

许多同样的考虑因素也使得上诉法院得出这样一项结论，初步禁令的范围过于模糊，根据《联邦民事诉讼规则》第65（d）条无法通过审查。

在最初的永久禁令中，地区法院禁止被告"将原告前身雇佣曼苏卡尼时开发的商业喷墨墨水出售给专门为其开发这些墨水的公司或个人，或任何其他公司或个人"。在被告要求下，地区法院解释说，该命令不限于那些曾是审判重点的墨水。"相反，地区法院的意图是禁止被告挪用原告前身雇佣曼苏卡尼时为特定客户开发的任何商业喷墨配方。"就目前而言，关键因素是，所解释的永久性禁令是在涉及绝对相同的油墨、相同成分、相同比例、不超过1/10的情况下发布的。

缺席命令有效期为10天，范围更广。禁止被告向原告的任何客户销售任何类型的商业喷墨墨水，而曼苏卡尼之前曾为原告的前身提供服务。1983年8月5日发布的初步禁令恢复了永久禁令的表述：被告仍被禁止销售"当曼苏卡尼受雇于原告的前身时开发的商业喷墨墨水……"。该禁令还特别包括油墨SK－2914和SK－2916。然而，尽管关键词保持不变，但上下文发生了重大变化。初步禁令是在被告的墨水仅与原告的墨水相似，而不是完全相同之后发布的。这种差别是巨大的，因为它扩大了禁令的范围，特别是考虑到地区法院的功能或实践相似性标准。如果墨水仅与原告配方中的一种类似，甚至包括尚未被证明是商业秘密的配方，则墨水可能属于初步禁令的范围。

地区法院承认了这个问题，并指出它无意"完全限制被告参与商业墨水业务的竞争"。地区法院认为，当被告生产的墨水与原告受保护的墨水"成分相似"时，确定这些墨水是否"充分有区别"会有一些困难。地区法院建议双方根据完整的庭审记录考虑此类问题，并"特别考虑新墨水的开发是否主要归因于使用或泄露原告或其任何前身在曼苏卡尼担任雇员期间拥有或开发的商业秘密"。地区法院敦促双方在不受法院干预的情况下，通过协商解决此类解释事宜。

尽管任何禁令可能会带来解释上的问题，但禁令必须足够明确和具体，以公平地告知被禁止方被禁止的行为。"由于禁令通过司法处罚的威胁而禁止行为，出于基本公平的原则，要求被禁止的人收到明确的送达，具体说明哪些行为是非法的"。

在商业秘密案件中，制定适当的命令的问题可能尤其敏感，但过于模糊的商业秘密禁令必须搁置。例如，曾有联邦地区法院发布命令，禁止被告"使用或披露原告的商业秘密和秘密技术信息"。它的上诉法院撤销了该命令，因为该命令过于含糊，无法向被告公平地告知被禁止的行为。上诉法院也曾在先例中由于命令语言含糊而宣告禁令无效。

虽然上诉法院同情为原告提供适当保护且同时仍公平地送达被告有关其被禁止的行为而作出命令的困难，但地区法院在该案中的一系列命令是不适宜的。地区法院的命令构成了一项永久禁令，禁止销售与原告墨水"成分相似"且"主要归因于"使用原告商业秘密的墨水。这可能隐含着正确的法律标准（基于"推导"）来确定被告的墨水是否真的导致盗用原告的商业秘密，但该标准对于禁令来说过于模糊。

的确，被告必须谨慎行事，避免违反禁令。但一些法院可能在没有实质指引的情况下不要求被告谨慎行事。正如该案的讨论中所表明的，确定被告的产品是否来源于原告的商业秘密而非公开信息可能是一项非常困难的任务，尤其是在该案中。如果没有法庭的更多指导，被告人即使谨慎，也不能在藐视法庭的威胁下决定他们的行为是否合法。地区法院尚未界定商业秘密的范围，也不能要求被告通过藐视法庭诉讼来测试他们对此类困难的商业秘密问题的法律意见。

判决结果

临时禁令发布不当，因为没有必要缺席裁判而且该命令不符合规则《联邦民事诉讼规则》第 65（b）条。

初步禁令被错误地授予，予以撤销。因为原告在案情上似乎没有足够的成功可能性，而且初步禁令的条款过于模糊，不符合第 65（d）条的规定。

地区法院滥用其自由裁量权，在没有正当理由进行缺席诉讼时下令缺席救济，并无视《联邦民事诉讼规则》第 65（b）条的严格程序要求，用于发布此类缺席命令。

撤销地区法院判决并发回地区法院进行进一步审理；任何禁令救济都应与判决意见一致。被告只能被禁止侵犯原告的真实商业秘密，同时考虑到允许原告证明其有权获得任何保护的限制。

案例学习意义

商业秘密所有人无权阻止他人利用公共信息复制其产品，也不得阻止他人制造非源自商业秘密的类似产品。特别是前雇员，他们的生计很可能取决于前雇主保护商业秘密的范围，因此必须允许该雇员使用其技能、培训和经验。这两种一般原则之间的张力和平衡是商业秘密保护需要考虑的一个重要问题，需要法律来控制。

法律保护商业秘密持有人的商业秘密不被侵犯，但不保护非商业秘密范围内的公共知识和技能使用，避免过度保护带来的限制商业竞争，这是一个张力平衡问题。如何使用强制令是法律实现张力平衡的一项重要功能。

在商业秘密案件中，法院如何作出适当的强制令的问题尤其敏感。该案详细论述了临时禁令、初步禁令、永久禁令及缺席诉讼程序下禁令的发布审查条件与边界。

该案阐述了美国法院针对侵犯商业秘密案件所适用初步禁令的条件："原告必须证明：①在法律没有充分补救措施的情况下，存在不可弥补损害的威胁；②对原告的威胁损害超过禁令可能对被告造成的损害；③原告有合理的胜诉可能性；④发布初步禁令不会损害公共利益。"其中不可避免地涉及了对是否存在侵犯商业秘密进行初步判断。因此该案也有相当部分的内容对识别商业秘密、如何判别相似性进行了讨论。

对于侵犯商业秘密的案件，临时禁令不适宜在缺席诉讼程序下发出，应对被告有合理的送达。并且，强制令内容必须清晰，否则不能使用这类救济手段。

整体来说，该案细节对于学习美国商业秘密民事纠纷的救济手段、把握不同民事救济手段的尺度意义较大。截至 2023 年 1 月，该案例被美国案例判决文书引用 298 次，被其他法律文件引用 233 次。

第七节 商业道德等公共利益之间的平衡

法律问题

法律保护离职员工的再就业权利，这是劳动者的基本权利。商业秘密法保护离职雇员与雇主在维持雇佣关系期间建立的信赖关系，这是出于维护商业道德的目的，也是另一类有价值的公共利益。这些法益相互关联，却又有所冲突。开展商业秘密法律保护时，如何平衡二者之间的关系？这种平衡反映在哪些法律原则、条款和实施方式中？

百事可乐诉雷德蒙德案
PepsiCo, Inc. v. Redmond, 54 F. 3d 1262（1995）

■ **原告/被上诉人：**百事可乐公司（PepsiCo, Inc., 以下简称"百事可乐"）
■ **被告/上诉人：**小威廉·E. 雷德蒙德（William E. Redmond, Jr.）、桂格燕麦公司（The Quaker Oats Company，以下简称"桂格"）
■ **法院：**美国联邦第七巡回上诉法院

案例背景

该案涉及经营秘密，发生在前雇主与前员工及他的新雇主之间。桂格和百事可乐在饮料行业存在激烈竞争，尤其是在"运动饮料"和"新时代饮料"方面。桂格的运动饮料"佳得乐"（Gatorade）是其市场利基的主导品牌，同时桂格在新时代饮料类别方面也处于领先地位。1994 年 3 月和 4 月，百事可乐推出了佳得乐的竞争产品"全运"（All Sport），但全运的销量远远落后于佳得乐。尽管百事可乐通过对托马斯·J. 利普顿公司（Thomas J. Lipton Company）和蔓越莓公司（Ocean Spray Cranberries, Inc.）的投资而进入市场，但桂格在 1994 年底收购了新时代大型饮料制造商甜苹果饮料公司（Snapple Beverage Corp.，以下简称"甜苹果"）。百事可乐的产品约占甜苹果市场份额的一半。

两家公司都认为1995年对其产品来说是重要的一年。百事可乐已经制订了扩大其市场占有率的广泛计划，而桂格正试图通过整合佳得乐和甜苹果分销来巩固其领先地位。与此同时，百事可乐和桂格都面临着来自可口可乐公司（Coca-Cola Co.）的激烈竞争，并具有独立的饮料供应商。可口可乐公司拥有自己的运动饮料"动乐"（PowerAde），并于1994年推出了与甜苹果竞争的品牌"水果国度"（Fruitopia）。

1984~1994年，雷德蒙德在百事可乐北美分部（PCNA，以下简称"百事可乐北美"）工作，于1993年6月成为北加利福尼亚州业务部门的总经理，一年后晋升为整个加利福尼亚州业务部门的总经理，该部门的年收入超过5亿美元，占百事可乐北美在全美利润的20%。

雷德蒙德在百事可乐北美的职位相对较高，这使他能够获得内部信息和商业秘密。雷德蒙德和其他百事可乐管理层员工一样，已经与百事可乐签署了保密协议。该协议相关部分规定："不得在任何时候向除百事可乐高管或员工以外的任何人披露或利用与百事可乐业务有关的机密信息。在百事可乐任职期间获得的信息，不得为公众所知或公开，也不得被视为标准惯例"。

唐纳德·乌兹（Donald Uzzi）于1994年初离开百事可乐，成为桂格佳得乐部门的负责人。1994年5月开始，他为桂格向雷德蒙德发出邀请。1994年8月，雷德蒙德在芝加哥会见了桂格的管理人员。1994年10月20日，桂格通过乌兹向雷德蒙德提供了佳得乐内部销售副总裁的职位。雷德蒙德当时没有接受这一提议，但为争取更好的薪水而继续谈判着。在这段时间里，雷德蒙德对百事可乐北美的雇主隐瞒了他与桂格的交易。

1994年11月8日乌兹向雷德蒙德提出书面邀请，邀请其担任佳得乐的副总裁，雷德蒙德接受。当天晚些时候，雷德蒙德打电话给百事可乐北美人力资源高级副总裁威廉·本西尔（William Bensyl），告诉本西尔桂格将邀请其担任佳得乐和甜苹果合并后公司的首席运营官，但他还没有接受。雷德蒙德还问本西尔，他是否还应该执行计划，即打电话给某些百事可乐北美的客户。本西尔同意让雷德蒙德去拜访这些客户。

雷德蒙德还向他的一些百事可乐北美同事错误陈述了他的情况，这些同事包括克雷格·韦瑟普（Craig Weatherup，百事可乐北美的总裁兼首席执行官），以及布伦达·巴恩斯（Brenda Barnes，百事可乐北美的首席运营官兼雷德蒙德的顶头上司）。雷德蒙德告诉他们，他拿到了佳得乐首席运营官的职位，且倾向于接受这个新职位。

1994 年 11 月 10 日，雷德蒙德会见了巴恩斯，告诉她，他已决定接受桂格的提议，并将从百事可乐北美辞职。巴恩斯将这一消息告诉了本西尔，本西尔告诉雷德蒙德，百事可乐正在考虑对他采取法律行动。

1994 年 11 月 16 日，百事可乐提起多元化诉讼，寻求临时禁令，禁止雷蒙德在桂格任职，并阻止他向新雇主披露商业秘密或机密信息。

⚖ 争议焦点

百事可乐能否在各种商业秘密侵吞和违反保密协议的诉讼中合理胜诉，从而可以先获得禁令救济。

⚖ 诉讼过程

1994 年 11 月 16 日，地区法院批准了百事可乐的请求，但在认定百事可乐未能履行确定其将遭受无法弥补损害的责任后，两天后撤销了已发布命令。地区法院发现，百事可乐对雷德蒙德的担忧是基于对他在桂格新职位的错误理解，雷德蒙德不正当披露任何机密信息的可能性并没有"超越纯粹猜测"的程度。

1994 年 11 月 23 日至 12 月 1 日，地区法院就同一案件进行初步禁令听证。

⚖ 原告意见

在听证会上，百事可乐提供了一些雷德蒙德也知情的商业秘密和机密信息的证据，希望得到保护。

首先，百事可乐北美的《战略计划》是一项商业秘密。这是一份按年修订文件，其中包含了百事可乐北美的竞争计划，财务目标，以及未来三年的制造、生产、营销、包装和分销战略。《战略计划》由韦瑟普和他的员工根据百事可乐北美的总经理，包括雷德蒙德的意见制订，被认为是高度机密的。该《战略计划》的很大价值来自这样一项事实：它是秘密的，竞争对手无法预测百事可乐北美的下一步行动。

百事可乐北美经理在 1994 年 7 月的一次会议上收到了最新的《战略计划》，雷德蒙德参加了这次会议。百事可乐北美还在会议上介绍了 1995 年及以后对立顿即饮茶和全运的有关计划，包括新口味和包装尺寸。

其次，百事可乐指出，百事可乐北美的《年度运营计划》是一项商业秘密。《年度运营计划》是一个特定年份的全国性计划，指示百事可乐北美的财务目标、营销计划、促销活动日历、增长预期和当年的运营情况变化。这份计划，是由包括雷德蒙德在内的百事可乐北美部门总经理执行的，包含了来年所有百事可乐北美计划的具体信息。这份计划的标签上写着"隐私和机密——不得复制"，被百事可乐北美的管理人员视为高度机密。

特别是，《年度运营计划》包含有关"定价架构"的重要和敏感信息，即百事可乐北美如何在市场上为其产品定价。定价架构既包括州级定价方法，也包括特定领域的具体价格点。价格架构还包括百事可乐北美的目标、为全运及其新时代的饮料参考贸易渠道、包装大小和其他特点的产品和客户的目标。此外，百事可乐北美的定价架构概述了百事可乐北美的客户开发协议。百事可乐北美与零售商之间的这些协议规定零售商参与百事可乐北美产品的某些销售活动。与《年度运营计划》中包含的其他信息一样，定价架构是高度机密的，对竞争对手来说非常有价值。

了解百事可乐北美的定价架构将使得竞争对手预测百事可乐北美定价变动，并在竞争对手希望的任何时间和任何地点战略性地压低百事可乐北美的报价。百事可乐出示证据，雷德蒙德对百事可乐北美的定价架构有详细的了解，他知道并参与了百事可乐北美的加州和全国的客户发展协议的准备工作。事实上，百事可乐表示，作为加州的总经理，雷德蒙德将负责执行其业务部门的定价架构指导方针。

百事可乐还表示，雷德蒙德对百事可乐北美针对特定市场的"攻击计划"了如指掌。根据这些计划，百事可乐北美投入额外资金，支持其品牌在选定市场上与其他品牌竞争。用一个假设的例子来说，百事可乐北美可能作出额外 50 万美元的预算，在一个特定的时间在芝加哥花出去，以帮助消除其与佳得乐的市场差距。百事可乐提供证词和文件，表明雷德蒙德知道这些计划，并参与起草了其中一些计划。

最后，百事可乐提供证据，证明其销售和运输系统的革新涉及百事可乐北美的商业秘密。根据该计划，百事可乐北美正在测试一种新的配送系统，该系统可能使百事可乐北美在与零售商就货架空间和销售规划进行谈判时，获得相对于竞争对手的优势。雷德蒙德知道这个秘密，是因为百事可乐北美在过去两年里，已经投资了超过 100 万美元来开发这个系统，现在正在加州测试这个试点项目。

在展示了雷德蒙德对 1995 年百事可乐北美计划的深入了解之后，百事可乐辩称，雷德蒙德在他的新职位上将不可避免地向桂格泄露这些信息。在这个职位上，他将在佳得乐和甜苹果的定价、成本、利润率、分销系统、产品、包装和营销方面进行大量投入，并可能在即将到来的与百事可乐的竞争中带给桂格优势。

被告意见

雷德蒙德和桂格反驳说，雷德蒙德作为桂格副总裁的首要职责是整合佳得乐和甜苹果的分销，然后管理这些产品的分销以及促销、营销和销售。

雷德蒙德声称，整合将根据一个预先存在的计划进行，他对百事可乐北美原战略的特殊知识将是无关紧要的。这种不相关性不仅来自雷德蒙德将实施预先存在的计划，而且来自这样一项事实：百事可乐北美和桂格以完全不同的方式分销其产品，百事可乐北美的分销系统是垂直整合的（即，百事可乐北美将其产品直接交付给零售商）；而桂格将其产品运往批发商和客户仓库，并依赖独立的分销商。

雷德蒙德和桂格还指出，雷德蒙德与桂格签署了一份保密协议，禁止他泄露"任何属于他人的机密信息"。桂格的道德准则禁止雇员从事"非法或不当行为，以获取竞争对手的商业秘密"。雷德蒙德在听证会上还承诺，如果他在桂格遇到可能涉及使用或披露百事可乐北美原信息的情况，他会寻求桂格法务的意见，不会自己作决定。

原告对被告意见的回应

百事可乐指出，证据并不表明雷德蒙德只是在实施一项已经到位的商业计划。相反，截至1994年11月，整合佳得乐和甜苹果分销的计划包括一份单一经销协议和一份两页的《合同条款摘要》。这样一份基础的计划不适合在300多家甜苹果独立分销商中广泛应用。

由于整合过程可能会面临甜苹果经销商的抵制，而桂格也没有处理这种可能性的计划，雷德蒙德作为整合的负责人，可能会对整个过程产生很大的影响。

百事可乐进一步指出，在雷德蒙德加入桂格之前，甜苹果1995年的营销和推广计划并不一定已经完成，乌兹不同意甜苹果计划的部分内容，这些计划可以重新评估。由于听证会上乌兹作证说，佳得乐和甜苹果集成销售的计划，将会在未来实现，雷德蒙德很可能会参与重新制订这些计划。如果他参与了，他将不可避免地在作决定时，考虑到百事可乐北美的战略计划和1995年的《年度运营计划》。

此外，不同的证词使得很难确切知道雷德蒙德在桂格做什么。根据他自己和乌兹在证词中的一些表述可以断言，雷德蒙德在佳得乐集团中地位很高，而百事可乐北美的商业秘密和机密信息必然会影响他的决定。即使雷德蒙德可以不依赖这些信息，就像他承诺的那样，但他离开百事可乐北美的行为、乌兹雇佣雷德蒙德的行为，以及关于雷德蒙德的新职责，都让雷德蒙德向百事可乐的保证令人感到不可信。

 ## 地区法院的处理

1994 年 12 月 15 日，地区法院发出命令，禁止雷德蒙德在 1995 年 5 月前继任桂格的职位，并永久禁止使用或披露任何百事可乐北美的商业秘密或机密信息。

地区法院完全采纳了百事可乐的立场，认为雷德蒙德的新工作构成了对百事可乐明显的威胁，可能会侵犯商业秘密和机密信息。这些信息可以根据伊利诺伊州的成文法和普通法加以禁止。地区法院还强调，雷德蒙德在接受桂格工作之前的表现，以及他的证词，都缺乏真诚，因此法院相信不恰当挪用的威胁是真实存在的。

被告雷德蒙德与桂格提出上诉。

美国联邦第七巡回上诉法院的意见

上诉法院会审查地区法院的法律结论、初步禁令、事实决定，并就滥用酌情权作出权衡。

一、法律解释与适用——确定商业秘密保护范围

《伊利诺伊州商业秘密法》（*Illinois Trade Secret Act*，以下简称《伊州商业秘密法》），适用于该案中的商业秘密问题，规定法院可以禁止"实际或威胁性不当挪用"商业秘密。因此，申请强制令的一方必须同时证明商业秘密的存在和不当挪用。

被告的上诉仅关注于不当挪用。尽管被告只是不情愿地将百事可乐的营销和分销计划称为商业秘密，但他们并没有认真考虑这些信息是否属于《伊州商业秘密法》的规制范围。在这种情况下，威胁或不可避免的不当挪用问题是商业秘密法的基本张力的核心。

商业秘密法在维护"公共利益"的同时，保护"商业道德标准"和"鼓励发明创造"。然而，同样的法律不应该阻止劳动者在离开现有职位后继续谋生。商业秘密法没有为关切的雇主提供保留条款。

当原告提起诉讼不是为了防止实际挪用商业秘密，而仅仅是为了防止发生这种情况的威胁时，这种紧张关系就更加恶化了。虽然《伊州商业秘密法》明确允许法院禁止对商业秘密进行威胁性侵犯，但是在伊利诺伊州和上诉法院中，几乎没有法律规定什么构成威胁或不可避免的不当挪用，也只有两项先例。这两项先例曾根据《伊州商业秘密法》得出结论：原告可以通过证明被告的新工作将不可避免地导致他依赖于原告的商业秘密来证明其侵占商业秘密的主张。伊利诺伊州法律允许法院禁止"不可避免地"泄露商业秘密的行为。然而，什么构成不可避免的挪用，是否符合个别先例中的标准，这些问题仍然存在。

百事可乐在初步禁令听证会上提供了大量证据，证明雷德蒙德对 1995 年百事可乐北美在运动饮料和新时代饮料方面的战略目标有着广泛而深入的了解。地区法院在陈述的基础上得出结论，除非雷德蒙德拥有斐然的能力，将信息划分开来，否则他必须依靠他对百事可乐北美商业机密的了解，来决定佳得乐和甜苹果的相应事宜。

百事可乐试图避免落入桂格手中的，不是雷德蒙德在百事可乐任职期间获得的"一般技能和知识"，而是"由百事可乐北美制定并在雇主与雇员关系存在时向他披露的特殊计划或流程，这是业内其他人所不知道的，使雇主比竞争对手拥有优势"。显然，百事可乐没有提起传统的商业秘密诉讼。

在传统商业秘密诉讼中，前雇员了解一种特殊的制造工艺或客户名单，可以通过向竞争对手转让技术或客户，给予竞争对手不公平的优势。百事可乐并没有声称桂格窃取了所有关于体育运动饮料的配方和经销商的名单。相反，百事可乐断言，雷德蒙德不得不依赖于百事可乐北美的商业秘密，因为他帮助策划了佳得乐和甜苹果的新发展方向，这些秘密将使桂格取得实质性的优势，准确地知道百事可乐北美将如何定价、分销和营销其运动饮料和新时代饮料，并能够作出战略性的反应。这类商业秘密问题可能较少出现，但在目前的情况下，它仍属于商业秘密保护的范畴。

二、事实争议的再审视

桂格和雷德蒙德声称，他们没有，也不打算利用雷德蒙德凭借以前的工作所掌握的任何机密信息。他们指出，雷德蒙德已经和桂格签署了协议，不会泄露任何商业秘密或者他在之前工作中收集到的机密信息。关于分销系统，即使桂格想窃取关于百事可乐北美分销计划的信息，他们在尝试整合佳得乐和甜苹果饮料生产线时也是完全没用的。被告的这些论据有些不足。

该案中不当挪用的危险并不在于桂格会威胁要利用百事可乐北美的秘密来创

建分销系统，或者利用百事可乐北美的广告和营销理念。相反，百事可乐认为，桂格通过了解百事可乐北美的信息而得以不公平地武装与壮大将能够预测其分销、包装、定价和营销举措。雷德蒙德和桂格甚至承认了当雷德蒙德需要作出某些决策时，可能会受到他在百事可乐获得的某些机密信息的影响。

换句话说，百事可乐发现自己处于一个教练的位置，其中一个球员已经离开，手里拿着比赛部署，在赛前加入对方球队。桂格和雷德蒙德声明，他们的分销系统和计划是完全不同于百事可乐北美的。

地区法院通过乌兹雇佣雷德蒙德和雷德蒙德接受新工作的行为得出结论，这些行为显示出他们缺乏真诚，并证明他们意欲滥用百事可乐北美商业秘密。

该案的事实不可避免地引导地区法院得出这一结论。雷德蒙德对他的百事可乐上司模棱两可的行为，可能只不过是试图在求职谈判中获得筹码。雷德蒙德和乌兹对雷德蒙德工作的理解不一致，很可能只是一个简单的误会。不过，桂格似乎通过乌兹对雇佣百事可乐北美员工表现出不自然的兴趣：为雷德蒙德的竞聘职位参加过面试的三个候选人，都在百事可乐北美工作。乌兹很可能专注于招募百事可乐北美员工，因为他知道他们很优秀，而不是因为他们的机密知识。尽管如此，地区法院在听取了证人的证词后，还是作出了相反的判决。这个结论不是滥用自由裁量权。

上诉法院不同意地区法院的结论，即百事可乐可能会在其依据伊利诺伊州普通法侵犯商业秘密的诉讼中胜诉。如前所述，《伊州商业秘密法》废除了侵犯商业秘密的普通法案由。百事可乐的主张没有价值，它不能基于一个不存在的主张而获胜。

上诉法院同意地区法院关于雷德蒙德如果开始在桂格工作可能违反保密协议的决定。因为雷德蒙在桂格的职位，首先会导致他泄露商业秘密，这必然会迫使他违反协议，即不泄露在百事可乐北美工作期间获得的机密信息。

三、禁令的范围

雷德蒙德和桂格辩称，针对他们的禁令过于宽泛。他们尤其不同意禁止雷德蒙德参与甜苹果和佳得乐分销系统的整合。不管雷德蒙德掌握了什么商业秘密和机密信息，这些信息与桂格的整合任务完全无关。因为雷德蒙德只是在执行一个已经到位的计划，这个禁令尤其不合适。

地区法院通常在制定禁令救济方面有很大的自由度，上诉法院只会在地区法院滥用其酌处权的情况下，才会限制禁令的范围。虽然被告的论点并非毫无道理，但地区法院裁定，拟议的整合计划需要雷德蒙德做的，不仅仅是执行别人起草的计划。地区法院还发现，雷德蒙德对百事可乐北美的商业秘密和机密信息的了解，将不可避免地影响这种整合，因此不能相信雷德蒙德能够避免这种利益冲突。如果禁令永久禁止雷德蒙在桂格担任这些职务，被告的主张才会更有说服力。然而，针对雷德蒙德在桂格会立即就业的禁令，没有超出必要范围，完全在地区法院的自由裁量权之内。

🏛 判决结果

地区法院正确地判定百事可乐在其关于商业秘密被不当挪用的诉讼中证明了胜诉的可能性，在授予商业秘密挪用问题的初步禁令时并没有滥用自由裁量权。

同意地区法院关于雷德蒙德如果开始在桂格工作可能违反保密协议的决定。

维持地区法院的命令，禁止雷德蒙德在 1995 年 5 月前担任他在桂格的职位，并永远禁止他泄露百事可乐北美的商业秘密和机密信息。

👑 案例学习意义

商业秘密法旨在保护商业道德，鼓励发明和创新，同时也不能违背其他法律对就业权利的保障。商业秘密法限制他人开展商业秘密侵害行为，从而保障商业秘密持有人的利益，以此鼓励创新投入。这里的侵害行为不限于真实的不当挪用商业秘密等侵害行为，还包括构成潜在危险的侵害威胁行为。但商业秘密法不主张过度保护，因为那会造成限制劳动者就业，侵犯劳动者的基本权利。

雇员离职，雇主起诉要求法院给予禁令，有些法院要求在给予禁令救济之前裁定被告有不诚实行为，或原告能证明不禁止相关行为将对其造成不可弥补的损害，而有些法院只使用不可避免泄露原则或支持对构成不当挪用的威胁进行救济。这源于美国各州商业秘密保护法律内容有所不同，尤其反映在对待不可避免泄露原则和对不当挪用威胁的限制态度不一上。虽然伊利诺伊州不禁止不可避免泄露原则，但在面临存在不当挪用的威胁时，并不是刚性使用相关法律原则，而是在对证据分析的充分说理基础上，根据事实的具体情况，得出结论，确定是否使用禁令。只有在对事实证据充分分析的基础上展开说理，才能使法律制度整体把握好维护商业道德、鼓励创新和保障就业权利这些不同且存在冲突的公共利益之间的平衡。

通过该案的学习，可以进一步理解美国商业秘密法在保护商业道德、激励创新与平衡公共利益方面的法理与其运用。截至 2023 年 1 月，该案被美国案例判决文书引用 329 次，被其他法律文件引用 746 次。

第八节　商业秘密权利的对抗性

🔖 **法律问题**

商业秘密所有人拥有怎样的权利？与一般物权有何区别？是一项普遍的对世权，还是仅能对抗特定人、特定行为的权利？

莫里森诉穆特案

Morison v. Moat，（1851）68 ER 492

■ **原告**：亚历山大·莫里森（Alexander Morison）和约翰·莫里森（John Morison）

■ **被告**：C. W. 穆特（C. W. Moat）

■ **法院**：大法官法院（英格兰与威尔士的衡平法院）

🔖 **案例背景**

该案发生在一家企业的现合伙人之间，他们也是该企业创办者的继承人。

亚历山大·莫里森（Alexander Morison）和约翰·莫里森（John Morison）是詹姆斯·莫里森（James Morison，以下简称"老莫里森"）的两个儿子，也是莫里森与穆特公司（Morison，Moat & Co.）的两名合伙人。根据老莫里森的遗嘱，他们是老莫里森家族中自己和其他成员的信托人，是配方和配药处方的受遗赠人。

詹姆斯·莫里森和托马斯·穆特（Thomas Moat，以下简称"老穆特"）根据1830 年 6 月 23 日的契约建立合伙关系，是莫里森与穆特公司的合伙人。

契约上写着，老莫里森是这种药物的发明者和唯一所有者，这种药物的制造秘密他已经告诉了他的儿子约翰·莫里森。老莫里森考虑到老穆特过去的服务，并进一步考虑到老穆特将其全部时间和精力投入药品的生产与销售的开展和推广中，同意将老穆特纳入与其的合伙制中，根据条款开展生产和销售药品。

实质性条款是：从 1830 年 6 月 24 日起，他们将在 20 年零 3 个季度的时间内成为药品制造商和销售商的专业和业务合作伙伴；公司风格为"莫里森与穆特公司，卫生专家"；在某些特定场所开展的业务，以及仅在该场所（外国机构除外）进行药品配制，并发放给合伙企业的代理人；暂时赋予合伙人权力，以便在方便的情况下撤销该机构；经营该业务的场所称为"英国健康学院"，合伙人有权获得利润，并承担损失，比例为老莫里森占 2/3 和老穆特占 1/3。如果老穆特在 1851 年 3 月 25 日之前去世，他在合伙企业中的权益不会转移到他的个人代理人身上；但是属于他应该任命的人，以及在未任命的情况下，将权力移交给老莫里森及其任命人、遗嘱执行人、管理人或受让人。老穆特将把他的时间和精力投入药品的生产和销售中，或以最有助于合伙企业利益的其他方式；老莫里森没有义务在他认为适当的范围内投入更多的时间或精力；老莫里森有权在与穆特相同的条件下，将任何人引入合伙企业；老莫里森在合伙企业开始之时或之前，向老穆特传达有关药物制备和配制方式的知识，并有权向他因此被授权引入合伙企业的一人或多人传达此类知识；老莫里森，尽管其中有任何相反的规定，但有权在世界任何地方设立机构，以制造和销售该药物，并且他可能从合伙企业订购或收到的所有物品，以一定的价格向他收费；如果老穆特有效期至合伙企业期满，则双方应根据类似条款约定新的合伙企业的有效期。

此外，契约还规定在合伙人死亡或引入新合伙人的情况下对合伙企业进行会计处理。

在签署合伙契约的同时，他们签署了两份与契约日期相同的保证，一份由各合伙人向另一合伙人签署，每份保证的违约金为 5000 英镑，并注明了合伙契约。合伙企业的繁荣将取决于保密药物的成分、制造和配制方式；发明人老莫里森把这个秘密告诉老穆特。

老穆特的契约条件是，他不应在此后的任何时候，以任何方式，向任何人泄露或透露上述秘密。老莫里森的保证书的条件是，在此后的任何时候，他不得以任何方式向任何人透露或泄露上述成分的秘密，以及制备和配制药物的方式，除他和上述老穆特根据合伙契约或其中任何一项的权力可能引入合伙企业的人员外，以及老莫里森可能引入其因此被授权成立的外国合伙企业的人员除外。

老莫里森于 1834 年 6 月和 1835 年 7 月分别将儿子亚历山大·莫里森和约翰·莫里森引入合伙企业，并将分给他们自己合伙份额的 1/20。根据 1836 年 1 月的一份契约，老莫里森指定，在他去世时，他的儿子们应为其剩余合伙份额的合伙人。合伙契约签署后不久，老穆特任命他的儿子霍雷肖·穆特（Horatio Moat）接替他。

1835年7月29日，重新签署合伙契约，由老莫里森、老穆特、亚历山大和约翰签署第一部分，由霍雷肖与老穆特的另一个儿子C. W. 穆特（C. W. Moat）签署第二、三部分。由此，表达出老穆特打算将其合伙份额指定给C. W. 穆特而不是霍雷肖的意图。老穆特有一段时间身体不好，故其无法处理合伙企业的事务。该协议的目的是：在老穆特身体持续不适期间，C. W. 穆特应尽其所能为老穆特处理合伙企业的业务。

老穆特向霍雷肖的合伙份额转让被撤销，1835年8月8日签订的契约使C. W. 穆特接受该合伙份额。老穆特于1835年8月去世。1837年1月，老莫里森、亚历山大和约翰为一方，C. W. 穆特作为另一方，签署契约，声明自老穆特去世以来，卫生专家以及"老莫里森环球医学"的制造商和销售商的业务由双方合伙经营。

据约定，他们应在1851年3月底之前，在英国和爱尔兰以及所有其他国家和地方（法国、意大利和瑞士，以及非洲除外）继续担任卫生专家、药品制造商和销售商的业务合伙人，并服从以下条款，即公司的风格与之前相同；经营该业务的场所将被称为"英国健康学院"，这些药物被称为"老莫里森的万能药物"，仅以该名称出售；老莫里森、亚历山大和约翰将获得2/3的利润，C. W. 穆特获得1/3的利润；莫里森一家应全权管理该业务，C. W. 穆特应被视为**沉睡的合伙人**，不得以任何方式干涉合伙企业业务的开展或管理，不得为合伙企业开具或接受任何支票、汇票或账单，或购买、订购或承包任何货物、商品、物品或物品，代表合伙企业；C. W. 穆特有权每季度检查一次与合伙企业有关的账簿、文件和文字，并对其进行摘录和复印；并在其认为适当的情况下，协助根据上述规定进行年度账目、分配和估价；并在每年计入总账目或分配、估价和评估的账簿上签字，并由总账目装订成册。

契约中有一项条款：他们中的任何一方"均不得将所有或任何药物的制备和配制处方告知非合伙人的任何人，向任何人传达或告知的每一方不属于合伙企业一名或多名合伙人的子公司或个人时视为违反该规定，应向合伙企业基金支付金额为1万英镑的款项，作为违约赔偿金，仅为其他方或上述各方的利益与好处"。

1840年5月，老莫里森去世。1843年，亚历山大和约翰与C. W. 穆特兑现了一部分契约。

合伙关系于 1851 年 3 月到期。于是，双方按照各自的份额分配了药品、成品药、盒子标签和政府印章的库存；而库存的宣传单、广告和其他印刷品则由亚历山大和约翰拿走，并向 C. W. 穆特支付了 1/3 成本价作为对价。

合伙企业解散以后，亚历山大和约翰使用制药和配制药物的秘方和配方，进行配制和销售，并从中获得了巨大利润。但他们发现，合伙关系终止后不久，C. W. 穆特也在一家店制作和销售该药，在标签上称自己是"英国卫生专家老莫里森、老莫里森的万能药"，并公开宣传他出售的药物是"老莫里森的万能药"。这些药片是根据老莫里森发明的配方或处方制作的。

亚历山大和约翰认为，将该药作为"老莫里森的万能药"的售卖是对他们的欺骗。他们也发现，事实上，老穆特在 1835 年 8 月 8 日执行任命的时候，将老莫里森在 1830 年 6 月 23 日签署契约时交给他的有关药方配置的秘密交给了 C. W. 穆特。

1851 年 7 月，亚历山大和约翰提交诉状，指控老穆特将配方交给了 C. W. 穆特，后者在接收配方时已知晓多项契约中的规定条件，其接收违反了诚信原则和这些规定条件。

争议焦点

合伙企业和合伙人之间的保密义务是否延续至其继承人或继任者身上。

原告意见

老莫里森从未向被告透露过这个秘密。除了老穆特，他没向其他任何人透露过这个秘密。他在 1835 年 8 月 8 日的任命中，基于对当时已病入膏肓的老穆特的信任和老穆特的保证，而透露给了老穆特，但没有将制作和配制药物的秘密透露给被告，也不会透露给任何人。他也从没把这个秘密写在书面上。原告相信并认为，老莫里森和原告执行 1837 年 2 月的契约以及在执行后续保证时，被告尚未知晓制药与配药的相关秘密。

原告否认老穆特死后，被告代替其父亲成为一名积极合伙人，从而见过制作和配制药物的方式和方法，或者因此获得任何关于成分或配制和混合方式的知识。原告并请了证人，否认老莫里森生前或死后不久，或在 1837 年 2 月签署契约之前，知道被告拥有配方或处方，或进行过除了金钱交易外有关商业问题的谈话。

因此，原告们指控说，他们没允许被告在合伙期间参与药物配制，而且被告从未通过参与合伙企业的业务而了解到合伙企业的配药秘密。他们推测，被告是通过查阅合伙企业的账簿，了解了一些药品成分。也就是说，被告于1837年2月契约和后续契约日期的期间，在原告不知情且没有监督的情况下，非法掌握了相关秘密，违反了老穆特与原告和老莫里森签订的合同。

被告意见

被告反对原告的指控。根据1835年7月29日签署的契约，被告参与合伙企业的运转，并代表他父亲处理合伙企业的事务。在履行这些职责时，他了解了制药和配制药物所用的成分，以及复方、配制和混合药物的知识。他父亲去世前夕，在考虑由他继承合伙企业的份额时，将该处方告知了他。上述书面处方与他以前已经了解的关于制药和配制药物的事实一致。

在父亲去世后，他代替父亲成为积极合伙人，老莫里森和原告都承认了这一点；并且，在大约两个月的时间里，他与合伙人或其中一些人共同管理这项业务。在这段时间里，他看到了制药和配制药物的方式和方法，以及这些药物的成分和使用这些成分的比例，从而获得了关于这种药物的成分，以及配制和混合这些药物的方式的完整实践知识。他完全有能力自己制造和配制上述药物。

被告声称，老莫里森和原告在老穆特死后不久，也就是在1837年2月的契约执行前很久，就知道被告拥有秘方或配方，或处方。在父亲去世后不久，在1837年2月25日之前，被告曾多次与老莫里森以及原告就处方、药物的准备和生产进行过交谈。在每次这样的交谈中，老莫里森和原告都很清楚地知道，他持有上述配方或处方的书面形式。

被告表示，老莫里森或任何其他人从未获得制造或销售上述药品的专利或其他专有权利或特权。在合伙企业或其他契约中，没有任何条款、合同或规定限制该公司或其任何合伙人在合伙期满后制造、生产或销售该药品。

被告主张，自己有权生产和销售同样的产品。他否认这样做是对原告的欺诈，也否认任何契约是因为他不知道这个秘密而被执行的。他从来不希望人们知道，所销售的药品是由原告制造的，或者除了他自己以外的任何人制造的。无论对药品的描述如何，药品事实上就是众所周知的"老莫里森的万能药"，但是他小心地表示，这些药品是由他自己制造的。

法院意见

这类案件**在某些情况下，争议焦点在于财产；在另一些情况下，在于合同；**

而在另一些情况下，又被视为建立在信托或信赖的基础上。这意味着，法院应加固当事人良心引发的义务，并对其施加义务，被施加的义务应与作出过保密承诺的利益受让人一致。有这样一类规则，即基于诚信和对未来安排的信赖而交付的内容不能用于与其交付目的不同的目的。

被告在辩论中极力主张，在目前这样的案件中，授予禁令的效果会使原告享有比专利权人更好的权利。**但要处理的不是原告对抗世界的权利，而是他们对抗被告的权利。原告很可能没有针对整个世界的所有权，但可能仍然有针对该被告完好名义的所有权。**

因此，这起案件并不取决于任何有违信赖关系的行为，因为这里没有建立信赖关系，而是完全取决于假定的药品所有权。该案并不是"法院限制一个人侵害另一个人财产的欺诈预备"的案件。

没有争议的是，老莫里森是发明人，一直到1830年6月23日，他是这个秘密的唯一保管人。1830年6月23日，他与老穆特之间签署了合伙契约和两份保证书。那么，首先要考虑的问题是，这些文书的效力如何？被告辩称，它们的影响是使秘密构成合伙企业的资产。但是，单从契约来看，除了契约之外，审理法官更倾向于认为它不可能有那种效力。审理法官认为，必须把契约与保证书联系起来，但又认为显然不能这样用，因为这是一个有关意图的问题。

这份契约表明，该秘密并不属于合伙企业。因为尽管它考虑引入新的合作伙伴，并明确规定老莫里森将秘密告知老穆特，但老莫里森是否将秘密告知自己或老穆特介绍过来的人仍由其选择。根据条款中使用的第三人称单人形式"他"，可能适用于其中一人。**而且很难想象，一个合伙人有权向其他人隐瞒的秘密可能会成为合伙企业的资产。**同样，这些条款看起来似乎不是像秘密那样的资产，而是一个新合伙人加入时要考虑的问题。

如果该秘密被视为合伙企业的一项资产，那么无论是在当时还是在合伙企业终止时，都不会有关于该如何对待该秘密的规定，也不会有对其进行估价的规定。但是，这个问题仅限于契约本身，而保证书看起来也已经给出了答案。因为通过老穆特的保证，他不能将秘密告诉任何人，除非他或老莫里森可能会将其介绍到合伙企业中，或出于对外贸易的目的。那么，各方怎么会认为该秘密应该是合伙企业的资产呢？因为在这种情况下，合伙企业可能决定将它出售。

在审理法官看来，这些文书的**真正效果似乎是老莫里森为自己保留了除老穆特以外，对抗全世界的秘密。**老莫里森有权将合伙人引入该公司，老穆特在老莫里森的同意下也有同样的权力，但在其他方面则不然。老莫里森完全可以选择是否将这个秘密告诉他自己或老穆特介绍的任何合伙人。老穆特也有义务不向任何人透露这个秘密。因此，根据审理法官提到的权威说法，在该案的这个阶段，老莫里森完全有权阻止老穆特泄露秘密。从那以后发生的事情是否破坏了这种权利，拭目以待。如果没有，原告是否有权对被告强制执行？

审理法院下一个阶段要考虑的是 1835 年 7 月和 8 月的交易。在审理法官看来，1835 年的这些文书上出现的任何东西都丝毫没有改变不能证明老莫里森曾把秘密告诉被告这一情况。因为被告成为该公司的合伙人这一事实没有让他知道这个秘密的权利，当然，他也不能从他作为父亲协助人的协议中获得这样的权利。

此阶段的情况是这样的：被告承认这个秘密是老穆特传给他的。他主张自己是通过在该公司担任合伙人而得知此事的说法是不成立的。这表明，如果他真的获得了这样的知识，他是秘密地获得的。

现在的问题是，是否可以对其使用禁令。审理法官认为可以。**老穆特泄露秘密显然是有违信赖关系和契约。被告因背信弃义和违反合同而得利，审理法官认为他不能因此获得任何所有权。**被告有足够证据证明自己是 1837 年契约下的沉睡的合伙人，并不知晓任何知识。如果契约是为了防止被告泄露他已获得的知识而被添加的，那么他已获得该知识的事实肯定会在契约中被表述出来。如果原告及他们的父亲知晓被告持有该秘密，看起来就没有理由会拒绝被告参与经营。

在老莫里森死后的契约实施中，被告作为契约的一方并没有声称对该秘密拥有任何不利于该头衔的权利或利益。

因此，总的来说，审理法官认为原告已经提出了禁令的理由。然而，审理法官认为禁令不能达到动议通知要求的程度。它应该限制被告以"老莫里森环球医学"或"老莫里森植物环球医学"的名义或名称出售他制造或配制的任何药物。在这种程度上，不仅仅是使用名称，但因为这显然是被告利用自己违约行为的方式。

审理法官认为，禁令还应该限制被告根据秘密制造或配制任何药物，以及以任何方式使用配制药物的秘密。但审理法官不能使禁令限制被告"以任何方式使用老莫里森的名义制造或销售任何药物"或限制秘密的传播，因为没有证据，甚至没有诉讼请求显示其有传播的意图。

 判决结果

被告应被执行永久禁令。限制被告、其代理人以"老莫里森环球医学"或

"老莫里森植物环球医学"的名义或名称出售或帮助他人出售被告或在其命令或指示下制造的任何药物；并限制被告及其代理人，以根据秘密制造或配制任何药物，以及以任何方式使用配制所述药物或其任何部分的秘密。

🏅 案例学习意义

商业秘密的权利本质不是其所有人对抗世界的权利，而是对抗具有保密义务者的权利。商业秘密所有人很可能没有针对整个世界的所有权，但可能仍然有针对后者及从他们处获取商业秘密的继受者的所有权。这使得商业秘密的权利与其他知识产权例如专利权、著作权、商标权相比较，显得有些不同。

该案是英国的一个早期（1851年7月）解决不具有对抗世界权利性质而具有相对对抗权利性质的案例。原告针对不具有可专利性的秘密事项提出动议，禁止被告的特定行为——以"老莫里森的万能药"的名义生产或销售药品，使用药品名称，使用或传播药品成分的知识或秘密。在这个案件中，法院通过一系列的抽丝剥茧，在复杂的人物关系及合作文书中提炼出了商业秘密的权利相对性特性。

该案对美国商业秘密判例和学术研究产生过较大影响，在美国被称为"正义先生的故事"。通过对该案的学习可以进一步理解商业秘密的权利属性本质。

第九节　商业秘密的权利不是绝对权力而是相对权利

 法律问题

商业秘密所有权可以对抗哪些群体，是特定相对人还是不特定相对人？非机密信息可以是商业秘密吗？可以通过合同法或侵权法保护吗？

太平洋诉北极星案
Confold Pac.，Inc. v. Polaris Indus.，433 F. 3d 952（2006）

■ **原告/上诉人：**康福德·太平洋公司（ConFold Pacific，Inc.，以下简称"太平洋"）

■ **被告/被上诉人：**北极星工业公司（Polaris Industries，Inc.，以下简称"北极星"）

■ **法院：**美国联邦第七巡回上诉法院

案例背景

该案的纠纷发生在两家有潜在合作意向的企业间。北极星是一家雪上摩托和其他车辆的制造商。它过去使用一次性集装箱运输车，但从 1993 年开始考虑使用可回收集装箱。太平洋是一家希望生产此类集装箱的新公司。在未来的两年时间里，根据与北极星之间的协议，它将在一家名为卡帕斯物流（CAPS Logistics，以下简称"卡帕斯"）管理咨询和软件开发公司的协助下，对北极星的运输需求进行"逆物流分析"。这种分析是对如何最好地处理客户退货的分析，例如是否翻新和转售、回收、再利用其部件、将其作为废品出售，或告诉客户丢弃。太平洋与北极星之间的这项服务协议名为《多方保密协议——物流咨询版》。该协议是太平洋提出违约索赔的依据。

协议签署两个月后，北极星向九家公司发出邀请，要求它们提出设计符合其需求的可回收集装箱的提案，包括太平洋。太平洋只被告知"你的设计将是目前被考虑的九个设计之一"。北极星最后没采纳任何提案。但几年后，北极星设计出一种可回收的集装箱，并交由一家公司，由其为北极星制造该种集装箱。

太平洋认为，北极星的设计基于太平洋为响应邀请而提交给北极星的设计提案，由此提出违约和不当得利诉讼。

争议焦点

北极星的行为是否构成违约或不当得利。

诉讼过程

初审的地区法院法官作出简易判决，支持制造商。
原告提出上诉。

美国联邦第七巡回上诉法院的意见

一、是否构成违约？

违约问题是指，《多方保密协议——物流咨询版》是否约束北极星不向第三方披露太平洋提交给北极星的任何可回收集装箱设计。该协议的标题表明它没有，即保密协议的范围仅限于逆物流分析。时间的安排也印证了这一点。因为当签署协议时，双方之间的交易只与太平洋为北极星进行的分析有关。

此外，协议序言约定，"太平洋拥有其认为专有的软件系统、文档和相关咨询服务的相关信息"。"软件系统、文档和相关咨询服务"一词指的是逆物流分析本身，这也意味着太平洋向北极星透露的唯一专有信息是与分析相关的信息。

这一解释得到了协议中声明的支持，即"双方之间关于交换和保护与项目有关的专有信息的完整协议"。双方考虑的唯一程序是用于生成逆物流分析的软件程序，而专有信息是与该分析相关的软件和其他材料。决定客户是否应该更换可回收的集装箱是一事，而设计客户如果更换其将使用的集装箱则是另一回事。合同中没有默示集装箱的设计在其范围内。

地区法官可能已经认定，协议明确排除了设计信息。在这种情况下，不需要考虑协议本身以外的证据。尤其是在处理"当事人是商业老手……他们知道如何表达自己的意思，并且有动机仔细起草协议"之间的实质性合同时，**明确合同的**

含义是法律问题而不是事实问题。

这一规则有很大的优点，其结果是"明确的合同语言必须按书面形式执行"。该规则使合同纠纷得以快速、廉价地解决，"保护当事人不受诉讼程序变幻莫测的影响，这是在没有太大误解风险的情况下以书面形式提交合同的一个主要原因"，并通过将合同交易成本和不确定性降到最低，增加了合同作为开展业务手段的价值。

太平洋辩称，以书面形式执行协议具有特别的价值，应免除其在协议中未阐明其与交易核心有关的权利的后果，该协议的唯一主题是保密。但是，北极星虽然知道太平洋制造了可回收的集装箱，但不能指望由它来窥视太平洋的想法，发现太平洋认为保密义务延伸到了材料，即集装箱设计。这些材料既没有在协议中提及，也没有与北极星和太平洋合作的项目密切相关。后者是一个咨询项目，而不是一个设计项目。

诚然，协议字面看可以是清晰的，也就是说，对于一个不熟悉商业语境的读者来说，当语境被恢复时，它仍然是模糊的。这就是"外在"或"潜在"的歧义。地区法官发现该案中的协议模棱两可，但并非因为商业背景。

协议序言中的内容进一步声明，"太平洋和北极星希望交换信息，以便两家公司相互发展未来业务"。"未来业务"可能只是逆物流分析，因为北极星在签署保密协议之前拒绝批准该项目，所以逆物流分析尚未开始。太平洋正是根据这一要求提交了协议。但更自然的解读是，该协议中引用的语言以及物流分析是该协议的主题，因此是"当前"而非"未来"业务，这一事实强化了这一解读，即该条款是指太平洋未来可能向北极星出售可回收集装箱。

双方不仅希望交换能够使分析成功完成，而且还希望，如果是这样的话，该交换可能会为下一阶段的富有成效的关系奠定基础，那时（如果）北极星进入市场购买可回收的集装箱，可能会从太平洋购买。

通常情况下，一家公司首先被聘为顾问，就买方的需求向其提供建议，然后在制定这些需求时，投标提供这些需求。太平洋最初向北极星提出的逆物流分析建议实际上是包括设计在内的其他服务报价。然而，最好将所引用的语言理解为双方为什么交换有关逆物流分析的信息，并承诺对其保密——它们希望将来有合作，但尚未作出承诺。

太平洋的解释缺乏合理的限制。它将保密覆盖在"交换信息"之上的任何信息。这将要求双方交换的任何信息，包括它们的电话号码，都要（永远）保密，而这种理解是一种难以置信的意图。

二、是否构成不当得利？从交易性质到商业秘密的内涵再到相关行为的性质

太平洋辩称，北极星利用其可回收集装箱的设计，错误地将自己的财富增加到 2500 多万美元。北极星否认其使用的可回收集装箱是基于太平洋的设计。

地区法官没有触及该问题，上诉法院也不需要。当事人向上诉法院抛出了一系列令人困惑的术语，"不当得利"，当然还有"归还""商业秘密""挪用""准合同""按劳计酬"等。上诉法院试着理解它们。

词汇泛滥是法律问题的根源。"不当得利"及其同义词"恢复原状"有两个含义，一个是补救性的，一个是实质性的。补救措施是针对这样一种情况，即侵权原告要求的不是他所遭受的损害，而是被告从不法行为中获得的利润。

假设，如果北极星通过复制太平洋的设计节省了资金，那么只要复制是一种不法行为，太平洋就有权获得这一补偿。从实质意义上讲，不当得利或恢复原状主要是指被告收到了属于原告权利的东西（例如，他错误地收到了它或他偷了它），或者原告向被告提供了服务，在这种情况下，尽管有充分的理由却没有合同，一个人可以合理地期望得到付款，但被告拒绝付款。

第一种情况是错误支付，第二种情况是此类医疗服务的正常费用。第二种情况的一个例子是，一名医生向一名失去知觉的人提供服务，后来向患者发送的账单被拒付。在任何一种情况下，执行恢复所获福利的价值都是合理的预期。

因为法院正在构建一种准合同关系，以便产生双方当事人可能会订立的结果，条件是合同在当时的情况下是可行的，而事实并非如此。准合同不能与"事实上默示的合同"混淆，后者是"以行为代替明示接受的合同"。与准合同类似的是"按劳计酬"（quantum meruit），这意味着双方的合同在无法执行的情况下进行了合理预期付款，对提供的服务的价值提起诉讼。

法院试图模拟出一个竞争激烈的市场，在这样的市场中，价格是基于卖方的成本，而不是买方的主观价值，后者往往要高得多。但是，当被告挪用了属于原告的有价物品时，被告所获得的利益是适当的救济。

但是，这些相互关联、在某些情况下完全相同的恢复理论不适用于该案。公司不断地传播信息，而不期望获得报酬。如果认为太平洋可以简单地将其集装箱设计邮寄给世界上每一家使用集装箱的公司，然后到处起诉所有使用该设计的公司，那将是荒谬的。如果外观设计获得了专利保护或接收者同意不使用它，情况就不同了。

随着"商业秘密"和"挪用"这两个词的出现，上诉法院终于谈到了威斯康星州和明尼苏达州之间似乎存在分歧，但可能并非如此的问题。**太平洋错误地**

认为商业秘密是一种财产权，与一个人在自己被褥里拥有的财产权意义相同。后者意义上的产权是一种对抗整个世界的权利，而商业秘密则不是，因为通过反向工程"窃取"一家公司的商业秘密是完全合法的。相比之下，专利权是对抗整个世界的权利。著作权不是因为存在独立发现这一对著作权的抗辩理由，但著作权是比商业秘密更完整的财产权，因为复制是侵权。复制商业秘密（如反向工程）并不是一件容易的事。

商业秘密实际上只是一条信息，如客户名单、生产方法或软饮料的秘密配方。持有者试图通过与员工和其他人签订保密协议，并通过围栏、保险箱、加密和其他隐藏方式对外部人士隐藏信息，从而保守秘密。因此，**揭露秘密的唯一方式是合同违约或侵权行为。**

一般来说，如果信息不是商业秘密，也不受专利、著作权或其他比商业秘密更广泛的知识产权法律体系的保护，任何人都可以自由使用信息，而无须承担任何责任。

然而，太平洋辩称，若被告存在不正当地掌握信息的情况，明尼苏达州则有普通法规定了使用这类信息的责任。这个论点很难被理解，因为**如果信息不是机密信息，也不受任何创造信息产权的法律保护，则该信息属于共有领域，可以自由使用，无须通过侵权或违反合同来获取。**

太平洋一方所引用的先例代表了一项原创主张，即虽然《统一商业秘密法》（*The Uniform Trade Secret Act*，UTSA）在威斯康星州优先于大多数非 UTSA 的商业秘密盗用补救措施，受害人可以就挪用过程中的侵权行为，例如侵权单独提起诉讼。这个主张，完全围绕着法律优先权考虑是有争议的。**但是，如果没有侵权或违约，挪用商业秘密通常是不可起诉的。**无论如何，随着合同问题以有利于北极星的方式得到解决，没有人认为它通过侵权手段获得了太平洋的设计，且不存在商业秘密。

然而，还有另一种版本的"挪用"，与商业秘密无关。具有讽刺意味的是，它在威斯康星州的法律中占有一席之地，但从未在明尼苏达州先例中被提及过。该先例不再具有权威性，因为它是基于美国联邦法院后来所放弃的、在根据州法律提起的诉讼中制定普通法原则的权力。这项先例启发了许多州的普通法，也包括威斯康星州的普通法。

该先例的背景是，美联社和国际通信社争相收集要在报纸上发表的新闻。在第一次世界大战的大部分时间里，英国和法国的审查人员都禁止国际通信社向美国发送战报，国际通信社会转述在东海岸报纸上发表的美联社战报，并且由于时区的不同，国际通信社能够在同一时间在西海岸报纸上发表其转述，而仅仅几个小时后，东海岸报纸上也出现了转述。这里不存在侵犯著作权的问题，因为移民局复制的是美联社报道的事实，而不是报道本身，而且美联社也没有费心为其报道著作权。当然也没有商业秘密。然而，法院认为，美联社有权禁止国际通信社的复制作为一种不公平竞争。

为了将这一不公平竞争或挪用的概念保持在合理范围内，美国最高法院将这一遗产留给了一些州，美国联邦第二巡回上诉法院在一份解释纽约法律的有影响力的意见中指出，**该侵权行为的构成要件如下："①原告以一定成本或费用生成或收集信息；②信息的价值对时间高度敏感；③被告对信息的使用构成对原告生成或收集信息的成本高昂的努力行为的"搭便车"；④被告对信息的使用与原告提供的产品或服务存在直接竞争；⑤如果其他各方能够'搭上原告的便车'，那么生产产品或服务的动机就会降低，产品或服务的存在或质量可能会受到严重威胁。"**

太平洋也没有努力确立起这些要素。它的挪用索赔归结为对其未申请专利的设计的侵权索赔。这种说法是错误的。更何况，广义的国际通信社类型的声明可能不会被优先适用。正如上诉法院刚才指出的，它的这些要素尚未得到证明。

📰 判决结果

首先，双方就"逆物流分析"咨询签订的保密协议不适用于产品设计；其次，不正当得利理论下的追偿是不正当的。

确认初审法院的判决。

🎖 案例学习意义

商业秘密的前提是存在秘密。没有秘密则不构成商业秘密，商业秘密权利不是一种对抗世界的财产权利。商业秘密虽然属于知识产权范畴，但它的权利不同于赋予了权利人对抗世界权利的专利权、著作权、商标权，专利法、著作权法、商标法赋予了这一类知识产权对抗世界的权利，商业秘密法没有赋予商业秘密对抗世界的权利。

该案深刻揭示了商业秘密的权利属性本质。如果信息不构成机密信息，也不受任何创造信息产权的法律保护，则该信息属于公共领域，可以被他人自由使用，无须通过违约或其他不当挪用方式来获取或揭露它。

不能简单错误地认为商业秘密是一种财产权甚至物权，与一般私人财产权的意义相混淆。后者意义上的产权是一种对抗整个世界的权利，而商业秘密则不是，因为通过反向工程剖析并获取一家公司的商业秘密是完全合法的。

该案的裁判文书撰写法官理查德·艾伦·波斯纳法官（Richard Allen Posner）也在案件分析中展现出了他的法经济学分析思维，对围绕商业秘密的合同法与衡平法诉求进行了优先性和可行性比较，一方面学习了这些法律适用的要点与思维方式，另一方面核心依然回归到了商业秘密客体的本质上。通过该案学习可以深刻领会商业秘密的机理。截至 2023 年 3 月，该案被美国案例判决文书引用 64 次，被其他法律文件引用 114 次。

第二章　不构成商业秘密的
易混淆信息类别

商业秘密保护的基础除了商业秘密法，还涉及合同法、侵权法等。虽然商业秘密法罗列了商业秘密主题，但构成商业秘密客体的具体要件要求是结合这些其他法律而来的。本章通过 4 个案例呈现出这些要件的基本要求与情况，以排除法视角进一步限缩商业秘密的主题范围。

第一节　一般知识、技巧和经验不是商业秘密

 法律问题

一般知识、技巧和经验是否构成商业秘密？若签署了同业禁竞等限制性合同和条款，涉及了这些知识，相关合同条款是否还能被实施？

米勒建筑诉谢弗案

Jim W. Miller Constr. , Inc. v. Schaefer, 298 N. W. 2d 455（1980）

■ **原告/被上诉人**：吉姆·W. 米勒建筑公司（Jim W. Miller Construction, Inc.，以下简称"米勒建筑"）
■ **被告/上诉人**：理查德·谢弗（Richard Schaefer）
■ **法院**：明尼苏达州最高法院

案例背景

该案发生在雇主与去创业的原雇员间。米勒建筑是一家在明尼苏达州圣克劳德市从事建筑和房地产销售业务的公司。有两个部门，即商业和住宅建设部、房地产销售部。

1973 年 7 月，米勒建筑聘请谢弗为其房地产销售部的推销员。谢弗当时 23 岁。虽然他通过之前在当地做重估项目的工作，有一些房地产估值的知识，但没有房地产销售的经验。在他与米勒建筑合作的头两年里，谢弗作为独立的承包商为米勒建筑服务。在 1975 年秋天，接收到聘用邀请，并在 1975 年 11 月，与米勒建筑签署了一份名为《雇佣协议》的文书。

该文书第 8 条规定：雇员保证，在本协议终止后，他本人或作为代理人、雇员或公司的任何其他人、其他公司或雇员，不会直接或间接地从事与米勒建筑相同或类似的业务，或作为房地产代理或房地产销售员，与米勒建筑从事相同或类似业务。在圣彼得堡半径 100 英里或 20 英里范围内，不能单独担任房地产代理，包括雇佣关系终止后两年内，在明尼苏达州圣克劳德市也不能。但是，雇员将有资格担任房地产销售员，其地产经纪严格从事房地产销售。公司和雇员认识到，若违反本协议的这一部分，将难以确定公司承担的损害赔偿，因此同意对违反本条款的合理赔偿为 35000 美元。这绝不是一种惩罚，而是根据双方事先约定提供合理补偿。

在米勒建筑的任职期间，谢弗成为一名称职且成功的房地产销售员。截至 1977 年 10 月末，谢弗都是米勒建筑房地产销售部的首席销售员。1977 年 10 月，米勒建筑获悉，谢弗和其他三名本公司房地产销售员有计划独立从事房地产销售业务，并为此成立了一家公司。10 月 24 日左右，米勒建筑终止了谢弗及其他三名销售员的雇佣合同。在被解雇后的一段短时间内，谢弗在明尼苏达州圣约瑟夫的一家房地产公司担任销售员。1977 年 12 月，谢弗获得地产经纪执照。1978 年 1 月，新成立的地产五公司（Realty Five）开始在圣克劳德市开展业务，谢弗担任其地产经纪，从事商业和住宅房地产交易，同时处理新建建筑和已被占用建筑的销售。

1978 年 3 月，米勒建筑对谢弗提起诉讼，指控其违反《雇佣协议》第 8 条，要求赔偿 3.5 万美元违约金。

争议焦点

雇佣协议中的限制性条款是否合理从而被执行。

诉讼过程

初审法院不允许原告获得全部违约赔偿金，裁定 1.5 万美元将合理补偿原告的损失，并下令以该金额进行判决。

被告上诉。

初审法院意见

初审法院认定，《雇佣协议》是一份有效合同，《雇佣协议》第 8 条中包含的限制性约定是可执行的，被告在离开原告的雇佣关系不到 2 年后，在圣克劳德市 20 英里半径范围内从事地产经纪业务，违反了限制性约定。

原告意见

对被告作为地产经纪的限制是合理的，因为被告在原告工作期间获得了担保销售计划、建筑融资和房地产估价方面的知识。

被告意见

限制性约定不合理，因此无法执行。

明尼苏达州最高法院意见

明尼苏达州最高法院（以下简称"州最高法院"）同意被告的论点。对于是否允许雇主在雇佣合同中执行限制性约定的问题，州最高法院一直采取谨慎的态度。这种契约被视为不受欢迎，因为其执行减少了市场竞争，限制了契约人的工作权利和谋生能力。如果当事方在订立合同时处于不平等的谈判地位，则合同本身可能是脆弱的。已有先例中的普通法测试可以确定《雇佣协议》中的**限制性约定是否合理。该测试是为了保护雇主的业务或善意：限制性规定是否是必要的，如果是，限制性规定是否对雇员施加了比保护雇主业务合理必要的更大的限制，应考虑到雇佣的性质、施加限制的时间，以及禁令适用地区的地域范围。**

该案中争议的限制性约定是不合理的，因为施加的限制没有以任何合法方式保护原告的商业或善意。虽然限制性约定禁止被告在与原告终止雇佣关系后的两年内，在圣克劳德市20英里半径范围内"以地产经纪的身份单独经营"，但允许被告在同一地理区域和同一时间段内与严格从事房地产销售的地产经纪一起担任房地产销售员。根据该州法律，房地产销售员可以执行地产经纪被授权执行的任何行为，只要他代表被授权代理的地产经纪行事。

虽然限制性约定对被告的房地产销售活动的形式施加了限制，但并不以任何方式限制该活动本身。没有任何证据表明，被告作为地产经纪对原告的业务或善意造成的损害，比他受雇于另一家严格从事房地产销售的房地产公司的销售员所造成的损害更大。

为了使限制性约定合理，初审法院依据的事实是，在他受雇于原告的整个过程中，被告与原告的客户有直接联系。州最高法院认为，有必要限制被告作为地产经纪的行为。因为作为地产经纪，被告可能会与原告在房地产业务上存在竞争行为，并利用其与原告客户的关系，损害原告的业务和善意。

假设被告在其受雇于原告期间与原告客户建立的关系中存在合法的商业利益，州最高法院无法理解限制被告担任地产经纪，同时允许他担任房地产销售员的行为。

房地产销售员通常会收到至少一部分基于房地产销售的佣金形式的报酬。因此，他们的收入在很大程度上取决于专业知识和个人主动性。如果在原告终止与被告的雇佣关系后，被告选择在另一家房地产公司担任房地产销售员，而不是获得地产经纪执照并创办自己的公司，州最高法院怀疑他利用与原告雇佣关系存续期间获得的优势对原告业务的损害是否会减少。

原告主张被告在其雇佣期间所获得的知识对被告作为地产经纪比作为销售员更有用。然而，原告的主张似乎基于这样一种观念，即作为指导销售员活动的地产经纪，被告可以更容易地利用这一知识，并且有证据表明，由于对被告的专业知识有信心，银行愿意向地产五公司提供实施担保销售计划所需的资金。从而，州最高法院不相信原告的主张是正确的。

作为一名房地产销售员，被告可以自由地与与其有关联的地产经纪分享他的知识。然后，地产经纪可以指导其他销售员利用这些知识，或者在试图说服银行为担保销售计划提供贷款时，引用被告的专业知识。

此外，雇员在受雇过程中获得的非机密信息和技能不是秘密工艺，这一事实不能支持限制性约定的执行。"任何限制都不应限制雇员将其以前工作中所获得的技能和知识应用于自身最大利益的权利。这包括那些只是'特定行业已知的一般工艺的巧妙变种'的技术"。

原告不否认被告在受雇于原告期间获得的知识一般可从各种来源获得。被告拥有在受雇期间获得的知识，如果公众可以从不同渠道获得，则这并不构成对他作为地产经纪行为的限制。

判决结果

限制性条款不能执行，驳回原判。

案例学习意义

雇员在雇佣期间，获得一般知识、经验和技巧不是雇主的商业秘密，对这些知识的后续使用不应受到时间、地域和领域的限制。

该案是一个典型的针对一般知识、经验和技巧进行限制性条款约束，继而针对员工产生不当诉讼的案件。明尼苏达州最高法院 C. 唐纳德·彼得森（C. Donald Peterson）法官在判决书中表达出两项重要观点：第一，限制被告作为房地产销售员单独经营地产经纪，但允许他与直接从事房地产销售的地产经纪一起担任房地产销售员的约定是不合理的；第二，被告对在受雇期间获得的知识，不能支持对其作为地产经纪的行为进行限制，因为公众通常可以从各种来源获得此类知识。这一点不存在争议。

通过学习该案，可以了解商业秘密的相关法律不保护一般知识、技巧和经验，并理解这背后的政策意义与考量，遏制商业秘密滥用。截至 2023 年 1 月，该案被美国案例判决文书引用 16 次，被其他法律文件引用 32 次。

第二节　没有独立价值的客户名单不构成商业秘密

法律问题

客户名单能否构成商业秘密？需要具备怎样的条件？

> **斯滕霍温诉美国大学人寿保险案**
> *Steenhoven v. College Life Ins. Co.*，460 N. E. 2d 973（1984）

■ **原告/被上诉人**：美国大学人寿保险公司（The College Life Insurance Company of America，以下简称"大学人寿"）

■ **被告/上诉人**：约翰·R. 斯滕霍温（John R. Steenhoven）

■ **法院**：印第安纳州上诉法院第二分部

案例背景

该案发生在雇主与前员工之间。斯滕霍温是一名保险代理人，此前在大学人寿工作。在两者的合同关系终止后，大学人寿对斯滕霍温提出诉讼，要求法院发布初步禁令，禁止斯滕霍温使用投保人名单，并归还有关材料。

争议焦点

是否可以针对客户名单的使用及客户的后续商业活动调整发布禁令。

诉讼过程

初审法院同意给予初步禁令，禁止斯滕霍温联系过去或现在的客户以替换大学人寿保险单，并禁止其实际试图促成此类替换。

被告提起上诉。

上诉法院驳回了初步禁令，被上诉人提起重审。案件重新回到上诉法院，以确定是否属于重审情形。

被告意见

即使投保人名单是商业秘密法意义上的汇编，投保人名单也不是商业秘密，因为投保人的姓名和地址列表没有固有的独立价值。

印第安纳州上诉法院第二分部意见

上诉法院同意大学人寿关于投保人名单不容易从投保人本身确定的说法。但上诉法院认为，若发布禁令，此类名单必须是《统一商业秘密法》所指的商业秘密。无法得出结论，即该案中的投保人名单是该法规定的商业秘密。

商业秘密包括："信息，包括配方、模式、编译、程序、设备、方法、技术或过程，这些信息：①不能为能从披露或使用中获得经济价值的其他人普遍所知，也不容易通过适当手段确定，从而获得独立的实际或潜在经济价值；和②是在这种情况下为保持其秘密性而作出的合理努力的对象。"

大学人寿辩称，投保人名单是《统一商业秘密法》意义上的汇编。但是，即便如此，上诉法院也不能得出投保人名单是商业秘密的结论。

根据法律，要被视为商业秘密，所涉及的信息必须具有某种"从不为大众所知而获得的独立经济价值"。投保人的姓名和地址列表没有这种固有的独立价值，即使这份列表被置于竞争对手的保险机构手中。单独列表实际上是毫无价值的，在另一个人手中缺乏独立经济价值，上诉法院不能说这样的列表将构成《统一商业秘密法》意义上的商业秘密。

判决结果

不予授予禁令，且不允许重审。

案例学习意义

争夺客户资源对保险公司具有重要意义，投保人名单究竟是否属于商业秘密不能仅从字面理解，必须结合商业秘密定义综合判定。**顾客报价单或顾客名单可以成为一类商业秘密，关键是符合商业秘密要件，如具有独立的经济价值。**该案中，法院判定投保人的姓名和地址列表没有固有的独立价值，即使这份列表被置于竞争对手的保险机构手中，也不构成商业秘密。

但有很多行业，企业将相同或几乎相同的产品或者服务提供给一小群固定的购买者，就好像该案中的保险这类的产品。在这样一个以购买者为导向的市场中，供应商的客户名单很可能构成商业秘密，并可以通过禁令来挽回被撬走的客户。截至 2023 年 3 月，该案被美国案例判决文书引用 29 次，被其他法律文件引用 39 次，并被选入多部美国案例教材中。

第三节　商业秘密排除公众所知

法律问题

应如何判定不为公众所知悉？其他法律要件的判定对该要件的判定有着怎样的影响？

自助餐公司诉克林克等案
Buffets, Inc. v. Klinke, 73 F.3d 965（1996）

■ **原告/上诉人**：自助餐公司（Buffets, Inc.）、长青自助餐公司（Evergreen Buffets, Inc.，以下简称"长青餐厅"）

■ **被告/被上诉人**：克林克家族（Paul Klinke、Carol Klinke、Greg Klinke）、祖母自助餐公司（Granny's Buffet, Inc.）

■ **法院**：美国联邦第九巡回上诉法院

案例背景

该案发生在两家合作不成且具有竞争关系的餐厅之间，并有员工卷入。自助餐公司是一家位于明尼苏达州并以老乡村自助餐（Old Country Buffet，以下简称"老乡村"）名义经营的全国连锁廉价自助餐厅。这些餐厅以"什么都吃得到"为基础，以固定价格提供自助式餐饮。

老乡村的主要创始人之一丹尼斯·斯科特（Dennis Scott）开发了第一批老乡村菜单，并进行了"小批量烹饪"的老乡村实践。许多自助餐厅的标准做法是一次准备和储存大量食物，但斯科特不是，他只准备小批量食物以确保新鲜。斯科特在餐饮业有着丰富的经验，并将他之前获得的许多菜谱应用于这种"小批量"烹饪。

1989 年，斯科特成立了一家新公司——长青餐厅，在华盛顿温哥华开设了第一家老乡村。他的合伙人乔·布朗（Joel Brown）雇佣了马克·米勒（Mark Miller）在长青餐厅工作。后来，米勒在 1991 年因涉嫌"财务不当行为"而被解雇。

1990 年，斯科特会见保罗·克林克（Paul Klinke），并带他们参观了一家老乡村。克林克家族本身就是成功的餐厅经营者，经营了 40 多年多家特许餐厅。克林克夫妇询问他们是否可以购买老乡村特许经营权，但被告知老乡村不是特许经营。保罗后来安排他的一位前雇员杰克·比克尔（Jack Bickle）在一家老乡村工作。

1991 年 3 月，当时已离开老乡村的斯科特再次与克林克夫妇会面，告诉他们米勒可能会帮助他们开一家自助餐厅。保罗联系米勒，此后两人从 1991 年 4 月开始进行合作。

1991 年 3 月 19 日，保罗与比克尔共进晚餐，保罗请求比克尔为他提供老乡村食谱，并为他的儿子格雷格（Greg）在一家老乡村找到一份厨师的工作。保罗给了比克尔 60 美元，但比克尔拒绝了这笔钱并拒绝提供这些服务。

1991 年 3 月 19 日至 1991 年 4 月 2 日，格雷格和米勒讨论了自己在老乡村工作的可能性。4 月 2 日，格雷格申请了厨师的工作。然而，在他的申请中，他既没有透露自己的真实居住地，也没有透露为父母工作的厨师经历，更没有透露自己仍在父母餐厅的工资单上。

同年夏天，米勒请斯科特的一位前行政助理帮助他编写一本员工工作手册。米勒提供了大部分材料，最终形成的被用于老祖母自助餐的版本几乎与老乡村的完全相同。8 月，米勒给了一名持证转录员一份食谱，让他重新打印为《老乡村食谱》，并交给了克林克夫妇，最终也被用于老祖母自助餐。

为老乡村开展业务的自助餐厅公司以盗用商业秘密和违反华盛顿《消费者保护法》为由，对克林克等人提起诉讼。

争议焦点

员工工作手册与菜谱是否构成商业秘密。

原告意见

克林克夫妇盗用了他们的食谱和员工工作手册。这两本手册都是商业秘密，目的是开一家自助餐厅。

地区法院的处理

食谱和工作手册都不是商业秘密，坚称克林克所指控的不法行为没有影响公共利益。地区法院就《消费者保护法》索赔案对克林克一家作出了简易判决，并在审判后，对其余索赔作出了有利于克林克一家的判决。

美国联邦第九巡回上诉法院意见

上诉法院**必须从最有利于非动议方的角度来看待证据，确定是否存在任何实质性事实的真实问题**，以及地区法院是否正确适用了相关实体法。

一、配方的商业秘密状态

《统一商业秘密法（华盛顿）》将商业秘密定义为："信息，包括配方、模式、编译、程序、设备、方法、技术或过程，其：①不能为能从披露或使用中获得经济价值的其他人普遍所知，也不容易通过适当手段确定，从而获得独立的实际或潜在经济价值；②是在这种情况下为保持其秘密性而作出的合理努力的对象。"

华盛顿州最高法院曾在先例中**对著作权法和商业秘密法进行了重要区分：**"著作权法不保护一个创意本身，只保护其特定表达……相反，如果作者的创意本身具有某种新颖性，且未披露或仅在保密的基础上披露，则商业秘密法保护其创意。"

老乡村认为新颖性不是商业秘密保护的要求。然而，这一论点显然与华盛顿州法律相矛盾。与老乡村的主张相反，地方法院认为老乡村的配方比其竞争对手的配方更详细，从而不强制要求对新颖性进行认定。**地区法院并没有认定那些菜谱是商业秘密，不仅因为它们起源于公有领域，而且还因为其中许多菜谱是"在美国各地的自助餐中提供的基本菜肴"。**这一发现肯定没有错。这些食谱是为烧烤鸡肉、通心粉和奶酪等美国主食准备的，其制作过程虽然详细，但不可否认是显而易见的。因此，这不是一个来自公有领域的材料被重新设计或重新创建，从而成为原始产品的情况，而是最终产品本身非原创的情况。

此外，老乡村错误地描述了地方法院对菜谱易于确定的程度的判决，认为法院仅因为菜谱可以复制而否认其商业秘密的地位。虽然这并非完全错误，但正是因为这些食谱可以复制，也就是说，它们只不过是典型的美国食品，所以地区法院得出结论，认为它们很容易确定，因此无权获得商业秘密法的保护。因此，没有迹象表明被告可能通过努力从公众可用的来源收集了相同的信息。相反，这里讨论的所谓秘密被发现是如此明显，以至于几乎不需要付出任何努力就可以"发现"它们。

老乡村认为，即使材料来源于公有领域，也可能受到商业秘密法的保护，这一论点无关紧要。地方法院不仅认为这些菜谱及其程序起源于著名的美国美食，而且还坚持认为，尽管它们据称具有创新性的细节，但"相当基本"，很容易被其他人发现。这与华盛顿州最高法院在先例中的主张一致……，即"**商业秘密原告无须证明信息汇编中的每一个元素在其他地方都不可用……商业秘密通常包含的元素本身可能属于公有领域，但合在一起就属于商业秘密**"。地方法院发现，配方本身，而不仅仅是其不同成分或可能来源的任何早期配方，都很容易确定。

地区法院进一步认定，这些配方没有独立的经济价值。老乡村的论点只集中在地方法院的意见中，认为这些食谱没有独立价值，因为老乡村没能证明其提供的食物"在质量上优于竞争对手"。然而，这并不是法院判决的唯一依据。

地区法院认为，尽管老乡村努力证明了，自己食品的味道比其竞争对手好，但竞争对手不够成功与配方不可用之间没有明显的关系，也就是说，老乡村未能提供它必然从保密配方中获得任何好处的证据。地区法院还指出，"限制食品成本对自助餐的盈利至关重要"，并解释说，老乡村未能证明其食谱在限制成本方面发挥了作用。由于厨师的阅读能力有限，老乡村的食谱必须简化，这进一步影响了任何具有经济价值的调查结果。鉴于这一事实，这些食谱本身似乎不太可能给老乡村带来任何经济利益，因为老乡村厨师是从这些食谱的"翻译"版本，而不是现在讨论得非常详细的版本中准备其广受欢迎的食物的。

地方法院没有讨论在这种情况下，是否对配方保密作出合理努力的问题。老乡村辩称，法院的事实调查结果表明，这些配方被贴上了"机密"的标签，这意味着法院认定安全措施是适当的。

但是，考虑安全措施是否合理涉及对若干因素的分析，老乡村在这些文件上加盖"机密"印章的行为可能还不够。然而，由于配方缺乏保护商业秘密所需的新颖性和经济价值，上诉法院不需要考虑这个问题。

二、员工工作手册的商业秘密状态

地区法院认为，这些工作手册不是商业秘密，因为不是合理努力维护其秘密性的对象。在评论老乡村的安全措施时，地区法院指出，自助餐员工的任期有限，而且他们经常从一家餐厅换到另一家餐厅，一家允许员工保存工作手册的公司，当手册落入竞争对手手中时，无法去有效诉讼。

在先例中，华盛顿州的上诉法院曾援引《统一商业秘密法》的主张，**认为"维护秘密性的合理努力包括向员工告知商业秘密的存在**，在需要知道的基础上限制获取商业秘密，以及控制工厂访问"。如果不是"旨在保护信息披露"，那么"一般（保护性）措施"可能还不够。在这件事上，地区法院发现了雇员被允许将工作手册带回家并保存，即使"不使用时应保存在经理办公室"，这可以直接说明老乡村所采取安全措施的合理性。即使如老乡村所称，这些手册只是在"需要知道"的基础上借出的，但员工既没有被告知手册的保密状态，也没有被告知应采取哪些安全措施防止他人获取这些手册。这表明老乡村对安全的兴趣微乎其微。

地区法院没有就这些手册是否为公众所知或易于确定作出任何认定，但即使是粗略的审查也表明它们也未能通过商业秘密测试。这些手册只包含"品尝食物时，千万不要使用炊具"和"严格遵守每个食谱"等餐饮服务真理。因此，虽然老乡村从手册中获得价值的结论可能是合理的，但几乎没有证据表明任何价值是从秘密的手册中获得的。

最后，老乡村辩称，由于克林克夫妇非法获得了这些手册，因此为保护手册而采取的安全措施是否合理的问题无关紧要。然而，这一论点没有切中要害。因为，安全措施是否合理的问题涉及材料是否事实上是商业秘密的初步问题。《统一商业秘密法（华盛顿）》中的商业秘密是指"合理努力保持其秘密性的对象"信息。如果不是这样，那么**克林克夫妇可能要为盗取东西负责，但他们不用为盗用商业秘密负责。**

三、华盛顿消费者保护法

《华盛顿州反不正当竞争法》规定："任何贸易或商业行为中的非公平竞争方法和不公平或欺骗行为或做法都是非法的。"然而，华盛顿州的法院严格限制了根据该法令可能提起的诉讼。虽然克林克夫妇在这件事上的行为不道德，但记录中没有任何证据表明"原告已经或将以完全相同的方式受到伤害"。

此外，对公共利益的影响取决于原告和被告是否是某种商业交易的当事方。在私人纠纷的背景下，具有公共利益的因素包括：①所指控的行为是在被告的业务过程中实施的吗？②被告是否向公众做过广告？③被告是否主动拉拢该原告，表明可能拉拢他人？④原告和被告是否处于不平等的谈判地位？"这些因素中没有一个是决定性的，也不需要全部存在。"

判决结果

确认地方法院对华盛顿《消费者保护法》索赔的简易判决，即菜谱和员工手册不构成商业秘密。

 案例学习意义

该案看似简单，实际上是在识别一个复杂的问题——是否被公众所知悉。这也是商业秘密的重要核心价值之一。商业秘密要有保密空间，即不为公众所知悉。新颖性不足、竞争优势不够突显而导致的经济价值不明显都可能在一些情境下促成信息为公众所知悉。而判定是否构成商业秘密，须将每一项要件都一一排除。

老乡村认为菜单属于商业秘密，但没有提出真正的秘密空间所在，如每道菜有别于竞争对手的制作工艺。仅有菜单是不够的。菜单本身不具有保密空间，因为为公众所知很容易，起码顾客会有所了解，作为竞争对手的厨师知道也是不难的。即使有一定的保密空间，如果不符合商业秘密保护的其他法律案件要求，还是不能获得法律保护。通过该案可以看出，一定的保密空间是商业秘密的必要条件之一。

该案的讨论细节也具有相当的意义。例如，怎样的保密手段才能达到获得商业秘密法律保护所要求的程度？商业秘密的内容可以具备怎样的特性？什么是组合的商业秘密？该案都有所涉及。

组合商业秘密是美国商业秘密保护进程中的一项重要概念。一系列组合的信息，可能是整体为公众所知，但其内部含有商业秘密；也可能是每个部分为公众所知，但它们的组合却构成商业秘密。

截至 2023 年 2 月，该案被美国案例判决文书引用 40 次，被其他法律文件引用 127 次，并被选入多本案例教材。

第四节 缺乏具体性和新颖性的想法不能构成商业秘密

 法律问题

若商业秘密法律制度足够灵活，创意要发展到什么阶段和程度才有机会获得保护？

施密斯诉瑞生案

Smith v. Recrion Corp.，91 Nev. 666（1975）

■ **原告/上诉人**：吉尔伯特·C. 施密斯（Gilbert C. Smith）
■ **被告/被上诉人**：瑞生公司等（Recrion Corporation，et al.）
■ **法院**：内华达州高级法院

案例背景

该案发生在一位创业者和一家实现了其创业理念的企业之间。

施密斯受雇于拉斯维加斯的星尘酒店，担任基础设施策划师。他认为，作为豪华酒店的一部分，建造和运营一个休闲停车场，是个不错的商业构想。在完成了一本详细介绍想法的小册子后，他安排并会见了星尘公司的总经理艾伦·萨科斯（Allan Sachs）。施密斯向萨科斯提出这个创意后表示，希望得到补偿，补偿的形式是一笔数额不详的资金，或者以行政人员的身份参与合资企业。萨科斯对这个提议没有兴趣，只是建议施密斯以后再联系他。施密斯后来试图与萨科斯会面，但没有成功，最后萨科斯的秘书只是简单地告知他，萨科斯先生不感兴趣。

两年后，星尘酒店在酒店附近开设了一个名为"坎伯兰"的露营车公园酒店，由瑞生公司的子公司坎伯兰在运营。这个项目是由星尘酒店公共关系总监迪克·奥德斯基（Dick Odessky）发起并推进的。萨科斯是这家酒店的总裁。

在坎伯兰酒店开业后，施密斯声称酒店实施了他的创意，并提出几项赔偿要求，但都被拒绝了。最后，施密斯要求萨科斯写封信，承认坎伯兰的创意是他的，但一直没有收到回复。

施密斯起诉要求赔偿金钱损失，声称他有权根据明示合同、默示合同、法律默示合同（准合同）、普通法著作权和欺诈等其他法律理论获得赔偿。

争议焦点

是否有合适的诉由及理论支持施密斯有关自己创意被他人使用的相关请求。

诉讼过程

初审法院作出对施密斯不予赔偿的简易判决，施密斯对简易判决提出上诉。

内华达州高级法院意见

明示合同的条款以文字表示，而默示合同的条款则以行为表示。这两种合同都是建立在可确定的协议之上的。该案中，没有证据表明双方明确签订了购买和出售施密斯创意的合同。施密斯只是声称他希望得到赔偿，而不是萨科斯承诺的赔偿。为了通过事实上的默示合同的理论作出裁判，法院必须确定双方都有意订立合同，没有证据表明萨科斯有意与施密斯签订合同，也没有证据表明他承诺赔偿施密斯。由于没有合同意图的或明示或默示相互承诺交换的证据，因此不存在真正的事实问题。**在施密斯和萨科斯第一次会面讨论施密斯的创意之前，萨科斯不知道会面的目的。施密斯的创意完全是他主动提出的，在讨论赔偿问题之前，他自愿透露了自己的创意。即使萨科斯随后承诺向施密斯提供赔偿，该承诺也将无法执行，原因是该承诺没有得到对价的支持。过去的对价在法律上等同于没有对价。**

抽象概念不受明示或默示合同的保护，除非该合同是在该概念披露之前订立的。

一般来说，如果不表现出"具体性"和"新颖性"，抽象概念就不会受到保护具体性的法律的保护，即理念必须充分发展，以构成可保护的利益主题。为了满足具体性要求，一个想法必须是能准备好、被立即使用，而不需要任何额外的修饰。

新颖性与创意有关，在某些司法区，还与创意的创新程度有关。施密斯的想法不符合具体性。他的宣传册很难"在没有任何额外修饰的情况下立即使用"。最大的可能性是，被告可能从施密斯那里获得了休闲车部件的原始想法。

然而，要将这一想法发展到实施时机成熟的程度，需要进行广泛的调查、研究和规划。一个创意必须经过具体性和新颖性的检验，其创作者才有权获得准合同追偿。由于这个原因，以及这个创意完全是主动提出的，这里不适用准合同理论。

施密斯也不能以欺诈为由恢复原状。证明欺诈的必要条件是，施密斯必须证明他被虚假陈述所欺骗，大意是他会因透露想法而得到赔偿。从记录中可以清楚地看出，在任何一方就赔偿问题进行讨论之前，他都是主动提出想法并自愿披露的。所有关于赔偿的讨论都是施密斯发起的，不存在诈骗的情形。

🔖 判决结果

简易判决是适当的，予以确认。

🏅 案例学习意义

即便不寻求专利，一个创意应该发展到怎样的程度才能获得法律保护？在没有合同的情况下，一个处于发展阶段的创意必须经过具体性和新颖性的检验，其创作者有权在美国获得准合同追偿。

一般来说，如果不表现出"具体性"和"新颖性"，抽象概念就不会受到保护，即理念必须充分发展，以构成可保护的利益主题。为了满足具体性的测试，一个想法必须准备好立即使用，而不需要任何额外的修饰。

通过该案的学习，可以了解商业秘密保护创意的边界以及为创意寻求保护的灵活性。截至2023年2月，该案被美国案例判决文书引用33次，被其他法律文件引用51次。

第三章　商业秘密的定义与识别

　　各版本的商业秘密法都罗列了构成商业秘密的信息主题类型与基本要件。即使表面符合"配方、模式、编译、程序、设备、方法、技术或工艺"这些主题类型，法院判断是否存在商业秘密还是会充分结合实际情况与其他要件的满足情况。

　　本章使用 14 个案例，围绕商业秘密的重点主题展开，结合侵犯商业秘密的行为特点，全面呈现美国司法实践中法院对商业秘密客体构成的判定标准，深刻搭建商业秘密各主题与受保护客体间的关系。

第一节　信息可构成商业秘密

 法律问题

商业秘密客体由什么组成？自身的范畴和边界在哪里？

> ### 德乔治诉兆字节国际公司案
> *DeGiorgio v. Megabyte Int'l*, 266 Ga. 539（1996）

　　■ **原告/被上诉人：**兆字节国际公司（Megabyte International, Inc., 以下简称"兆字节"）

　　■ **被告/上诉人：**德乔治（DeGiorgio），美国兆字节分销商（Megabyte Distributors, Inc., 以下简称"AMDI"）

　　■ **法院：**乔治亚州最高法院

案例背景

该案发生在企业和其前员工及后者的新雇主之间。

兆字节是一家计算机硬件组件分销商。德乔治曾在兆字节担任过几个月的销售员，但后来开始为新成立的竞争对手美国兆字节分销商 AMDI 工作。在德乔治离职后，兆字节翻查了他的办公桌，但找不到曾经提供给他的一些清单，这些清单包含有关客户的具体信息。在翻查德乔治的办公桌时，兆字节找到了一份其顶级供应商的名单。该名单被以单页传真的形式发送给 AMDI 的总裁，日期为 1995 年 5 月 1 日。该公司的传真记录显示，1995 年 5 月 1 日，德乔治办公桌的传真上显示发送了一份单页传真的电话号码。大约一个月后，兆字节对德乔治和 AMDI 提起诉讼，指控他们挪用商业机密，特别是兆字节的顶级供应商和客户名单。

争议焦点

德乔治和 AMDI 是否构成不当挪用商业秘密，并被施予禁令。

初审法院的处理结果与后续

批准对德乔治的临时禁令动议。初审法院禁止德乔治和 AMDI 向德乔治在受雇于兆字节期间知道或有理由知道的兆字节客户进行招揽和销售，还禁止德乔治与编制的传真名单或从知道或有理由知道获得的任何名单上任何供应商联系。

德乔治和 AMDI 提出上诉。

被告意见

德乔治等原审被告作为上诉人辩称三点：第一，初审法院没有授予禁令的自由裁量权，因为没有证据表明他们挪用了兆字节的客户和供应商名单。第二，这些名单不是商业秘密。第三，禁令过于宽泛。

乔治亚州最高法院意见

一、证据的确认

基于兆字节在德乔治办公室处收集到的证据，认定德乔治挪用了属于兆字节的客户和供应商名单。

二、客户和供应商名单是否构成商业秘密

有争议的名单包括兆字节的实际客户和供应商身份以及与他们有关的具体信息。因此，除了兆字节的业务记录之外，名单上的信息难以从任何来源确定。兆字节作出了合理的努力来维护初审法院认定为商业机密的客户和供应商名单的保密性。根据先例，如果兆字节作出了合理的努力来维护这些客户（和供应商）名单的保密性，那么德乔治获得这样的来源将是不合适的。

三、禁令是否过于宽泛

根据法律，只有客户和供应商的有形清单才能是雇主的财产，并作为商业机密得到保护。在该案中，初审法院的禁令范围实际上是禁止德乔治和 AMDI 利用个人对客户和供应商信息的了解。这种对个人知识的利用可以通过使用限制性条款来禁止，但《统一商业秘密法》并不允许。因此，初审法院在制定禁令时过于宽泛，该部分判决必须被推翻。

 判决结果

认定德乔治挪用名单有充分证据支持；认定名单为"商业秘密"有充分证据支持；有效禁止使用个人知识的禁令是越界的。

判决部分被维持，部分被推翻，案件按照指示重审。

案例学习意义

商业秘密由信息组成，符合商业秘密要素的信息可构成一类商业秘密，受法律保护。但不是任何信息都能被赋予商业秘密保护，例如属于个人知识的信息不予商业秘密保护。同时，针对商业秘密的行为禁令不能宽泛，宽泛的禁令行为等于限制就业，不符合公共利益政策。值得关注的是，在信息经济时代，客户与供应商名单越来越难进入商业秘密的范畴。

通过学习该案，可以深入理解商业秘密的范畴。截至 2023 年 3 月，该案被美国案例判决文书引用 28 次，被其他法律文件引用 44 次，并被编入多本案例教材。

第二节　识别商业秘密六要素

 法律问题

如何判定一些信息是否构成商业秘密？

> 民兵公司诉亚历山大和卡什阿米蒂公司案
> *Minuteman, Inc. v. Alexander*, 147 Wis. 2d 842 (1989)

■ **原告／上诉人和复审申请人：**民兵公司（Minuteman，Inc.）

■ **被告／被上诉人和复审被申请人：**L. D. 亚历山大（L. D. Alexander）、乔治·卡什（George Cash）、阿米蒂公司（Amity，Inc.）

■ **法院：**威斯康星州最高法院

案例背景

该案发生在企业与其前员工之间。

1986 年 3 月，亚历山大和卡什受雇于民兵公司。亚历山大任职副总裁兼总经理，卡什是负责研发的副总裁。两人都是灵活雇佣的，没有与民兵公司签署任何形式的竞业禁止或保密协议。

3 月初，亚历山大要求打印整个客户名单。亚历山大告诉民兵公司的电脑操作员，出于促销原因，他需要这份名单。以前，民兵公司从未为任何人准备过完整的名单打印件，办公室也从未定期保存过完整的名单打印件。民兵公司采取了一些安全措施，以保护名单的内容不被公司以外的人知道。由于亚历山大在民兵公司中担任行政职务，这份名单最终被提供给了他。3 月下旬，亚历山大和卡什见了阿米蒂公司总裁杰瑞·库克（Jerry Cook）。

4 月初，卡什联系了民兵公司的两个"剥离器76"供应商。卡什向他们要了一份"剥离器76"的配方，其中一个供应商照办了。另一个供应商认为该配方是商业秘密，就没向卡什透露。

4月7日，民兵公司总裁吉姆·高蒂尔（Jim Gauthier）休假两周后返回并会见了亚历山大和卡什，他们向高蒂尔提出辞职。高蒂尔当时没当回事，并告诉他们请一天假。4月8日上午，有人看见亚历山大从民兵公司的房屋中搬走了几箱材料。

此后不久，一名民兵公司员工发现亚历山大和卡什的工作站都没有正常的商业资料。民兵公司也无法找到各种与其业务相关的物品。民兵公司给亚历山大和卡什的其他计算机数据也被发现丢失，包括最近打印的客户名单。民兵公司认为是亚历山大和卡什拿走了这些材料。几天后，亚历山大和卡什开始为阿米蒂公司工作。

1986年4月16日和17日，亚历山大和卡什欲发出友好商业邀约邮件。民兵公司认为，其中的名单由亚历山大和卡什拿走的客户和查询名单形成。该名单与民兵公司的客户和阿米蒂公司查询名单的顺序相同，两家公司的名单基本上按照相同的邮政编码顺序排列，只是阿米蒂公司好像在其名单中随机添加了一些内容。每份名单上的拼写和地址也有类似的错误。旋即，民兵公司对他们两人及阿米蒂公司提出诉讼。

民兵公司提出了多项指控，其中四项重点指控分别为：①被告盗用了民兵公司"剥离器76"的商业秘密配方；②被告盗用了一份调查清单，该清单是针对民兵公司广告所作的调查；③被告盗用了一份民兵公司的客户名单，其中包括每位客户的订单内容和金额；④被告盗用了来自民兵公司的各种计算机数据。所涉物品均不受商标或专利保护。

民兵公司要求以金钱赔偿、临时限制令和针对被告的临时禁令的形式进行救济。

争议焦点

是否存在盗用或不当挪用商业秘密的情形。

专家调查与初审法院意见

在初审法院的要求下，双方同意法院指定专家——威斯康星大学沃恩教授（Vaughan）。

沃恩教授研究了"剥离器76"和阿米蒂公司的等效家具剥离器，没有发现任何证据表明"剥离器76"被用于开发阿米蒂公司的等效家具剥离器。然而，该报告从未在听证会上被引入证据，也从未成为记录的一部分，沃恩教授也没有在听证会上作证。此外，民兵公司的律师声称从未见过该报告。

初审法院裁定"剥离器76"配方是规定的商业秘密。它发现该配方具有经济价值，民兵公司作出了合理的努力来保持其保密性。还发现，卡什在未经民兵公司许可的情况下获得了该配方。然而，阿米蒂公司没有使用该配方，据称其结论是基于沃恩教授的报告。

初审法院拒绝了民兵公司的禁令救济请求，因为阿米蒂公司没有使用这配方。初审法院进一步得出结论，该配方可能被反向工程，而民兵公司可以在没有禁令的情况下有效地监控阿米蒂公司配方的变化。该禁令被认为是一种不必要且负担过重的补救措施。

初审法院裁定，阿米蒂公司使用了调查和客户名单，但这些名单不受商业秘密保护，因为它们未能满足《侵权法（重述）》（1939）（以下简称"《重述》"）第四节的六要素测试。初审法院还裁定，禁令救济不适用于民兵公司的计算机数据盗用指控。民兵公司向上诉法院提出上诉。

📁 上诉法院意见

上诉法院推翻了初审法院关于"剥离器76"配方的结论。上诉法院认为，初审法院对沃恩教授报告的依赖是错误的，并进一步发现，没有证据表明该配方可能被反向工程。

上诉法院确认客户和查询名单不是商业秘密。上诉法院也应用了《重述》的六要素测试，并认为初审法院正确地发现名单缺乏必要的要素。还确认了初审法院拒绝针对计算机数据盗用的指控发布临时禁令的决定。

民兵公司向法院申请复审。

📁 威斯康星州最高法院意见

一、判定商业秘密的标准

威斯康星州最高法院曾经在先例中根据《重述》第四节第757条确立商业秘密的定义，即在确定给定的信息是否是一人的商业秘密时，需要考虑的一些因素是：①该信息在其所在业务之外的已知程度；②员工及其业务相关人员对该信息的了解程度；③他为保护信息保密所采取措施的程度；④信息对他和竞争对手的价值；⑤他在开发信息方面花费的精力或金钱；⑥信息被他人准确获取或复制的难易程度。以上要素必须全部满足时才构成商业秘密。

然而，威斯康星州1986年《统一商业秘密法（威斯康星州版）》（UTSA）创建了商业秘密的新定义，并为被盗用了商业秘密而受损害的人提供了可能的补救措施。其中规定，商业秘密是：信息，包括配方、模式、编译、程序、设备、方法、技术或工艺；适用于以下所有情况：信息的实际或潜在独立经济价值来源于其他人不为其所知，也不容易通过适当的方式确定，这些人可以通过信息的披露或使用获得经济价值。起草UTSA的统一法委员会委员以及威斯康星州的立法机构指出，"商业秘密"的定义与《重述》中一致，要求商业秘密在自身一项业务中被持续使用。

然而，威斯康星州最高法院仍然发现，《重述》的定义很有帮助。《重述》是UTSA对商业秘密定义的基本来源。此外，UTSA的有关评论指出，它是将"有关商业秘密盗用补救措施的更合理案例结果编成的法典"。

威斯康星州最高法院认为，虽然《重述》测试的所有六个要素都不再需要，但《重述》要求仍然为确定某些材料是否属于威斯康星州新定义下的商业秘密提供了有用的指导。

因此，在审查涉嫌侵犯商业秘密的行为时，要考虑三个问题。首先，被投诉的材料是否属于商业秘密。其次，是否存在违反规定的挪用行为。最后，如果上述两项要求都得到满足，什么类型的救济是合适的。

二、关于剥离器76配方

被告对"剥离器76"配方是商业秘密的裁决没有异议。有争议的是，被告是否盗用了该配方。如果是，应向民兵公司提供何种救济？

初审法院发现，卡什未经许可获得了配方，但没有足够的证据表明该配方被不当挪用至阿米蒂公司。UTSA的不当挪用是指任何人，包括国家，不得通过以下行为挪用或威胁挪用商业秘密：以不当挪用人知道或有理由知道的方式获取他人的商业秘密构成不正当手段等。初审法院认定，未经许可获得该配方的卡什的行为构成定义的"不当手段"。初审法院承认，这一条款"可能因卡什获取配方而被违反"。

威斯康星州最高法院不同意这一说法。该法规只要求违反其中一项。它指出，"以下任何一项"都将构成对商业秘密的不当挪用。

民兵公司有权获得何种救济？

初审法院拒绝发布临时禁令，因为该配方可以通过反向工程被发现。上诉法院发现，初审法院错误地依赖证据记录而得出了此结论。上诉法院将这个问题发回初审法院（进行事实问题的重新确认）。威斯康星州最高法院确认上诉法院对这个问题的裁决。但是，威斯康星州最高法院指出，反向工程的可能性不足以否认初审法院所认定的临时禁令。UTSA 的评论显示，反向工程是探究商业秘密的适当手段。

然而，对商业秘密进行反向工程的可能性并不是决定某个项目是否为商业秘密的一个因素，而是决定禁令救济应持续多长时间的一个因素。**一般原则是：禁令的持续时间应为必要的时间，但不得超过必要的时间，以消除个人通过挪用获得的与诚信竞争对手有关的"先导时间"商业优势。依据抵消"先导时间"所需的限制，当善意竞争对手普遍知晓或因合法获得反向工程而泄露商业秘密的产品，从而普遍知晓以前的商业秘密时，禁令应相应终止。**

例如，假设甲有一个有价值的商业秘密，而其他行业成员乙和丙最初并不知道。如果乙随后挪用了商业秘密并被禁止使用，但丙后来合法地反向工程了该商业秘密，限制乙的禁令将立即终止。所有能够从信息的使用中获得经济价值的人现在都知道这一点，因为不再存在商业秘密。在乙从挪用中获得的任何先导时间被取消后，继续限制乙将是限制竞争的。

如果商业秘密可以通过反向工程或其他方式独立开发或探究，**在大多数情况下，禁令的最长适当期限是挪用者使用"适当手段"探究商业秘密所需的时间。**被告可能具有的先导时间是有争议的，如果一个或多个竞争对手独立开发商业秘密，则可以类比其他竞争对手独立开发商业秘密所需的时间。

三、关于调查清单和客户名单

一些客户名单受 UTSA 的保护。这并不是说每个客户名单都会在 UTSA 下被拒绝视为商业秘密。

威斯康星州最高法院很清楚，例如，在商业社会的某些部门，相同或几乎相同的产品或服务，被出售给一个小的、固定的购买群体。在这样一个以购买者为导向的市场中，供应商的客户名单很可能构成商业秘密。

四、关于计算机数据

民兵公司认为，被告挪用了自己的计算机数据。初审法院认为民兵公司在听证会上的证据不能支持对其他被指控行为广泛的、结论性的指控。初审法院曾指出，即使这些指控可以得到证据的支持，损害赔偿在法律上也是一种充分的补救办法。禁令救济因此被裁定为不适当。上诉法院确认初审法院在这个问题上观点，威斯康星州最高法院同意。

拒绝临时禁令是初审法院的决定权。唯一的问题是初审法院是否滥用了自由裁量权。初审法院认为，民兵公司不会遭受不可挽回的损害，经济损害赔偿就足以补偿了。此外，初审法院认为民兵公司没有就该指控建立起合理的胜诉概率。这些都是拒绝临时禁令的合理理由。民兵公司没能证明初审法院滥用了自由裁量权。因此，威斯康星州最高法院支持上诉法院对这个问题的判决。

判决结果

部分维持和部分推翻上诉法院的决定，发回重审。

案例学习意义

这是一起关于配方、客户名单、调查清单、计算机数据是否属于商业秘密的多元指控。《统一商业秘密法》中对商业秘密的定义是确定识别商业秘密的重要依据，但该定义仅列举了商业秘密的主题范畴，如何具体落实，还是需要借鉴《重述》中的六要素判定标准。

该案还触及了对侵犯商业秘密进行补偿的禁令的适用原则。使用禁令最长期限可参考使用如反向工程这类的"正当手段"使商业秘密丧失秘密地位的期限，如反向工程破译商业秘密的时间。

通过学习该案，可以深入认识和了解美国地方法院是如何识别和合理保护商业秘密的。截至2023年3月，该案被美国案例判决文书引用156次，被其他法律文件引用165次，并被编选入多部案例教材。

第三节 工艺或配方可构成商业秘密

法律问题

工艺或配方是否可以构成商业秘密？出示怎样程度的直接和间接证据才能达到保护这类商业秘密的效果？

赫罗德诉赫罗德陶瓷与陶器有限公司案
Herold v. Herold China & Pottery Co.，257 F. 911（1919）

■ **原告/被上诉人：**赫罗德陶瓷与陶器有限公司（Herold China & Pottery Co.，以下简称"赫罗德公司"）

■ **被告/上诉人：**赫罗德（Herold）、根西岛陶器公司（Guernsey Earthenware Company，以下简称"根西岛公司"）

■ **法院：**美国联邦第六巡回上诉法院

案例背景

该案发生在企业和离职的创始人及其新加入的企业间。

赫罗德是一位在俄亥俄州有10年或10年以上经验的熟练陶工。1909年，他因患肺结核病而搬到科罗拉多州，并在那里建立了一家生产高档瓷器的小工厂。他缺少资金，在大约3年的努力后，考虑到自己的就业和承诺给他的股票，将整个工厂和配方移交给了赫罗德公司。

起初，他们以为资金需求不大，但资金需求不断增加，直到获得高登（Golden）以股票认购和贷款形式出资的约4.7万美元。1914年，高登产品获得了很高的声誉。位于高登的科罗拉多矿业学院的弗莱克（Fleck）教授发现其化学或实验室器皿与皇家柏林器皿相当，并用前者代替后者。就目前所知，它似乎已被公认为美国商业制造的最高等级瓷器，而赫罗德是它的专业制造者。

根西岛公司在俄亥俄州剑桥市有一家大型工厂，是一家富裕而繁荣的企业。它成功地制作了高温瓷器，尤其是用于烘焙的瓷器，如砂锅，其红色或棕色的坯体衬有瓷器，然后用釉料覆盖整个盘子。一段时间以来，该公司一直在积极试验白色瓷器和实验室瓷器，并制作了一些样品。它快要成功了，但似乎还没，至少就商业生产而言是这样。1914 年 12 月，该公司雇佣了弗劳恩费尔特（Frauenfelter），他后来在俄亥俄州罗斯维尔的一家陶器厂工作。

在赫罗德去科罗拉多州之前，弗劳恩费尔特建议过雇佣赫罗德，并曾在罗斯维尔与赫罗德有过联系。赫罗德对自己与赫罗德公司的关系感到不满。1914 年 12 月，他自己辞去了总经理一职，这令赫罗德公司满意，继而被仅认命为模型师、设计师和装饰师，尽管薪水相同。他在 1914 年 12 月来到根西岛公司担任厂长，全权负责制造，但并不影响总经理的职权。在 5 年业绩结束时，赫罗德将持有根西岛公司 20 股普通股，除 60% 的工资外，还有股息。这些收益大于赫罗德公司支付给他的金额。

根据与根西岛公司的雇佣合同，赫罗德同意"根据公司的政策不断努力改进产品并扩大产品种类"，并根据要求不时"交流和演示该工厂生产的任何或所有产品的配方，或其所知、发现或创制的可供该公司使用的配方，并保留所有此类配方的书面记录，且此类配方和记录是该公司隐私和秘密记录的一部分，仅属于该公司，且应对所有其他人保密"。

1915 年 1 月 27 日，赫罗德公司对赫罗德和根西岛公司提起诉讼，对他们提起一系列禁令。与此同时，赫罗德公司的另外两个或两个以上的熟练雇员跟赫罗德在一起，或是跟随赫罗德一直在根西岛公司工作，直到第二年 5 月退休后去了俄亥俄州罗斯维尔的一家陶器厂，弗劳恩费尔特也去了那里。

1915 年初夏，根西岛公司在市场上推出了一系列与原告瓷器质量几乎相同的瓷器。退休后，赫罗德以 500 美元的对价对根西岛公司公开了一种叫塞米勒（Semmler）的制瓷配方。这是弗劳恩费尔特从宾夕法尼亚州德里这个地方得到的，并在其受雇于根西岛公司时交给了赫罗德。

🔴 争议焦点

高登使用的秘密配方和工艺是否完全属于赫罗德公司。

赫罗德是否泄露了这些信息。

地区法院意见与诉讼过程

地区法院在两项主张上均作出了有利于原告的判决，并永久禁止被告披露或使用"用于制造和生产防火瓷器烹饪器具、防火瓷器或瓷器实验室器具的配方的全部或任何部分，或由赫罗德开发和完善继而成为与原告的财产或被原告使用的相关的任何知识或信息"。

禁令还禁止了"塞米勒配方在赫罗德向根西岛公司公开、移交和交付所用的形式，以及在赫罗德对其进行测试和改编时的任何阶段性完善和改进"，还禁止制造和销售"原告使用上述塞米勒配方或原告拥有或使用的任何配方制造和生产的任何防火瓷器烹饪器具或防火瓷器或瓷器实验室器具"，以及通过陈述或广告，表明根西岛公司正生产与原告相同的防火烹饪和瓷器实验室器皿。

于是，被告提起上诉。

美国联邦第六巡回上诉法院意见

原告的秘书作证说，合同有规定，赫罗德的工厂被转让给原告，赫罗德同意将他的所有以及他可能之后在原告公司研发的秘密工艺和配方作为原告的专有财产转让给原告。这份证词是在公开法庭上取得的。还有其他的证词及或多或少的佐证。

秘书还作证说，在赫罗德受雇于根西岛公司的前一个月，他将赫罗德与原告的关系以及后者获得赫罗德的秘密工艺和配方告知了该公司经理凯斯（Casey）。这份证词无疑得到了地区法院法官的认可，上诉法院认为没有理由质疑他对这个案子的结论。在现有情况下，原告对配方和工艺拥有专有财产的合同并不违背自然规律。

法律已经很清晰了，即如这里所主张涉及的配方和工艺是受到禁令保护的财产权，不仅针对那些明示或默示违反保密关系或合同企图披露或使用它们的人，而且针对那些参与这种企图的人，他们知道这种保密关系或合同，尽管他们最终可能通过自己的独立试验或努力达到同样的结果。

上诉法院认为这个案子符合这项原则。因此，赫罗德无权向根西岛公司披露合同所涵盖的秘密配方和工艺，如果他确实作出或威胁作出这种披露，原告有权就此获得救济。披露的问题给上诉法院带来更大的困难。根据根西岛公司雇佣赫罗德时的情况，强烈意味着存在公开的情况。在他被那家公司雇佣之后，赫罗德立刻被宣传为一位享有全国声誉的陶艺家。同时，原告的一个最重要客户，给了原告一大笔瓷器订单，根西岛公司申请该客户订购同类瓷器，并表示在根西岛公司的样品获批时，下单时间充足。得到是回复中没有关于生产的问题，"赫罗德知道成本，熟悉生产细节"。原告因此失去了订单。原告在提出诉讼时似乎有充分的理由相信赫罗德，即使不是完全与原告对立，也是完全不和谐的，已经透露或即将透露其制造机密。

一、原告方证词

虽然没有直接证据表明赫罗德实际披露了原告的秘密工艺和配方，但接替赫罗德的原告经理小库尔斯（Coors Jr.）在赫罗德离开原告公司前几个月曾与其合作。他在庭外取证中证实了这些配方和工艺的存在，他对这些配方和工艺的认识来自赫罗德，而且这些配方和工艺一般与配料的物理性质及其制作方法有关，与给锅上釉的方式有关，以及烧窑的温度与胚体的成分有关。

还有，就赫罗德所写的配方而言，它只与"混合物中各种黏土的百分比"有关。赫罗德所写的卡片并不包含任何秘密工艺，而这些秘密工艺，正如再次限定的那样，据说包含了"通过经验获得的秘密知识"即一个人在开发过程中不时发现的方法和特点。

除此之外，原告拒绝提供任何关于其要求保护的秘密工艺和配方的信息。证人进一步证明，虽然所有的黏土具有不同的物理性质，但高登加工法可以成功地用于俄亥俄黏土。具有原告陶器特有的防火性能的陶器，以前没有生产过，而且根西岛公司最终推出的产品在性质上与原告的最新产品相同。

还有其他证词，或多或少证实了该证词。如果被完全接受，地区法院有理由给予原告一定程度的救济。另外，如果可信的话，关于不使用和不披露原告所谓的秘密工艺和配方的证词是压倒性的。

二、凯斯证词

凯斯作为根西岛公司的经理和主要所有权人，显然是个有地位和主管事务的人，同时也是个有多年实践经验的陶艺专家，是美国陶瓷协会的会员，显然对根西岛公司的公开内容很感兴趣。他在海关鉴定委员会担任鉴定专家，在有关分类和价值观的诉讼中担任政府专家证人，出席财政部和国会委员会会议，并且在陶器制造业发展方面与政府专家进行磋商和合作。这些都使他的专家地位得到承认。

凯斯作证时肯定地说：他从来没有从赫罗德或其他任何人那里获得原告主张的秘密；从来不知道赫罗德曾经或声称拥有秘密工艺，也不知道原告声称的配方或工艺是什么；希望赫罗德担任监督员，因为赫罗德被视为一个陶工；他自己已经有两个配方，分别用于陶瓷体和釉料，以及一个迈耶斯（Myers）在 1914 年 8 月 28 日提供的瓷器配方，迈耶斯配方已经制成了令人满意的样品（迈耶斯似乎没有生产过商业化的瓷器）；陶器中没有秘密，只有配方；在赫罗德的控制下，没有采用新的制造方法；他和赫罗德都在试验制造瓷器。他声称在 1914 年 9 月，完成了工厂的一项昂贵的增建工程，部分用于制造实验室瓷器，并随后在 11 月，展出了这些瓷器的销售样品。

三、赫罗德证词

赫罗德，正如前面所说，是一位熟练的陶艺家，在法院调查中表示：高登不具有一项区别其他配方的秘密工艺，除非他表达的意思是秘密工艺仅包括机械化的技能和经验。他在根西岛公司使用的高登配比没有秘密的工艺；高登配比秘密不是关于黏土，而是关于酸的处理，配方是在这方面的秘密，科罗拉多黏土和俄亥俄黏土是完全不同的；根西岛公司不使用科罗拉多黏土；在高登配比有两种黏土，加上一种燧石、一种晶石和一种化学品；在根西岛有五种黏土，还有一种燧石、一种晶石和两种化学品；高登配比不能使用在根西岛，因为在东部的黏土有相反的效果。

弗劳恩费尔特还作证说，陶器中没有区别于配方的秘密加工工艺，瓷器的制作实际上是一个实验问题；他声称在 1914 年 11 月 15 日左右获得了塞米勒配方，并在 1915 年 1 月下旬给了赫罗德，这个配方是一定百分比的黏土、长石和燧石的配方；他后来发现塞米勒配方并不是秘密的，因为"有好几个作品发表"。如果愿意，他似乎愿意提供塞米勒配方的实质内容；但原告似乎并不愿意提供，可能是因为担心这意味着泄露配方。

四、布鲁克证词

赫罗德的妹夫布鲁克（Brucker）曾在原告工厂工作，并与赫罗德一起去了根西岛公司。他作证说：高登配比掩盖了原告工厂的秘密，涉及进入机构和釉料及其混合的材料数量（在这种程度上部分证实了原告现任经理的说法）；他不知道高登工厂和根西岛工厂所用成分的化学成分，但是这两家工厂的混合物是不一样的；在根西岛工厂他知道材料，但是不知道数量，在高登工厂他知道材料和数量；在高登工厂除了水和另一种化学物质外，只有两种黏土、一种燧石和一种晶石；在根西岛工厂用了五种黏土、水和另一种化学物质。（当然，仅仅是因为黏土的不同而改变了原配方，并不一定能证明高登配方或秘密工艺没有被使用）。

布鲁克进一步证明，赫罗德离开后，通过消除酸性物质，改变了高登配方（这项说法似乎没有被否认，可能是因为担心否认会导致实际配方或工艺的披露）。被告的证词进一步表明，根西岛公司瓷器在赫罗德收购后的完善是长期实验的结果；赫罗德尝试了 27 种或更多不同的实验，甚至还没有得到近乎令人满意的结果。这可能主要是由于高登和剑桥的黏土质量不同，燃料使用不同（高登用煤炭，剑桥用天然气），以及各地大气稀缺程度不同，原因是海拔高度不同，以及实质上影响了烧成。该方式似乎还有其他的困难。结果是，根据对被告的调查，赫罗德为根西岛公司生产的瓷器没取得完全的商业成功。恰恰相反，在根西岛的操作下，后来运作的窑炉净赚了 1700～2000 美元，每个窑炉净赚 300～400 美元。1915 年 5 月，经过约 5 个月的服务，赫罗德和弗劳恩费尔特一样，切断了与根西岛公司的联系。根西岛公司的第一批商用瓷器，在赫罗德离开后不久就被投放市场。

五、法院结合证词的判断

显然，地区法院的判决完全否定了凯斯、赫罗德和弗劳恩费尔特的证词。如果采信了原告现任经理在庭审上的证词，并且如果当事人向地区法院充分披露了原告声称秘密工艺和配方的实际内容，以及被告所采用的工艺（如果原告愿意披露自己的工艺，被告愿意披露），上诉法院可能会满意地采纳地区法官的结论，并可能作出一些修改。

但是，证词中所提到打印出的诉讼记录并不完全令人信服，原告的秘密配方和工艺的性质和范围的尖锐冲突，以及它们与被告方法的对比促成了披露。以上这些在上诉法院看来，对作出令人满意的裁决有必要。上诉法院认为，没有这些，法令在很大程度上只是出于猜测。最终产品的实际特性本身并不十分重要，因为即使是化学分析也不能揭示所使用成分的原始物理形式或所采用的工艺。

上诉法院也许会补充说，在根西岛的工厂里，科罗拉多黏土未被用作瓷器或瓷器的成分；在现代瓷器制造中，通常使用黏土、长石（铝的硅酸盐之一）和燧石（硅石）；不同的黏土有不同的物理性质，这自然会影响化学结合；将各种成分组合在一起以产生令人满意的"混合物"的方法是一个重要的问题；如果不知道实际使用的工艺，就无法肯定地知道它们涉及的秘密知识或信息有多少，因为它们与机械般的技能和经验不同，不仅仅是"混合物"，还有釉和烧制工艺。

地区法院法官认识到，如果双方自愿或者强制性地以不公开的方式披露各自主张的商业秘密，情况会更好。

上诉法院不对原告不愿公开其配方作出批评。它可能有充分的理由，选择商业上冒不披露而非披露的风险。上诉法院的裁判基于这样一个命题，即未能披露信息自然会削弱原告经理证词的分量。在未披露信息的情况下，特别是考虑到证人在赫罗德离开原告公司之前对陶器制造工艺的了解有限，上诉法院认为该禁令不应成立，除非存在下面所谈到的情况。

然而，上诉法院认识到，如果原告的诉求是正确的，禁令也是正确的，上诉法院将结合自己基于自由裁量权推翻地区法官而作出偏好原告的裁决，以进行进一步的听证，对双方进行调查，条件是申请书附有明确提议，提出并允许不公开地充分披露原告诉求和所谓的秘密配方和工艺。上诉法院作出这个限制性条款，是因为意识到，在这个案件的这个阶段，原告可能因为这样的披露看不到任何好处。当被告提出不公开地披露其工艺和配方，若原告也这样做，且被告由于缺乏披露而被撤销了命令，被告不能通过适当的聆讯来撤回自己的同意披露。

这种处理方式使得没必要考虑对该禁令具体特点的批评，例如实施禁止使用塞米勒配方的禁令、披露或使用赫罗德的机械般的技能和经验，或未能确定所要求的工艺和配方。

📊 判决结果

撤销地区法院的判决，根西岛公司支付诉讼费，禁止根西岛公司表示或宣传与原告生产相同的防火瓷器、防火瓷器或陶瓷实验室用具。

👑 案例学习意义

在保护商业秘密时，不仅针对有明确或隐含的保密合同签署人，还针对那些明知存在保密关系却试图披露或使用相关秘密的人，即便他们最终可能通过独立的努力取得相同的结果。

在该案中，上诉法院结合诉讼双方的证词，详细拆解了双方的证据后表明，即使确立了存在保密关系和可能存在的泄露，但依然无法在原告不开示证据的情况下作出维持原审法院禁令的判决。它表示，主张持有秘密一方，如果在诉讼中不进行公开披露，可能承担不利后果。但这也是企业在诉讼风险和披露风险之间自己作出的选择。

通过学习该案，可以抽丝剥茧地识别工艺与配方在什么条件下可构成商业秘密，并在什么条件下可获得诉讼权利要求。截至 2023 年 3 月，该案被美国案例判决文书引用 156 次，被其他法律文件引用 165 次，并被编选入多部案例教材。

第四节　未发表的专栏内容属于商业秘密

法律问题

在媒体这种信息流动性高的行业中，有哪些信息构成商业秘密？

卡朋特诉美国案
Carpenter v. United States, 484 U. S. 19（1987）

■ **被告/上诉人**：大卫·卡朋特（David Carpenter）、肯尼斯·P. 菲利斯（Kenneth P. Felis）、R. 福斯特·温纳斯（R. Foster Winans）
■ **原告/被上诉人**：美国（United States）
■ **法院**：美国最高法院

案例背景

该案是一件刑事案件，发生在一个记者及他的同伙身上。1981 年，温纳斯成为《华尔街日报》的记者。1982 年夏天，他又成为该报每日专栏《街头巷尾》的两位作者之一。该专栏讨论选股或股票组合，提供一些关于股票的正面和负面信息，并采用"对所涉及股票进行投资的观点"。温纳斯定期采访企业高管，收集他们对即将在专栏中报道的股票的有趣观点，但不包含企业内部消息或任何"待发布"信息。

《华尔街日报》的政策与惯例是，在发表之前，专栏内容属于机密。尽管温纳斯很熟悉这条规则，但他还是在 1983 年 10 月将专栏的日程和内容提前告诉了皮特·布朗特（Peter Brant）以及菲利斯，这两人与纽约的基德尔与皮博迪（Kidder Peabody）经纪公司有联系。布朗特、菲利斯还有布朗特的客户大卫·克拉克（David Clark）根据这个专栏对市场的可能影响进行买卖，并约定分享所得利润。

尽管有这样一项计划，但他们约定不要影响专栏的新闻纯度。事实上，的确没有任何文章的内容被更改，以进一步增加这几位股票交易计划的盈利潜力。但在4个月的时间里，经纪人根据温纳斯提供的关于专栏内容的信息，进行了发布前交易。这些交易的净利润约为69万美元。

1983年11月，与克拉克和菲利斯在基德尔与皮博迪的账户被留意到，他们的交易与《街头巷尾》文章存在相关性，随即被问询。布朗特和菲利斯否认他们认识杂志社的人，并采取措施隐瞒交易。后来，证券交易委员会开始调查。基德尔与皮博迪的证券经纪人和温纳斯都否认了这些问题。随着调查的进行，他们间发生了争执。

1984年3月29日，温纳斯和自己的室友卡朋特去了证券交易委员会自首，揭露了整个计划。布朗特也签署了认罪协议，成为公诉方证人。

🔳 争议焦点

温纳斯等人是否需要承担刑事责任。

🔳 诉讼过程

纽约南部地区法院根据庭审时获得的证词得出结论，尽管在任何特定案件中都可能难以量化，但由于该专栏的质量和完整性，它确实会对股市产生影响。该地区法院裁定，温纳斯故意违反保密义务，盗用在受雇期间获得的信息，即关于《街头巷尾》专栏的日程和内容的出版前信息，因为他明白，这些信息不会在出版前被泄露，否则他会向雇主报告。正是这种盗用秘密信息的行为，构成了证券与电汇欺诈的基础。

地区法院认为，温纳斯故意违反的保密义务和隐瞒计划构成欺诈和欺骗。虽然欺诈行为的受害人《华尔街日报》不是在市场上交易的股票的买方或卖方，也不是市场参与者，但欺诈行为仍被视为与证券买卖法有关。理由是，他计划的唯一目的是根据预先提供的专栏内容信息，以盈利的方式买卖证券。地区法院作出判决，金融报纸记者和股票经纪人参与利用报纸盗用信息进行内幕交易的罪名成立。

上诉法院维持对电汇诈骗定罪的判决，因为被告利用《华尔街日报》的秘密信息进行交易的阴谋已经触及了电汇诈骗的相关法条。

被告人观点

他们的活动并不涉及电汇诈骗相关法条意义上对《华尔街日报》的欺骗，而且无论如何，他们没有从杂志上获得任何"金钱或财产"。但这些是美国最高法院在相关刑事先例中所规定的必要要素。

温纳斯披露发布前信息的行为只不过是违反了工作规定，并不构成电汇诈骗法所禁止的欺诈活动。

美国最高法院意见

一、《华尔街日报》的权利保护

美国最高法院曾在先例中表示，电汇诈骗法不涉及"密谋欺诈公民所享有的诚实公正政府这一无形权利"，该法令"仅限于保护财产权"。上诉人辩称，《华尔街日报》对专栏的出版前保密的利益只不过是一种无形的考虑，超出了诈骗法的范围，这项法律也不能保护仅有名誉的损害。

作为温纳斯的雇主，《华尔街日报》被骗取的远不只其获得温纳斯诚实和忠实服务的合同权利。这种利益本身太过空泛，不属于电汇诈骗法的保护范围。该法"源于保护个人财产权的意愿"。在这里，该密谋的目的是将《华尔街日报》的机密商业信息纳入专栏的出版日程和内容，其无形性质不会减少受邮件和电报诈骗法规保护的"财产"。前两个审理法院都明确表示，《华尔街日报》对《街头巷尾》专栏的内容和日程保密享有财产权，美国最高法院同意这一结论。

大量先例显示，**机密商业信息长期以来被视为财产**。"公司在其业务过程和开展过程中获取或编辑的机密信息是公司拥有专属权利和利益的一种财产，衡平法院将通过禁令程序或其他适当补救措施对其进行保护。"《华尔街日报》在出版前对专栏的日程和内容进行保密和独家使用拥有财产权。

先例中曾阐述："新闻主题无论绝对意义上的所有权或支配权有多小，都是可供交易的库存，是以企业、组织技能、劳动力和金钱为代价收集起来的，并分配和出售给愿意为之付费的人，就像其他任何商品一样。"

上诉人认为他们没有干预《华尔街日报》对信息的使用，或没有公布信息，并剥夺《华尔街日报》首次公开使用信息的权利，他们没有抓住要点。机密信息是由企业产生的，企业有权在向公众披露之前决定如何使用。关于上诉人表示欺诈需要金钱损失，例如将信息提供给竞争对手，该抗辩理由不成立。《华尔街日报》被剥夺了独家使用信息的权利就足够了，因为独家使用权是机密商业信息的一个重要方面。

二、温纳斯的行为

美国最高法院不能接受上诉人有关温纳斯行为的定性论点。"欺诈"的概念包括贪污行为，即"欺诈性挪用他人托付给自己的金钱或货物"。地区法院发现，温纳斯对《华尔街日报》的承诺是不披露其专栏的出版前信息，这一承诺在他违反职责时变成了欺诈，他将属于《华尔街日报》的机密信息传递给了串通的同伙，根据一项正在进行的计划，在专栏对股市产生影响之前分享交易利润。

美国最高法院可以毫不费劲地认定，在这里交易《华尔街日报》机密信息的密谋并不在电汇诈骗法管辖范围之外，前提是满足了其他犯罪要件。《华尔街日报》打算保密的商业信息是其财产。《员工手册》中关于这一点的声明只是消除了对这一点的任何怀疑，并使确定欺诈的具体意图变得更容易。

温纳斯继续受雇于《华尔街日报》，将其机密商业信息用于自己的用途，同时假装履行了保护该信息的职责。事实上，他曾两次告诉其编辑机密信息泄露与股票交易计划无关，既证明了他知道《华尔街日报》将有关专栏的信息视为机密，也证明了他作为忠诚员工的欺骗行为。

此外，地区法院的结论是，每个上诉人的行为都具有所需的特定欺诈意图，这一结论得到了证据的有力支持。

三、行为形式

关于上诉人提出的使用电报和邮件打印并向其客户发送期刊不符合使用这些媒介执行相关密谋的要求，美国最高法院拒绝接受这样的说法。下级法院非常正确地注意到，专栏的发行不仅是预期准备的，而且是该密谋的一个重要部分。如果该专栏没有向《华尔街日报》的客户开放，就不会对股价产生任何影响，上诉人也不可能从温纳斯泄露的信息中获利。

判决结果

美国最高法院法官大拜伦·怀特（Byron White）确认被告有罪。理由如下：第一，共谋以报纸机密资料进行交易的行为符合电汇诈骗法；第二，报纸在发表前享有保密资料的财产权，受法律保护；第三，此行为构成法律意义上的报纸诈骗阴谋；第四，利用电报和邮件印刷和发送报纸给客户足以满足法定要求，即邮件用于执行计划。

温纳斯和菲利斯被判违反证券交易法、联邦电汇诈骗法，被判犯有阴谋罪。卡朋特，被定协助和教唆罪。

案例学习意义

报刊的财经专栏内容在发表之前，未公开的日程和内容都可能构成商业秘密。虽然这些信息的泄露所影响的不是报刊的竞争地位，但由于这类信息的高专业性、受众广，可以对股市产生影响，而影响其声誉或公信力，对这类信息的泄露依然构成以盗用和欺诈手段不当挪用商业秘密。

一旦涉及违反保密协议，明知保密义务却泄露了公司的机密信息，就不仅仅是违反公司纪律的问题，还涉及触犯刑法。

该案不仅描述了媒体行业中会涉及的商业秘密，还描述了盗用与欺诈这两类不当挪用商业秘密的手段。截至 2023 年 3 月，该案被美国案例判决文书引用 777 次，被其他法律文件引用 1436 次。

第五节 客户名单商业秘密识别

 法律问题

怎样的客户名单能构成商业秘密？

> **科隆 & 布莱克公司 – 鲁特斯 & 罗伯茨公司诉霍什案**
> *Corroon & Black – Rutters & Roberts*, *Inc. v. Hosch*, 325 N. W. 2d 883（1982）

■ **原告/被上诉人：** 科隆 & 布莱克公司 – 鲁特斯 & 罗伯茨公司（Corroon & Black – Rutters & Roberts Inc.）
■ **被告/上诉人：** 杰克·霍什（Jack Hosch）
■ **法院：** 威斯康星州最高法院

案例背景

该案发生在公司与前雇员之间。自1958年以来，霍什一直是名具有保险销售许可的保险代理。他开始受雇于一家综合保险公司——罗伯茨公司。1973年，科隆 & 布莱克公司通过交换罗伯茨公司的股票和科隆 & 布莱克公司的股票，收购了罗伯茨公司的业务和资产，其中包括罗伯茨公司的所有保险账户。

霍什在任职期间负责为科隆 & 布莱克公司的大量客户购买和维护保险账户。霍什本人将其中一半的账目交给了科隆 & 布莱克公司，为客户提供服务，包括在保单即将到期时联系客户，并在续保前审查和更新保险范围。

当这两家机构在1973年合并时，霍什和加入科隆 & 布莱克公司的罗伯茨公司的其他员工被要求签署一项《不竞争协议》。该协议于1977年12月31日终止。当协议期限结束时，霍什离开科隆 & 布莱克公司，加入了它的一名竞争对手。此后不久，1978年1月，科隆 & 布莱克公司总裁得知，霍什及其新公司在很多代理人信函中获益。这些信函通知保险公司，某些账户被转到了另一家代理机构。这导致科隆＆布莱克公司的佣金大幅减少，因为霍什的科隆＆布莱克公司客户中约有 2/3 的人更换到了霍什的新公司。

很明显，霍什积极征求了他以前的科隆＆布莱克公司客户的意见，利用了在科隆＆布莱克公司任职期间获得的信息。这些信息有助于他和以前的客户取得联系。科隆＆布莱克公司认为，霍什还可以在过期名单中获取详细信息，包括投保人的姓名和地址、要联系的关键人员、续保日期和保险金额。科隆＆布莱克公司的客户文件都保存在文件柜中，从未上锁。过期清单保存在柜子里，也很少锁上。该公司大约有 75 名员工，他们都可以查看这些文件。

科隆＆布莱克公司对霍什提起诉讼，指控他非法使用科隆＆布莱克公司文件中的"商业或商业秘密性质的特权和机密信息"招揽其前客户。科隆＆布莱克公司诉讼要求赔偿被挪用账户的佣金，并进一步要求惩罚性赔偿。科隆＆布莱克公司还要求获得一项法院令，禁止霍什今后对其客户进行任何拉拢。

 争议焦点

保险代理人利用其前雇主的客户名单将客户引向代理人的新保险代理机构，是否构成不公平竞争。

 原告提供的证据

科隆＆布莱克公司提供证据证明霍什非法获取和使用了三类信息：

第一，"客户名单"，包含科隆＆布莱克公司分配给霍什的 85 名商业客户和 113 名个人客户的姓名和地址名单；

第二，"过期清单"，显示过期日期的客户保单列表；

第三，"保险机构档案"，包含的信息如下：

（1）与特定保险单相关的关键人员姓名；

（2）每项保单的承保类型和金额；

（3）提供各类保险的保险公司名称；

（4）给客户打电话的摘要以及通话中讨论的信息；

（5）关于下次通话时可能与客户讨论的信息建议；

（6）关于可能影响客户保险范围的客户问题备忘录；

（7）科隆＆布莱克公司与客户开展保险业务的保险公司名称；

（8）每份保单的保险费；

（9）政策委员会；

（10）客户的索赔历史和损失经历；

（11）是否有任何其他保险公司拒绝为客户编写特定类型的保单；

（12）工程测量和投保结构的信息；

（13）对客户业务的评估，表明有可能购买额外保险。

被告意见

霍什承认，当为科隆＆布莱克公司工作时他可以查看以上所有信息，这些信息对保险代理人或代理机构有价值，因为它使代理人或代理机构在业务中比其他人具有竞争优势。他否认自己拿走了过期清单或保险公司档案中的信息。

霍什要求初审法院作出直接裁决，理由是法律上的证据不足以证明他未经授权使用了商业秘密。

初审法院的处理

初审法院认为，有争议的事实需经过陪审团裁定。随后，初审法院就陪审团的职责和适用于该案的法律原则向陪审团发出指示。初审法院指示陪审团注意此处讨论的某些特定类型信息的价值，以及威斯康星州最高法院曾采用的六要素来指导确定特定信息是否应作为商业秘密进行保护。初审法院还指示陪审团，《统一商业秘密法》将允许前雇员"自由使用在其前雇主手下获得的一般知识、技能和经验"，但该雇员"仍有义务在未经授权的情况下，不使用在其前雇主身上获得的机密信息，损害其前雇主的利益"。

陪审团被告知，商业秘密法试图在雇员流动性和雇主商业保护之间达成政策平衡。除了平衡对雇主的公平和对雇员的公平政策外，初审法院还指示陪审团不保护不需要保护信息的一般政策，因为这些信息"是在正常业务过程中产生的，或者……仅仅是公司正常营销活动的产物，没有什么独特或机密的……"。

初审法院给陪审团与商业秘密相关的指示如下：

虽然前雇员可以自由使用在其前雇主手下获得的一般知识、技能和经验，但他仍有义务在未经授权的情况下，不使用在其前雇主任职期间获得的机密信息，从而损害其前雇主的利益。"到期"或"续期权"是一项有价值的资产，经常在代理人之间买卖。在确定客户文件是否保密时，可以考虑：

（1）案卷中所载信息在原告业务范围之外为人所知的程度；

（2）涉及原告业务的员工和其他人对档案中所含信息的了解程度；

（3）原告为保护信息的机密性而采取措施的程度；

（4）信息对原告及其竞争对手的价值；

（5）原告为开发信息所付出的努力或金钱；和

（6）信息被他人正确获取或复制的难易程度。

原告必须证明：

（1）客户档案中包含的信息属于机密性质；

（2）被告不正当地获取或使用该信息；和

（3）被告知道或应该知道他的行为不当。

如果您确定客户文件属于机密性质，那么为了为原告找到证据，您必须确定这些文件是否获得或使用不当。如果一方披露或使用他人的机密信息构成对其信任的破坏，则该方应向另一方承担责任。若要发现违反保密关系的情况，必须首先发现信息接收方知道或应该知道该信息是保密的。如果披露仅是为了推进或实施现有的特殊关系，则可能隐含着信任关系。

代理人有权使用有关前雇主的业务方法和保留在其记忆中客户姓名的一般信息，如果此类信息不是在违反其作为代理人的职责情况下获得的话。信息这种情况下被禁止用于与雇主使用的程度是：在考虑到所有情况后，代理人的使用会对前雇主不公平。在确定这一点时，应考虑允许员工自由终止雇佣关系并继续在同一企业工作的可取性。在正常业务过程中产生的材料，或仅仅是公司正常营销活动的产物，且并非独特或机密的材料，不受保护。

初审法院用"机密"而非"商业秘密"来表述这些指示。陪审团通过特别裁决认定，科隆＆布莱克公司的保险文件是机密的，霍什未经授权使用了保险文件中的信息。因此，裁定霍什向科隆＆布莱克公司作出5万美元的补偿性赔偿与4000美元的惩罚性赔偿。初审法院在判决中批准了该裁决结果。

 后续诉讼过程

霍什提出上诉，认为不存在商业秘密，还对赔偿金的裁决提出疑问。

上诉法院认为，该判决没有可信的证据支持，违反了公共政策。上诉法院的结论是，不存在任何法律责任，因为不涉及商业秘密。因此，上诉法院也没有处理损害赔偿问题。上诉法院撤销了判决，并将其发回重审。

 威斯康星州最高法院意见

根据威斯康星州法律，被告从原告档案中收集的信息，即客户名单和到期名单，不构成商业秘密。初审法院陪审团认定，保险代理人霍什利用其前雇主的客户名单将客户转移到其新的保险代理机构是不公平竞争。科隆＆布莱克公司强调了这种情况的不公平性，并声称霍什不值得信任。然而，任何感知到的不公平不应成为决定因素，"只要离职员工在接受培训后仅带走了自己的经验和智慧开发，并且没有商业秘密或工艺被不当挪用，法律就不提供追索权。"

威斯康星州最高法院不得不指出，当霍什开始为科隆＆布莱克公司的竞争对手工作时，并没有不参与竞争的约定。由于科隆＆布莱克公司无法获得不竞争契约的保护，因此，该案的结果必然会涉及霍什获取的信息是否属于商业秘密的问题。

首先，威斯康星州最高法院必须解决科隆＆布莱克公司的论点，即陪审团的裁决有可靠证据支持。上诉法院恰当地将商业秘密是否存在的问题定性为法律和事实的混合问题。威斯康星州最高法院指出，当提出法律和事实的混合问题时，必须回答两个组成部分的问题。**第一个问题是，事实是什么。第二个问题是法律问题，即这些事实是否符合特定的法律标准**。因此，霍什获取的信息是否构成商业秘密是一项法律问题。无须特别尊重初审法院对法律问题的裁决。保险公司客户名单不是商业秘密的结论符合威斯康星州现行法律。

威斯康星州最高法院曾在先例中注释道，有关商业保密的法律有两个基本主题。一是一些法院强调了不正当竞争法中违反信赖关系的方面。然而，通常情况下，此类案件还涉及假定的商业秘密。二是要求存在实际的商业秘密，作为不正当竞争诉讼理由的必要条件。重点在于，员工在新工作中所带走的想法和概念的性质。

科隆＆布莱克公司强调其客户名单的所谓保密性，并显然将信息的保密性等同于商业秘密地位。这是对现行法律的不准确陈述。威斯康星州最高法院曾在先例中采纳了《侵权法（重述）（一）（1939）》（以下简称《重述》）的观点，认为其"……适当平衡了商业秘密法发展过程中出现的两个因素"。

在讨论商业秘密的定义时，威斯康星州最高法院赞同地引用了《重述》第4条，即侵权法第757条评论b中的以下论述："**在确定给定信息是否属于某人商业秘密时，需要考虑的一些因素有：①该信息在其业务范围外的知晓程度；②员工和其他业务相关人员对该信息的知晓程度；③他为保护该信息的保密性而采取措施的程度；④信息对他和他的竞争对手的价值；⑤他在开发信息方面花费的精力或金钱；⑥信息被他人正确获取或复制的难易程度**。"根据《重述》的定义，威斯康星州最高法院在先例中认为，这样的客户名单不是商业秘密，因为它没有足够的保密性或机密性，而且只包含要联系的客户姓名和地址，而不是关于客户预计市场需求或客户市场习惯的复杂营销数据。

威斯康星州最高法院还注意到，客户名单处于不公平竞争法的外围。这是因为法律保护不会对提供编制此类清单而产生激励作用；无论如何，它们中的多数都是在正常的业务过程中生成的。

威斯康星州最高法院不同意科隆＆布莱克公司的观点，即这应该是一个决定因素。即使所包含的不仅仅是客户的姓名和地址，保险公司客户名单，比如该案中的名单，也无权根据威斯康星州法律获得商业秘密保护。

科隆＆布莱克公司认为，这六项《重述》要素不是商业秘密诉讼需满足的要求，而是被告必须证明商业秘密不存在的因素。根据对《重述》定义的解释，过期名单属于商业秘密。威斯康星州最高法院认为保险公司的失效清单，不符合商业秘密的六因素《重述》定义。如果要给予商业秘密以法律保护，这六个因素中的每一个都应表明商业秘密的存在。科隆＆布莱克公司声称，在编制过期名单上的信息方面花费了相当多的时间和金钱。威斯康星州最高法院表示，这些案件中的客户名单"仅是正常营销活动的产物"，并且"没有任何独特或机密的东西应受到保护，以防止竞争"。因此，《重述》定义的第四和第五个要素是缺乏的。为保险公司的客户名单提供保障，是违反公共政策的。

科隆＆布莱克公司的总裁认为这些文件是机密的。然而，证据表明，科隆＆布莱克公司的多数员工都可以获取这些信息。在此基础上，客户名单不符合第二和第三要素下的《重述》定义。有一些证据表明，即使没有客户名单，霍什和其他人也可以获得许多大型保险客户的信息。法院不太可能对前雇员的"不公平"竞争提供保护，因为客户和销售人员（即雇主方）之间没有持续的特殊关系。

科隆＆布莱克公司声称，保险代理人属于先例中的专业职业——"线路销售员"类别，类似于医生和律师。威斯康星州最高法院不同意这种说法。在这种情况下，那么保险代理人应属于非线路销售人员。似乎清楚的是，许多保险客户不依靠一个代理机构来满足他们所有的保险需求。此外，许多人为节省几美元的保费，会相当频繁地更换保险公司和代理人。

最后，公共政策原因不利于给予保险公司客户名单商业秘密地位。如威斯康星州最高法院在先例中所阐述的，"客户名单处于不公平竞争法的边缘，因为法律保护不会激励编制客户名单，因为这些名单是在正常的商业过程中形成的。"强化不使用商业秘密的概念，只能作为普通法禁止贸易限制政策的一个不寻常的例外。

威斯康星州最高法院在先例中曾阐明，公众有权进行合理竞争，还应鼓励工人流动。对客户名单的法律保护不符合这些目标。"对贸易限制机制提供特别保护，并不会对有利于公众利益的创造力产生特别的激励，这与公共政策是背道而驰的。"

判决结果

该案中的保险代理客户名单不是商业秘密，不应限制被告联系原告的客户。确认上诉法院的决定。

反对意见

该案中，威斯康星州最高法院雪莉·亚伯拉罕森（Shirley Abrahamson）法官持异议，主要意见如下：

之所以持异议，是因为多数意见在没有正当理由或解释的情况下偏离了威斯康星州最高法院以前在商业秘密案件中采用的公认法律原则，并且因为其他法官没有适当尊重陪审团的裁决。

这里的多数意见在很大程度上采纳了上诉法院的推理。多数意见认为，初审法院基于普通法未能认定所涉信息在不构成商业秘密方面存在错误。在得出结论时，多数意见明显偏离了商业秘密的实体法，并破坏了审查陪审团裁决所采用的既定标准。

威斯康星州最高法院一贯根据自己认定的事实审查每个商业秘密案件，**拒绝创建属于或不属于商业秘密的"通用"信息类别**。需要反复声明的是，法院无法在事实真空中确定该信息是否为商业秘密。法院必须对事实进行"详细分析"。虽然威斯康星州最高法院一直不愿保护客户名单，并表示客户名单处于不正当竞争法的"边缘"，但承认，在某些情况下，客户名单可能会受到保护。

威斯康星州最高法院还没有制定一项本身的规则，将客户名单作为商业秘密排除在保护范围之外，因为它已经认识到，**客户名单存在"具有极端商业重要性的问题，并密切平衡了雇主和雇员的利益"**。

其他司法管辖区的法院和《重述》本身都没有制定一项规则，允许或拒绝将客户名单作为商业秘密保护。其他司法管辖区的法院根据各自的事实分析每个客户名单案件。

在某些情况下，客户名单和客户信息得到了保护，而在另一些情况下则没有。《重述》在讨论不同类型的商业秘密时特别包括客户名单："商业秘密可以由任何配方、模式、装置或信息汇编组成，这些配方、模式、装置或信息用于一个人的业务，并使他或她与不知道或不使用它的竞争对手相比，获得优势的机会。它可能是一种化合物的配方，一种制造、处理或保存材料的工艺，一种机器或其他设备的图案，或一份客户名单。然而，它可能与商品销售或业务中的其他操作有关，例如在价目表或目录中确定折扣、回扣或其他优惠的代码，或专业客户名单，或记账或其他办公室管理方法。"

这里的多数意见忽视了商业秘密案件的事实处理方法，他们声称要制定一项规则，即作为法律问题，某些客户信息不应作为商业秘密受到保护。同时，未能指定所不保护的特定客户信息。由于多数意见对讨论的信息类型不感兴趣，不知道什么类型的信息不再作为"法律问题"的商业秘密受到保护，多数意见只会混淆商业秘密法，并在保险业制造不确定性，而保险业无法得知威斯康星州最高法院认为哪些信息可以保护。

多数意见进一步错误地偏离了之前的判例，将六要素法视为商业秘密的定义，并要求在将信息归类为商业秘密之前满足六要素中的每一个要素。无论是《重述》还是该案，都没有对"商业秘密"进行定义，因为正如美国法律研究所解释的那样，"**商业秘密的确切定义是不可能的**"。为了取代定义，《重述》列出了"在确定给定信息是否为个人商业秘密时需要考虑的一些因素……"，多数意见将这六个因素转化为六个方面的测试，每个方面都独立于其他方面。多数意见认为这六个因素中的每一个都比《重述》或威斯康星州最高法院打算给予它们的重要得多。

威斯康星州最高法院和其他对商业秘密法采用《重述》方法的法院从未认为，要确立商业秘密，必须"满足"六项重述因素中的每一项。**这些因素是"相关的"，但不是决定性的**。法院无须对这些因素给予同等的重视或考虑。

威斯康星州最高法院和其他法院没有将这六个因素视为独立测试的一个原因是，这些因素是决策者必须作出总体政策平衡的一部分，一个因素得到满足或未得到满足的事实并不一定能解决政策平衡问题。

也许是为了调和商业秘密法的公共政策方面与其新使用的《重述》因素作为测试之间的矛盾，多数意见承认公共政策在商业秘密案件中的作用，描述了两个压倒一切的政策考虑因素，然后制定有关使用这些政策的重点规则。**第一项政策考虑是，如果保护信息无助于经济或社会目的，可能会不必要地抑制竞争，那么法律不应该也不会保护信息**。因此，威斯康星州最高法院认为，客户名单"仅仅是正常营销活动的产物"，并且"没有独特性或保密性"，不应受到保护。

第二项政策考虑涉及平衡雇主和雇员的利益。**雇主倾向于保护花费大量时间和精力收集的信息，这使其企业比其他企业具有竞争优势。员工倾向于不保护信息，因为担心保护信息会限制他们在可能已具备专业知识的领域找到工作的能力。**雇佣关系终止后，员工应能够在新的雇佣关系中利用他们的一般知识、经验和技能，而无论是如何获得的。

多数意见似乎将这起商业秘密案件放在第一项政策框架内，认为"为保险公司客户名单提供保护，无论如何，这是在正常业务过程中制定的，将违反公共政策"。多数意见误用了这一政策，显然认为在正常业务过程中生成的所有信息"仅仅是正常营销活动的产物"，并且"没有什么独特性或秘密性"，因此不受保护。

如果立法机关准许将盗窃正常经营过程中可能产生的信息作为重罪处罚，多数意见对公共政策的阐述不应排除对正常经营过程中产生信息的民事保护。

正如多数意见认为并误用威斯康星州最高法院和《重述》的不保护"仅是正常营销活动的产物"的信息政策一样，多数意见认为并误用第二项政策平衡创造了商业秘密法的框架，即允许雇员工作流动，同时保护雇主不让前雇员使用机密信息。在某些情况下，保护客户资料会对雇员造成过大的限制，并会给予雇主不合理的保护。然而，法院在某些情况下拒绝保护客户信息，不应决定所有案件的结果，因为决策者可能在每个案件中达成不同的政策平衡。

该案证据并不支持多数意见的结论，即保护霍什的自由就业的权利比保护科隆＆布莱克公司的生意更重要。没有证据表明，保护科隆＆布莱克公司的信息，会对霍什在另一家保险公司的就业能力产生任何影响。

很多证据表明，取消对这些信息的商业秘密保护导致科隆＆布莱克公司失去了通过其努力建立起来的竞争优势。陪审团作出了这种平衡，但多数意见没有给出充分的解释，为什么法庭的结论替代了陪审团的结论。多数意见改变了陪审团裁决的复审标准。多数意见没有使用既定的复审标准，这一标准要求尊重陪审团的裁决，将陪审团在该案中的决定与行政机关对法律和事实混合问题的决定进行类比，并代替陪审团的结论。

多数意见采用"分析方法"，为陪审团裁决的上诉复审制定了两个标准：第一，对陪审团确定的"发生了什么"的上诉复审是对事实问题的复审，如果有可信的证据支持，陪审团的确定将得到维持；第二，对陪审团确定的"发生了什么"是否符合法律标准的上诉复审是对法律问题的复审，威斯康星州最高法院不必遵从陪审团的裁定。

在这个案件中，多数意见对复审标准的态度与威斯康星州最高法院在其他案件中的态度不同，上诉法院复审陪审团涉及事实和法律的混合问题的裁决。陪审团通常决定事实和法律的混合问题。其中一些决定包括特定行为是否构成疏忽、勤勉、无理拖延等。正如这里的陪审团确定"发生了什么"和"发生了什么"是否符合法律标准一样，陪审团确定被告是否未满足谨慎的人在类似情况下行使的谨慎程度，回答两个问题：第一，被告做了什么；第二，该行为是否符合法律标准，或者换句话说，该行为的法律后果是什么。

复审法院必须从最有利于裁决的角度来看待证据，并且必须确认陪审团的裁决。如果有任何可信的证据，陪审团可以根据这些证据作出裁决，特别是如果（这里）裁决得到初审法院的批准。复审法院必须寻找可信的证据来支持裁决，而不是寻找证据来支持陪审团可能作出但没有达成的裁决。

"可信证据测试"这一说法的推论是，当在法律上陪审团只能根据所收到的证据得出一个结论，却得出了另一个结论时，法庭不必听从陪审团的意见。如果多数意见使用既定的复审标准，将支持陪审团的裁决，因为合理的判断可能会在这个案件的结果判定上产生分歧。

多数意见并没有按照"可信证据"的审查标准进行事实分析，而是将陪审团的裁决解释为，陪审团接受了科隆＆布莱克公司对所发生事件的说法，也就是说，霍什接受并使用了科隆＆布莱克公司所断言的信息。多数意见甚至没查看记录，而是假定了有可信的证据支持陪审团的裁决。当多数意见转向事实是否符合法律标准的问题时，多数意见完全篡夺了陪审团在这方面的职能，将问题完全定性为一个法律问题。多数意见没有提供任何理由，来解释这种偏离陪审团裁决上诉审查的既定标准，找不到任何理由。

多数意见对待事实和法律之间的差异，就好像这种差异是明确的、无可争议的。然而，没有一个简单的公式可以区分这两个标签。为了确定这个问题是否应该被标记为事实或法律的问题，人们必须问为什么作出这种区分，以及这种区分产生的后果是什么。如果上诉法院的复审标准能够遵从陪审团的裁决，那么上诉法院很有可能基于陪审团裁决维持初审法院判决。如果上诉法院的复审标准不能够或难以遵从陪审团的裁决，上诉人推翻陪审团裁决的机会会增加。

为了上诉审查的目的，将一个问题标记为法律问题使得复审法院替代初审法院或陪审团的判决，并增加了上诉法院对陪审团和初审法院的权力。如果这个法院将上诉法庭的权力提升至让审判法官和陪审团进行事后评判，将会有越来越多的案件被上诉，给已经负担过重的上诉法庭增加负担。增加上诉案件数量意味着增加诉讼当事人和公众的开支。不必要地扩大审判法官和陪审团的上诉复审范围，也动摇了诉讼当事人和公众对陪审团和初审法院裁决与判决的信心。

然后必须解决的问题是，是否可以通过扩大商业秘密案件的上诉审查范围使司法更公正。如果是这样，那么费用、延误，以及由于上诉增加而造成的法庭拥挤可能是为了正义所付出的必要代价。

有人可能会争辩说，当上诉法院，而非陪审团，根据其法官在法律事务方面的专业知识和统一判决的意愿，来判定信息是否是商业机密时，会产生更好的公正结果。

然而，结论是，**当复审法院而不是陪审团在有疑问的案件中裁定信息是否属于商业秘密时，不会更公正，因为上诉法院在平衡每个商业秘密案件的价值方面的专业知识没有比陪审团更多，而且因为几乎不可能实现任何重要的统一裁决，任何统一将以巨大的成本实现**。将某些信息作为商业秘密保护的决定，最好由陪审团根据法院制定的指导作出。涉及判定商业秘密的案件，就像涉及过失侵权考量的案件，号召审理事实的人将事实置于共同体价值的一般构架中，而不是简单地确定什么是法律内容。例如，在过失侵权案件中，这种结构被称为"合理谨慎的人"标准：陪审团必须根据社区价值观，确定一个合理谨慎的人在特定情况下会做什么。

在商业秘密案件中，由于法律的发展是为了在商业交易中实施社会道德，所以商业秘密的构建是一种公平的构建。在过失侵权和商业秘密案件中，本法庭都制定了指导原则，以指示的形式给予陪审团，以帮助陪审团将共同体的价值观应用于相关事实。

不能得出结论，上诉法官比陪审团更有能力或更适合在事实背景下作出这些价值决定。但司法系统不这么认为。**在司法系统中，陪审团，而非上诉法院，通常被视为提供社区的价值观。**事实上，诉讼当事人可能会基于联邦和州宪法提出反对意见，反对法院用司法"智慧"代替陪审团审判的权利。因此没有理由把这个问题归类为法律问题，然后从陪审团手中接过这个案子。

也看不出有什么理由，让陪审团接受这个案子，从而使商业秘密的判例法趋于一致。我知道，当初审法院和陪审团裁决商业秘密案件时，不同的初审法院和陪审团在类似案件中可能会得出不同的结果。统一性对诉讼当事人和制度都很重要。如果上诉法院有权在涉及商业秘密的每一个实际情况下代替陪审团或初审法院的判决，那么结果可能会更加一致，但在商业秘密（或过失侵权）等案件中，如果决定的制定过程以事实调查为主，复审法院就没有能力作出决定，因为它不像初审法院那样熟悉案件，而且重大一致性的可能性不大。

在这种情况下，上诉法院最好不要作出决定，而是提出陪审团指导原则，即法律规则，并确保陪审团和初审法院在根据可信的证据测试进行审查时适用适当的指导原则。

除了不同意多数意见使用新标准之外，不同意多数意见的观点，即行政法复审标准总是意味着复审法院不必遵从行政机关对事实和法律混合问题的裁定。

多数意见对审查标准的解释是错误的。威斯康星州最高法院采用实际做法，当行政机关具有将事实适用于有关特定法律的特定专门知识时，往往遵从行政机关对事实和法律混合问题的裁定。已经认识到，当行政机关的专业知识，对于法律问题的决定具有重要意义时，行政机关的决定，虽然不是控制性的，但也会受到重视。

在先例中，确定有关资料是否属于商业秘密涉及价值判断、对社会价值的理解，以及解决相互竞争的社会和经济政策。在司法系统中，陪审团通常被视为提供社区的价值观。因此，如果在该案中适用行政机关的复审标准，会得出结论，应该尊重陪审团对社会价值观和社会政策的专业意见，不会用其判断来替代陪审团的判断。

总而言之，不赞同多数意见，因为多数意见在没有解释或理由的情况下，用其智慧取代了陪审团的智慧，并背离了先前有关商业机密的决定。鉴于陪审团的记录有利于科隆＆布莱克公司，理性的人可能会对霍什获得的信息是否符合商业秘密的法律标准持不同意见。在这种情况下，根据复核陪审团裁决的既定标准，必须维持根据裁决作出的判决。

坚持维持初审法院的判决，并推翻上诉法院的判决。

🏛 案例学习意义

如何确认客户名单是否属于商业秘密在商业秘密诉讼中是一个非常重要的问题。这个问题不能一概而论。例如，在威斯康星州，要确立商业秘密，必须满足《重述》六项因素中的每一项，这些因素是相关的，但不是决定性的。法院无须对这些因素给予同等的重视或考虑。一个因素得到满足或未得到满足的事实并不一定能满足法律问题要求。法律上虽有判断商业秘密的法律标准，但没有确切的商业秘密定义。

客户名单的保密性是事实问题，而客户名单是否是商业秘密则是一项法律问题，法律首先要解决的就是对事实问题的识别。

　　该案大多数法官的意见对客户名单的商业秘密识别更严苛，离职员工就业的公共利益权重更重。而亚伯拉罕森法官却持有不同观点，更侧重制度价值，在客户名单的识别属于一项事实或法律问题上有更深层的探讨，对于理解商业秘密事实问题和法律问题很有帮助。

　　虽然中国与美国的陪审员制度非常不同，但该案的讨论对于专家鉴定的方法、鉴定意义、鉴定价值都起到了一定的启示作用。截至 2023 年 3 月，该案被美国案例判决文书引用 46 次，被其他法律文件引用 45 次，并被编选入多部案例教材。

第六节　工艺方法可构成商业秘密

法律问题

工艺方法若构成商业秘密，基本标准是什么？哪些行为与行为标准会构成对这类商业秘密的侵犯？

杜邦公司诉克里斯托弗案
E. I. duPont deNemours & Co. v. Christopher，431 F.2d 1012（1970）

■ **原告/被上诉人**：E. I. 杜邦化学公司（E. I. duPont deNemours & Company，Inc.，以下简称"杜邦公司"）
■ **被告/上诉人**：罗夫·克里斯托弗等（Rolfe Christopher et al.）
■ **法院**：美国联邦第五巡回上诉法院

案例背景

这是一个有关经济间谍的案例。罗夫·克里斯托弗与加里·克里斯托弗（Gary Christopher）（以下合称"克里斯托弗"）是得克萨斯州博蒙特的摄影师。克里斯托弗受雇于某不知名的第三方，在博蒙特工厂对新建筑物进行航拍。1969年3月19日，他们从空中拍摄了16张杜邦公司工厂的照片，这些照片后来被冲洗并交付给第三方。当天，杜邦公司的员工注意到了这架飞机，并立即开始调查，以确定飞机为何在工厂上空盘旋。到了下午，调查显示，这架飞机参与了一次摄影探险，克里斯托弗就是摄影师。

同一天下午，杜邦公司联系了克里斯托弗，要求他们透露索要照片的人或公司的姓名。克里斯托弗拒绝透露这一信息，并给出了客户希望匿名的理由。

在调查走到死胡同后，杜邦公司随后对克里斯托弗提起诉讼，指控克里斯托弗不当获取了会泄露杜邦公司商业秘密的照片，并将这些照片卖给了未披露的第三方。杜邦公司要求赔偿因不当披露商业秘密而遭受的损失，并寻求临时和永久禁令，禁止进一步传播已拍摄的照片，并禁止对甲醇厂进行任何额外拍摄。

杜邦公司表示，自己正开发一种高度机密但未获得专利的甲醇生产工艺，这一工艺使杜邦公司比其他生产商具有竞争优势。杜邦公司声称，这一工艺是经过大量昂贵且耗时的研究后形成的商业秘密，已采取特别预防措施保护该秘密。克里斯托弗拍摄的区域是设计用于通过这一秘密工艺生产甲醇的工厂。由于该工厂仍在施工中，因此从施工区域的正上方可以看到该工艺的部分。杜邦公司声称，技术熟练的人可以通过该地区的照片推断出制造甲醇的秘密工艺。

争议焦点

克里斯托弗是否采取不当手段获取了杜邦公司的商业秘密。

诉讼过程

初审法院就批准了杜邦公司要求克里斯托弗夫妇披露委托人姓名的动议，准许杜邦公司获得救济，批准了克里斯托弗提出的临时上诉动议。

美国联邦第五巡回上诉法院意见

这是一个能给人留下第一印象的案件，因为得克萨斯州法院尚未面临过如此确切的事实问题，并且，作为一个多元化法院，上诉法院必须让自己敏感起来，以预测如果出现这种情况，得克萨斯州法院会怎么做。这一临时上诉涉及的唯一问题是杜邦公司是否提出了可以给予救济的索赔。

克里斯托弗在庭审中和法庭上都辩称，他们在拍摄杜邦公司工厂并将这些照片传递给客户时没有"可被起诉的错误"，因为他们进行所有活动都在公共空域，没有违反任何政府航空标准，没有违反任何信赖关系，没有任何欺诈或非法行为。简言之，克里斯托弗认为，如果盗用商业秘密是非法的，那么就必须存在侵入、其他非法行为或对信赖关系的破坏。

上诉法院不同意（这种抗辩）。正如克里斯托弗所声称的那样，以前的商业秘密案件确实包含了其中一个或多个要素。然而，上诉法院不认为得克萨斯州法院会将商业秘密保护仅限于这些要素，相反，得克萨斯州高级法院特别采纳了《侵权法（重述）》（以下简称《重述》）中的规则，该规则规定："一方在没有特权的情况下披露或使用另一方的商业秘密，他应向另一方承担责任。如果①他通过不当手段发现的该秘密，或②他的披露或使用违反了另一方在向他披露该秘密时对他设定的保密义务。"

因此，尽管之前的先例涉及违反信赖关系、侵入或其他不当行为，但该规则比之前遇到的案例要广泛得多。得克萨斯州不局限于具体的不当行为，通过了《重述》的第一部分，该部分承认通过任何"不当"手段发现商业秘密的行为。

先例中曾有阐述，"使用他人的创意并不当然违反法律。该创意必须符合商业秘密的要求，并且是通过泄密获得的，使受害方遭受损害和/或禁令"。如果有违信赖关系的意思涵盖整个商业的不当行为，那么《重述》的第（a）小节将是冗余或持续性，这是一种与《重述》的传统精确性背道而驰的解释。

因此，上诉法院领会了这部分的含义，并认为得克萨斯州高级法院通过该条款明确表示，通过任何"不当手段"发现商业秘密都构成被诉的理由。剩下的问题是，工厂建设的航空摄影是否是不适当获取他人商业秘密的手段。

上诉法院的结论是，事实确实如此，得克萨斯州法院也会这样认为。该州最高法院曾在先例中表示，"毫无疑问，法律的趋势是在商业世界承认并执行更高的商业道德标准"。另有先例表明："某一发现的手段可能是显而易见的，并且，从已知因素到目前未知结果的实验可能是简单的，这些都属于公共领域。但这些事实不会破坏发现的价值，也不会有利于以不公平方式获取知识且未如发现者那般进行支付的竞争对手。"

因此，上诉法院认为，得克萨斯州的规则是明确的。如果一个人通过应用于成品的反向工程发现了该方法，他可以使用竞争对手的秘密方法；如果一个人通过自己的独立研究发现了竞争对手的方法，他可以使用该方法。但是，当发现者正在采取合理的预防措施维护其秘密时，未经其许可，不得通过从发现者处获取该工艺来避开这些劳动。除非持有人自愿披露或未能采取合理预防措施确保工艺保密性，否则在不花费时间和金钱独立发现的情况下获取工艺知识是不恰当的。

该案中，克里斯托弗小心翼翼地航摄了杜邦公司试图保密的方法的照片。克里斯托弗将照片交给了第三方，该第三方当然知道他们获取这些照片的方式，并且可能计划通过利用其中包含的杜邦公司工艺信息制造甲醇。只有在第三方通过自己的研究工作获得该知识的情况下，才有权使用该方法。但到目前为止，所有信息表明，第三方仅在通过杜邦公司作出合理努力保护其秘密时从杜邦公司获得了该知识。因此，杜邦公司有正当理由禁止克里斯托弗不当发现其商业秘密，并禁止未披露的第三方使用不当获取的信息。

上诉法院注意到，这一观点与《重述》起草人的立场完全一致。在评论不当的发现方式时，《重述》起草人们曾写道："不正当的发现手段。行为人发现他人的商业秘密意味着行为人承担独立于对该秘密利益损害的责任。因此，如果一个人使用暴力从另一个人的口袋里拿走一个秘密配方，或闯入另一个人的办公室偷取配方，他的行为是错误的，并使他承担与《重述》中规定的规则不同的责任。根据该规则，此类行为也是获取秘密的不正当手段。但是，根据这一规则，手段可能是改良手段，即使不会对商业秘密的利益造成任何其他损害。此类手段的例子包括诱使披露的欺诈性虚假陈述、窃听电话线，或其他间谍活动。不可能有完整的不当手段目录。一般来说，这些手段是低于普遍接受的商业道德和合理行为标准的手段。"

在采纳这一立场的过程中，上诉法院意识到，在所处的工业社会中，这种长期存在的工业间谍活动已经成为一种流行的活动。然而，上诉法院致力于自由的工业竞争，绝不能强迫上诉法院接受弱肉强食的法则，将其作为商业关系中的道德标准。上诉法院必须停止对间谍游戏的容忍，因为防止他人从事间谍活动所需的保护成本太高，以至于使发明精神受到打击。必须保护商业隐私不受间谍活动的影响，而间谍活动是无法合理预期或防止的。

但是，上诉法院并不认为所有的信息都是被保护的。事实上，要使工业竞争良性发展，就必须有喘息的空间来观察工业竞争对手。竞争对手可以且必须以竞争的方式对自己产品的质量、部件和制造方法进行定价与检视。也许必须建造一般的栅栏和屋顶来阻挡入侵目光，但上诉法院不用要求具有商业秘密的生产者来防范目前可用的未预料到、不可探测的或不可保护的间谍活动方法。

该案中，杜邦公司正在建一座工厂。虽然完工后的工厂可以保护大部分工艺不被人看到，但在施工期间，商业秘密被暴露在外部。要求杜邦公司在未完工的工厂上盖一个屋顶，以保护其秘密，这将产生巨大的费用，只会防止孩子们的恶作剧。

上诉法院在此不介绍任何新的或激进的道德规范，因为上诉法院的信条是不对盗版行为给予道德制裁。市场也必然不能偏离上诉法院太多。上诉法院不应该要求一个人或一家公司采取不合理的预防措施来阻止另一个人做他本来不应该做的事情。

上诉法院可能需要采取合理的预防措施来阻拦掠夺者的目光，但制造不可穿透的堡垒却是不合理的要求。为了保护工业发明家的努力成果，上诉法院不愿意让他们承担这样的责任。"不当"这个词总是有许多细微差别，由时间、地点和

环境决定。因此，上诉法院不需要制定一个商业不当行为的目录。然而，很明显，其中一条解释明确，"在不具备合理防御手段的情况下，不得通过欺诈方式获取商业秘密"。

该案的结论是，无论从什么高度进行航空摄影，都是发现杜邦公司工厂建设过程中暴露的商业秘密的一种不当方法。上诉法院不必考虑克里斯托弗选择的飞行模式是否违反了任何联邦航空法规。从这个意义上说，无论这次飞行是合法的还是非法的，间谍活动都是一种发现杜邦公司商业秘密的不当手段。

判决结果

同意初审法院关于杜邦公司提出有效索赔的裁定，确认该法院的裁决。

案例学习意义

除非商业秘密持有人自愿披露或未能采取合理预防措施确保其秘密性，否则在不花费时间和金钱的情况下获取工艺方法是不恰当的。通过该案，读者不仅可以了解商业秘密案件中工艺方法这类信息能成为商业秘密保护的对象，而且可以对侵犯商业秘密行为的多样性有较深刻的认识。

该案中，美国联邦第五巡回上诉法院不同意"如果盗用商业秘密是非法的，那么就必须存在侵入、其他非法行为或对保密关系的破坏"的说法。特别解释说，"不当"行为或手段的"不当"与时间、地点、环境都有关，未必涉及违反某些法律或规则。它认为没有必要对不当行为的各种形式进行目录式罗列，并指出，"法律的趋势是在商业世界承认并执行更高的商业道德标准"。

通过学习该案，读者可以深入理解盗用不同类型商业秘密的手段方式是多样的，不局限于法律条文列举的方式、方法。特别是在网络时代、数据时代，这种方式或方法很可能是先于现实实在的方式、方法。截至 2023 年 3 月，该案被美国案例判决文书引用 73 次，被其他法律文件引用 404 次。

第七节 配方可构成商业秘密

法律问题

怎样保密程度的配方能构成商业秘密？若诉讼需要，法院是否可以要求调查与披露相关商业秘密？

> **可口可乐装瓶公司诉可口可乐案**
> *Coca – Cola Bottling Co. of Shreveport, Inc. v. Coca – Cola Co.,*
> 107 F. R. D. 288（1985）

■ **原告**：什里夫波特可口可乐装瓶公司等（Coca – Cola Bottling Company of Shreveport, Inc., et al.）

■ **被告**：可口可乐公司（Coca – Cola Company）

■ **法院**：特拉华州地区法院

案例背景

该案发生在两家合作企业之间，是一场有关定价协议的纠纷。可口可乐的完整配方是世界上保守得最好的商业秘密之一。虽然大部分成分都是公开的，但可口可乐的独特口味得益于香油和配料的秘密组合，被称为"商品7X"。自可口可乐首次发明以来，商品7X的配方一直受到严格保护，可口可乐公司内只有两个人知道该配方。该秘密配方的唯一书面记录保存在佐治亚州亚特兰大信托公司银行的安全金库中，只有在公司董事会通过决议后才能打开该金库。

自20世纪初以来，可口可乐的生产过程分为两个阶段：①生产"可口可乐瓶装糖浆"，并将其出售给装瓶商；②由装瓶商向糖浆中添加碳酸水，然后将所得产品装入瓶和罐中。1921年，在装瓶集团与可口可乐公司就瓶装糖浆合同提起诉讼后，可口可乐公司签订了许可书，确立了与其装瓶商之间的某些合同条款。其中，可口可乐公司特别同意：第一，可口可乐瓶装糖浆每加仑含糖不少于5.32磅；第二，装瓶商购买糖浆的最高价格为每加仑1.30美元；第三，瓶装糖浆的价格可能会随着美国十大精炼厂季度报价的糖市场价格上涨而上涨。

直到1978年，几乎所有装瓶企业的瓶装糖浆价格都是由1921年许可书制定的价格配方决定的。从1978年开始，由于通货膨胀压力和销量下降，可口可乐公司在与装瓶商的合同中寻求从现有价格配方中减价。经过谈判，大多数装瓶商同意对其合同进行修订（以下简称《1978年修订书》），以换取一项条款，要求可口可乐公司在决定用较低成本的甜味剂代替砂糖时，将任何节约的成本给予其他公司。

《1978年修订书》为瓶装糖浆确立了一个新的价格配方，其中使用了"糖元素""基本元素"和消费者价格指数。糖元素根据瓶装糖浆中使用的任何甜味配方的市场报价进行调整。约占国内销售额90%的绝大多数装瓶企业，已经签署了《1978年修订书》。这些装瓶厂通常被称为"改良装瓶厂"，其余的装瓶厂被称为"合同未经修订的装瓶厂"，它们拒绝签署修订书，并继续按照装瓶厂的合同经营，这些合同基本上与1921年许可书之后签订的合同一致。

1980年，签订《1978年修订书》的装瓶厂开始从其中获得一些好处，当时可口可乐公司决定用高果糖玉米糖浆（HFCS－55）代替瓶装糖浆中约50%的砂糖，这是一种比砂糖更便宜的甜味剂。

1982年7月8日，可口可乐公司大张旗鼓地将健怡可乐推向市场。该名字是经过精心挑选的，重点是"健怡"这个词的描述性，以及"可乐"的巨大市场认可度。广告强调了新可乐的味道及其与可口可乐的关系。在短短三年时间里，公众对健怡可乐的反应是惊人的，它已成为美国第三大销量软饮料和世界上最畅销的健怡软饮料。

健怡可乐的推出立即引发了可乐装瓶商和可口可乐公司之间的争议，即装瓶商必须为健怡可乐糖浆支付多少钱。可口可乐公司的立场是，健怡可乐不在现有合同的范围内，必须制定一个具有灵活定价的新合同条款。许多修订过和未经修订合同的装瓶商认为，可口可乐公司有义务根据其现有装瓶商的可口可乐合同条款提供健怡可乐。这一争端导致1983年初一系列诉讼被提起。

自那以后，可口可乐公司发生了两次重大且范围波及很广的变化。首先，1985年4月，可口可乐公司宣布将停止生产现有配方的可口可乐（以下简称"旧可乐"），并立即开始生产新可乐。可口可乐公司表示，新可乐的味道比旧可乐更好。根据新可乐发布时附带的宣传材料，新可乐的配方源自健怡可乐开发的研究。新可乐中的秘密配方称为"7X – 100"，与旧可乐中的秘密配方不同，但它仍然只被少数人知道，并被锁在佐治亚州的银行金库中。

其次，1985 年 7 月，可口可乐公司响应消费者需求，宣布将以"可口可乐经典"的名义召回旧可乐。可口可乐公司现在将向装瓶商提供两种加糖可乐糖浆，旧可乐糖浆（包装为可口可乐经典型）和新可乐糖浆。可口可乐公司已通知其装瓶商，在不损害可口可乐公司的权利的情况下，将根据可口可乐合同条款向其供应可口可乐经典糖浆。

可口可乐公司 1982 年推出健怡可乐使得装瓶商们基于违反合同，违反两项 1921 年许可书、商标侵权、商标价值稀释和违反联邦反垄断法提出指控。

🔳 原告的诉求

原告的观点是，根据现有合同条款，可口可乐公司有义务向它们出售用于装瓶健怡可乐的糖浆。这一观点引起的主要问题是，合同术语"可口可乐装瓶商的糖浆"是否包括用于制造健怡可乐的糖浆。

为了在这个问题上取胜，原告需要完整的配方，包括可口可乐的秘密成分，以及健怡可乐和其他可口可乐软饮料秘密的完整配方。因此，原告提出即时动议，强制要求可口可乐公司提供完整的配方，包括可口可乐、健怡可乐、不含咖啡因可口可乐、不含咖啡因的健怡可乐、TAB，以及可口可乐公司开发和测试试验的可能以可口可乐或可口可乐的商标进行营销的完整配方。

🔳 争议焦点

原告所提出对秘密配方的需求是否超过了被告保护其商业秘密的需求。

🔳 原告的意见

这些秘密配方对于证明它们的观点，以及论证有关可口可乐和健怡可乐是两种不同产品的观点，是相关的和必要的。

🔳 被告的意见

否认这些配方对解决这些案件中的核心问题是相关的和必要的。在诉讼的现阶段披露这些商业秘密是不合适的，公开秘密配方将对被告造成巨大损害。

特拉华州地区法院意见

在考虑该案的争议焦点时，在诉讼中泄露商业秘密，即使使用适当的保护令，也可能"间接摧毁一家诚实和可盈利的企业"，这一点十分清晰。

一、适用于发现商业秘密的法律标准

先例中已有共识，商业秘密并非豁免诉讼中被调查的理由。为了证明存在商业秘密，一方当事人必须首先通过适当的证据证明，存在所寻求的信息是商业秘密，披露该秘密可能有害。如果一方作出了这种表示，"责任转移到寻求调查的一方，以证明泄露商业秘密与诉讼相关并且是必要的"。在商业秘密被披露的过程中，行为人必须满足的适用相关性标准是适用于审前发现的广义相关性标准，即行为人必须证明所寻求的材料与诉讼目的相关。必须证明的必要性水平是，信息必须是动议人准备审判案件所必需的，包括提供其理论和反驳对方的理论。

一旦确定了相关性和必要性，法院必须平衡对信息的需要与如果下令披露将造成的损害。由于保护令可用于限制披露的程度，因此需要权衡的相关损害不是公开披露可能造成的损害，而是根据适当的保护令披露可能导致的损害。在这方面，据推测，向与商业秘密持有人不存在竞争关系的一方披露的危害小于向竞争对手披露的危害。

一旦显示出相关性和必要性，对信息的需求和对保护信息免受披露损害的需求之间的平衡就会倾向于披露。正如美国最高法院在先例中所承认的，"禁止披露任何商业秘密或秘密商业信息的命令非常罕见"。对相关判例法的一项调查显示，一旦动议人确定秘密信息是相关的和必要的，几乎总是下令对其进行调查。能够在诉讼中针对商业秘密展开调查以推进公正裁决的原因很简单：在没有适用特权的情况下，司法调查不应受到不适当的阻碍。

美国联邦第二巡回上诉法院法官勒恩德·汉德（Learned Hand）曾说过，的确，结果上可能会迫使被告的商业秘密遭到披露，这可能会有损于被告。然而，这是此类案件调查中不可避免的事件，除非被告是被强制要求回答，否则原告就被剥夺了了解被告是否做了错事的权利。

二、可口可乐的配方是商业秘密

为履行证明可口可乐配方构成商业秘密保护要求的证明责任，被告提交了公司高级副总裁兼总法律顾问罗伯特·凯勒（Robert Keller）的宣誓书。根据宣誓书，可口可乐公司已经采取了一切预防措施，防止"商品7X"的配方泄露，这是旧可乐的秘密配方。

该秘密的书面版本保存在亚特兰大信托公司银行的安全金库中，该金库只有在公司董事会通过决议后才能打开。可口可乐公司的规定是，在任何时候，该公司只有两人知道该配方，并且只有这两人可以监督商品 7X 的实际准备工作。可口可乐公司拒绝披露这些人的身份，或允许这些人同时乘坐同一架飞机。对于可口可乐公司其他可乐饮料——健怡可乐、无咖啡因健怡可乐、TAB、无咖啡因 TAB 和无咖啡因可口可乐的秘密配方，也采取了同样的预防措施。每种饮料的秘密配方只有 3~4 个人知道。原告寻求的实验配方也采取了类似的预防措施。

凯勒宣誓书进一步声明，这些秘密配方是公司的高价值资产，从未向公司以外的人披露过。作为可口可乐公司对其秘密配方重视程度的一种体现，凯勒表示，可口可乐公司选择放弃在印度生产可口可乐，这是一个有 5.5 亿人口的潜在市场，就是因为印度政府要求可口可乐公司披露可口可乐的秘密配方，作为在印度开展业务的条件。宣誓书最后指出，由于软饮料行业的激烈竞争，披露任何反映配方或公司研发的信息将对公司造成极大损害。

新可乐是在凯勒宣誓书提交后推出的，但向法庭提供的有关新可乐的材料包含了有关新可乐秘密配方的信息。为了开发新可乐，对商品 7X 进行了"优化"，即更改新的秘密配方为"7X - 100"，以纪念可口可乐诞生 100 周年。这是自 1886 年可口可乐发明以来可口可乐秘密配方的第一次改变。

根据可口可乐公司的宣传材料，"7X - 100 与 7X 一样是一项秘密，将被保存在佐治亚州亚特兰大信托公司银行的一个上锁的金库中"。无咖啡因可乐的配方也已经改变，可能仍然受到同样的保护措施。

尽管围绕可口可乐配方的一些神秘之处在于营销炒作，但毫无疑问，在炒作的背后，可口可乐公司拥有商业秘密。这些商业秘密得到了精心保护，极其宝贵。同样明显的是，任何泄露这些商业秘密的行为都会对公司有害。因此，被告的秘密配方是商业秘密，受上述法律允许的最大保护。

三、配方的相关性和必要性

原告辩称，需要对这些秘密配方进行调查，因为它们与原告案件的陈述相关且必要。

（一）合同未经修订的装瓶厂

合同未经修订的装瓶商声称，被告必须根据装瓶商的合同条款和 1921 年许可书，向装瓶商提供健怡可乐糖浆。合同未经修订的装瓶厂的格式合同部分内容规定："可口可乐公司同意向装瓶厂提供……足够的糖浆用于装瓶，以满足本合同所述区域内装瓶厂的要求……可口可乐公司特此选择装瓶厂作为其在本合同所述区域内装瓶瓶装糖浆可口可乐的唯一独家客户和许可证持有人。"该合同进一步规定,"装瓶厂同意……以以下方式装瓶可口可乐:将其彻底碳酸化,装入瓶子,在可口可乐的标准瓶中使用一盎司装瓶商的可口可乐糖浆……在特征文字中用可口可乐的名称装饰……"。合同中没有定义"瓶装糖浆"和"装瓶可口可乐糖浆"这两个术语。

原告辩称,"装瓶可乐糖浆"和"瓶装糖浆"包括可口可乐公司为提供以"可口可乐"名义出售的任何包装软饮料而制造的任何糖浆,包括健怡可乐。此外,原告声称,可口可乐和健怡可乐只是同一产品的两种版本,只是其中一种添加了卡路里甜味剂,另一种添加了非卡路里甜味剂。

被告对这些争议的回应是,未经修订的装瓶厂合同仅涵盖加糖可口可乐的糖浆,而健怡可乐和可口可乐是两种不同的产品。

(二)改良装瓶厂

改良装瓶厂依据不同的合同措辞,主张可口可乐公司必须按照可口可乐糖浆的相同条款向其提供健怡可乐糖浆。

《1978 年修订书》由所有改良装瓶厂签署,将未经修订的装瓶厂使用的定价配方替换为与合同中定义"糖元素"相关的定价配方。《1978 年修订书》规定:"如果对瓶装糖浆配方进行修改,用另一种甜味配方全部或部分替代糖,公司将修改计算糖元素的方法,以便通过对任何此类甜味配方的市场价格进行适当的客观季度衡量,使装瓶商获得因修改而实现的节约。"改良装瓶厂声称,"另一种甜味配方"包括糖精或阿斯巴甜,这是可口可乐公司在健怡可乐中使用的甜味剂。

可口可乐公司辩称,这种合同措辞不适用,因为健怡可乐是一种新的、不同的产品,不是可口可乐的改良产品。原告的回应是,健怡可乐"只是一种经过进化变化的产品,但保留了可口可乐的特性"并且"可口可乐和健怡可乐瓶装糖浆之间的任何差异都是无关紧要的,或者反映了实现口味特性的尝试"。法院在对产品辨识问题进行了广泛分析,包括对比了健怡可乐和可口可乐公开披露的配方之后得出结论,"至少在某些情况下,健怡可乐可能是可乐"。

(三)秘密配方的相关性

一项主要争议焦点是,健怡可乐和可口可乐是否是同一种产品。可口可乐公司的主要抗辩主张是,可口可乐和健怡可乐是两种不同的产品。原告辩称,健怡可乐和可口可乐的完整配方与反驳这一抗辩相关,表明这两种可乐具有共同的属性，两者之间的任何差异都是无关紧要的，只是反映了实现口味认同的尝试。

随着新可乐的引入，原告辩称，由于新可乐部分源自健怡可乐的秘密配方，新可乐有可能真的更像健怡可乐，而不是新可乐像旧可乐。对此，被告辩称，除了甜味剂的差异外，配方的相似性和差异与确定健怡可乐和可口可乐是否为同一产品无关。相反，被告的答复依赖于口味的差异、饮料的不同本质特征、饮料的不同消费者市场以及消费者对饮料的不同看法。

被告的答复没有说服力。当法院之前在一项初步禁令动议中讨论这一诉讼的优点时，首先讨论的问题是可口可乐和健怡可乐是否是同一产品的两个版本。尽管双方的争议在其间的两年中有所演变，但产品身份问题仍然是这些诉讼的一部分。尽管被告试图限定这项争议要点，以得出唯一相关的配方是甜味剂，但所有配方都与确定两种可乐是否为同一产品有关。事实上，秘密配方可能是最相关的，因为秘密配方使这些饮料具有独特的味道。

原告可以使用这些秘密配方来证明几种产品标识理论中的一种。对健怡可乐和旧可乐中的秘密配方进行分析后，可能会发现健怡可乐的味道与旧可乐一样，就像低卡可乐一样，而且秘密配方的任何差异都反映了被告试图实现味觉认同。或者，原告可能会以下方式使用健怡可乐、旧可乐和新可乐的秘密配方：旧可乐和新可乐的糖浆都被公司作为可口可乐瓶装糖浆出售。

然而，据公开披露，新可乐的配方源自用于健怡可乐的研究。如果原告掌握了完整的配方，可以证明健怡可乐与新可乐非常相似，而且健怡可乐更像新可乐，而不是新可乐像旧可乐，那么这一事实可能会表明健怡可乐属于作为可口可乐瓶装糖浆销售的糖浆范围。

这些例子仅基于原告可能通过发现了解到的推测，说明健怡可乐、旧可口可乐和新可口可乐的完整配方与本诉讼产品辨识中的一个主要问题有关。一旦知道完整的配方，就会倾向于让一项有争议的事实更有可能或更不会发生。就本诉讼而言，健怡可乐糖浆是瓶装糖浆。

无咖啡因可口可乐的完整配方没有那么直接的关系。原告拿到了可口可乐公司技术总监安东·阿蒙（Anton Amon）博士的证词，证明普通可口可乐和不含咖啡因的可口可乐是同一产品，尽管可口可乐有可乐坚果提取物（可乐一词的来源）、香草提取物和咖啡因，而不含咖啡因的可乐没有。

原告辩称，完整的无咖啡因可乐配方与产品辨识问题有关，因为对健怡可乐、普通可乐和无咖啡因可乐配方的比较可能表明，健怡可乐与普通可乐的相似性高于无咖啡因可乐。原告可以将这一发现与阿蒙博士的陈述联系起来，辩称健怡可乐因此与可口可乐是同一种产品。

被告回应指出，原告和被告签署了书面协议，允许按照与普通可乐糖浆相同的条款对无咖啡因可乐糖浆进行定价和供应，但声明该协议不会损害诉讼双方。这种反应是不合理的。书面协议并没有阻止原告辩称无咖啡因可乐和普通可乐是类似的产品，而仅是阻止原告使用书面协议本身承认这两者是同一产品。

原告利用阿蒙博士证词为自己谋利的能力完全不受书面协议的影响。此外，原告提供的理由表明，无咖啡因可乐的完整配方与产品识别问题以及阿蒙博士的证词有关。

TAB 完整配方的相关性更难被法院接受。原告辩称，TAB 配方与显示被告配制健怡可乐的动机和目标有关。例如，原告表示，分析可能表明，健怡可乐基于可乐配方，而不是 TAB 配方。然而，即使这一主张是真的，也无法表明健怡可乐在合同范围内。事实上，健怡可乐更像可乐而不是 TAB，这并不表明健怡可乐和可乐是同一种产品。尽管原告对 TAB 和不含咖啡因的可乐配方进行了相同的讨论，但它们显然是不同的，因为不含咖啡因的可乐配方的相关性是基于阿蒙博士的证词，而原告对 TAB 没有类似的承认。因此，TAB 配方与本次诉讼无关，无须披露。

最后，原告寻求试验性可乐的配方和测试数据，这些可乐由可口可乐公司开发和测试，但从未上市。如果原告寻求可口可乐公司开发的低卡可乐的配方和相关信息，这些配方和信息是基于可口可乐配方，或者与低卡可乐的开发直接或间接相关，则原告寻求的信息是相关的。该信息与可口可乐公司开发健怡可乐的动机和意图有关，并可能表明，正如被告通过专家辩称的那样，可口可乐公司是否可以生产一种口味更像普通可乐而不是健怡可乐的健怡可乐。将实验性低卡可乐与健怡可乐和普通可乐进行比较，可以看出可口可乐公司为什么选择健怡可乐配方而不是其他可用的替代品。如果可口可乐公司选择了最像可乐的配方，这往往表明可口可乐公司有意让健怡可乐尝起来像可乐一样。

此外，原告发现，可口可乐公司于 1978 年在对低卡可乐进行实验，这可以用来支撑它在《1978 年修订书》中的动机与想法。这种可乐的配方当然是相关的。

（四）调查该信息的必要性

与大多数关于商业秘密可调查性的争议一样，调查完整配方的必要性从逻辑上取决于这些配方是否是相关的。原告需要完整的配方，以便通过比较所涉及的各种软饮料的配方来解决产品识别问题。原告不能回应被告专家的意见，即健怡可乐和可口可乐是两种产品，除非原告专家能够分析完整的配方并解释为什么两种产品是相同的。仅使用公开披露的配方显然是不够的，因为它们会呈现一幅不完整的画面，而且因为秘密配方是可口可乐味道的关键。公开配方的差异，包括甜味剂，除非通过披露秘密配方的相似性和差异性，将其置于上下文中，否则无法理解。如果没有完整的配方，原告将无法提供支持其立场的所有相关证据。

此外，原告需要完整的配方，以便在交叉询问中探索可口可乐方证人认为可口可乐和健怡可乐是两种不同产品的观点的依据。正如原告律师在口头辩论中所述，原告对被告证人的盘问因被告反对原告的问题与商业秘密有关而被取消。如果没有充分的盘问，原告就不可能发现真相。此外，配方信息无法从任何其他来源获得，也没有足够的替代信息。因此，调查完整的配方是必要的。

庭审后，被告试图通过由法院出具明确要求，即旧可乐、新可乐和健怡可乐中的秘密配方是相同的，以此来消除提供信息的必要性。被告辩称，这一结果是原告希望通过调查找到的最有利的事实。

然而，很明显，实际配方可能比实现这一要求更有利于原告。例如，如果新可乐和健怡可乐中的秘密配方非常相似，但与旧可乐中的秘密配方不同，这将有利于原告，如上所述。另外，这项发现可能表明，旧可乐中的秘密配方被改成了健怡可乐，这些改变是为了抵消用人工甜味剂代替糖引起的味道变化。秘密配方变化的效果可能是抵消了其他配方的变化，使健怡可乐尝起来像可乐。此外，被告提出的要求不会透露秘密配方的具体数量。如果可口可乐和健怡可乐中的秘密配方由相同的 100 种配方组成，从而导致这两种可乐中的绝大多数配方都是相同的，那么这一事实对原告来说将比秘密配方数量少的情况更有利。

最后，被告提出的要求并不能解决原告因被告主张商业秘密特权而无法接受全面盘问的问题。总而言之，被告提议的要求对原告的有利程度不如证据开示，也不排除披露的必要性。

（五）平衡需求与伤害

判定商业秘密可调查性的最后一步是平衡披露的必要性和披露可能带来的损害。如凯勒所说，公示旧可乐、新可乐、健怡可乐和无咖啡因可乐的配方可能会带来巨大的潜在损害，但几乎所有这些危害都可以通过严格的保护令和其他保障措施消除。

由于原告是可口可乐装瓶厂，将有对配方保密的动机，与在诉讼中向竞争对手披露被告的商业秘密相比，损害的可能性更小。

原告对信息的需求超过了受保护披露旧可乐、新可乐、健怡可乐和无咖啡因可乐配方的潜在危害。虽然原告对实验性可乐配方的需求不那么强烈，但这种需求的减少被一个事实所抵消，即披露这些配方所造成的损害将不那么严重，因为这些可乐尚未在市场上被销售过，是价值较低的商业机密。

总之，在这两种情况下，产品辨识问题很重要，完整配方的分析将是证明该问题的重要部分。原告对这些信息的需求超过了根据保护令披露信息可能造成的伤害。

 判决结果

地区法院首席法官默里·M. 施瓦茨（Murray M. Schwartz）认为：可乐产品的配方是商业秘密，因此配方可能会在严格的保障措施下存在，以防止向竞争对手披露。但是，这些配方对于解决几种产品是否相同的问题是必要的和相关的，因此受定价协议的约束。

被告必须披露其健怡可乐、旧可乐、新可乐、无咖啡因可乐和某些实验性低卡可乐的完整配方，包括秘密成分，但不得披露 TAB 和无咖啡因健怡可乐的配方。此外，被告必须披露某些味觉测试结果。

然而，鉴于配方信息的专有性质，有必要制定比当前有效保护令更严格的保护令，以防止配方信息的公开披露。例如，**建议限制向原告的庭审律师和独立专家披露配方**。由于双方尚未解决哪些额外的保护措施是令人满意的，法院目前不会发布新的保护令。相反，双方应协商一项保护令，既允许获取信息，又防止泄露商业秘密。双方应在 20 天内执行此令。

案例学习意义

在涉及商业秘密的司法进程中，禁止披露任何商业秘密或秘密商业信息的法院令非常罕见，但若真需要披露或调查，还需要考虑披露与案件要解决问题的相关性和必要性。

美国法官在考虑相关性和必要性平衡时主要审查的内容是：特权沟通（法律上可以拒绝公开的信息沟通）和保密性。商业秘密并非绝对不被发现的特权，为了阻止此类发现，一方必须首先通过适当的证据证明所寻求的信息是商业秘密，并且披露这些信息可能是有害的，并且在这种情况下，责任转移到寻求发现的一方，以确定所寻求的材料与诉讼标的有关，以及为审判作准备所必需的信息。

法院在决定是否下令披露商业秘密时，必须平衡对信息的需求和在根据适当的保护令披露时的损害，一旦确定信息的相关性和必要性，平衡就有利于披露。

当原告对这些信息的需求超过了根据保护令披露信息可能造成的损害时，法院可下令披露。在决定是否下令调查一项商业秘密时，为了平衡对信息的需求和潜在损害，假定向与商业秘密持有人不存在竞争关系的一方披露的危害性小于向竞争对手披露的危害性。

该案中，可口可乐公司提供了充分的证据，证明了自己为防止泄露秘密配方所作的大量努力，以及如果配方被披露，对公司可能造成的损害。配方是商业秘密，应受到有限的保护，不被调查。虽然可口可乐公司几种可乐产品的配方是商业秘密，但对于装瓶厂证明自己的司法诉求来说是相关的和必要的，涉及定价协议中健怡可乐是否属于"瓶装糖浆"的定义，因此配方在严格的保障措施下被调查，以防止向竞争对手披露。

学习该案的根本目的就是了解美国法院在审理涉商业秘密中披露需要平衡的原则和尺度。截至 2023 年 3 月，该案被美国案例判决文书引用 132 次，被其他法律文件引用 251 次。

第八节 原材料信息可构成商业秘密

 法律问题

哪些原材料信息能构成商业秘密？保密水平不足的情形又该如何处理？

喷射冷却器公司诉克拉普顿案

Jet Spray Cooler, *Inc. v. Crampton*, 361 Mass. 835（1972）

■ **原告/上诉人**：喷射冷却器公司等（Jet Spray Cooler, Inc., et al）

■ **被告/被上诉人**：吉福德·克拉普顿（Gifford Crampton）、罗伯特·兰德菲尔德（Robert Landfield）、罗伯特·B. 汤普逊（Robert B. Thomson）、阿尔弗雷德·阿姆斯特朗（Alfred Armstrong）、科拉斯克公司（Crathco）

■ **法院**：马萨诸塞州最高法院

 案例背景

该案发生在公司与其离职的前员工及这些员工新创业而成立的新公司之间。

喷射冷却器公司是马萨诸塞州一家从事设计、制造和销售各种视觉显示饮料分配器的公司。1949 年，威廉姆·贾可比斯（William Jacobs）构思并设计了第一台磁泵可视饮料机。1953 年，喷射冷却器公司成立，贾可比斯担任总裁与财务总监，这家公司一直从事饮料机的制造和销售业务。自成立以来，该公司开展了广泛的研究和开发，不断努力改进其产品，有时还与独立工程公司协商，合作开发新产品和改进现有产品。

克拉普顿在 1957 年受雇于喷射冷却器公司并担任一般销售经理。1961 年，他的头衔改为国家账户经理。在受雇期间，克拉普顿可以查阅所有销售记录和年度销售分析。这些记录包含了所有购买 20 套或 20 套以上的国内客户的姓名，并显示了从 1955 年到 1961 年每个客户购买的数量。1962 年，克拉普顿解除了与喷射冷却器公司的雇佣关系。

兰德菲尔德于 1954 年被喷射冷却器公司聘请为办公室经理，后来成为高级职员和董事。他在受雇期间随时可以查阅公司的财务和销售记录。后于 1962 年 5 月从该职务卸任。

汤普逊于 1957 年 9 月至 1962 年 9 月期间担任喷射冷却器公司的采购代理人。由于他购买了制造饮料机所需的所有生产零件，就持有一份喷射冷却器公司所有供应商的清单，该清单显示了所购物品的性质及其价格。汤普逊在办公桌上保存了一份名片文件和一份由（喷射冷却器）提供的电话列表查找器，其中包含了他最常联系的供应商姓名和电话号码。汤普逊会根据需要在文件中添加新的名称和编号。1962 年，他辞去该职务。

阿姆斯特朗于 1959 年 8 月受雇于喷射器冷却器公司，并担任总工程师，并一直在该职位。在此之前，他曾在西屋电气公司（Westinghouse Electric Corporation）的制冷部门工作过几年。他之前没有使用喷射冷却器公司制造的饮料机的经验。作为总工程师，阿姆斯特朗的职责包括对现有装置进行改进和修改，以及开发新的设计。1962 年，他辞职。

以上 4 位，连同贾可比斯和工厂主管，都是一个执行委员会的成员，该委员会每周在工厂开会。有时，生产主管和服务经理被邀请参加会议。每周的会议包括对喷射冷却器公司运营的所有阶段的讨论，但研发的工程细节除外。另一个委员会是研发小组，由阿姆斯特朗、贾可比斯和福斯特·米勒公司（Foster - Miller Associates）的一些人员组成。该小组每周开会一次，讨论新产品的研发和现有产品的改进。

那 4 位中一部分是喷射冷却器公司的"值得信赖的雇员"，因此，他们随时都可以获得这些信息和数据，以促进公司利益。所有影响企业制造和销售方面的记录和报告都可以供他们检查，所有此类记录及其包含的信息将被他们用于促进其雇主的商业利益，并且，他们也意识到不使竞争对手获取这些记录中包含的信息这一事实很重要。

1962 年，克拉普顿、汤普逊、阿姆斯特朗与喷射冷却器公司解除雇佣关系后，成立了科拉斯克公司。这是一家从事饮料机制造和销售的公司，与喷射冷却器公司类似。这 4 位在设计与开发科拉斯克自动售货机时使用了他们曾在喷射冷却器公司时获取的全部信息与知识，也包括《福斯特 - 米勒报告》中的信息。

当科拉斯克公司饮料机准备上市时，作为销售经理的克拉普顿开始向包括喷射冷却器公司客户在内的潜在客户征求订单。到 1964 年，科拉斯克公司向喷射冷却器公司的所有最大客户进行销售。同年 5 月，兰德菲尔德担任科拉斯克公司执行副总裁兼董事。

喷射冷却器公司提出，在开发科拉斯克公司饮料机时，这些人错误地使用了属于原告的某些机密信息。具体而言，这些信息指：①他们使用喷射冷却器公司客户和供应商名单中包含的信息；②在科拉斯克公司分配器中纳入喷射冷却器公司饮料机的某些功能；以及③使用《福斯特－米勒报告》中包含的工程信息。

争议焦点

以上信息是否是保密的。

诉讼过程

1969 年 9 月 19 日，初审法院法官签署了一项临时判决（以下简称"第一项临时判决"），确认了主事官的报告，并进一步确定由主事官去评估施予被告就《福斯特－米勒报告》中商业秘密的不当使用的赔偿损害。该判决否决了针对被告兰德菲尔德的诉求。

1970 年 11 月 3 日，初审法院法官又签署了一项临时判决（以下简称"第二项临时判决"），终止由主事官主持的庭审，并否决了原告对于其他被告的诉求。

原告提起上诉。

马萨诸塞州最高法院意见

先例中所反映出的一般规则是："在没有明确合同的情况下，雇员不得使用或披露其在受雇期间委托给他的秘密信息。尽管雇员可以带走和使用在其受雇期间获得的一般技能或知识，但他可能被禁止使用或披露由此获得的秘密信息。"上述规定基于**"衡平法基本原则"和默示合同，产生于雇佣关系的本质。**

法院在处理客户和供应商名单、制造流程、销售技巧以及员工在其工作过程中获得的、对其前雇主不利的其他信息的众多案例中应用了该规则，也取得了不同的结果。

事实上，对机密信息的保密义务不限于技术秘密。在这种情况下，这些秘密是商业秘密、物权秘密，还是对当事人利益重要的任何其他秘密，都无关紧要。在像现在这样的案例中，法院认为前雇员有或没有取得属于前雇主的实际名单或文件是很重要的。然而，**如果前雇员通过受雇获得并保留在其记忆中的信息属于秘密性质，则没有记录任何清单或文件的事实并不妨碍禁止该前雇员取得该信息。**

因此，在涉及商业秘密的案件中，需要确定的关键问题是，寻求保护的信息在事实上和法律上是否保密。上诉法院认为，虽然"无法制定一般不变的规则"，每个案件的结果取决于各方的行为和信息的性质。《侵权法（重述）》列出了相关调查所需的六个要素（略）。

上诉法院曾在先例中表述过，"（被告）明白或本应明白原告打算对程序保密"。**"如果原告认为确立了保密关系，必须表达或以其他方式提请被告注意。"** 如果认为一名雇员靠记忆中的名单中招揽其前雇主的客户是不可能被禁止的。"对于原告来说，在保密的条件下传授这些知识并不难"。但这并没有实现。**原告未表达的意图是不能约束被告的。**

显然，试图阻止商业秘密或信息的披露或使用的人必须证明他采取了积极的行为，旨在告知其员工此类秘密和信息将保持机密。这种做法符合有关法律规定。"商业秘密的客体必须是未知的，即只有所有者和可能需要知道的其他几个人知道。"

4 名被告在受雇于原告的过程中获得的一些信息，后来在科拉斯克公司的业务中使用了，其中包括原告客户的邮寄清单、最全面的财务和销售清单，以及原告的所有供应商清单（包括**原告采购的性质**和支付的价格）。虽然在被告离开原告时，他们没有带走任何名单，但他们对名单的内容非常熟悉。

此外，4 名被告，尤其是阿姆斯特朗，都知道原告实验室已经开发的改进细节，但这些改进还没有被纳入原告市场上的饮料机中。这些改进包括推杆阀、塑料泵盖和中和过程。这些同样的改进后来被被告用于科拉斯克公司饮料机的设计和制造。

科拉斯克公司还在其产品中使用了米勒为原告准备的一份特别报告中提出的改进建议。在 4 名被告离开原告公司时，原告尚未使用这些改进措施。

《福斯特－米勒报告》只有 2 份，其中一份由米勒保留，第二份交给贾可比斯，贾可比斯将报告交给阿姆斯特朗阅读和研究。尽管阿姆斯特朗离开原告时没有带走报告，但他对报告的细节有充分的了解和记忆。原告发现，阿姆斯特朗对《福斯特－米勒报告》内容的了解使科拉斯克公司分配器某些功能的开发比在没有该报告所含知识的情况下提前了大约 3 个月。

至于所有信息，除《福斯特－米勒报告》，主调查结果没有披露原告为保护知识的保密性而采取的适当和合理的措施。除《福斯特－米勒报告》的内容外，没有发现这些信息本质上能够保密，或者这些知识实际上仅限于任何受限制的员工群体。除了《福斯特－米勒报告》中包含的改进措施外，没有发现原告针对预期改进的适当预防措施。

《福斯特－米勒报告》中的建议被证明具有适当的性质，可以被定性为商业秘密。这一点在雇主关于向从事研究的工程师提供报告可以节省时间的发现中尤为明显。它还表明，原告聘请米勒的具体目的是改进饮料机。原告仅获取《福斯特－米勒报告》的一份副本，并亲自将其交给阿姆斯特朗阅读，这显然构成了对报告保密的充分和适当的预防措施。与被告的论点相反，在这种情况下，原告没有必要向阿姆斯特朗定期发出警告，并不断告诫其保密。

科拉斯克公司和克拉普顿、汤普逊和阿姆斯特朗共同参与利用《福斯特－米勒报告》中的机密信息，以及他们作为科拉斯克公司的股东、高管和董事共同享受这些机密信息带来的利益。如果存在赔偿，则应要求对所有这些人进行赔偿。但原告没有就是否驳回关于兰德菲尔德的第一项临时判决提出任何质疑，马萨诸塞州最高法院认为他们放弃了这部分的上诉。

判决结果

现有证据不足以证明被告所主张的，在听证官采纳和排除某些证据方面，或在法官随后作出的相关裁决方面，有任何错误。

初审法院的第一项临时裁决是正确的，第二项临时裁决是错误的。修改第一项临时判决，损害赔偿金将由法官决定，或由法官指定的一名主事官对被告科拉斯克公司、克拉普顿、汤普逊和阿姆斯特朗不当使用《福斯特－米勒报告》中包含的信息进行裁定。第二项临时裁决和最终裁决被撤销。在适当的时候，应根据评估的损失作出最终判决。由原告承担上诉费用。

案例学习意义

如果存在雇佣关系，即使没有明确合同，雇员也不得使用或披露其在受雇期间委托给他的秘密信息。尽管雇员可以带走和使用在其受雇期间获得的一般技能或知识，但他可能被禁止使用或披露由此获得的机密信息。这是法院在审理商业秘密诉讼的法律基本原则和重点考量的合同中的默示义务。该案就如何识别有关原材料的商业秘密，以及前雇员是否构成挪用商业秘密，尤其是没有明示保密协议和严苛保密环境所形成的清晰保密义务的情况下，哪些信息构成秘密信息，给予企业和劳动者以启示。

通过学习该案，可以了解到原材料信息可以构成商业秘密的具体条件。截至2023年3月，该案被美国案例判决文书引用186次，被其他法律文件引用158次。

第九节　机器设计与规范可构成商业秘密

 法律问题

机器设计一般达到怎样的保密水平可构成商业秘密？销售行为与专利申请导致其披露的判定标准是什么？

> **亨利·霍普 X 射线产品公司诉马龙卡瑞公司等案**
> *Henry Hope X – Ray Prods. v. Marron Carrel, Inc. , 674 F. 2d 1336（1982）*

■ **原告/被上诉人：** 亨利·霍普 X 射线产品公司（Henry Hope X – Ray Products, Inc. , 以下简称"霍普公司"）

■ **被告/上诉人：** 马龙卡瑞公司（Marron Carrel, Inc.）与卡尔·昂加尔（Karl Ungar）

■ **法院：** 美国联邦第九巡回上诉法院

案例背景

该案发生在企业与其前员工及其现公司之间。

霍普公司设计、制造和销售电影处理设备，包括辊运输处理器。霍普公司的电影胶片处理机在处理电影胶片时不需要在电影胶片上安装导电装置，还可以使机器加工纸和辊薄膜并排。霍普公司努力对这些机器的设计和制造方法保密。

1975 年 6 月，霍普公司雇了昂加尔。昂加尔签署了一份保密协议，同意在任职期间或之后，不向任何公司授权外的人透露机密信息。刚受雇佣时，昂加尔没有处理胶片或纸张的经验。在霍普公司的前 6 个月里，昂加尔修改了轮式运输机的图纸。随后他与霍普公司总裁亨利·霍普（Henry Hope）合作，为滚轴运输机设计架边。

1978 年 4 月，昂加尔离开霍普公司，为马龙卡瑞公司工作，马龙卡瑞公司之前从未尝试过制造滚轴运输机。昂加尔尝试为马龙卡瑞公司制造滚轴运输机。马龙卡瑞公司打算在 1978 年 10 月的工业研讨会上展示它的机器。

霍普公司寻求对马龙卡瑞公司和昂加尔的初步和永久禁令救济。

 争议焦点

霍普公司用来制造滚轴运输胶片处理器的设计方法是否是商业秘密。

霍普公司保密协议是否可以强制执行，使用永久禁令是否合适。

诉讼过程

地区法院批准了一项临时保护令，随后又批准了一项初步禁令，限制被告披露或使用霍普公司的商业秘密。被告请求地区法院不执行有关初步禁令。地区法院驳回了被告的请求。

地区法院判霍普公司胜诉，发布了永久禁令，禁止被告人使用霍普公司的商业秘密。被告上诉。

美国联邦第九巡回上诉法院意见

一、商业秘密

根据先例，**为获得对不当挪用商业秘密的禁令救济，原告必须证明其拥有一项有价值的商业秘密，且被接收方使用或披露，并不适当地将其秘密传达给第三方。**

关键问题是，霍普公司的胶片处理设备是否是商业秘密。宾夕法尼亚州采纳了《侵权法（重述）》中对商业秘密的定义。商业秘密可以由任何配方、模式、装置或信息汇编组成，这些配方、模式、装置或信息在一个人的业务中使用，并使他比不知道或使用它的竞争对手具有优势。它可能是……一种制造工艺（或）机器或其他设备的图案……一般来说，它与商品的生产有关，例如生产物品的机器或配方。

（一）新颖性

一个秘密，只要足够新颖，就不必为公众所知。它可能只是行业中常识和实践的一种小小进步。**保密不一定是绝对的。秘密的拥有者只需采取合理的预防措施，以确保他人在不使用不当手段的情况下难以发现秘密。**被告辩称，霍普公司的机器总体上没有什么新奇之处，而且机器的特定属性在行业中很常见。电影加工商的生产方式为业内所知。所指的是柯达制造的这种机器。但柯达这种目前不再生产的机器既无引线，也无须齿轮驱动。地区法院驳回被告的论点没有明显的错误。

被告对地区法院的裁决提出疑问，该裁决认为霍普公司使用塑料齿轮驱动齿条滚轴是商业秘密。上诉法院不理解地区法院认定使用塑料齿轮本身就是霍普公司的商业秘密。目前尚不清楚地区法院是否认定齿轮本身的形状是霍普公司的商业秘密。证据表明，一些齿轮是标准形状，而另一些则不是。由于这个问题影响到禁令救济的范围，上诉法院必须将其发回地区法院，以便对霍普公司是否拥有某些齿轮形状的商业秘密进行认定。地区法院认定齿轮的构型是霍普公司的商业秘密，这一认定也不具备明显错误。

被告辩称，在滚轴中使用某种塑料的适当性、制造滚轴的方法、特定温度计的使用以及适当的轴承公差不是霍普公司的商业秘密。地区法院驳回了这些主张。霍普公司专门对其滚轴中使用的塑料、滚轴的制造方法以及机器中的温度计进行了试验，没有其他制造商使用这些产品，也没有其他制造商使用霍普公司的非标准轴承公差。地区法院认为这些数据是霍普公司的商业秘密，这一结论没有明显错误。

被告似乎辩称，霍普公司的滚轴和齿轮构型为业内所知。他们引用了柯达员工 1959 年的一篇文章，文章显示了据称类似的构型。霍普公司展示了其机架布局独特的证据。地区法院在这方面的认定没有明显错误。

（二）销售造成的泄露

根据宾夕法尼亚州的法律，如果在不当挪用者披露或使用时，涉诉的机密信息可以通过检查出售的物品或反向工程来确定，则显然不存在商业秘密。反向工程涉及从已知产品开始，然后反向操作，以发现其开发过程。

有先例指出，**即使不当使用者没有通过诚实的方式获得信息，但秘密地使用了信息，也不存在商业秘密**。有两个联邦法院适用宾夕法尼亚州的法律，采取了相反的规则，也就是，不当使用者必须表明，他依赖诚实获得的信息，而不是秘密。虽然上诉法院更倾向于要求被告证明自己确实依赖于诚实的调查，但受先例的限制，允许被告证明在当时可以依赖于诚实的调查。

如果原告表明其拥有有价值的秘密，并秘密地向被告披露，然后被告制造了一个与之极为相似的装置，则责任转移到被告身上，以表明当时他可以通过独立的发明、检查或反向工程来实现这一工艺。

地区法院认定，高性能塑料的成分、滚轴的结构、立管配件、卷接器所用的材料，以及卷接器所作的浮雕图案，都是霍普公司的商业秘密。这项认定没有明显错误。

被告辩称，这些事实可以通过检查和测试来确定。有充分的证据表明，装有这些实验物品的机器并没有公开出售。被告未能证明，在研发机器的时候，他们可以通过诚实的方式发现这些信息。

被告质疑地区法院的认定，即霍普公司电影处理器中使用的温度计的制造商和型号是商业秘密。被告没有证明他们可以通过任何方式，辨认出这个不寻常的、没有标记的温度计，除了被昂加尔挪用了霍普公司的秘密。这部分裁决并没有明显错误。

被告辩称，地区法院认定霍普公司电影处理器的线路设计是商业秘密，显然是错误的。霍普公司承认，这一信息将在检查霍普公司的机器时显而易见。上面说被告没有证据可查。如上所述，根据宾夕法尼亚法律，这个事实并不重要。问题是被告当时是否能从公共领域的材料中获得该信息。证据显示，他们是可能获得该信息的。上诉法院必须驳回地区法院有关霍普公司在其机器的管道设计中掌握商业秘密的认定。

被告对霍普公司将其加工设备的滚轴道运输架连接起来的技术是商业秘密这一发现提出疑问。经过检验，被告未能证明这种技术是显而易见的。这部分判决并无明显错误。

（三）通过专利的披露

专利公开中披露的事项会破坏其中包含的任何商业秘密。

被告辩称，电影转场、机架布局，以及无引线的电影运动系统是霍普公司的专利。胶片周转的专利图纸并没有显示胶片路径，而只是对一个齿轮系统的一项笼统描绘。

被告也未能证明霍普公司的专利揭示了机架布局的细节、霍普公司机架背后的原理，或者霍普公司的系统运作原理。地区法院认定霍普公司的商业秘密没有在其专利中受到披露，这一认定并没有明显的错误。

二、保密协议

根据宾夕法尼亚州法律，雇佣关系下附有的保密协议有效，条件是其"在时间和地域范围上有合理限制"。宾夕法尼亚州最高法院指出，保密协议的限制不得"超过保护受限制的人所需要的程度"，也不得对"受限制的人"施加不应有的困难。

昂加尔的劳动协议中的限制性条款对于保护霍普公司来说只是合理必要的。

霍普公司的产品在国际上销售。在任何地方泄露或使用霍普公司商业秘密，可以合理地预期会损害其商业利益。

对秘密信息的限制隐含了时间限制，即当信息不再是秘密信息时，信息可以被披露。地区法院没有错误地认为昂加尔签署的限制性协议是有效的和可执行的。

三、禁令

被告辩称，地区法院发布的永久禁令不够具体，因此违反了联邦诉讼法的部分规定，即"每一项下达禁令的命令……均应说明发布禁令的原因；条款应具体；应合理详细地描述寻求限制的行为，而不是通过提及投诉或其他文件"。

在这种情况下，地区法院在其禁令中附上了一份秘密附录，这没有错误。通常情况下，禁令不应引用其他文件。这不是一项技术要求，但旨在确保向被告充分告知被禁止的行为。

在该案中，地区法院在一份密封的附录中列出了禁止的行为，该附录只会送达给双方，以确保禁令中不会泄露霍普公司的商业秘密。地区法院采取这种非常明智的权宜之计，没有犯错误。

被告还反对，即使是附录也没有具体说明禁止哪些行为。禁令和附录充分告知了上诉人霍普公司拥有的商业秘密，这些商业秘密不得被不当挪用。

判决结果

地区法院正确地认为，霍普公司拥有被上诉人挪用的有效商业秘密。上诉法院肯定了这些裁决，确认地区法院下达的禁令。但有两项例外。因此，被上诉的判决被部分确认，部分推翻，并发回重审。

案例学习意义

原告主张商业秘密救济时，必须证明自己拥有一项有价值的商业秘密，并已秘密传达给另一方。相应地，之后应由被告证明其所使用的信息不构成商业秘密法保护对象或被告以适当方式获得了相关信息。

沿袭了统一商业秘密法的宾夕法尼亚商业秘密法规定，光处理组件等机器设计和机器规范可构成商业秘密。通过学习该案，可以了解机器设计、规范构成商业秘密的识别，以及当事人双方举证时，法院对举证证据的识别与采信情况。截至 2023 年 3 月，该案被美国案例判决文书引用 48 次，被其他法律文件引用 110 次。

第十节 商业秘密不排除"消极技术诀窍"

法律问题

对技术方法"死胡同"的排除是否可以构成商业秘密？

冶金工业有限公司诉富泰克公司案
Metallurgical Indus. v. Fourtek, Inc.，790 F. 2d 1195（1986）

■ **原告/上诉人**：冶金工业有限公司（Metallurgical Industries Inc.，以下简称"冶金公司"）

■ **被告/被上诉人（部分）**：富泰克公司（Fourtek，Inc.）、艾尔文·比勒费尔特（Irving Bielefeldt）、诺曼·蒙特西诺（Norman Montesino）、加里·博姆（Gary Boehm）、麦克·萨瓦迪（Michael Sarvadi）、史密斯国际公司（Smith International，Inc.）

■ **法院**：美国联邦第五巡回上诉法院

案例背景

该案发生在公司与前员工及他们的新雇主之间。

碳化钨是一种金属化合物，在某些工业过程中具有重要价值。碳与金属钴结合，形成一种极硬的合金，称为"硬质合金"，用于石油钻头、制造金属的工具和耐磨涂层。由于其巨大的价值，在废金属中回收碳化物是可行的。然而，在很长一段时间里，这种合金对机械加工的极端抵抗力使回收变得困难。

在20世纪60年代末和70年代初，人们设计了一种新的解决方法，称为锌回收工艺，这是一种基于碳化物在高温下与锌发生反应的解决方法。在熔炉的坩埚中，熔融的锌会与碳化物中的钴发生反应，导致废金属膨胀和开裂。发生这种情况后，从坩埚中蒸馏出锌，使废料处于更脆的状态。然后将碳化物研磨成粉末，可用于新产品中，作为原始碳化物的替代品。该工艺是公认的现代电石回收方法。

自 1967 年以来，冶金行业一直在使用更原始的"冷流工艺"回收碳化物。20 世纪 70 年代中期，冶金公司开始考虑使用锌回收工艺。在这方面，冶金公司认识了 Therm – O – Vac 工程与制造公司（以下简称"Therm – O – Vac 公司"）的代表比勒费尔特。

双方经谈判达成了一份合同，授权 Therm – O – Vac 公司设计和建造两台锌回收炉，第一台的采购订单于 1976 年 7 月执行。

该熔炉在 1977 年 4 月到达。由于对其性能不满，冶金公司对其进行了大量的改进。首先，它将冷却板插入熔炉的一部分，以产生更好的温差来蒸馏锌。其次，冶金公司用几个较小的坩埚替换了一个大坩埚，以防止锌在炉中分散。再次，它用单一的石墨加热元件取代了导致电弧的分段加热元件。最后，它在熔炉的真空泵中安装了一个过滤器，解决锌颗粒不断堵塞的问题。这些努力经过验证非常成功，改造后的熔炉很快开始商业运行。

1978 年中期，在第二台熔炉投入市场之际，冶金公司向另一家熔炉制造商康萨克（Consarc）公司提供了有关锌回收炉设计的**所有来之不易的信息**。康萨克公司的员工显然被允许观看第一座熔炉的运行，学习了有关熔炉的改造技术。然而，由于康萨克公司不愿或无法建造冶金公司想要的东西，协议失败，冶金公司又为了第二台熔炉找到 Therm – O – Vac 公司。

1979 年 1 月签署了一份采购订单，该炉于同年 7 月运抵。必须再次进行进一步的改造，但据称在 1980 年 1 月实现了商业生产。

1980 年，Therm – O – Vac 公司破产后，比勒费尔特和其他 3 名前 Therm – O – Vac 公司员工蒙特西诺、博姆和萨瓦迪成立了富泰克（Fourtek）公司。此后不久，富泰克公司同意为史密斯国际公司建造一座锌回收炉。

富泰克公司提供的熔炉包含了冶金公司在其熔炉中所作的改造：冷却系统、泵过滤器、多坩埚和单一加热元件。然而，史密斯国际公司无法在商业上使用这种熔炉，因为目前电石废料的短缺妨碍了其在经济上的可操作性。

1981 年 11 月，冶金公司对史密斯国际公司、比勒费尔特、蒙特西诺、博姆和萨瓦迪提起了多元化诉讼。冶金公司指控他们盗用其商业秘密、违约、干扰商业关系、转换和不公平竞争。

 争议焦点

是否存在商业秘密。

诉讼过程

1984 年 6 月 4 日，审判开始。证词显示，冶金公司经常通知比勒费尔特，该方法是秘密的，向他披露的信息是秘密的。冶金公司还提供了证据，证明它花费了大量时间、精力和金钱来改造熔炉。冶金公司承认个别的变化本身并不是秘密，例如，冷却板和泵过滤器是众所周知的。但冶金公司的立场是，整个工艺是硬质合金行业的商业秘密。

这些证据没给初审法院留下深刻印象，于是初审法院批准了被告的直接判决动议。初审法院拒绝承认得克萨斯州法律对改造程序提供的任何保护。它还得出结论，比勒费尔特从冶金公司获得的信息过于笼统，不属于商业秘密，不受法律保护。没有证据表明比勒费尔特不当使用或泄露任何秘密，也没有证据表明冶金公司因任何不当挪用而受到损害。

初审法院裁定，关于不该做什么的知识属于"消极技术诀窍"，是不受保护的。并且，史密斯国际公司无法盈利运营其熔炉。由于没有商业用途，原告无法获得损害赔偿。

冶金公司仅对比勒费尔特和史密斯国际公司提出上诉。

 美国联邦第五巡回上诉法院意见

决定直接判决是否恰当的标准是，初审法院应该考虑所有证据，不仅是支持非动议人案件的证据，而且要考虑对反对动议的一方最有利的所有合理推断。 如果事实和推论如此强烈且压倒性地支持一方，以至于法院认为通情达理的人无法作出相反的判决，那么批准动议是恰当的。如果有实质性证据反对这些动议，即有证据表明，理性和公正的人在行使公正判决权时可能会得出不同的结论，那么这些动议应当被驳回，案件应当提交给陪审团。上诉二审的标准也是相同的。因此，上诉法院必须就所有证据和推论进行对冶金公司最有利的考虑。

上诉法院（对商业秘密法）的讨论将集中在得克萨斯州的法律上。尽管两份采购订单协议中都有一条规定，根据新泽西州法律对其进行解释，但根据本案的性质，上诉法院正在处理一个侵权行为的诉由，而不是一个基于合同的诉由。

对这种侵权行为的各种要素的个人关注对于提供一个易于理解的分析是很有必要的，但上诉法院可以在这里简要总结一下讨论。原告必须证明涉及"商业秘密"。因此，这一术语的定义至关重要，必须基于几项因素。如果初审法院认定存在商业秘密，则必须确定被告是否有任何不当行为。违背商业秘密持有者和获得商业秘密者对他的信任的人可能会被追究责任。但是，除非被告不当地"披露"或"使用"秘密，否则任何被告均不承担责任。同样地，需要对这些术语进行定义。

一、定义商业秘密

上诉法院首先回顾商业秘密的法律定义。当然，要想成为商业秘密，所涉及的主题事实上必须是一个秘密；"一个人不能把一个行业的常识当作他的秘密"。

史密斯国际公司强调不存在任何秘密，因为基本的锌回收工艺已经在业内公开。然而，上诉法院承认锌回收工艺的公开性，但仍然得出结论，冶金行业的特殊改造工作可能还不为业界所知。对锌回收工艺的一般描述并未揭示单一加热元件和真空泵过滤器对该工艺的益处。所涉及的科学原理是众所周知的，这并不一定能驳斥冶金公司的商业秘密主张。

此外，冶金公司还提供了支持其说法的证据。它的主要证人之一是阿诺德·布卢姆（Arnold Blum），他是一名顾问，对之前改造熔炉的决策非常有影响力。布卢姆证明，冶金行业的变化在电石回收行业是未知的。证据还显示，冶金公司努力为之前的改造保密。布卢姆作证说，他注意到采取了安全措施，对除授权人员以外的所有人隐藏熔炉。熔炉位于公众视线之外的隐蔽区域，同时有标志警告所有人禁止进入。此外，冶金公司政策要求所有有权查看熔炉的人签署保密协议。这些措施构成了证明秘密存在的证据。

一个人对秘密存在的主观信念表明秘密存在。毕竟，安全措施需要花钱。因此，如果制造商认为其竞争对手已经知道所涉及的信息，那么它大概不会承担这些成本。

上诉法院认为**主观信念是决定是否存在秘密的一个因素**。因为安全措施的证据是相关的，这里显示的证据帮助上诉法院得出结论，一个合理的陪审团可以发现必要保密性的存在。

然而，史密斯国际公司辩称，冶金公司向其他方披露的信息损害了获得法律保护所需的保密性。如前所述，冶金公司于 1978 年向康萨克公司披露了其信息；该公司 1980 年还向其电石回收技术的欧洲许可证持有人披露了信息。由于这两项披露都发生在比勒费尔特涉嫌盗用改造知识之前，其他人在史密斯国际公司熔炉建造时就知道了这些信息。史密斯国际公司认为，既然如此，实际上并不存在商业秘密。

尽管法律要求保密，但这不一定是绝对的。公开披露当然会消除所有秘密，但秘密持有者不必保持完全沉默。"他可以在不失去保护的情况下，将其传达给参与使用的员工。他也可以把秘密传达给其他承诺保密的人。然而，必须存在实质性的保密因素，因此，除非使用不正当手段，获取信息将有困难。"

上诉法院的结论是，持有人可以在不破坏其商业秘密状态的情况下，在有限程度上泄露其信息，否则持有秘密将极大地限制持有人从其秘密中获利的能力。如果向他人披露是为了促进持有人的经济利益，在适当情况下，应将其视为不破坏必要保密性的有限披露。

唯一的问题是，该案是否有限披露？

冶金公司辩称，根据先例，**商业秘密的后续披露并不能使人免于先前的保密披露的约束**。然而，在所有相关先例下，**商业秘密的持有人公布该商业秘密后，被透露过秘密的人紧接着都不当使用了该商业秘密**。这样一种事实的差异使得这些先例并不适合该案。

考虑到相关的政策，上诉法院认为有两项原因，说明冶金公司向他人披露的信息有限，因此不足以消除冶金公司其他证据表明的保密性。首先，这些披露并非公开宣布；相反，冶金公司只向与之打交道的两家企业透露了信息。设备的设计不可能是商业秘密，因为它已获得专利，在双方进行任何交易之前已向全世界披露。其次，披露这些信息是为了进一步保护冶金公司的经济利益。向康萨克公司披露的信息是希望康萨克公司能够建造第二座熔炉。一项长期协议赋予了合作方作为被许可方获得信息的权利，以换取授权费。因此，冶金公司将其发现作为预期盈利的商业交易的一部分。

如果冶金公司也提供了与这两家公司存在信赖关系的证据，其案件会更为有力，但上诉法院不认为这一失败最终证明了披露的有限性。史密斯国际公司正确地指出，冶金公司有责任证明存在保密关系。然而，与史密斯国际公司的主张相反，保密不是必要条件，这只是一个需要考虑的因素。

披露是否有限是一个问题，该问题的解决取决于要权衡许多事实。从这些事实中可以推断出，冶金公司只希望从其商业交易中的秘密中获利，而不是向公众披露其秘密。因此，上诉法院对史密斯国际公司的论点并不关注。

然而，现行法律强调了商业秘密获得法律承认的其他必要条件。作为商业秘密法的一个开创性案例，得克萨斯州采纳了美国法律研究所（American Law Institute）《侵权法（重述）》（以下简称"《重述》"）广受认可的声明。得克萨斯州最高法院曾援引《重述》中对商业秘密的定义即"商业秘密可以由任何配方、模式、装置或信息汇编组成，这些配方、模式、装置或信息用于一个人的业务中，并使他有机会获得优于对其不知道的竞争对手的优势。它可能是一种化合物，一种制造、处理或保存材料的工艺，一台机器或其他设备的图案或一份客户名单。"

由此产生了对所谓秘密持有者的价值标准，这是上诉法院以前就注意到的一项标准。上诉法院曾在先例中得出结论，客户名单是一项商业秘密，部分原因是该名单给其所有者带来了"比不具备该信息的竞争对手更大的优势"。

冶金公司有义务展示其改造的价值。该公司副总裁劳伦斯·洛曼（Lawrence Lorman）作证说，锌回收工艺生产更高质量的回收电石粉末，使冶金公司比其两个竞争对手具有优势。事实上，粉末的质量使其成为更昂贵的原始硬质合金的替代品。洛曼证实，客户认为冶金公司的锌回收粉比其他公司使用的冷流工艺回收的产品更好。这一证据清楚地表明，使得锌回收炉商业运行的改造明显优于竞争对手。

另一项（证明存在商业秘密的）必要条件是开发秘密装置或工艺的成本。上诉法院承认开发相关设备的成本；"记录显示……许多工作和独创性都被应用于开发实用且成功的设备"。毫无疑问，冶金公司花费了大量的时间、精力和金钱来进行必要的改变。很明显，它已经完成了演示复杂制造工艺所需的工作量。

秘密的设计成本和所提供的价值是判定商业秘密的法律标准，这样的判定标准也表明了该法律领域可获补偿的基础。一个人应该能够保留和享受劳动的果实，这似乎是公平的。如果一个商人努力工作，运用了他的想象力，并且采取了大胆的步骤来获得竞争优势，他应该能够从他的努力中获利。因为商业优势一旦被竞争对手发现就会消失，法律应该保护商人对其成就保密的努力。正如下文所讨论的，这是一个法律领域，简单的公平原则仍然发挥着重要作用。

然而，上诉法院认为并不是每一个案件都需要具备所有这些因素。每个案件都必须根据自己的事实，因此无法设计衡量因素的标准配方。当然，保密是必需的，但除此之外，没有通用的要求。

例如，在未来的案件中，如果被告违反保密义务存在情节恶劣的情形，受害方仍然可以在法庭上寻求补救，尽管发现标的物的成本很低或没有成本，或者保密对象对受害方来说已没有太大价值。因此，**"商业秘密"的定义将通过权衡所有公平因素来确定。**然而，在这里很容易识别出商业秘密存在的可能性，因为冶金公司提供了上述三个因素的证据。

被告提出了另外两个理由，说明冶金公司的改造工艺不能被定义为商业秘密。第一个前提是将所讨论的工艺描述为现代制造业众所周知的各种设备的安装。既然如此，就存在一种主张，工艺本身也不能是秘密。冷却板、多坩埚、泵过滤器和单一石墨加热元件的技术都被认为是公共知识。的确很可能是这样，但这并不妨碍冶金公司寻求法律保护。

法院发现有先例曾表述道："该设计经检查发现是显而易见的。但如此的发现并不是决定性的。**这里的商业秘密是应用已知技术和组装可用组件，以创建行业中第一个成功的系统。商业秘密可以存在于特征和成分的组合中，每个特征和成分本身都属于公共领域，但统一的工艺、设计和操作以独特的组合提供了竞争优势，是可受保护的秘密。**"上诉法院认为，这些有力地驳斥了被告的相反主张。

被告的另一项理由是关于"消极技术诀窍"的。地区法院和史密斯国际公司基于先例认为"消极技术诀窍"不能构成商业秘密。尽管**存在这种误读**，但这里涉及"消极技术诀窍"的说法并不具有说服力。

上诉法院不明白，所描述的改造如何被视为只是表明了什么是不应该做的。冶金公司的证据表明，它在使用交付的 Therm－O－Vac 熔炉中遇到了许多问题。为了努力解决这些问题，它采取了几项措施来改造熔炉。安装整体式加热元件、冷却板、多个坩埚和泵过滤器都是"积极"或"有效"的步骤，这些步骤都源于关于该怎么做的结论。据称，这些变化将无法使用的熔炉变成了适合商业运行的熔炉。当然，有人可能会说，这些行动是意识到不该做什么的结果；但人类的每一个工艺都是如此：**在某一时刻选择一个动作，就意味着拒绝其他任何可能被选择的动作**，例如，使用多个坩埚源与不应使用单个大坩埚的结论。然而，这种表征总是可以描述设备的发明或修改。知道不该做什么往往会自然而然知道该做什么。尽管上诉法院拒绝认为这种区分永远是无效的，但在这种情况下，至少上诉法院认为"积极"和"消极"知识之间的区别是不可理解的。

史密斯国际公司的这一最终主张不具说服力。

二、存在信赖关系

确定冶金公司和比勒费尔特之间是否存在信赖关系，自然必须在调查他可能违背冶金公司的信任之前进行。上诉法院再次将《重述》作为出发点："一方在没有特权的情况下披露或使用他人的商业秘密……他的披露或使用构成了对与向他披露秘密的另一方对他信任的破坏。"

根据本条款规定的规则，违反保密规定也可能违约，使行为人承担责任。但是，无论是否存在违约行为，如果行为人披露或使用他人的商业秘密违反了另一方在向其披露该秘密时对其寄予的信赖，则本条款所述规则要求行为人承担责任。

曾有先例强调："被告现在试图通过违反合同协议和背叛原告对他们的信赖，

将这些商业秘密用于自己的使用和利益。他们可能不会这样做，这种行为与上诉法院对普通诚实的看法是不一致的。被告在保密条件下获得了原告的商业秘密，并违反了保密义务，将其泄露并用于雇主利益以外的目的。他的行为极其不当，并根据长期确立的公平原则，使原告有了诉讼理由，该诉由在法律对商业道德所需态度发生显著变化下而获得支持。"

地区法院排除了几项证据，在一定程度上妨碍了上诉法院对存在信赖关系的证据的审查。正如上诉法院下面讨论的，这种排除是不恰当的；但不管排除的证据是什么，记录中都有冶金公司总裁艾拉·弗里德曼（Ira Friedman）的证词，他告诉比勒费尔特他希望保密。虽然这些证据很少，但它们足以让陪审团合理相信冶金公司和比勒费尔特之间存在信赖关系。

三、从他人处获取秘密

在这一点上，上诉法院必须把注意力放在史密斯国际公司身上，这与比勒费尔特所站在的角度是不同的。它与冶金行业没有重大往来，显然也没有大量参与其购买的熔炉的设计。因此，问题变成了史密斯国际公司作为买家，以及作为比勒费尔特涉嫌挪用的受益人，是否也要为此承担责任。

法律不仅对那些因违反保密规定而不当挪用商业秘密的人，而且在某些情况下，对可能从违反保密规定中受益的其他人也规定了责任，即"在没有特权的情况下泄露或使用他人商业秘密的人……他从第三人处得知了这个秘密，并告知这是秘密的事实，而第三人泄露这个秘密是在其他方面违反了他对另一个人的义务。"

《重述》的解读为："当一个人知道或者应该知道这些事实时，他已经注意到了本条款所述规则下的事实。如果一个明智的人能够根据他所掌握的信息推断出有关事实，或者，在这种情况下，一个明智的人在合理的智力与尽职的调查下，应该披露这些事实。"

基于这一标准，上诉法院相信一个合理的陪审团会发现，史密斯国际公司应该调查比勒费尔特和冶金公司之间的关系。证词显示，在购买一座熔炉的谈判中，比勒费尔特告诉史密斯国际公司，他目前参与了当时与冶金公司就新泽西州商业秘密提起的未决诉讼。史密斯国际公司得知，冶金公司声称拥有锌回收炉的设计和制造工艺，并希望比勒费尔特建造这座熔炉。显然，比勒费尔特对冶金公司的索赔毫无价值的说法感到满意，史密斯国际公司最终批准他建造熔炉。没有迹象表明他曾调查过比勒费尔特非法挪用他人创意的危险。因此，冶金公司陈述结束时的证据表明，史密斯国际公司知道可能存在的问题，除了让比勒费尔特卸职外，什么也没做。

上诉法院认为，这种对可能的不法行为的忽视，除非遭到驳斥，否则等于未能合理调查所涉事实。根据《重述》，史密斯国际公司可能因此被追究责任，前提是其使用了所传达的任何商业秘密。这就引出了下一个问题。

四、商业秘密的泄露或使用

根据《重述》，一方"在没有特权的情况下披露或使用另一方的商业秘密……"属于不当挪用行为。地方法院对被告作出裁决，部分原因是它没有看到比勒费尔特实际使用或披露冶金公司机密的证据。在审查这一结论时，上诉法院牢记先例中设定的规则，通过对记录进行仔细检查，寻找有利于冶金公司的合理推断。

通过回顾先例，可以发现一项事实：在最初的形式中，交付给冶金公司的熔炉与史密斯国际公司购买的熔炉不同。前者的熔炉缺乏实现商业运行所需的关键功能，而后者则具备这些功能，这些功能是冶金公司通过大量昂贵的试验和错误设计后而获得的。

比勒费尔特本人作证说，他在设计史密斯国际公司的熔炉时没有参考公共信息来源；相反，他声称自己是依靠记忆的。他的早期努力缺少受争议的那些功能，这表明他的"记忆"很可能是与冶金公司合作而来。因此，这个问题不适合直接判决。

然而，只有当史密斯国际公司转而使用从比勒费尔特那里获得的秘密时，才会产生责任。事实证明，"使用"并不是那么容易定义的。史密斯国际公司声称，它从未使用任何获得的秘密，因为它无法获得大量的废碳化物，从而妨碍了富泰克公司提供的熔炉的商业运行。上诉法院必须首先认识到，在这种情况下，令人遗憾的是分析结果模糊不清。商业用途是《重述》第 757 条所述侵权行为的一个要件，虽然使用的性质可能与确定适当的损害程度有关，但它的存在也必须首先证明存在不法行为。

冶金公司援引先例，辩称法律对"商业用途"提供了一个自由的定义。先例确实给出了一个宽泛的定义，即"任何挪用行为，以及随后行使控制权和支配权……必须构成商业用途……"。然而，先例在一个非常重要的方面与本案的情况不同。在这个案件中，商业秘密是被出售的对象。先例裁判法院明显与该案形成对比："此处，商业秘密被用来改进制造工艺，而后造出的产品被销售以赢利。"

虽然该法院在确定计算损害赔偿金的适当方法时作出了这种区分，但上诉法院认为该方法的逻辑也适用于"使用"的定义。因此，冶金公司所援引先例根据这一区别进行的讨论与上诉法院的情况不符，上诉法院使用了这个术语的日常含义。

如果史密斯国际公司没有将熔炉投入商业运行，以生产可供使用的碳化物粉末，则没有商业用途。由于冶金公司未能提供任何证据，证明史密斯国际公司迄今为止从任何挪用行为中受益，因此有利于史密斯国际公司的直接裁决是恰当的。如果该公司将来试图从使用或销售该炉中获利，则属于新情况。

五、补救措施

地区法院未能区分对个别被告的考虑。史密斯国际公司已经被排除了责任，但比勒费尔特的责任还在。如果事实审判者认为比勒费尔特负有责任，则必须确定"被挪用物品的实际价值"。

先例中曾有阐述："适当的计算方法是计算各方同意的合理价格，以允许被告将商业秘密用于发生挪用时被告打算使用的用途。"

"在计算各方同意的公平许可价格时，事实上，审判者应考虑各方竞争态势的结果和可预见的变化等因素、过去的购买者或被许可人可能支付的价格、秘密对原告的总价值，包括原告的开发成本和秘密对原告业务的重要性、被告打算使用该秘密的性质和范围，以及最终特定案件中可能受双方协议影响的任何其他独特因素，如替代工艺的可行性。"

然而，对损失的估计不应纯粹基于猜测。如果用来计算损失的事实太少，无法用来支撑计算适当的损害赔偿，那么原告就无法获得合理的金钱赔偿。在这种情况下，永久禁令是对违反信赖关系的适当补救措施。

此外，在该案中，针对比勒费尔特的禁令绝不取决于史密斯国际公司是否实现了商业用途。因此，如果冶金公司能在再审中证明其观点，它就有补救办法来纠正错误。

判决结果

根据证据，合理的陪审团会相信存在商业秘密。

史密斯国际公司没有"使用"比勒费尔特提供的秘密。

地方法院的命令部分被确认，部分被推翻。

案例学习意义

在技术改造中，在形成一些专利、在可行技术方法的过程中可能形成一些商业秘密或非商业秘密。其中，摸索出的技术"不可能方法"是否是商业秘密，是很多企业在技术改造中关心的问题。因为，无论是成功的方法还是在摸索工程中认识到的"技术死胡同"，即"消极技术诀窍"，如果竞争对手了解且掌握，则其都可获得竞争优势。

通过该案了解到，商业秘密不排除"消极技术诀窍"。"消极技术诀窍"只要构成竞争优势，不为竞争对手所知就构成商业秘密。

"商业秘密"的定义将通过权衡所有公平因素来确定。因为在某一时刻选择一项方法，就意味着拒绝其他任何可能被选择的方法。保护商业秘密是促进科技进步。在企业技术改造时，"消极技术诀窍"同样也可符合商业秘密保护的客体，因为"消极技术诀窍"减少了阻碍科技进步的因素，只要符合商业秘密的定义，同样可获得商业秘密保护的主题。

该案也间接介绍了，当面临员工不当使用自己前雇主商业秘密的风险时，企业如何有效采取措施规避自己的相关法律风险。

学习该案例就是学习如何处理技术改造过程中的所有技术认识，尤其是技术死胡同。截至 2023 年 3 月，该案被美国案例判决文书引用 129 次，被其他法律文件引用 352 次。

第十一节 经验公式可构成商业秘密

法律问题

员工的哪些技术知识与经验属于商业秘密，从而在离职后不能再自由使用？

SI 搬运系统公司诉海斯利案
SI Handling Sys. v. Heisley，753 F. 2d 1244（1985）

■ **原告/被上诉人**：SI 搬运系统公司（SI Handling Systems，Inc，以下简称"SI"）

■ **被告/上诉人**：迈克尔·海斯利（Michael Heisley）、海斯利公司（Heisley Inc.）、菲利普·L. 比特利（Philip L. Bitely）、理查德·O. 丹特奈尔（Richard O. Dentner）、鹰钣金制造有限公司（Eagle Sheet Metal Mfg. Co.，Inc.，以下简称"鹰钣金公司"）、托马斯·休斯（Thomas Hughes）、斯控技术公司（Sy－Con Technology Inc.）、罗素·H. 谢尔（Russell H. Scheel）、斯坦利·K. 古特昆斯特（Stanley K. Gutekunst）、巴里·L. 齐根福斯（Barry L. Ziegenfus）、弗兰克·波辛格（Frank Possinger）

■ **法院**：美国联邦第三巡回上诉法院

案例背景

该案发生在公司与其前员工及其新创立的公司等一系列利益关系人之间。

一、SI 与卡输技术

SI 创立于 1958 年，是一家位于宾夕法尼亚州的公司，总部和主要生产设施位于宾夕法尼亚州伊斯顿市。它有大约 300 名员工，在 1983 年这一财年销售额为 2000 万美元，有许多子公司和授权人，其产品销往许多工业化国家。

SI 的业务是设计、制造和安装"材料处理系统"。最初 SI 只生产手动钢制手推车，如今已成为行业领先者，拥有四条复杂、高度自动化的生产线，每一条生产线都具有为各种系统应用定制的灵活性。其中，有一条商品名为"卡输"的产品线。

卡输最初由一家瑞典公司开发。1971 年，SI 以 120 万美元购买了卡输的全球权利，以确保 SI 拥有"独特的专有优势"并为自己的开发提供专利或商业秘密保护。

卡输通常被描述为"轨道上的汽车"物料处理系统。轨道是一对简单的钢轨，类似于铁路轨道。材料放置在"汽车"载体上，该载体沿轨道运输材料。汽车的推进力由一根圆柱形驱动管提供，该管安装在两个轨道之间，并与轨道平行。汽车通过一个安装在汽车底部的聚氨酯驱动轮与管子接合，驱动轮位于一个旋转的、弹簧加载的壳体中。当连接到电动机的传动带使管子旋转时，它会向驱动轮施加力（或"推力"），并使其转动。如果驱动轮的运动与轨道垂直，汽车就无法移动，所消耗的能量只会在驱动轮旋转时消散。然而，如果驱动轮以一定角度转动，推力的一部分将沿着平行于轨道的方向传递，从而使汽车能够沿着轨道移动。汽车将随着驱动轮角度的增加而加速，在 45°时达到最大速度。

SI 在轨道上推动汽车的方法为卡输提供了许多其他轨道上汽车系统所不具备的功能。旋转管方法的优点之一是能够在系统中的不同点以不同速度操作不同的车辆，并能够在系统中的不同点加速、减速或停止单个车辆，具有极高的精度和可靠性。它的另一个特点是汽车自动"堆叠"的能力，即在工作站之间排队。因此，当综合运行中的一个工作站关闭时，对向其他工作站输送物料的堆叠车辆将提供一个准备就绪的物料库，直到停止运行的工作站再次运行。堆叠允许受影响工作站的"上游"或"下游"工作站连续运行。

在卡输系统中，自动"车到车"堆叠是通过在每辆车的前部放置设备来实现的，当驱动轮接近停止的车后部时，这些设备会减小驱动轮的角度。这种堆叠方法利用了 SI 目前持有的唯一一项与卡输有关的重要专利，即"Jacoby"专利。

在 SI 购买卡输权利后的几年里，对该产品进行了进一步开发和改进，以用于各种工业应用。SI 对卡输的购买者如何使用它没有任何限制，也在贸易展、文章和广告中广泛宣传了该产品的基本原理和功能。

SI 签订了一系列许可协议，其中规定了用于交换与卡输设计或制造的任何改进有关的技术信息。其中有一项是 SI 与日本石原岛重工（Ishihawajima Harima Heavy Industries Co.，Ltd.，以下简称"IHI"）签订的协议。IHI 成功将卡输出售给日产汽车公司，供其高度自动化的汽车装配厂使用。为了使卡输能够与机器人进行有效交互，还需要大量的技术开发。这种交互需要能够非常高速地移动非常重的负载，如车身，并在非常精确的位置停止它们。1977 年，IHI 开始大规模转让技术，并与领先的机器人制造商通用机器人公司（Unimation，Inc.）合作。

SI 为满足通用汽车的要求而开展的具体项目包括开发廉价的"双向堆叠"汽车。双向堆叠允许一组车辆在两个车站"堆叠"，而无须将车辆掉头。1981 年中，通用汽车已经购买了三套采用双向堆叠的卡输系统，但对 40 万美元的价格不满。SI 高度重视解决这一问题，但直到两年后，SI 才能够以 20 万美元的价格向通用汽车提供一个与执行这一特殊材料处理任务的其他方法相比具有竞争力的双向系统。SI 还在通用汽车的要求下进行了另外两个开发项目——"缓冲"系统和"拖拽"系统。这些系统中的每一个都涉及在轨道输送机上使用旋转管车来解决当前通用汽车公司的材料处理问题。

二、SI 的前员工

海斯利在 1973—1978 年期间担任 SI 总裁。在此期间，他参与了有关 SI 进入汽车制造市场的早期讨论，并前往日本研究 IHI 的技术。1978 年，他曾对卡输系统的专利地位进行过深入研究。这项研究由 SI 工程组织和 SI 专利律师爱德华·岗达（Edward Gonda）进行。该研究结果表明，Jacoby 专利 3818837 号是唯一重要的专利。该专利涵盖了车对车的堆叠，是一种在卡输系统上进行堆叠的、廉价但有效的方法。1978 年，海斯利离开 SI，成立海斯利公司，这是一家位于伊利诺伊州的多元化公司，员工超过 300 人，年销售额约为 2500 万美元。

比特利自 1971 年以来，一直在 SI 工作，是 SI 的财务副总裁，并参与了卡输汽车的早期开发。他离开 SI 公司不久后加入了海斯利公司。

修斯 1976 年加入 SI，担任现场销售经理；1977 年 3 月，他被提升为营销副总裁；1979 年 1 月，成为负责计算机控制部门的副总裁；1981 年 7 月，离开 SI，与其他一些控制部门员工一起成立了海斯利公司的子公司——斯控技术公司。斯控技术公司位于宾夕法尼亚州伊斯顿，主要为物料处理系统提供控制软件。

1982 年 4 月 17 日，SI 首席执行官杰克·博让德（Jack Bradt）解雇了运营副总裁丹特奈尔。丹特奈尔是 SI 的"卡输之父"，负责协调该产品的工程和营销。据博让德说，他是在解决丹特奈尔和其他 SI 官员之间紧张关系的努力失败后才勉强解雇了丹特奈尔。丹特奈尔后来被任命为鹰钣金公司的总裁。鹰钣金公司是海斯利公司收购的一家位于伊利诺伊州的计算机房家具制造商，也是海斯利公司进一步开展"机器人运输"活动的基地。

1982 年 4 月，专利律师史丹·达尔童（Stan Dalton）与瓦格纳（Wagner）、麦克考德（McCord）、伍德（Wood）审查了卡输的专利地位，确认之前的专利地位没有得到提升。

丹特奈尔一直担任运营副总裁到 1982 年 5 月 9 日，并领取遣散费至 1982 年 9 月 30 日。在这段时间里，他还为 SI 做了一些咨询工作。尽管与 SI 保持着持续合作，但丹特奈尔已经在与海斯利公司合作，制订计划，销售一种与之竞争的轨道上旋转管车系统（以下简称"机器人运输"）。

1983 年 2 月 22 日，谢尔、古特昆斯特和齐根福斯（SI 工程师，对汽车卡输的开发负有重大责任，并深入参与了与 IHI 的技术交流）从 SI 辞职，加入海斯利公司。SI 的控制系统经理巴林·康克林（Barry Conklin）也于 1983 年 2 月离开 SI，加入"机器人运输"。波辛格于 1982 年 6 月被 SI 裁员，也加入海斯利公司。大约同一时间，齐根福斯说服了乔治·巴佘（George Bartha）离开 SI，为"机器人运输"工作。有了这个团队，海斯利公司终于宣布组建其"机器人运输"部门。

在 1983 年 2 月 25 日写给通用汽车某车身部门采购总监的一封信中，海斯利公司报告说，"机器人运输"部门的目的是设计、制造、安装、营销和服务一种高质量、低成本的产品，类似于 SI 的卡输。

由于"机器人运输"团队对卡输非常熟悉，因此他们可以用最小的努力绕过 SI 专利地位。在"机器人运输"问世之前，卡输在美国汽车制造市场上不面临与其他自旋管车轨道系统的竞争。

自新部门成立以来，海斯利公司成功地与通用汽车公司签订了一份合同，在其利沃尼亚工厂进行安装。它还对其他几个系统进行了投标。

1983 年 4 月 11 日，海斯利公司通过"机器人运输"向通用汽车公司提交了三套纺纱管系统的"非邀约投标"。尽管未能中标，但值得注意的是，通用汽车公司考虑了他们的投标。SI 为确保通用汽车公司成为其客户而付出的部分开发努力是将自己作为一家公司出售，该公司可以完成完全自动化制造运营所需的系统工程。另外，海斯利公司没有经历过这样的过程。相反，它在通用汽车公司获得了立竿见影的效果，方法是首先雇佣了在系统上营销通用汽车的关键 SI 人员，然后按照要求安装系统。

三、SI 提起诉讼

1983 年 3 月 21 日，SI 对海斯利公司向通用汽车 2 月 25 日信函中罗列的"唯一有资格设计、制造、安装和维修汽车轨道系统的员工"及他们的相关利益公司提起诉讼，指控他们违反了《谢尔曼法》和《受敲诈勒索影响和腐败组织法》，并要求各种普通法索赔，涉及合同和侵权行为，包括挪用商业机密。

1983年10月20日，SI提出了一项禁止使用和披露其商业秘密的初步禁令，并于11月7日举行听证会。

 争议焦点

是否存在商业秘密以及侵犯商业秘密的行为。

 诉讼过程

地区法院裁定，SI已为初步禁令救济提供了必要的证明，尤其是就其商业秘密索赔的裁判结论证明了成功的合理可能性。

地区法院还认定，"在向通用汽车公司供应产品时，SI采取了预防措施，不向通用汽车公司提供任何超出系统成功运行和维护所需的技术细节"。

地区法院禁止被告使用和披露SI商业秘密。被告提起上诉。

 地区法院意见

SI已在其伊斯顿工厂采取了通常和合理的预防措施，以保存和保护其开发卡输产品的保密性。进入大楼受到限制，访客也受到限制。所有访客必须持有通行证，并在进入大楼时被工作人员全程陪同。当业务关闭时，会使用报警系统。某些具有高度专有性质的文件会相应地进行标记。包含敏感文档的文件被锁定。图纸上带有专有图例。

此外，SI的大多数员工需要签署一份员工协议，旨在限制员工披露机密信息。SI的许可证持有人被正式禁止披露通过其各自的许可协议收到的许可设计和工艺。卡输系统的所有销售建议书和随附的维护手册均包含限制性使用语言。SI向供应商发出的采购订单也包含一项限制性条款。

 美国联邦第三巡回上诉法院意见

在考虑初步禁令救济的动议时，根据先例，法院必须仔细权衡四个因素：①根据案情，该动议是否显示出合理的成功概率；②拒绝此类救济是否会对动议人造成不可挽回的伤害；③给予初步救济是否会对非动议方造成更大的损害；④给予初步济助是否符合公众利益。

该案中，上诉法院适用宾夕法尼亚州商业秘密法是毫无争议的。**根据宾夕法尼亚州法律，为了有权获得禁止使用或披露信息的禁令，原告必须证明：①该信息构成商业秘密；②对雇主有价值，对其业务的开展也很重要；③基于发现或所有权，雇主有权使用和享有该秘密；④在被告人受雇于一个信任职位时，该秘密被传达给被告人，而被告人在这种情况下向他人披露该秘密，或自己使用该秘密，损害其雇主的利益，是不公平和不公正的。**

在该案中，后三个要素与地区法院认定的商业秘密有关，这一点不存在严重争议。因此，上诉法院的讨论将集中在第一个要素，即商业秘密的存在上。

一、是否存在商业秘密

宾夕法尼亚州法院采用了《侵权法（重述）》对商业秘密的定义。先例中曾阐述："**只有在证明所指控的秘密并非公众所知的情况下，商业秘密才需要新颖性……商业秘密可能只是对本领域的常识和实践的极小机械式进步。**"

已上市产品完全披露的事项容易受到"反向工程"的影响，即"从已知产品开始，反向工作，以预测有助于其制造的工艺"。

此外，根据先例，**商业秘密的概念不包括"一个人的资质、技能、技巧、体力和脑力，以及他在工作过程中获得的其他主观知识……使用和扩大这些强大权利仍然是他的财产"。**

在确定给定信息是否为商业秘密时，需要考虑的一些因素是：①信息在所有者业务之外的已知程度；②员工和参与所有主业务的其他人对其了解的程度；③所有者为信息保密而采取的措施的程度；④信息对所有者及其竞争对手的价值；⑤所有者在开发信息时花费的精力或金钱；⑥信息被他人正确获取或复制的难易程度。

有了这些一般原则，上诉法院将考虑地区法院商业秘密调查结果的事实和法律依据。

关于 SI 检验传动管同心度的方法。SI 多年来制定的该测试程序旨在确保旋转驱动管在安装时不会超过移动车辆压在其上时的最大允许挠度。这似乎符合"制造工艺"的标准。

为什么 SI 的称职工程师在拥有多年的产品制造经验之后才开始使用这种工艺？其实，商业秘密可能只不过是"一个好机械师所能作出的机械改进"。上诉法院不能说地区法院认定这是一个秘密制造工艺是明显错误的。

关于驱动管和驱动塞之间的尺寸、公差和安装方法，驱动塞连接到驱动管的每一端，并将其连接到支撑管的滚珠轴承上，同时允许其旋转。地区法院发现，这些塞子的直径、公差以及它们在焊接前安装到驱动管中的方式是 SI 的商业秘密。

上诉人不反对地区法院的认定，即通过拆解产品无法获得这些信息。事实上，公差以前被认为是商业机密，因为即使是最精确的测量也无法获得公差。

关于在轴承中使用非标准最大角度偏差和特定润滑脂组规格，SI 滚珠轴承的设计允许轴出现比通常更大的角度偏差，这是由于汽车重量压在驱动管上时驱动管轻微偏转造成的。SI 也有特殊的轴承润滑要求。这些规范要求与轴承制造商进行特殊协商，根据 SI 的采购订单条款，这些规范将被视为机密。地区法院发现，使用的准确数字是 SI 的商业秘密。

根据宾夕法尼亚州商业秘密法，上诉法院不懂上诉人是否认为这类信息不应作为"配方"或"模式"受到保护。上诉人要求上诉法院推翻地区法院的事实认定，即这些信息确实是秘密的。他们指出，轴承制造商在零件号中使用了前缀"J"，根据他们的目录，这意味着"额外松动的内部配合"，可以通过检查零件找到该前缀。这并不能充分反驳 SI 的证据。该证据表明，确切的规格是保密谈判的结果，并且该零件是专为 SI 制造的，即 SI 按照该目录号订购是不会获得相同的零件的。地区法院的裁决显然没有错误。

关于是否存在价格较低的零部件替代供应商，在美国的 200 家轴承制造商中，SI 发现只有两家能够生产符合其规格的轴承。在向其中一家供应商购买轴承 6 年后，SI 在 1982 年得知另一家公司可以提供更低的价格，因此更换了供应商。地区法院认为该比较价格信息是 SI 的商业秘密。

由于了解这些轴承的替代供应商及其各自的价格取决于了解秘密规格，因此这些信息似乎也是秘密的。然而，上诉法院不承认这是一个独立的商业秘密。在此，SI 希望禁止上诉人使用的信息，即供应商的身份及其商品的价格，已经掌握在第三方轴承供应商手中，他们有充分的动机和权利向客户披露这些信息。防止上诉人使用这些信息将给无过错的供应商带来不应有的负担，并对自由市场施加人为的限制。

地区法院认为，零件的替代供应商及其价格信息可作为商业秘密加以保护，这在法律上是错误的。

关于从组件经验中获得的效率系数，卡输系统的设计需要了解驱动管系统各部件的效率。地区法院显然接受了 SI 的论点，即驱动管/驱动轮接口的效率不标准，不容易测量。这显然是一种技术数据，如果属于秘密，可能受到宾夕法尼亚州法律的保护。然而，上诉人辩称，这些效率系数可以通过参考标准工程原理获得，他们的工程专家证人在法庭上证明了这一点。但这位专家也表明SI声称的确切数字是其秘密，但他似乎没有考虑驱动管系统部件中的驱动管或驱动轮接口。因此，上诉法院不能说地区法院的裁决明显错误。

关于SI在计算系统设计时使用的非标准摩擦系数，驱动管和驱动轮之间的摩擦系数是决定汽车加减速距离和时间的一个因素。在设计系统时，SI使用了一个包含安全余量的人造图形。由于该设计编号不会通过对实际运行系统的测量而泄露，地区法院认定该编号是SI的商业秘密。

上诉人质疑这是事实认定，而非法律结论。上诉人指出，SI工程师承认可以测量汽车向下力和向前推力，并辩称，通过这两个测量，"另一个生产商不需要知道卡输的设计驱动系数，它只是这两个测量值加上设计安全系数的函数"。上诉人忽略了地区法院认定为商业秘密的"设计安全系数"。地区法院没有明显错误。

关于对部件供应的长交付周期的认识，为了满足其紧凑的交付时间表，SI必须在系统的计划交付日期之前就开始某些部件的工作。地区法院发现，了解这些"关键的、长期的潜在客户项目"是SI的商业秘密。

上诉法院认为，该信息与供应商价格信息处于大致相同的地位，但部件本身是保密的；关于组件供应的长交付周期的知识是"任何生产性行业都会学到的"，如上所述，因此不可作为商业秘密加以保护。

关于SI对通用汽车内部关键决策者的认识，SI称通用汽车拥有超过10万名白领工人。根据地区法院的说法，"只有在一批又一批的人员中脱颖而出，并遵循许多错误的线索之后，SI才最终能够联系到真正的决策者，了解其产品"。SI试图将这份信息纳入"客户名单"的范畴，根据宾夕法尼亚州法律，这一主题长期以来一直作为商业秘密受到保护。

然而，很明显，这份信息只涉及一业内知名的客户，而且有记录显示，这位客户积极寻求传播这些信息，这使得该信息是完全不同的。上诉人使用这份信息更类似于利用SI的"善意"，而不是盗用秘密客户名单。虽然这种善意对SI来说显然很有价值，但上诉法院不认为它是可以作为商业秘密保护的。相反，SI本可以通过合理的不竞争契约来防止这种剥削，根据宾夕法尼亚州法律，这些契约是可强制执行的。SI没有要求其员工遵守此类约定，现在也无法通过商业秘密法阻止他们利用其通用汽车联系人。

在美国的商业日常中，看到一名雇员在长期服务后离开工作岗位，自己创业或与他人合作创业，不是一件了不起的事情。在这样一种情况下，不可避免地会出现这样的情况：前雇员与客户存在私人关系，其中一些客户会希望在他的新公司中继续与他打交道。这是如此自然、合乎逻辑，也是人类友谊的一部分，以至于害怕这种未来竞争的雇主必须通过与员工签订预防性合同来保护自己。

关于 SI 对通用汽车对"双向堆叠"、"拖拽"和"缓冲"系统需求的确认，地区法院发现，对这些潜在市场的了解都是 SI 所特有的，是 SI 的商业秘密。

关于市场调查这项信息是否符合商业秘密法保护的"信息汇编"的条件，这里的信息与一位知名买家有关。该买家可能很清楚自己的需求，并且自然希望从竞争对手中进行选择。如果声称的商业秘密是在第三方手中的信息，而第三方不将其视为机密，上诉法院认为给予商业秘密保护将严重扭曲市场的运作。事实上，从地区法院的调查结果来看，至少就其双向堆叠需求而言，通用汽车正在向一些提供非"汽车在轨道上"系统的 SI 竞争对手招标和购买。

关于上诉人在 SI 雇佣期间为"机器人运输"开发的双向堆叠系统，地区法院认为，在 19 个月内无法向 SI 报告这方面任何进展的同一批人员能够向通用汽车提出商业提案是"不可想象的"，除非"他们这样做是因为挪用了 SI 尚未成熟的开发工作……因此，被告为"机器人运输"开发的双向堆叠概念被视为 SI 的财产，可能也是商业秘密"。

上诉法院不质疑地区法院对事实的认定，即上诉人挪用了利用 SI 的资源开发的信息。根据其雇佣合同条款，这些信息是 SI 的财产。然而，上诉法院不能同意地区法院未经证实的法律结论，即该财产"可能也是商业秘密"。

很难理解，从未向 SI 透露的信息如何成为其"商业秘密"，即在业务开展过程中非常重要的信息。此外，没有发现，如果该开发项目被推向市场，它将有权获得所有权保护。

SI 并非没有针对违反雇佣合同的补救措施，也可能有其他诉讼原因；然而，商业秘密禁令并不是对所有员工失信的补救措施。上诉法院认为，这些补救措施比发布可能导致上诉人根本无法进入市场的禁令更可取。

关于 3 项 SI 专利申请的内容，地区法院认定，其中包含的信息是 SI 的商业秘密，专利局对其保密，使上诉人能够围绕潜在专利进行设计。上诉法院认为，地区法院的结论没有缺陷。

关于上诉人尚在 SI 就职时研发出的用于在不侵犯 Jacoby 专利的情况下实现车对车的堆叠方法，文件证据表明，早在 1982 年 4 月，"机器人运输"团队就与专利顾问一起审查了不会侵犯 SI 专利的堆叠装置。地区法院认定，"机器人运输"原型上使用的堆叠配置是 SI 的财产和商业秘密。

上诉人辩称，与未决专利申请中反映的技术进步不同，Jacoby 专利已经发布，机制已经完全公开，SI 可能不能将其法律垄断延伸到阻止其他人设计具有相同功能的非侵权设备的程度。地区法院担心，不侵权设备的设计是在上诉人签订合同将其开发项目移交给 SI 时进行的。因此，这些技术进步与前面讨论的双向堆叠技术具有相同的法律基础。

出于上述原因，上诉法院不认为上诉人所采用的不侵犯 Jacoby 专利且实现车对车堆叠的方法可以作为 SI 的商业秘密受到保护，尽管 SI 很可能对这种违反义务的行为有其他补救措施。

关于 SI 的卡输成本和定价信息，地区法院驳回了 SI 的论点，即其在系统定价中使用的公式是商业秘密，但同意 SI 实际使用的数字是上诉人盗用的商业秘密。

据上诉法院所知，地区法院的调查结果显示，**"成本计算"和"定价"信息包含了与材料、劳动力、管理费用和利润率等相关的一系列数据。因此，与轴承的价格不同，这不是业内任何人都能轻易获得的信息。上诉法院认为此类信息符合商业秘密保护的条件。**

上诉人认为，鉴于 SI 承认这些数字随着时间的推移而变化，以及在发布初步禁令之前，上诉人没有赢得任何与 SI 竞争的合同，地区法院对事实的认定显然是错误的。面对"机器人运输"根据 SI 数据进行财务预测的文件，上诉法院不推翻地区法院的事实调查结果。

关于 IHI 工程师开发的系统设计非标准公式（《Tokunago 公式手册》），它名为《卡输工程数据、理论和实践分析》，是根据 SI 与 IHI 的技术交换协议提供给 SI 的。尽管其中一些公式反映了常见的工程知识，但地区法院根据专家证词发现，其他公式基于实验数据和非公共领域的假设。

系统设计中使用的**经验公式显然是商业秘密法保护的核心**。上诉人要求上诉法院驳回地区法院的事实裁定，理由是没有证据表明上诉人正在使用这些商业秘密。上诉法院不能同意。有充分的证据表明，Tokunago 公式对卡输系统的设计至关重要，上诉人是少数能够获得这些信息的人之一，他们正在建立一个相同的系统，地区法院可以从中推测这些商业秘密正在被使用。

"在商业秘密案件中，不当和滥用商业秘密很少能通过令人信服的直接证据来证明。大多情况下，原告必须构建一个可能模棱两可的间接证据网，事实审理者可以从中得出推论，从而相信原告声称的事情在事实上发生比不发生的可能性大。针对这种通常微妙的旁证结构，一般必须有个临危不乱的被告和直接否认一

切的被告方证人。"

在这个问题上，最重要的是，上诉人未能对 SI 的强势表现作出回应，这意味着很有可能上诉人的证词对自己的主张不利。

关于 SI 在系统工程方面的"技术诀窍"，正如地区法院所描述的，**这个"诀窍"是"设计以独特方式满足特定客户需求的物料处理系统所需的堆叠知识和经验**。因此，它远远超出了任何员工在 SI 工作时可能获得的一般知识和技能……SI 的系统工程诀窍使系统工作的知识是建立在试错的基础上的，例如在产品开发期间的预算和投资支出。这项技术属于 SI，是 SI 宝贵的秘密，并已被被告非法使用"。

宾夕法尼亚州最高法院曾在先例中表示，**"技术诀窍"的概念是一个定义非常模糊的区域，主要用作一种速记工具，用于说明一种工艺是可保护的。然而，它涵盖了许多在广义上不受保护的事项，例如员工的一般知识和技能。**

在口头陈述其调查结果时，地区法院仔细观察了可保护的"专有技术"和"一般知识和技能"之间的区别，但上诉法院认为，在实质上，地区法院所试图保护的这一棘手主题下的事项不可被作为商业秘密保护。

先例中，曾有原告声称其商业秘密为"技术诀窍"，即熟练分析客户提出的各种问题，设计能够产生预期结果的设备。这种能力虽然部分取决于整个行业已知的某些科学和机械关系，但主要是基于该领域的经验。该原告在其 50 年的运营中堆叠的经验，以图表、图纸和其他数据表的形式记录下来。

有趣的是，上诉法院认为，**符合商业秘密保护条件的并不是"能力"或"经验"，而是基于这种能力和经验的汇编产品，它们被记录下来从而可以被重复使用。**在这里，上诉法院已将这些汇编的"技术诀窍"授予商业秘密地位，如驱动管同心度测试方法、效率系数和 Tokunaga 公式。但促成这些技术进步的员工能力和经验，以及可能促成进一步技术进步的员工能力和经验，不属于 SI。如果不是这样的话，一个经历了熟练工和熟练工阶段的学徒永远不可能代表自己成为一名企业家。这样是准农奴制度，早已都消失了。先例中已明确拒绝了"技术诀窍"指"原告在制造、维修和销售前置搅拌机领域的全部工作知识"。

基于上诉法院对地区法院的理解，地区法院禁止上诉人使用的"专有技术"包括两个方面：第一，解决卡输应用中出现的新问题的能力；第二，避免过去的错误和失败所需的经验（"消极知识"）。

虽然上诉法院不会低估此类"技术诀窍"对 SI 的价值，也不会低估获得该"技术诀窍"的价格，但上诉法院不认为，在员工离开后，SI 可以对其解决问题的能力或避免错误的知识主张所有权。根据宾夕法尼亚州法律，"雇员在终止与雇主的雇佣关系后，有权带走在工作期间获得的经验、知识、记忆和技能"。同样令人怀疑的是，根据宾夕法尼亚州的法律，雇主能否将其雇员对过去错误和失败的了解作为商业秘密。因此，上诉法院得出结论，地区法院认定上诉人的"技术诀窍"是 SI 的商业秘密是错误的。

二、反向工程

很明显，根据宾夕法尼亚州法律，如果卡输易受反向工程影响，则卡输无权获得商业秘密保护，无论上诉人是否真的进行了反向工程，或者更可能的情况是，依赖于他们的记忆。因此，上诉法院必须再次审查地区法院的一项裁决，即卡输不能被反向工程。

上诉人辩称，这一结论显然是错误的，因为它忽略了工程专家证人特伦斯·威利斯博士（Terrance Willis）的证词。威利斯博士认为，一个由工程师和绘图员组成的小组可以对卡输系统进行完整的测量，并在 10～12 周内对其进行反向工程。此外，他提出，不用经过任何测量，仅通过目视检查系统并了解其功能，4 名没有卡输经验的工程师就可以在 16～18 周内对整个系统进行反向工程。

上诉法院不认为地区法院无视了威利斯博士的证词。相反，地区法院仔细考虑了证词，并得出结论，"威利斯博士不具备有关其所称努力领域的专业知识……不一致、缺乏依据和不合逻辑的结果导致该证人的证词毫无意义。"上诉法院已经审查了这份证词并看到了它的意义。即使上诉法院的印象与此相反，上诉法院不太可能推翻地区法院基本上有公信力的裁定。即使得到认可，威利斯博士的证词也在大量证据面前相形见绌。这些证据表明，在"机器人运输"之前，没人在美国销售过类似的产品，而且"机器人运输"在组建一个前 SI 工程师团队方面工作花了近一年时间，它不通过雇佣，甚至考虑雇佣没有卡输经验的工程师"在16～18 周内"独立开发产品。虽然上诉法院假设 SI 有责任证明卡输不能被反向工程，但上诉法院不能说地区法院的判决明显错误。

三、禁令的颁发

地区法院在行使其发布初步禁令的自由裁量权时，除了根据案情衡量动议成功的可能性外，还必须权衡：①如果救济被拒绝，动议可能遭受无法弥补的损害；②危害的平衡；③公众利益。

上诉人辩称，没有证据表明，在没有初步禁令的情况下，SI 将遭受无法弥补的损害。他们所依赖的事实是，SI 在提起诉讼 7 个月后才提出初步禁令。上诉法院不理解上诉人是在为松懈辩护，还是在暗示禁止反言，即 SI 的行为与即时和不可弥补损害的主张不一致。

　　然而，上诉法院认为，在提起诉讼时，原告是否认为有必要发出初步禁令并不重要。相关的调查是，在发布初步禁令时，动议人是否有遭受不可弥补损害的危险。在此，SI 充分表明，上诉人打算使用其商业秘密且不打算采取合理措施来保护其秘密地位。

　　上诉人要求上诉法院认定地区法院没有适当权衡公众利益，因为该法院指出，维护商业道德的正面影响远远超过本诉讼所产生的任何命令可能对自由竞争造成的任何负面影响。上诉人指出，大量法规和案例体现了有利于竞争和经济流动的强有力的公共政策，显然意味着这些是压倒一切的利益。然而，上诉人没解释为什么该案不同于许多其他商业秘密案件，这些案件都涉及类似的"商业道德"问题，因此也涉及同样的公共政策问题，并发布了禁令。这里的上诉人并不关心提高资本主义的道德；相反，他们唯一关心的是在利用竞争对手商业秘密的基础上提高企业的盈利能力。

　　有令人信服的社会经济论据支持这两种立场。整个社会从技术进步中受益匪浅。如果没有某种员工离职后的保护手段来确保有价值的开发或改进完全属于雇主，商人就无法资助研究或改进现有的方法。此外，必须认识到，现代经济增长和发展已将商业风险推到一人公司的规模之外，迫使商人在更大程度上将与技术发展有关的机密商业信息告知适当的员工。即便考虑到在大公司中分散责任的效用，最佳的"委托"金额也不会出现，除非商人因违背信任而遭受损失的风险降至最低。

　　另外，任何形式的就业后约束都会降低员工的经济流动性，并限制他们追求首选生计的个人自由。该员工的谈判地位被削弱，因为他可能会受到涉嫌获取商业秘密的束缚；因此，自相矛盾的是，由于专业知识的增加，他被限制在自己生产率最高的行业进一步发展。此外，如前所述，社会受到了影响，因为思想、工艺和方法的传播放缓，从而削弱了竞争。

　　地区法院没必要对公共利益进行广泛的分析。广泛的先例支持在确立商业秘密主张要素的情况下采取禁令补救措施。

　　地区法院认定如果各被告继续在车载轨道材料处理系统中工作，他们几乎不可能不使用他们的卡输系统工程知识。此外，他们继续使用信息技术将不可避免地导致向同事和潜在客户披露信息。出于这些原因，仅凭禁止披露和使用信息的有限禁令是不够的。很明显，根据宾夕法尼亚州法律，衡平法院可能会制定一项商业秘密禁令，其范围足以确保信息得到保护。

由于上诉法院已经驳回了地区法院几项最重要的商业秘密调查结果，因此有必要撤销这项初步禁令。由于禁令的条款通常由地区法院自行决定，而不是上诉法院自己发布修改后的命令，上诉法院认为最好将其发回地区法院重新制定。鉴于上诉法院的判决，地区法院有必要重新考虑其结论，即上诉人在不损害 SI 的专有信息的情况下"几乎不可能"使用车载轨道系统。特别是，地区法院应考虑，关于上诉法院确认的第八项商业秘密调查结果，所有上诉人的地位是否平等，或者上诉人在任何车载轨道系统上的工作，而不是仅考虑在车载轨道系统的旋转管运转，是否威胁到 SI 的专有权益。地区法院最有能力作出适当的命令。

判决结果

前雇主有权获得商业秘密保护，因为在为系统设计进行计算时使用了非标准摩擦系数，有权获得 3 项未决专利申请的内容、成本和定价信息以及系统设计的非标准公式的保护。

上诉法院确认地区法院的事实和法律调查结果，即 SI 就以下主张的商业秘密具有合理的成功概率：SI 检验驱动管同心度的方法，驱动管和驱动塞之间的尺寸、公差和安装方法，在轴承中使用非标准最大角度偏差和特定润滑脂规格，从组件经验中获得的效率系数，SI 在系统设计计算中使用的非标准摩擦系数、SI 三项未决专利申请的内容，SI 的卡输成本和定价信息和 IHI 工程师开发的系统设计非标准公式。

上诉法院推翻地区法院的判决，即以下是 SI 的商业秘密：知道存在价格较低的零部件替代供应商；了解零部件供应的长交付周期；了解通用汽车内部的关键决策者、SI 对通用汽车"双向堆叠""拖拽"和"缓冲"系统需求的识别；上诉人将 SI 雇佣期间为"机器人运输"开发的双向堆叠系统；上诉人将 SI 仍在使用期间开发的方法用于在不侵犯"Jacoby 专利的情况下实现车到车的堆叠；以及 SI 在系统工程方面的"技术诀窍"。

撤销地区法院的命令，案件将被发回地区法院进行与本意见一致的诉讼。

案例学习意义

该案涉及商业秘密案件中同一项目所包含的多项秘密点的筛选与识别，如经营管理数据信息、经验公式、技术系数与公差、测试技术与工程信息可作为一类商业秘密。上诉法院依据商业秘密定义和商业秘密识别六要素原则推翻了多项地区法院对商业秘密识别的结果。上诉法院在结合劳动者就业与职业发展权利等公共利益的情况下，认定包含材料、劳动力、管理费用和利润率等相关的一系列数据的经营管理数据、经验公式属于商业秘密。上诉法院还通过环境证据对是否存在侵权行为和是否构成反向工程进行了判断。

通过学习该案，可以深入理解法院怎样正确使用商业秘密定义范畴，恰当准确识别出真正的商业秘密。同时，有助于了解美国法院如何在商业秘密案件中对公共利益进行认识和平衡。截至 2023 年 3 月，该案被美国案例判决文书引用 589 次，被其他法律文件引用 469 次。

第十二节 原材料来源与使用情况可构成商业秘密

 法律问题

有关原材料的来源与消耗状况是否可以构成商业秘密？

乌肯脱锡公司诉阿斯曼案

Vulcan Detinning Co. v. Assmann, 185 A. D. 399 （1918）

■ **原告/上诉人：** 乌肯脱锡公司 （Vulcan Detinning Co.，以下简称"乌肯公司"）

■ **被告/被上诉人：** 弗兰兹·阿斯曼 （Franz Assmann）、F. P. 阿斯曼 （F. P. Assmann）、乔治·西沃德 （George Seward）、弗兰兹·冯·库格尔根 （Franz Von Kugelgen）、阿道夫·科恩 （Adolph Kern）、杜瑞斯·惠普尔 （Dorris Whipple）、共和化学公司 （Republic Chemical Company, Inc.，以下简称"共和公司"）、锡产品公司 （Tin Products Company）、沙马尔 （Schmaal）、穆恩奇 （Muench） 等

■ **法院：** 纽约州最高法院第一上诉分部

 案例背景

该案发生在企业与其前雇员和一系列竞争对手之间。

科恩不仅是乌肯公司的副总裁和总经理，还是董事和执行委员会的成员，在一段时间内还担任该公司的司库和助理秘书。他薪水高，加上公司为他交的圣诞节捐款，每年约为 2.5 万美元。他接触并实际熟悉乌肯公司流程和业务的每一个细节，指导着该公司。

1898 年 4 月 23 日，科恩与乌肯公司签订了总经理合同。该合同每年续签一

次，他被要求在 50 年内放弃生产和经营废锡，以及与废锡业务的任何关联或利益行业。1909 年 3 月 25 日，科恩拒绝以其他方式续签合同，促使乌肯公司的董事会删除了合同中的弃权条款。

然而，在将科恩从弃权条款中解脱出来时，乌肯公司谨慎地规定："不以任何方式允许阿道夫·科恩及其兄弟泄露、出售乌肯公司金属精炼公司的工艺、秘密或发明，以及他们或其中任何一方可能因与上述乌肯公司金属精炼公司或乌肯公司的联系或关联而获得的信息"。科恩的劳动合同还规定，他应"将自己的时间、最大努力和技能投入第一档的提升、利益和福利上"。

1909 年之前，乌肯公司一直从事电解法处理废钢。操作方法是将一定量的锡屑装入穿孔钢筐中，放入碱液（通常为烧碱）中，并向碱液中通电，通过该操作，锡板上的锡被氧化，与锡板分离，并沉积在工艺中使用的阴极上。这些产品是经过鉴定的废料和一种不纯的锡氧化物，形状为锡粉。该工艺中使用氯脱锡的方法，不生产氧化锡，而是生产四氯化锡和脱锡废钢。四氯化锡一般被丝绸制造商用来称重，它的价值远大于氧化锡。

1909 年之前，科恩得知德国埃森的戈德施密茨公司（Goldschmidts）用氯气设备更换了电解脱锡设备。1909 年，他了解到，该公司打算在美国建造和运营一座氯气脱锡厂。戈德施密茨公司拥有自己的专利，他们的工艺取得了巨大成功，并解决掉一个化学家们研究了 50 年却没有成功的问题。

1909 年 5 月 27 日，科恩向乌肯公司的董事会报告了这些情况，他认为"本公司绝对有必要安装氯脱锡装置，以使其能够在戈德施密茨公司开始运营后与之成功竞争"。科恩被授权调查氯脱锡和专利，并聘请熟悉氯的化学家。

C. F. 卡里尔（C. F. Carrier）从 1909 年 8 月 1 日起担任乌肯公司化学家一年。他的合同将其所有发明都授予了乌肯公司，他被专门雇佣于以努力改进原告的工艺并开发新的工艺。大约同一时间，哥伦比亚大学的化学专家和教授惠普尔也受雇于乌肯公司，就氯脱锡技术的现状，在制造和理论方面作了一份特别报告，"同时仔细研究现有的专利和各种专利诉讼中所有可用的讨论""就安装氯脱锡工厂提出建议"。到 8 月底，乌肯公司工厂安装了实验工厂和商业实验室，卡里尔开始工作。

乌肯公司为了处理所涉及的工程问题，1909 年 7 月 16 日与约翰·瓦尔克（John Walker）签订了一项合同，而且和卡里尔合同一样，劳动合同中明确，脱锡的工艺和方法以及所有工艺、针对工艺设备和专利的改进，都应该是乌肯公司的专有财产，他可能获得的关于工艺、工厂和方法的所有知识和信息都属于乌肯公司，以及"上述工艺、方法和设备都是秘密的，并由上述公司保密，而且作为一个秘密和公司的受托人，他确实并且将永远拥有上述工艺、方法、用具、专利和工厂方面的知识和信息，以及所有的改进"。这也是乌肯公司保留所谓的保密手册的惯例，手册中要求所有雇员签署一份保证书，保证对其工艺、用具和方法保密。

1909 年 10 月 20 日，卡里尔开始报告他的实验，在此后两年多的时间里，他不知疲倦地推进实验的成功。记录中充满了从卡里尔到科恩之间的信件、报告和会议，生动而详细地描述了遇到的无数困难，并描述了最终以一个成功的、可行的、商业化的工艺而告终的实验和改进。科恩对其中每一步都有接触，经常提出重要的批评和建议，并且随着工作的开展掌握每一份细节信息。

氯脱锡，即用氯将废锡板分离成其组成部分，回收其钢或铁进行重熔，并以氯化物形式回收锡。这是一个半个多世纪以来已知的事实，如许多专利所示，干燥的氯将从铁中去除锡，并且在低温下干燥的氯不会与铁结合。锡废料的双重特性、其组成部分之间的紧密接触、其精细分割的形式、相对较大的暴露表面、氯对锡和铁的化学亲和力以及锡与氯反应产生的热量，导致了氯脱锡的固有困难。虽然氯会在低于与铁结合时的温度下与锡自由反应，但氯化锡的生成热很强，除非迅速从废锡表面带走，否则氯会与铁结合并点燃，从而达不到脱锡的目的。

在戈德施密茨公司出现之前，从锡板上剥锡而不达到烧铁的危险点被证明是在商业规模上通过氯脱锡生产无水四氯化锡的一个无法克服的困难。温度控制是该问题的基本要素。

戈德施密茨公司通过将废钢压缩成紧凑的钢坯，并使这些钢坯在封闭容器中受到氯气的作用，并在脱锡过程中改变容器中的压力，解决了这个问题。这项专利为本领域中所有人规避了任何通过将废料压缩成坯料来实现这一结果的路径。因此，在不使用将废料压缩成小捆或小方坯装置的情况下，就可以获得相同的结果。

这种工艺的专利在 1907 年和 1909 年被授予了冯·库格尔根和西沃德，他们还在弗吉尼亚州霍尔科姆岩建立了一座纯实验工厂。在通过 1904 年 1 月 16 日提交的专利申请，他们在五项权利要求中阐述了自己的发明，这五项权利要求只构成了对问题本身的陈述。关于控制温度的方法，唯一的建议如下："可以通过冷却容器或充分限制进入容器的胆碱的量来降低温度。"

1910 年 4 月 21 日，卡里尔在报告中说："氯气脱锡将在很短的时间内准备就绪。我相信我们现在已经掌握了所有必要的数据，但我们还没有完美无瑕的表现来给你信心，这对进军新领域至关重要。最后一次实验的结果非常好，温度得到了完美的控制。"4月29日，卡里尔在第18次实验中写道："废料出来时状态很好。"

卡里尔的实验工厂已经取得了巨大的成功，乌肯公司正在面对面地决定是否按照卡里尔制定的流程建造一座大型商业工厂。它决定继续进行。并且，在1911年1月16日，惠普尔参与了这项工作。他曾进行了大量调查和其他工作，从事化学和工程工作以及专利方面的咨询和咨询工作两年。

1911年2月28日，卡里尔向乌肯公司提交了一份关于所设计工艺的特别报告。5月15日，在从他们的专利律师那里获得了对卡里尔报告的详细意见后，乌肯公司董事会授权（建设）一家工厂，该工厂应由一个全尺寸的圆筒组成，并留有空间再增加五个。这是为了实现实验而提出的，"这些实验规模更大，尽可能接近实际工厂完工时的运行情况。"到6月29日，大型实验工厂的图纸和规格已经完成，而这个大型实验工厂大约在10月中旬完工。

尽管乌肯公司、乌肯公司的专家和专利律师认为，只要自己没有通过主动方式或设备控制温度，其工艺就不会侵犯西沃德专利。但他们意识到，该工艺是诉讼中被攻击的对象。因此，乌肯公司长期以来一直在考虑获得西沃德专利的问题。但由于西沃德方面的问题，有段时间没有采取任何行动。于是，乌肯公司将惠普尔送往霍尔科姆岩，允许他在那里视察西沃德和冯·库格尔根的实验工厂。

1911年4月23日，乌肯公司收到其专利律师的一封信，信中得出结论："与戈德施密茨集团结盟显然可以解决你们面临的所有问题。如果你们能通过以合理的价格获得冯·库格尔根专利来实现这一联盟，那似乎是值得的。为了冯·库格尔根专利而获得项专利似乎并不可取。"

科恩回复说，他希望惠普尔在几天后能给他一份报告。他记得惠普尔得出的结论是：冯·库格尔根和西沃德主导着氯脱锡的情况；乌肯公司在苏瓦伦的实验工厂与冯·库格尔根和西沃德在霍尔科姆岩的工厂几乎相同；卡里尔设计的工艺在许多方面明显侵犯了当时掌握在他手中的冯·库格尔根和西沃德专利和申请；惠普尔非常担心这项专利不会被授予给乌肯公司。

1911年8月2日，科恩代表原告向西沃德出价2.5万美元购买这些专利。西沃德回复说，以2.5万美元的价格提供非排他性许可，每天不超过75吨，此外还提供每吨50美分的废品使用费。最后，经过多次谈判，许可协议于1911年11月2日生效。

阿斯曼向大陆罐头公司总裁克兰威尔提起此事，1911年11月17日，他们的一位商业伙伴埃德文·诺顿（Edwin Norton）就冯·库格尔根和西沃德的专利问题致函华盛顿的专利律师斯特迪文特（Sturdevant）和梅森（Mason）。12 月 30日，特迪文特和梅森作出报告，大意是冯·库格尔根和西沃德的专利是有效的，并且"与冯·库格尔根和西沃德的申请有关的干扰可能会对他们有利"。

11 月 11 日至 17 日期间，当科恩毫无疑问地得出了一个有充分理由的结论的时候，即若不受冯·库格尔根和西沃德的专利控制，乌肯公司的工艺就是成功的，且它与冯·库格尔根和西沃德专利密切相关，科恩会见了西沃德，并为自己个人获得了一项关于冯·库格尔根和西沃德专利将形成公司的 10% 股权期权。他们讨论了可能的安装成本——16 万 ~ 17 万美元，以及运营资本——7 万 ~ 8 万美元，以支付 25 万美元的现金。

科恩在多早之前找到阿斯曼尚且未知，但似乎他去阿斯曼那里是招募阿斯曼组建一家氯脱锡公司。1911 年 11 月 12 日至 17 日，他告诉阿斯曼，冯·库格尔根和西沃德的专利已经面市；购买这些专利并建立脱锡厂符合阿斯曼和大陆罐头公司（阿斯曼关联企业）的利益；他打算切断与乌肯公司的联系；专利所有人必须获得 49% 的报酬，以及他对专利具有期权。科恩告诉阿斯曼，乌肯公司已经根据这些专利获得了许可，但作为原告方证人的阿斯曼不记得科恩说过乌肯公司作过任何实验。

1909 年 4 月 22 日，冯·库格尔根和西沃德提出了另一项专利申请，该专利最终于 1914 年 2 月 10 日获得授权。这是一项被称为"系列"操作的专利，并在其他应用上取得了重大进展。在审查这项专利时，他们似乎首次非常详细地披露了所声称的保持和控制温度的方法以及工艺中的各个步骤。

卡里尔独立工作，而且在不了解任何西沃德系列工艺应用的情况下，已经形成了一个串联操作流程，采用一种方法，这种方法似乎是对其他专利中涉及的单缸工艺的一种改进，并且与单缸工艺如此不同，从而构成了一项真正的发明。他在报告中指出，如果设计的工艺中"不存在或无法达到足够高的温度以在干氯和铁之间发生反应"，则不需要温度控制、水冷或其他温度控制装置。卡里尔说："现在可以证明，在所描述的乌肯公司工艺中，完全不可能将温度提高到氯开始侵蚀铁的程度。"

卡里尔似乎非常依赖于操作多个串联的圆筒来获得结果，这些钢瓶通过管道连接，氯气可以从六个串联圆筒中的任何一个圆筒进入另一个圆筒；每个圆筒都有一个气体出口，进入一个共同的管道，穿过所有圆筒，并通过一个压力装置，从该压力装置流过的气体会通过另一个管道系统，由此，不同圆筒逸出的气体可以再次进入任何一个或所有圆筒，从而反复使用。这使得操作可以用弱氯气（而不是强氯气）开始，而强氯气很容易侵蚀锡的新装料，然后通过吸入强氯气继续并完成操作。这一想法不仅可以使温度始终保持在氯气侵蚀铁的温度以下，还可以通过使用一个圆筒中被削弱的气体对另一个相连圆筒中的新鲜锡进行首次侵蚀的能力，大幅提高工厂的产能和运行速度。

卡里尔已经提交了专利申请。但是，卡里尔的申请似乎与冯·库格尔根和西沃德的申请存在冲突，导致卡里尔未能获得专利。

1912 年 1 月 1 日，阿斯曼收到斯特迪文特和梅森的报告后，他打电话给科恩，让他到家里来，在那里他们讨论了这个提案。第二天，阿斯曼写信给诺顿："我们决定继续。在我看来，这是一座金矿。"同一天，科恩在布罗德街 25 号阿斯曼的办公室会面，并与阿斯曼的律师阿瑞斯（Ayres）讨论了合并新公司的事宜。

3 日，阿斯曼写信给负责安装共和公司的穆恩奇。11 日，科恩、阿斯曼、西沃德、穆恩奇、阿瑞斯和其他人在阿斯曼的办公室开了一次会。15 日，西沃德写信给科恩，确认他同意向科恩支付 64.5 万美元的佣金，以协商将专利出售给共和公司，支付 17.5 万美元的优先股和 47 万美元的共和公司普通股。在同一天或第二天，科恩看到了舍曼（Sherman）。舍曼在前几年是巴尔的摩乌肯公司的废品采购代理，科恩告诉他，如果他能拿若干年小期权，科恩无疑可以安排他为共和公司采购代理。由于可供使用的原材料数量有限，共和公司非常有必要控制足够的废料，而且由于担心自己的供应可能不得不依赖竞争对手公司获得，这对科恩的雇主非常不利。18 日，科恩和阿斯曼之间的合同被起草，并于 22 日获得签订并确认，该合同规定了组建共和公司，科恩同意在 10 月 1 日左右辞去他在乌肯公司的职务，以及"在从 1912 年 10 月 1 日起的 3 年内，尽最大努力协助拟建公司购买废锡，并向其高级职员提供与拟建公司业务有关的建议和知识"。

共和公司立刻成立，并且在乌肯公司长期试验的领域里一天也没有耽误。科恩成功地向乌肯公司隐瞒了一个事实，即在他离开该公司之前，他与共和公司有任何情况或形式的联系。1912 年 9 月 13 日，当他的辞职被接受时，乌肯公司完全不知道发生了什么，"总裁被要求通知科恩接受了辞职，并就他与公司关系的中断表示了董事会的遗憾。"

在乌肯公司工作期间，科恩为共和公司获得了 3 万吨废料，这导致了两家公司之间的争夺，并导致废料价格的上涨。这一切最糟糕的特点之一是科恩将乌肯公司踢出了巴尔的摩的废品市场。1912 年 1 月下旬，科恩在匹兹堡寻找共和公司工厂的厂址，之后不久，该工厂就在此兴建。

大约在 1912 年 3 月中旬，沙马尔被聘为工程师，负责共和公司工厂的建设。为了聘用他，科恩向现已成为共和公司副总裁的阿瑞斯讲述了乌肯公司与美国罐头公司之间的诉讼。

在这段时间里，卡里尔一直在向科恩提交详细的报告，其中显示了乌肯公司的各种运营结果。1912 年 3 月 16 日，卡里尔就华纳氯电池的氯供应和用途作了一份非常详细的最重要的报告。

乌肯公司的计划进展迅速。3 月 21 日，科恩向乌肯公司董事会报告："我们工厂的员工正忙于为更大的氯气脱锡装置准备计划和规范。"

同一天，阿瑞斯写信给沙马尔，在泽西市的富勒大厦报告有一些草图供他检查。3 月 25 日，沙马尔去富勒大楼办公室工作；科恩已经安排好房间并报告给了阿瑞斯。

3 月下旬，科恩向阿瑞斯建议共和公司雇佣乌肯公司的化学专家惠普尔"检查沙马尔工作"。科恩在 3 月 20 日至 27 日期间将惠普尔派往阿瑞斯处，惠普尔在 3 月 26 日与共和公司签约，当时他不仅受雇于乌肯公司并受保密条款制约，而且完全熟悉乌肯公司的所有实验、其问题以及解决方式，以及建立大型工厂的计划。

科恩与阿斯曼联手，在雇佣期间，建立了共和公司，成为乌肯公司在氯气脱锡业务中的竞争对手。共和公司能够通过使用某种据称的秘密工艺，结合发现、测试并通过实验证明的装置和方法，在氯气脱锡业务上与乌肯公司展开竞争，以便在商业规模上成功脱锡。乌肯公司基于违反信托和不正当竞争，对科恩等一系列人提起诉讼。

 争议焦点

是否存在违反信托的不正当竞争。

 诉讼过程

法院判决驳回原告对案情实质的控诉，原告提出上诉。

纽约州最高法院第一上诉分部意见

一、对原告与被告技术的评价

显然，卡里尔的技术问题很难解决，而且显然是不可能解决的。温度控制是任何成功氯脱泥的基本要素，但任何控制温度以影响脱锡的设备都属于冯·库格尔根和西沃德专利温度控制专利。

任何证人都没有确切说明这一困难是如何克服的，也没有任何证据清楚地表明这一点。然而，很明显，原告及其专家认为他们已经绕过了这个困难。如果原告发现，在给定的时间段内，氯的流动速度与待测定废钢装料的大小之间的关系仅仅产生了完全脱铁，而不烧铁，那么温度将显示在控制之下，但完全没有任何维持或调节温度的装置。在这个基础上，卡里尔继续研发。

问题的第二个严重因素是设计出一种能够在商业基础上成功运转的工厂。每个人都必须认识到这与实验室中的成果实验之间存在巨大差异，正如冯·库格尔根和西沃德申请所述，两人天真地承认"不可能为我们发明的成功实践设定任何明确的比例限制"，"在容量为 40 立方英尺的腔室中装 150 磅废锡已取得了成功"。原告计划的产能为每天 80 吨，当然，一座工厂的规划和组装将日复一日地成功实现这一目标，这是一个首要问题。

有关证据使上诉法院确信，原告的主张没有任何根据，即科恩从一开始就打算，如果工艺被证明是成功的，将其用于一个竞争性组织。该组织应拥有冯·库格尔根和西沃德专利的所有权，诱使原告取得该许可证。这样看来两家公司都是在同一专利工艺下运营的，一个是被授权人，另一个是所有权人。

上诉法院判决书撰写人克拉伦斯·希恩（Clarence Shearn）法官认为，从所审查的证据中可以清楚地看到：第一，任何人都不能接受冯·库格尔根和西沃德最初的专利（这些专利仅仅产生了所谓的实验室结果），并以这些专利中披露或建议的任何方式在商业上运营脱锡厂；第二，原告通过卡里尔的努力，在工程师瓦尔克、科恩和惠普尔的建议下，实际上设计了**一种秘密工艺，通过这种工艺，氯脱锡可以成功地进行商业化**；第三，该工艺易于在单个气缸系统中或在作为一个单元运行的一系列气缸中运行，或在作为一个单元运行的任何两个气缸中运行；第四，原告、科恩、专家和原告的专利律师真诚地相信，原告由此设计的程序没有侵犯任何现有专利；第五，当该方法在专利的申请中披露时，专利局认为冯·库格尔根和西沃德已经预料到卡里尔的发明。

上诉法院现在看到的是 1911 年 11 月中旬的情况，当时很明显，原告通过这些漫长而昂贵的实验，成功地设计出了一种大规模商业化的氯脱锡工艺，并通过根据其担心的唯一专利取得许可证，加强了自身的防御能力。正是在这个时候，科恩利用他从原告的实验中获得的知识，开始建立一个竞争对手，削弱原告。

二、被告的行为

科恩与阿斯曼存有关联，这是对科恩雇主的不忠和背信。

科恩告诉阿斯曼有关乌肯公司实验及其成功问题的一切，这一记录没有留下任何疑问。很难相信精明的商人会把 25 万美元的现金投入一项新业务中，这项业务将根据工艺专利进行，仅仅是因为科恩的印象，发明家们已经在一个实验工厂成功地对 300 吨废料进行了脱铁。

的确，阿瑞斯曾告诉惠普尔，他不想要"另一家公司的商业秘密"或"秘密工艺"；但很明显，他希望利用惠普尔在乌肯公司实验和工艺方面的经验，指导共和公司建立并成功建造一座氯脱锡厂。

根据目前的证据，无论是否有意，共和公司建立的氯脱锡厂都是乌肯公司工厂的实际复制品。

当然，惠普尔声称，他没有向共和公司透露任何机密性质的信息，有权为不止一家公司工作，事实上，他拒绝与乌肯公司签订独家合同。然而，他的合同明确规定，有关与氯脱锡的所有信息和发现都是原告的财产，他在受雇于原告时对这些信息并不熟悉他明确同意不披露任何此类信息。他不可能向共和公司建议如何安装其流程，而事实上，他没有与共和公司沟通，也没有实际地让共和公司受益于他在雇佣原告时的发现。应该公正地说，他声称他向乌肯公司的总裁斯皮尔伯格（Spiegelberg）透露了共和公司对他的提议，斯皮尔伯格没有反对，而是鼓励他这么做。这一证词未经否认，因为斯皮尔伯格在庭审开始时在场，但在作证时不在场，因此无法反驳，当时他在加利福尼亚州。但是，无论人们对惠普尔协助共和公司安装这座工厂的行为有何评论，科恩建议阿瑞斯"检查沙马尔工作"的行为都无济于事，因为沙马尔对氯脱氮工艺一无所知。

三、原被告商业状况与成果的对比——"是否存在实质性相似"

概述科恩为其雇主及其竞争对手同时开展活动的细节是不可行的。 原告的计划早在 1912 年 3 月 28 日就完成了，但被告的计划直到 1912 年 3 月 25 日才开始。令人震惊的事实是，不仅仅是计划和安装上的相似性，而且共和公司能够在没有任何实验的情况下立即决定其工厂的每个基本特征，为它们制订计划，并在乌肯公司合同签订后的几周内签订合同。对此没有任何解释，也可能没有解释，除了科恩向共和公司提交了有关其雇主计划、安装和工艺的完整信息。例如，以一个非常基本的问题为例，在这个巨大的水平圆筒中进行脱锡。从来没有人试图利用这种手段来进行商业上的脱锡。戈德施密茨的圆筒是垂直的，必然要小得多。

冯·库格尔根和西沃德的所有专利都体现了垂直圆筒。这些巨大的水平圆筒，在乌肯公司工厂有77英尺长，在共和公司工厂有64英尺长，不仅具有巨大容量，而且简化和加速了操作，因为它们能够铺设轨道，在轨道上可以出入重达数吨的重垃圾篮，就像火车上的车厢一样连接在一起，还促进了管道系统和气体循环；然而，包含三年试验的乌肯公司圆筒合同于1912年4月15日生效，共和公司的生效日期计划为4月18日，该合同与1912年7月19日生产乌肯公司圆筒的合同相同。乌肯公司设计了六个圆筒；共和公司工厂也是如此，但在惠普尔和科恩的建议下，6月17日被改为七个。虽然共和公司工厂最初使用的是滚轴系统，但两者都配备了轨道。乌肯公司圆筒的内径为8英尺10英寸；共和公司工厂的是10英尺2英寸。两个圆筒都是由厚度为5/16英寸的钢板制成的。每个板的长度为6英寸。这些板以类似方式连接在一起，以允许自由流动。两者的外周都有加固环，乌肯公司采用的是4英寸×4英寸角铁；共和公司工厂采用的是3英寸×4英寸角钢。在每部分的中心，每6英尺有一个加强环的间隔。乌肯公司的圆筒盖有2英尺6英寸长；共和公司工厂的为2英尺10.5英寸长。盖子两边都有铸钢的头部支架；乌肯公司的是铸铁制的。乌肯公司的盖子或门带有铸铁环和钢板，内凹13英寸，而共和公司的是铸钢的，内凹13英寸。乌肯公司盖子边缘的厚度为1.25英寸；共和公司的为1.5英寸。每个圆筒盖的圆周上都有一个舌片，用于安装圆筒盖上的凹槽，每个圆筒盖都在气缸盖表面的凹槽中使用填料。关于包装，科恩在1912年11月19日的信中写道："坚持那些已知的和已经尝试过的。有缺陷的包装会造成危害并造成任何程度的损害。"

在这项工艺中，氯气供应问题至关重要。卡里尔在仔细确定了给定数量废锡的氯气吸收率之前，一直在进行试验，这一工艺是成功的。在一项商业提案中，在给定时间内可以确定的废锡量是最重要的。显然，定期、持续、充足地供应氯气以保持气瓶所需的进气速率是极其重要的。

虽然冯·库格尔根和西沃德声称使用电池生产实验中使用的氯，但从未进行过商业尝试。卡里尔对各种电池系统进行了详细的调查，并分析了哪种电池最经济，他调查了供应电池的工厂，并将所有这些信息交给了他的雇主，顺便说一句，交给了科恩，而科恩正在设计共和公司的装置。

也许在实验过程中，共和公司会得出与卡里尔相同的结论，并会偶然发现华纳隔膜式电解槽用于氯气供应；但毫无疑问，共和公司从科恩那里获得的信息表明，这是与拟议流程相关的最佳系统。两家公司都签订了 200 个初始电池的合同，这两项都是为了额外提供 100 个电池。两者都提供了每天 75 ~ 80 吨的脱泥能力；两人都付出了同样的代价，而且，事实证明，沃恩（Warne）通过利用科恩的知识获取了乌肯公司的蓝图，用于共和公司的系统。

乌肯公司的惠普尔合同日期是 1912 年 5 月 22 日，共和公司的日期是 1912 年 7 月 12 日。前者是经过多年的实验和充分的考虑及调查后决定的，后者没有任何调查。这是一个关于灵感的问题，还是关于盗用原告调查结果的问题。

该本意见中，没有必要描述这两个装置之间的所有相似之处。

的确，共和公司的律师在盘问中提出了计划中的大量差异，以及这些特征的布局和应用中的一些相似之处；**但毫无疑问，现在的证据表明，就所有基本原理而言，这两座工厂的安装本质相似。**

四、是否存在违反信托的情形

的确，任何人都可以自由地使用瓦那（Warner）电池系统进行氯供应，使用干燥窑、洗涤桶、萨林巴蒸发器、水平圆筒，其中铺设轨道，等等；但关键是，原告装置的所有基本原理，无论对其成功是有用的还是必要的，都是通过原告的实验探索得出的。**共和公司查明这些事实的唯一方式是通过科恩对雇主信赖的背叛，并利用这些信息建造和开发共和公司的竞争对手工厂。在这种情况下，人们用同样的方法进行实验，却自然而然地找到了同样的成功方法。**

如果共和公司根据自己的实验结果，决定这些构成商业工厂的各种配件和装置是有用的或必要的，原告将没有理由投诉。但事实并非如此。共和公司的这些知识和信息，不是从实验中获得的，而是通过科恩在受雇于原告期间背叛信赖而获得的。的确，科恩不承认他向共和公司披露了任何信息，事实上，他坚决否认曾这样做。**而所有被原告诉讼的被告均坚持自己是善意的，并否认自己应是当事人或接收到任何披露，且不存在任何披露这些信息的信件；但关于这些信息来自科恩的这一推断是不可抗拒的。**

这也不是一个人在离开雇主后，为了新雇主的利益而使用他在前一份工作中获得的知识的情况。很明显，他答应在新工作中使用他在旧工作中学到的知识。**若这不涉及违反信赖关系就并不违法，因为衡平法没权力迫使一个换了雇主的人抹去记忆。**

但是，科恩还在原告的手下工作，隐瞒了自己与共和公司的关系，欺骗他的雇主，使其相信他在尽最大努力为乌肯公司谋利益，但就在那时，他决定为共和公司安装什么装置，并且总是决定支持原告实验证明最可行的方法。

在离开原告的工作岗位后，科恩可能会给其新雇主建议。根据他的经验，瓦那电池系统与原告使用的盐水供应和萨林巴蒸发器系统相结合，是使这一工艺成功的最有用的方法，也许是唯一可行的方法。但是，他受雇于原告，只有原告有权获得该信息。

原告有权保留其已完成或受雇开展的工作。其他人可能会做类似的工作，如果可能的话，这一事实并不授权他们窃取原告的权利。原告并没有因为将结果告知与自己有保密关系的人而丧失其权利，即使其中许多人是根据一项不将其公开的合同，信托的相对人将被限制获取知识，包括诱导背信行为和利用背信行为所获得的知识。

在该案中，尽管科恩本人没有签署保密合同，但他要求其他所有人都签署。毫无疑问，这样的证据显示，他理解原告将与开发该流程相关的一切都视为机密，并要求对其保密。科恩有关开发这项工艺的信息是其中最机密的。

"衡平法院将限制一方披露在保密雇佣过程中传达给他的秘密；在这种情况下，这些秘密是商业秘密还是所有权秘密，或者是对当事人利益重要的任何其他秘密，都无关紧要"。制造工序、机器或机器安装信息作为商业秘密加以保护均不必申请专利。科恩不仅将原告的实验结果及其随后的决定交给共和公司，这一点在原告受雇期间的各种计划和合同的日期以及上文所述的其他情况中都得到了明确的证明，而且这使得案件更加严重，正是他唆使并说服阿斯曼成立了共和公司，并将其用于对抗原告。

上诉法院认为，原告有权，正如它所努力做的那样，保持对其特殊安装方式的了解，并有权得到衡平法院的援助，将其新颖的安装信息作为商业秘密加以保护。

因此，上诉法院得出结论，先不考虑涉及工艺标识的非常技术性的问题，从化学角度来看，原告提出了一个表面证据确凿的案件，使其有权申请禁制令，禁止共和公司在内维尔岛氯气脱锡厂的运营，并禁止在那里或其他地方使用原告设计和开发的新型装置方法，即共和公司在科恩出卖原告的雇主机密信息时获得的信息。

五、考虑其他情况时，比较是否充分

考虑到该工艺与原告的安装方法是分开的，所以提出了一种不同的情况。上诉法院必须假设冯·库格尔根和西沃德的专利是有效的，上诉法院很满意这个特别条款是完全正确的：在科恩离开原告时，原告打算使用的唯一氯脱锡工艺是一种工艺，即至少就温度控制的基本特征而言，是由冯·库格尔根和西沃德的专利所涵盖的，而且共和公司在其工厂的运营中，使用了同样的专利所涵盖的工艺。这并不意味着这两项工艺是相同的。

事实上，由于原告不愿全面描述其工艺，该案这一重要分支的许多证词晦涩难懂。但显而易见的是，在管道安排方面存在着差异，其中包括通过几个圆筒循环气体的方法存在重大差异，因此，当乌肯公司从一个整体操作一个圆筒或一对圆筒时，无法同时以单个圆筒或成对圆筒的形式操作其余圆筒，而共和公司圆筒虽然串联在一起，但可以作为单个圆筒同时操作。但是，正如已经指出的，这个工艺的基本原理，除了安装方法外，无论它们多么重要，都在于温度控制。

原告坚持认为，并巧妙地辩称，它没有通过任何设备或方法来保持温度控制，这使得该工艺在冯·库格尔根和西沃德专利的范围内。然而原告的总裁主席巴特菲尔德承认，当达到危险点时，乌肯公司降低了氯气的进入速度，他作证说，在不同的气瓶中循环气体的目的之一，就是控制温度。巴特菲尔德显然意识到这种说法的危险性，他在后来的听证会上试图纠正自己的证词，他说乌肯公司并没有降低氯的吸入率，而是关闭了氯。

无论是氯的消耗率降低了，还是氯被暂时关闭了，很明显，乌肯公司不能仅仅依靠和废料篮大小及除锡时间成比例的氯气进入速率，并且确信过热不会产生和烧坏铁。它必须通过干扰氯的进入速率来避免这种危险，因此它通过主动控制温度来得到结果。这属于冯·库格尔根和西沃德专利的范围，不能用任何记录来解释。

奇怪的是，原告竟然还原了证人的证词，让他们有资格对争议工艺的细节给出一个令人信服的、科学的解释，但是将其留给了巴特菲尔德那不是很精确的证词。卡里尔和惠普尔当然知道原告诉讼程序的最后细节，他们在庭审期间出现在法庭上，本可以在这个关键节点提供有价值的证词，被告的律师强烈批评原告没有让他们出庭作证。鉴于共和公司聘请这两人作为专家证人，这种批评很难说得过去，这很可能导致原告犹豫是否使用两人。但是，如果原告有可能证明没有采用温度控制的基本原则，那么它没有作出认真或令人信服的努力来这样做就很重要了。

因此，除了安装之外，**没有必要进一步考虑化学工艺中其他技术上的相似或不同之处，因为原告关于它设计了一个氯脱锡的秘密工艺并不依赖于温度控制的论点，**以及科恩将这个秘密泄露给了共和公司，该公司以冯·库格尔根和西沃德专利为幌子利用这个秘密，似乎没有得到证实。

六、派出间谍是否影响原告地位

该案还有一个最后的特点需要考虑，即被告的论点，原告在任何情况下都无权获得衡平法救济，因为原告没有以干净的手段进入法庭。所基于的事实是，原告在提起诉讼之前，向共和公司的工厂引进了一名间谍，之后原告的工厂发生了一些变化。

据巴特菲尔德说，埃尔德里奇（Eldridge）是原告的雇员，他告诉自己，他在共和公司的圆筒上看到了温度计。埃尔德里奇提出了相反的说法，此后，原告用温度计代替了之前使用过的热电偶。埃尔德里奇看到了共和公司的管道，在1913年6月之后，原告对管道和阀门作了一些改动。共和公司除了每个圆筒上一个处理气体的风扇之外，还有另外两个风扇，其中一个用于将氯化锡气体吸出圆筒，在埃尔德里奇到访一段时间后，原告在其系统上增加了两个鼓风机，另外一个需要为新增的圆筒所用。埃尔德里奇承认，根据他所看到和报告的情况，原告安装了一个装置，用于将废料压缩进篮子，然后插入圆筒。

虽然派遣间谍进入共和公司的工作是完全不当的。但必须记住，原告有充分的理由知道，共和公司基本上是从原告雇主科恩透露的信息中复制了它的设备。有必要在审判时确立这一点，为此目的派遣间谍进入工作场所，而不是为了复制共和公司的设备，这种行为并不构成拒绝给予原告救济的理由。唯一真正适用于任何已经确立的想法的，就是用一个装满铁的箱子来装废铁。最初是共和公司的工人用脚在废料上踩印，后来用混凝土块。埃尔德里奇看到一个沙盒，就有了一个装满铁的盒子这个想法，可以用来丢弃和打包废料，原告确实用了这个盒子。共和公司既没有用沙箱，也没有用装满铁的箱子。

这个问题不是很重要，但是，不管怎样，它是严重的。如果记录中有任何迹象表明，原告曾派遣间谍进入共和公司工作，以获取用于其业务的信息，上诉法院应该毫不犹豫地拒绝给予原告任何救济；但是没有这样的证据，而且，如果一方当事人像原告一样受到严重冤屈，上诉法院认为这一事件不能成为拒绝给予原告所有救济的理由。

📑 判决结果

上诉法院对某些被告的判决予以维持，对其他被告的判决予以推翻，并下令重新审判。

就被告弗兰兹·阿斯曼、F. P. 阿斯曼、西沃德和锡制品公司而言，证据不足以作出对他们不利的判决，对被告弗兰兹·阿斯曼、F. P. 阿斯曼、西沃德和锡制品公司的上诉予以确认。对其他被告的判决应予以撤销，并下令重新审判，送达生效。

案例学习意义

该案发生在 100 年前，涉及的事实问题与法律都非常复杂，例如购买专利、反水、派入卧底、收买等各种商业手段。在今天这个时代，商业秘密诉讼情况更为复杂，如何在复杂的案情中剥离出商业秘密是诉讼的关键。

但是，商业秘密本身并不需要多么先进，例如，知道原材料在生产过程结束时的用量比在生产过程开始时的用量更有效，因为可以用更少量的原材料。这可能看起来很简单，但是这种知识，如果在行业内部没有广为人知，可以节省大量的成本，从而产生竞争力，那就是进入商业秘密域内。因此，这种信息可以被视为商业秘密。

该案不仅可以将确认原料消耗等化工产业的信息作为商业秘密，还通过剥离复杂的事实，厘清了在进行实质性相似比较中的对比对象及重点。对比对象与重点未必是产品或技术适用结果，还应该看重两者的商业进程细节以及环境证据的细节特征。截至 2023 年 3 月，该案被美国案例判决文书引用 11 次，被其他法律文件引用 10 次。

第十三节 操作手册可构成商业秘密

 法律问题

操作手册是否可以构成商业秘密？创新度不够强是否构成商业秘密的阻碍？

> **CPG 产品公司诉梅戈公司案**
> *CPG Prods. Corp. v. Mego Corp.*，214 U. S. P. Q.（BNA）206（1981）

- **原告**：CPG 产品公司（CPG Products Corporation，CPG）
- **被告**：梅戈公司（Mego Corporation）等
- **法院**：俄亥俄州南部地区法院

案例背景

该案发生在两家具有竞争关系的公司之间。

CPG 是特拉华州的一家公司，主要营业地位于明尼苏达州的明尼阿波利斯。梅戈公司是一家主要营业地位于纽约市的公司。CPG 的肯纳（Kenner）产品部于 1976 年 6 月开始销售一种弹力人形儿童玩具，它是一款充满浓缩玉米糖浆的弹力玩具，可以拉伸或从一个位置移动到另一个位置，当释放时，随着弹性皮肤对高黏性填料的反应，玩具将慢慢恢复到原来的形状或位置。这些玩具一直被销售至 1979 年 1 月，被称为"弹力阿姆斯特朗""弹力怪物""弹力章鱼""弹力蛇"和"弹力 X 射线"。这种玩具取得了商业成功，其间销售额超过 5000 万美元。但此后停止了这些产品的销售。1976 年 3 月，该玩具被申请了专利，并于 1979 年 10 月获得授权。

肯纳可拉伸玩偶的最初想法是由一位名叫詹姆斯·库恩（James Kuhn）的 CPG 员工在 1974 年 1 月提出的。他通过实验和设计开发自己的想法，直到 1975

年2月，他能够对肯纳展示人物的原型进行评估。肯纳产品部接受了该项目的商业开发，并于1975年3月开始研究大规模生产此类玩具的工艺。

肯纳首先考虑的是找到一种工艺，可以通过该工艺在商业化制造工艺中浓缩玉米糖浆填充物，从而为玩具娃娃获得所需的手感和游戏价值。肯纳的工作人员随之进行了试验，然后将搜索范围缩小到两个供应商，在对供应商进行彻底评估后，最后确定了供应商。然后，在决定使用特定模型后，肯纳与供应商进一步合作，不断修改该模型，使其能够满足制造工艺中涉及弹力图形的特定要求。

肯纳工艺设计和开发的另一个主要领域涉及用浓缩玉米糖浆填充模型表皮的设备和程序的选择。经过深思熟虑和评估，肯纳最终选定其填充设备供应商。因此，肯纳玩偶的开发及其商业化制造工艺，从构思到实际商业生产，历时两年半的时间——1974年1月至1976年6月。

1978年春，梅戈公司寻求有关弹力玩具人偶商业制造的信息，接触到了奈吉尔·肯尼迪公司（Nagel – Kennedy）。当时，奈吉尔·肯尼迪公司提出了一个类似肯纳"弹力阿姆斯特朗"娃娃的想法，只不过该娃娃是以超级英雄的人物为肖像制作的。梅戈公司之前曾销售过无弹力的超级英雄娃娃，据信能够从这些权利的所有者那里获得必要的角色许可。

奈吉尔·肯尼迪公司基本上是一个"创意之家"。该公司向感兴趣的公司销售玩具创意，其收入的大部分来自其授权给梅戈公司的产品。该公司展示可能涉及图纸或模型，也可能涉及一些成本估算，但既不生产玩具，也不向客户提供制造技术。

梅戈公司对奈吉尔·肯尼迪公司的想法很感兴趣，但没有足够的人员来设计和开发所需的制造程序。因此，梅戈公司告诉奈吉尔·肯尼迪公司，如果能找到人来设计生产线，梅戈公司将为这个想法支付授权费。因此，如果奈吉尔·肯尼迪公司要把这个想法卖给梅戈公司，那么奈吉尔·肯尼迪公司就必须找到一位能够设计所需生产线的外部顾问。

在寻找顾问时，奈吉尔·肯尼迪公司找到了曾为肯纳工作的斯坦·伍德沃德（Stan Woodward）。尽管伍德沃德拒绝了奈吉尔·肯尼迪公司为梅戈公司设计弹力玩具的提议，但在这两家公司的要求下，他还是推荐了另外两个人，其中一位是肯纳弹力娃娃开发项目的项目工程师詹姆斯·怀特（James Wright），另一位是参与开发伸展形象的肯纳前雇员查尔斯·宝格丽（Charles Boegli）。

怀特拒绝了这两家公司的提议。但宝格丽接受了，他在不愉快的情况下离开了肯纳，需要一份工作。最初的财务安排是，由奈吉尔·肯尼迪公司支付给宝格丽费用，并由梅戈公司报销。在与宝格丽接触时，宝格丽向奈吉尔·肯尼迪公司表示，他比任何没有参与该项目的人都更熟悉弹力娃娃开发过程中涉及的问题。

1978 年 6 月 1 日，奈吉尔·肯尼迪公司在纽约梅戈公司总部的一次会议上，向梅戈公司介绍了宝格丽。在那次会议上，负责生产弹力娃娃的梅戈公司副总裁亨利·罗腾伯格（Harry Rrotenberg）从梅戈公司负责研发的高级副总裁尼尔·库波兰（Neal Kublan）那里得知，梅戈公司将开始生产类似于肯纳公司的弹力玩具，而罗腾伯格的第一项工作就是尽快提供成本数据。罗腾伯格说他在这方面经验很少。宝格丽的介绍是这样的，由于之前与肯纳的合作以及对现有"弹力男孩"生产线的了解，他将能够帮助生产梅戈公司的弹力玩具产品。

罗腾伯格给宝格丽的第一项任务是，提供制造弹力玩具的各方面成本估算信息。几天后，罗腾伯格得知，宝格丽会在 1979 年 3 月之前生产这个玩具。大约 3 星期后，罗腾伯格收到了宝格丽的备忘录，里面有宝格丽的回复以及关于延误的道歉。宝格丽解释说，"一个线人离开了一段时间，他无法取得联系"。宝格丽的备忘录详细描述了肯纳工厂和弹性图形的制造工艺。它涉及每班单位的生产能力、以百分比为单位的废品率、玉米糖浆储存罐的成本。

宝格丽 6 月的工程服务账单是 1500 美元，虽然没有证据表明他只是传递了如上信息。宝格丽提供了更多关于肯纳工艺和设备成本的信息。宝格丽第一份备忘录的信息来源似乎是他受雇于肯纳时获得的信息，以及来自未指明的肯纳信息源的信息。宝格丽第二份备忘录的消息来源是伍德沃德。

某次，宝格丽提到了吉恩·皮埃尔·艾伯特（Jean Pierre Abbat）的名字，作为宝格丽关于肯纳运营信息的来源，这引起了罗腾伯格的注意。艾伯特在肯纳的弹力玩具发明期间，是肯纳公司的员工，直到 1979 年 1 月。在弹力生产线投入商业运营后，艾伯特对肯纳公司的某些方面进行了研究，已经多次看到弹力生产线在运营中的情况。然而，目前还不清楚艾伯特是否是宝格丽最初的肯纳消息来源。但是罗腾伯格完全知道宝格丽传递给他的信息，是关于肯纳行动的信息，他表示自己并不担心宝格丽，只是在适当的范围内获取肯纳的信息。罗腾伯格说，宝格丽的职责是获取信息，从未被指示只能通过适当的方法获取信息。

宝格丽在 1978 年夏秋两季，继续向梅戈公司提供肯纳工艺和成本数据的信息。有一次，宝格丽试图获得肯纳当时正在申请的弹力娃娃的专利复印件。1978 年 8 月 14 日，宝格丽向罗腾伯格报告说，他对肯纳公司的一位工程师感兴趣，称这位工程师为"X"，想与宝格丽合作建立弹力娃娃的制造工厂。后来，证实这名工程师正是"艾伯特"。

1978 年 9 月 5 日宝格丽和艾伯特在纽约会见了罗腾伯格、库波兰、梅戈公司的工程副总裁弗拉斯（Fauls）以及奈吉尔。在那次会议上，罗腾伯格得知艾伯特对肯纳的加工生产线有经验，有机会检查生产线，在生产线上曾解决了一个问题并使肯纳满意。梅戈公司随后提出每月向宝格丽和艾伯特两位支付费用，以及二人的一部分花销。

1979 年 4 月，梅戈公司开始销售一系列弹力娃娃，其中也包括填充有浓缩玉米糖浆的成型、可拉伸的皮肤。梅戈公司的玩偶分为两类：一种是与肯纳的玩偶大小相同的大型玩偶，被称为"弹力绿巨人""弹力超人""弹力塑料人"和"弹力蜘蛛侠"；另一种是 1980 年春到当年 7 月的以弹力迪士尼角色和"弹力卡斯珀"为原型的小型娃娃。1980 年 7 月，梅戈公司在这些项目上的净利润已经超过 CPG。然而，同一时间，由于产品在市场上的性能表现，梅戈公司也在考虑停止生产弹力玩具。

梅戈公司于 1979 年 4 月开始在纽约布伦特伍德工厂生产弹力玩具，迄今为止所有销售的弹力玩具都是在这里生产的。然而，梅戈公司一直在和一家墨西哥公司谈判，谈判内容有关墨西哥的梅戈公司弹力娃娃的生产。梅戈公司愿意并打算将其在生产工艺中使用的技术信息转让给墨西哥公司。双方同意，在墨西哥对于不当挪用商业秘密将不设置任何补救措施。

CPG 向梅戈公司等提起诉讼，指控梅戈公司盗用了与生产娃娃商业流程开发有关的商业秘密，构成不正当竞争。在诉讼期间，CPG 收到消息称，梅戈公司计划向墨西哥出口与其弹力娃娃制造工艺有关的技术。在即时诉讼结果出来之前，CPG 提出申请并获得了批准，禁止梅戈公司为出口或以任何方式转让或传递与梅戈公司弹力产品制造工艺有关的技术或财务信息而进行谈判。CPG 随后提出了一项初步禁令的即时动议，除临时限制令中概述对梅戈公司的限制外，还寻求对梅戈公司颁布更广泛的禁令，禁止梅戈公司及其高管、代理人、员工、母公司、子公司和附属公司，以及所有与该公司有关联的人生产或销售弹力玩具产品。

 争议焦点

是否存在不当挪用行业秘密以及是否适用禁令。

 被告意见

梅戈公司反驳了 CPG 的说法，即拉伸图形的制造和生产工艺是商业秘密的说法，并提出以下异议。

虽然从弹力玩具的构思到实际生产大约花了肯纳两年半的时间，但从 1975 年 7 月到 1976 年 6 月，肯纳只用了 11 个月的时间开发和实施生产线。肯纳指派的项目工程师詹姆斯·赖特（James Wright）开始研究用途。

梅戈公司称，肯纳生产线的大部分单个部件都是标准设备，肯纳在其拉伸玩偶的商业制造中，应用于其设计和生产问题有关该设备信息可从肯纳以外的来源获得。因此，梅戈公司辩称，这些项目单独或组合并没有上升到商业秘密的水平。

俄亥俄州南部地区法院意见

一、认定存在商业秘密

已知步骤或工艺的新组合可能有权获得商业秘密保护。尽管肯纳在制造弹力玩偶的工艺中使用了标准设备，**但该公司将该设备用于多个步骤**，并达到了此前从未设想过的目的。肯纳所使用的设备的制造商均由肯纳指定，以获取制造弹力玩具所需的机器性能和容量信息，并且，肯纳会在决定使用这些设备之前考查这些制造商是否有能力帮助肯纳设计特定玩具的生产线、弹力娃娃，并解决与这条生产线相关的问题。

因此，该设备的使用方式和最终用途都是之前没有被考虑过的，并被调整以适应肯纳的具体项目。肯纳通过设计符合生产要求解决了工艺本身的问题。**生产线的关键不是所使用的设备，而是找到在该工艺的每个阶段都能完成这项工作的设备**。

法院认为，**肯纳的成本数据、生产弹力娃娃的生产线的设备组合在梅戈公司挪用和使用这些数据时并非为公众所知悉**。梅戈公司和奈吉尔·肯尼迪公司都无法在未获得和未使用肯纳信息的情况下实施梅戈公司的工艺，这进一步证明了这些项目并不广为人知。显然，当梅戈公司通过宝格丽和阿伯特从肯纳那里获得信息时，获得了一个优势，即知道该去哪里、该问谁，以及从事弹力玩具生产可能会带来多大利润。

此外，肯纳本身认为生产工艺和其中使用的设备组合是机密的。生产线所在的肯纳奥克利工厂在所有相关时间都被围起来，进入该设施的大门数量有限；"禁止擅闯"标志已张贴在该场所；该设施雇佣了多达 14 名警卫，肯纳的小时工已有书面规则和规定，禁止在工作以外的场所工作，要求留在指定的工作地点，并禁止未经授权占有公司财产。肯纳的受薪员工必须签署雇佣协议，同意保护肯纳的机密信息。肯纳的员工被要求佩戴或携带身份证。非员工进入工厂的权限仅限于声称与某位肯纳员工有业务往来的访客，保安人员对试图进入工厂的人员进行筛查，以确定他们的业务往来。

参观生产线展示的肯纳供应商、潜在供应商，或出于正当的商业原因的群体，都被提示相关信息和工艺是肯纳的机密信息。肯纳过去常用于购买设备项目的采购订单规定，订单涉及的所有信息均为机密信息，不得向任何第三方披露。整个生产线、工艺和设备已被负责人视为保密的，并被作为机密信息被对待。**操作手册的复制数量非常有限，仅分发给有权了解其内容的人员，作为其工作职责的一部分。**

法院认为，肯纳为保护其机密信息而采取的这些措施是合理和适当的。法院注意到，梅戈公司的专家伯查尔（Birchall）有为肯纳工艺的某些方面新颖性作证。然而，伯查尔在玩具行业没有任何经验，他职业生涯的大部分时间都在合成橡胶和石化测试平台设计领域。因此，法院认定，伯查尔没有背景来确定构成肯纳生产线的、用于制作弹力娃娃的设备组合是否是玩具行业的常识。然而，有趣的是，尽管伯查尔作证说，肯纳的工艺不是商业秘密，但承认，如果他为自己的公司做了这样的事情，就会被视为商业秘密。

二、获取商业秘密的手段不当

除了以上讨论的有关肯纳生产线的新颖性和保密性事实外，肯纳还确定了一些事实，这些事实使法院相信，梅戈公司费尽心思从肯纳那里获得这些信息，以生产自己的弹力玩具，而不是像肯纳那样通过市场上的反复试验获得这些信息。

1978 年 9 月 5 日会议的后续信件中，宝格丽还了价，并说他从肯纳那里得到了一张成本单，上面显示了肯纳产品在 1977 年 9 月的实际材料成本。这份高度机密的肯纳成本单，是在诉讼过程中从罗腾伯格的档案中提取的。罗腾伯格从宝格丽那里得到了这份文件，并利用这些信息。此外，他还把成本报告的复印件分发给了梅戈公司的总裁马丁·艾布拉姆斯（Martin Abrams）、弗拉斯、库波兰，以及市场营销副总裁皮尔斯（Pierce）。基于这些事实，毫无疑问，梅戈公司知道**使用的肯纳成本信息是机密的，而且是通过不正当手段获得的。**

由于个人原因，艾伯特无法与宝格丽和梅戈公司一起工作，因此不愿离开肯纳。但是宝格丽向梅戈公司报告说艾伯特仍然愿意与他们合作。从 1978 年 10 月起，梅戈公司开始直接付钱给宝格丽，直到宝格丽 1979 年 1 月辞职或被解雇之前。在此期间，宝格丽被分配并做了设计工作。基于这项证据，法院认为宝格丽故意寻找并非法获得了肯纳重要和有价值的机密信息，这些信息与弹力玩具的生产有关。

宝格丽充当了一个渠道。通过这个渠道，这些信息，以及他在肯纳公司工作期间得到的信息，被不正当地传达给了梅戈公司。伍德沃德和艾伯特向宝格丽提供了信息，知道宝格丽在为梅戈公司的弹力项目工作，他们签署了禁止此类行为的雇佣协议，宝格丽也知道这一点。宝格丽自己也担心肯纳会因为他为梅戈公司做事而起诉他。

法院进一步认定，梅戈公司与宝格丽有关联的目的是，梅戈公司认为宝格丽知道或者可以获得肯纳的机密信息，而这些信息是通过不正当途径获得的。因此，法院认为，之前由梅戈公司获得的肯纳信息，是梅戈公司故意盗用的。

梅戈公司生产弹力娃娃的首要目标之一，就是大体上确定一种生产弹力娃娃的方法，并粗略地确定投资成本是否在其能力范围之内。虽然这些信息可以通过自己的工程研究获得，但梅戈公司并没有这么做。相反，罗腾伯格让宝格丽提供信息，相信宝格丽知道或者可以找到所要求的信息，基于宝格丽过去的工作，或者他和肯纳的联系。

宝格丽以备忘录的形式及时提供了这些信息。备忘录提供了肯纳生产过程的两个要素，即主要设备的使用项目、重要供应商的确定和设备项目的资本成本日期。例如，从档案系统和梅戈公司的比较照片看，这两个系统看起来非常相似，唯一的例外是梅戈公司也从宝格丽那里得到了关于肯纳材料成本的信息。肯纳的成本单是在梅戈公司的档案中找到的，包括了肯纳整个单位的实际单位成本，以及包装、组装和单个零件的材料成本。罗腾伯格承认使用了这些成本数据。

看起来，梅戈公司制造弹力娃娃的工艺，在几个基本方面都是从肯纳那里得到的信息衍生出来的。这个信息是保密的，是故意通过不正当手段从肯纳那里得到的。这些信息被用来为梅戈公司的竞争优势服务。

因此，原告已经证实了一些事实。这些事实说服法院，根据其不正当竞争罪名，这个案件的结果很有可能胜诉。原告表示，在1976年肯纳推出弹力娃娃生产线后，肯纳公司与多家外国公司（含墨西哥）签订了许可协议，转让制造和销售弹力娃娃的权利，以及有关如何制造这些弹力娃娃的信息。

三、侵犯商业秘密法理的进一步阐述

促进商业道德贯穿于商业秘密法律领域，包括确定原告商业秘密的性质及其是否具有可保护性。**商业秘密法律保护是针对违反信赖和应受指责而获取他人秘密的手段，而非新颖性、独特性与可专利性。虽然商业秘密不需要专利法意义上的新颖性，但需要一些新颖性，以表明该工艺不是公知常识。已知步骤或工艺的新组合可以获得商业秘密保护。因此，商业秘密保护可以而且应该扩展到信息，**

即使该信息本身已知，但商业秘密持有人为了竞争优势将其最终和有用的形式结合在一起。当以不正当手段获取商业秘密性质的信息时，可能以合法方式获得信息这一事实已无关紧要。

根据适用的法律和已认定的事实，法院进一步认定，**原告有关其成本数据的信息、其填充弹力娃娃的操作以及其生产线所涉及的所有要素组合属于商业秘密，即这些因素在业内并不常见，原告根据合理设计的保护措施保存这些信息，以便原告能够继续利用这些信息获得竞争优势**，被告错误地获得这些信息，以便在生产自己的弹力娃娃系列时获得竞争优势。

四、寻求合适补偿

梅戈公司计划向墨西哥转移信息，其中包括从肯纳挪用的机密信息。梅戈公司还考虑在中国台湾、中国香港和韩国生产弹力玩具，也包括转移肯纳的机密信息。一旦这些信息被转移出国，这些信息就会被公开，肯纳就没有法律追索权了。

在决定一项初步禁制令动议时，基于先例，应考虑以下四个因素：第一，在审讯中胜诉的可能性；第二，对原告造成不可弥补的损害；第三，各方之间损害的平衡；第四，裁定对公众利益的影响。这些因素中没有一个是可控的，也没有必要对每个因素都给予同等的权重。相反，法院必须平衡所有这些因素，才能作出裁决。

法院认为，出口制造梅戈公司弹力玩具模型的技术，可能会将此类信息公之于众。这样的事件将对原告造成不可弥补的伤害。考虑公众利益有利于寻求禁令，因为俄亥俄州法律通过将此类活动定为犯罪，积极阻止未经授权使用商业秘密。关于禁止美国出口与可伸缩玩具玩偶有关的技术，或以其他方式进一步披露该技术于美国或国外，衡平法对原告有利，因为如果不批准禁令，将不可逆转地破坏原告信息的保密性。另外，这种禁令的加入，至多会延误梅戈公司的出口或为此而进行的谈判。

法院认为在这种情况下，禁止梅戈公司在美国继续生产或销售该产品是不必要的。该案中，被告不再使用原告在美国制造或销售弹力玩偶时提供的信息，因为由于缺乏市场需求，其制造和销售弹力娃娃实际上已停止。即使被告制造或销售更多弹力玩具，法院也不认为禁令救济是适当的，因为原告有充分的法律救济，即经济补偿。

但是，法院确实认为，如果被告出口其从原告那里盗用的任何技术材料，或者将这些信息泄露给外国公司，原告的商业秘密将受到毁灭的威胁。对此原告将没有适当的补救办法。鉴于对原告造成不可弥补伤害的威胁，原告在庭审中证明了成功的实质可能性、反对盗用商业秘密的强烈公众利益，以及双方之间的损害平衡对原告非常有利的事实，法院认为，必须禁止被告出口与弹力娃娃有关的技术，或以其他方式在本地或海外泄露这些娃娃。

无论如何，应禁止被告传播有关其生产线或用于制造弹力娃娃生产方法的信息，并被进一步禁止将弹力玩具的生产设备作为一个实体出售，以使其可以再次用于生产弹力娃娃。

判决结果

被告在制造弹性玩具时，确实使用了错误获取的资料。本土销售禁令不合适，应授予海外出口禁令。

案例学习意义

该案详述了为什么操作手册可以构成商业秘密。商业秘密法对商业秘密的创新度要求不高，不要求商业秘密具备新颖性、独特性和可专利性，只需要具备一些新颖性，以表明相关信息不是公知常识即可。已知步骤或工艺的新组合可以获得商业秘密保护并使商业秘密持有人获得竞争优势。

该案中，操作手册包含机器的性能和容量信息，描述了肯纳工厂和弹性玩偶的制造工艺，以及有关的废品率和成本，采取了一定的合理保护措施。该操作手册完全满足商业秘密法所保护的商业秘密条件。即使生产工艺使用的是标准设备，但关于设备如何优化组合、所需机器的性能和容量信息、在关键节点如何由最合适的设备来完成，这一系列的操作与安排信息决定了成本，从而影响企业的行业竞争力，有可能构成商业秘密。

学习该案可以拓展对设备安排所涉及细节的秘点和秘密载体的认识与识别。截至 2022 年 3 月，该案被美国案例判决文书引用 9 次，被其他法律文件引用 32 次。

第十四节 商业方法与计划可构成商业秘密

 法律问题

怎样的商业方法与计划可构成商业秘密？怎样程度的公开会使得它们丧失机密性或保密性？

克拉克诉邦克案
Clark v. Bunker, 453 F. 2d 1006（1972）

- **原告/被上诉人：** 拉里·E. 克拉克（Larry E. Clark）
- **被告/上诉人：** 伯克利·L. 邦克等（Berkeley L. Bunker et al.）
- **法院：** 美国联邦第九巡回上诉法院

 案例背景与诉讼过程

该案是一项多元诉讼，涉及商业间谍及对不当挪用商业秘密的赔偿。该案中的商业秘密涉及"预付"和"预购"丧葬业服务的详细规划。该规划包括对相关服务的创建、推广、融资与销售。

初审法院判决不当挪用商业秘密者对商业秘密持有者给予赔偿。被告上诉。

 争议焦点

是否存在不当挪用商业秘密。

 美国联邦第九巡回上诉法院意见

上诉人辩称，被上诉人的计划包括不可作为商业秘密保护的法律形式、广告方法和销售技巧。

被上诉人制订的计划，如地区法院调查结果所述，涵盖了在殡葬业持续经营中制定、推广、融资和销售"预付"殡葬服务合同的所有形式、信息和技术。地区法院在充分证据的基础上发现，该计划使其用户比竞争对手具有明显优势。因此，就主题而言，该计划满足了商业秘密保护的要求。

上诉人辩称，该计划并不"新颖"，出售"预付"的葬礼很常见；被上诉人从其他人的计划中吸取了许多计划元素。然而，**"创新和发明不是商业秘密的必要条件"**。

上诉人辩称该计划并非"秘密"，因为被上诉人已授权其他七家公司使用该计划；上诉人与一个全国殡仪师协会主席讨论过这件事；该协会发布的一份行业出版物中描述了该计划；另一个类似协会的档案中有一些该计划中使用的表格；而且，该计划所使用的一些表格必须向购买"预购"葬礼的公众披露。"商业秘密的保护对象必须是秘密。公开的或者行业内的常识性的事项，不得作为自己的秘密"。

在特定案件中是否存在这种程度的保密是一项事实问题。这并非否认秘密的存在，因为被告可能花费了大量精力从公开来源收集了相同的信息。尽管在广告、销售手册和类似材料中发布了一般性描述，但显然可能存在秘密；或通过销售，在检查所售商品时，细节不明显，或买方未披露这些细节。

地区法院在这里明确暗示了必要的保密性，尽管没有明确表示。这一识别得到了证据的支持。被上诉人投入了大量的时间和创意，以收集和测试数据并创作与完善形式、工艺、技术以支撑该计划。它还需要作出大量努力，从公开来源收集该计划的详细内容。向殡仪师协会主席披露的信息并未导致公开。该协会的特别公告仅包含该计划的总体纲要，无论如何，在上诉人通过泄密获取信息并将其投入使用后，该公告才予以公布。

之前被授权整体使用该计划的公司没有提供该计划的细节。这些细节无法通过分析一位局外人披露给"预购"合同购买者的文件而被发现。**除非通过非法手段，否则很难获得必要的细节**，被上诉人为使用该计划而成立的一家公司向其支付的巨额款项（5.5万美元）证明了这一点；通过极端和非法的手段，上诉人获取这些细节——隐瞒、确定性的虚假陈述和商业间谍。

上诉人作出一般性主张：上诉法院本应收到有关损害赔偿问题的补充证据。但上诉人唯一的具体建议是，应证明并考虑被上诉人的利润以减轻己方责任。由于没有理由得出不同结果，上诉法院有理由得出这样的结论：如果上诉人没有不当挪用被上诉人的计划，被上诉人将在该地区进行所有"预付"计划销售。**无论如何，被上诉人有权收回上诉人的利润，无论这些利润是否代表了被上诉人的损失。**

上诉法院在确定责任后拒绝禁令救济，本应引起上诉人的注意，他们必须对任何持续不当使用被上诉人商业秘密的行为作出赔偿。上诉人只能通过放弃使用被上诉人的计划，或表明该计划不再是秘密来限定其责任范围。

法院判决

维持原判的认定结果与赔偿数额。

案例学习意义

有关"预付"或"预购"服务的创建、推广、融资和销售合同的详细商业计划可构成商业秘密。这些信息无法从合同本身的反向工程而来，只能推断由内部泄露而来。即便公开这些服务的计划框架，也未必导致计划本身的公开。

学习该案可对商业方法与计划构成商业秘密有深入的体会。截至 2023 年 3 月，该案被美国案例判决文书引用 204 次，被其他法律文件引用 99 次。

第四章　离职员工与原雇主的商业秘密不当挪用纠纷

　　当雇佣关系发生变化时，离职员工和前雇主是商业秘密诉讼最常见的双方当事人。在审理此类案件中，最难把握的就是促进不受约束的竞争和保护企业免受不公平行为的影响之间存在的微妙平衡。

　　法律的公正公平原则将在最大程度上保护雇主的商业秘密权益和其他方面的财产权，但公共政策和自然正义要求法律也应关注所有人固有的权利，而不是一味使劳动者被消极契约所约束。每个人都拥有选择任何职业、业务以立命安身的权利。劳动者离职后有权为自己从事竞争性业务，并有权与其前雇主进行竞争，即使是围绕其前雇主的客户进行竞争，前提是此类竞争是公平合法的。

　　在雇佣关系变动中，商业秘密法律保护的四种范式（财产权益、信赖关系、商业伦理、平衡商业秘密持有人商业秘密权益与公共利益）均有体现，只是在个案中每种范式的权重不同而已。本章通过 6 个案例，呈现在美国司法实践中对于这 4 种范式的内涵是如何把握与使用的。

第一节　保密协议确定的内容不等同于商业秘密

 法律问题

保密协议的范畴和保护力度如何？

美国纸业诉基尔根案
Am. Paper & Packaging Prods. v. Kirgan，183 Cal. App. 3d 1318（1986）

■ **原告/上诉人**：美国纸业与包装产品公司（American Paper & Packaging Products，Inc.，以下简称"美国纸业"）

■ **被告/被上诉人**：阿夫顿·基尔根（Afton Kirgan）、辛布里亚·安德森（Cimbria Anderson）

■ **法院**：加利福尼亚州上诉法院第二分部

 案例背景

该案发生在企业与自己的分包商之间。

基尔根、安德森分别于1984年和1985年与美国纸业签订了书面销售协议。两份协议内容相同，均包含有关"使用或披露客户名单和其他信息的限制"的条款：

> 在本协议终止后的3年内，分包商不得为自己或任何其他人或公司拜访或招揽其拜访的、结识的，或任职期间了解的承包商客户，也不得直接或间接向任何其他人或公司透露任何此类客户的姓名、地址或电话号码，或涉及与承包商与此类客户的贸易或业务关系有关的任何信息。所有以任何方式与承包商客户有关的清单、账簿、记录和账目，无论是分包商编制还是以其他方式归分包商所有，均应为承包商的专属财产，并应在本协议终止时或承包商随时提出要求时立即返还给承包商。

基尔根、安德森在1985年8月20日左右停止为美国纸业工作。他们声称，当时对佣金的支付存在不满，但当他们投诉时，被要求从美国纸业离职。但他们随即在美国纸业的竞争对手处找到了销售工作。

美国纸业向他们提出有关违反保密协议的诉讼。

 争议焦点

是否存在违反保密协议并应适用禁令救济。

 诉讼过程

初审法院驳回美国纸业的初步禁令申请。美国纸业对此提出上诉。

美国纸业试图禁止基尔根和安德森招揽美国纸业的客户，并向竞争对手披露自己的客户名单和其他商业信息。美国纸业请求法院发布命令：在下级法院对此事采取进一步行动之前，禁止被告的上述行为。

原告意见

美国纸业声称，基尔根与安德森从自己保存的客户名单中拉客户，还在终止协议之前从加州分部提供的名单、账簿、记录和账目中获得了客户的姓名、地址和电话号码，而且他们违反书面销售协议，向美国纸业的竞争对手提供了这些名单、账簿和记录。

美国纸业认可，质量、可靠的交付和有效的服务是客户选择一家定制包装材料公司使用的因素。然而，它表示，包装材料公司对包装特定产品的特殊要求的理解也是一项同样重要的因素。

美国纸业声称，"（一旦）客户关系建立一段时间后，客户通常会从同一定制包装供应商处购买其所有包装材料……"，并表示，95%加州分部的客户为该公司提供重复业务。

被告意见

被告主张，任何此类客户名单都是他们自己的劳动成果，并否认美国纸业向他们提供了关于任何实际或潜在客户的名单、文件或其他信息，只有三个潜在客户的名字除外。他们在其各自的声明中进一步阐述了拟订和更新这些清单所用的手段。这些手段包括拜访销售区域的社区，以及进入这些社区的工业区。在经过这些地区的时候，他们会找到一些看起来像是制造业的公司，然后列出这些公司的名单。之后他们会"突袭"，如突然造访公司、试图与代表谈话，希望能建立买卖关系。

被告否认拥有美国纸业的任何秘密客户名单，并否认美国纸业向其提供任何秘密销售技术或信息。被告声称，他们打算招揽每一家制造商，可以但尚未挑出任何具体的客户或美国纸业的前客户。被告表示，由于业务的高度竞争性，重点放在价格、速度和产品质量上。制造商和船舶供应公司之间不存在长期关系，而且制造商通常不会从任何一家公司订购所有的船舶和集装箱。因此，被告认为，有必要尽可能多地招揽客户，否则一个人就无法成为这个行业的销售人员。

加利福尼亚州上诉法院第二分部意见

法院被要求根据加利福尼亚州《商业和职业法》（*Business and Professions Code*）第 16600 条平衡为前雇员提供的保护与前雇主对机密信息和商业秘密提供的保护。加利福尼亚州《商业和职业法》第 16600 条规定："对任何人限制从事合法职业、贸易或任何种类的业务的任何合同在此范围内均无效。"

加利福尼亚州最高法院将该条款解释为，除非为了保护雇主的机密信息或商业秘密而有必要强制执行，否则禁止竞争的合同无效。1984 年，加利福尼亚州通过了《统一商业秘密法》（UTSA），并将其编入《加利福尼亚州民法典》第 3426 条等。《加利福尼亚州民法典》第 3426.1（d）条，将商业秘密定义为："信息，包括配方、模式、汇编、程序、装置、方法、技术或工艺：①由于不为公众或其他可从其披露或使用中获得经济价值的人普遍所知悉，从而获得实际或潜在的独立经济价值；②是在这种情况下采取合理努力保持其秘密性的对象。"

由于没有一家法院专门裁定"客户名单"是否符合 UTSA 规定的商业秘密，被告敦促说，这个问题是个第一印象问题。被告首先辩称，立法者肯定注意到了大量有关不披露客户名单的诉讼。因此，若立法者未能按照《加利福尼亚州民法典》第 3426.1（d）条的规定，在其商业秘密定义中具体包含客户名单，则必须表明其排除客户名单的意图。

被告进一步辩称，第 3426.1（d）条中规定的唯一可能反映客户名单的名词是"汇编"，根据《韦伯斯特第九版新大学词典》（1983 年）第 268 页，"汇编"定义为："①收集并编辑成一卷；②从其他文件中整合。"

被告主张，要使美国纸业胜诉，必须证明其客户名单已收集成卷或是从其他文件中的材料整理而来。因此，被告辩称，由于事实上美国纸业不能满足上述要求，根据这两种理论，《加利福尼亚州民法典》第 3426.1（d）条不适用，法院应根据 UTSA 法律对该案作出裁决。

美国纸业辩称，该案应根据 UTSA 进行裁决，下级法院没有这样做是错误的。

上诉法院不同意被告的观点，即立法机构未能将客户名单纳入对商业秘密的定义中，代表着故意排除客户名单。《加利福尼亚州民法典》第 3426.1（d）条**的表述本身就是包容性的，而不是排他性的。立法目的是将有关盗用商业秘密补救措施的理由更充分的案件结果编成法典，从而为不正当手段挪用商业秘密的情况提供更统一的适用准则。**

　　上诉法院也不同意，为了让美国纸业胜诉，它的利益必须符合韦伯斯特对"汇编"定义的实际语境。《美国传统词典》（1982年第2版）第301页"①整合在一本书中；②将不同来源的不同材料放在一起或进行整合……"。正如这个术语的常用用法所表明的那样，汇编的数据可以来自任何来源，而不一定来自文档。它像以某种书面形式一样容易储存在人们的记忆中。

　　鉴于大量判例都认定客户名单可能是商业秘密，被告的论点很难被接受。事实上，上诉法院也对此表示拒绝。在适用 UTSA 之前，将客户名单列为商业秘密的决定是建立在普通法的衡平法原则基础上的。在很大程度上，这些原则被 UTSA 吸收。

　　上诉法院认为客户名单可以是受保护的商业秘密，上诉法院接下来讨论了确定该法律适用的具体事实。根据《加利福尼亚州民法典》第3426.1（d）条，上诉法院的调查有两个方面，即这些客户列表中的信息是不是"由于公众或其他人（他们的）披露或使用可能获得经济价值而不为公众所知，从而产生独立的实际或潜在经济价值"；他们是否"在保持（他们的）秘密的情况下，作出了合理的努力"。为了胜诉，美国纸业必须肯定地表明这两个要素的存在。

　　双方的律师试图辩驳以下证据不支持的事实。然而，上诉法院受提交的实际证据的约束。在该案中，这些证据包括美国纸业和被告的声明以及上述员工协议的副本。在听证会上没有提供其他证词或证据。

　　为了证明在客户名单中的保密性，美国纸业指出了员工协议的条款。这些协议旨在使被告成为美国纸业的分包商。员工协议第 d 小节第6条规定：**"双方特此规定，在他们之间，上述事项是重要的、重大的和机密的，严重影响承包商业务的有效和成功开展，及其商誉……"**

　　"上述事项"包括由分包商编制或由承包商提供给分包商的任何客户姓名、地址或电话号码清单，以及任何"关于承包商业务的信息……其计划、流程或任何类型的其他数据……"因此，美国纸业敦促被告了解美国纸业在此类名单上的保密规定，并应遵守限制其使用的协议条款。

　　美国纸业对员工协议表述的信赖没有帮助。**对于雇主和雇员之间定义商业秘密的协议，法院在决定是否会将其看成商业秘密时，可能不是决定性的。**法庭在作出裁判时，应查看所有证据。为了进一步证明客户名单的必要保密性，美国纸业指出其提交的文件中所包含的声明。在所提交的文件中，美国纸业声明"清单、账簿、记录和账目"由"加州分部提供……"并且，根据法律所允许的推论，美国纸业主张，这些项目包含有关"包装特定产品所需的特殊要求……"

的信息。

在回应这些论点时，被告否认除了三个名字外，所涉名单是美国纸业提供给他们的。他们声称，如前所述，他们是通过自己的努力编制这些名单的。在上下文和内容基本相同的声明中，被告还否认持有任何被他们称为美国纸业分包商的任何公司有关的秘密销售信息。他们进一步否认挑拣出了美国纸业的任何特定客户，但正在尽可能拜访每一家制造商，就像他们为美国纸业所做的那样。他们声称需要拜访尽可能多的客户，因为制造商和运输供应公司之间没有长期关系；还声称，制造商在任何时候都会从多家航运供应公司中订购，重点是产品的价格、速度和质量。

从最有利于胜诉方的角度来看证据时，很难找到可受保护的商业秘密，因为该术语存在于《加利福尼亚州民法典》第3426.1（d）条中。虽然此处寻求保护的信息，即经营制造业务的客户名单，以及需要运输支持以将其产品运送到市场的客户名单，可能公众并不普遍知悉，但运输业务中的其他人肯定会知道或很容易确定这些信息。在这种情况下，编制过程既不复杂，也不困难，更不特别耗时。

证据表明，航运业竞争非常激烈，制造商往往会同时与多家公司打交道。但没有证据表明，美国纸业的所有竞争都来自被告的新雇主。显然，所有竞争对手都获得了美国纸业主张的相同信息，并且很可能以与美国纸业相同的方式获得了这些信息，即被告所描述过的方法。

尽管美国纸业声称，存在95%的重复业务，并且一旦建立了良好的关系，客户通常只与一个托运人打交道，但它没有证明95%的重复业务是排他性的，也没有举出排他性业务关系的例子。

禁令救济只应持续到保护当事人权利所需的时间。《加利福尼亚州民法典》第3426.2（a）条规定的一般原则是，禁令的持续时间应仅限于消除个人通过不当挪用获得商业利益所需的时间。因此，当诚信的竞争对手已经获知商业秘密的内容时，禁令应该被终止。因此，如果该信息在行业中广为人知，并且已经被善意的竞争对手使用，则该信息不是可被保护的商业秘密，不应被发布禁令。

美国纸业推断，寻求保护的信息包括一些制造商的特殊包装要求，但未能以任何方式进一步支持或证实这一推断。而被告否认了这一点。

 判决结果

下级法院在确定不存在可保护权益时没有犯错误，驳回初步禁令申请的命令得到恢复和确认。各方自行承担上诉费用和律师费。

案例学习意义

保密协议不是万能的，可能还需要以商业秘密作为企业保护竞争地位的法律基础。保密协议中涉及的信息不等于商业秘密，尤其是在政策影响下，可能不会起到竞业限制的效果。雇主与雇员之间有关定义商业秘密的保密协议，对法院是否将其视为商业秘密不具有决定性作用。法院会平衡前雇员的信息收集方式与前雇主对提供机密信息和商业秘密的保护方式。美国《商业和职业法》第16600条规定："对任何人限制从事合法职业、贸易或任何种类的业务的任何合同在此范围内均无效。"加利福尼亚州最高法院将该条款解释为，除非为了保护雇主的机密信息或商业秘密而有必要强制执行，否则竞业限制协议无效。

该案主要说明了两个问题，第一个问题是雇员与雇主之间签订的保密协议内容不等同于商业秘密，第二个问题是竞业限制协议条款在加利福尼亚州无效。通过学习该案可以理解竞业限制协议与商业秘密之间的联系与区别。截至2023年3月，该案被美国案例判决文书引用94次，被其他法律文件引用316次。

第二节　联系前雇主客户是否侵犯商业秘密

 法律问题

离职后，联系前雇主的顾客是否涉及侵犯商业秘密？联系达到怎样的程度时存在这类法律风险？如何有效识别前雇主名单中的秘点？

> **茅利弗公司诉佩里案**
>
> *Morlife*，*Inc. v. Perry*，56 Cal. App. 4th 1514（1997）

- **原告/被上诉人**：茅利弗公司（Morlife Inc.）
- **被告/上诉人**：劳埃德·佩里等（Lloyd Perry et al.）、卡尔·鲍尔史密斯（Carl Bowersmith）、唐纳德·迈耶斯（Donald Meyers）、伯林盖姆建筑公司（Burlingame Builders，Inc.）
- **法院**：加利福尼亚州上诉法院第一分部

案例背景

该案发生在企业与其前雇员及他的创业团队之间。

茅利弗公司主要从事商业地产屋顶的检查、维护和维修业务。在终止与茅利弗公司的雇佣关系之前，佩里曾是该公司的销售代表，自公司成立以来一直在该公司工作。在任职期间，佩里签署了一份协议，约定如果他终止雇佣关系，将不得使用、复制或披露茅利弗公司客户的信息。鲍尔史密斯受雇于茅利弗公司，担任生产经理一职。佩里和鲍尔史密斯在茅利弗公司担任关键职位，他们对公司及其客户都有着非常深入的了解。

1993年7月，佩里等人讨论成立一家屋顶公司的可能性。1993年10月，佩里和鲍尔史密斯都从茅利弗公司辞职。佩里离开茅利弗公司时，带走了他6年来积累的客户名片。这些名片的客户占茅利弗公司客户群体的 75% ~ 80%。

佩里、鲍尔史密斯与迈耶斯共同组建了伯林盖姆建筑公司，它也是茅利弗公司在商业屋顶维修市场的直接竞争对手。伯林盖姆建筑公司于 1993 年 11 月 1 日开始运营。佩里通过信件、电话和私人访问，为自己新成立的公司联系茅利弗公司前客户以寻求业务。在这个过程中，佩里使用了他离开茅利弗公司时带走的客户名片。有 32 名茅利弗公司的前客户已将业务转移到伯林盖姆建筑公司。

当茅利弗公司人员得知佩里等人正在积极向自己的客户招揽业务时，茅利弗公司的法律顾问于 1993 年 11 月 18 日发出一封终止信。佩里等人讨论了这封信，但决定不予理会。

茅利弗公司对他们提起禁令救济诉讼，并寻求补偿性和惩罚性赔偿，声称他们违反《统一商业秘密法》（UTSA）盗用客户秘密信息和《加利福尼亚州商业和职业法》第 17200 条不公平竞争的规定。

🔲 争议焦点

被告是否构成不当挪用商业秘密，禁令和经济赔偿是否适宜。

🔲 诉讼过程

初审法庭听取了争议大的证据，进行了无陪审团审判。审判结束后，初审法院作出了几项关键判决：

第一，茅利弗公司的客户名单构成 UTSA 定义的商业秘密；

第二，被告利用茅利弗公司的客户名单为伯林盖姆建筑公司招揽客户，构成共同不当挪用茅利弗公司商业秘密的行为；

第三，茅利弗公司有权获得 39293.47 美元赔偿，该数额为被告因不当挪用茅利弗公司客户信息而实现的不当得利。

此外，被告被永久禁止与 32 名茅利弗公司客户中的任何一位做生意，这些客户曾在被非法拉拢后与伯林盖姆建筑公司做生意。被告还被禁止招揽佩里和鲍尔史密斯在茅利弗公司工作时发现的任何茅利弗公司客户。

🔲 加利福尼亚州上诉法院第一分部意见

被告反复辩称，该案的关键"涉及雇员离开雇主、开办自己的企业并与前雇主竞争的权利"。虽然法律承认，前雇员可以在与前雇主的竞争中使用其在前工作中获得的一般知识、技能和经验，但前雇员不得使用机密信息或商业秘密。

在上诉中，上诉法院不检查初审的庭审记录，以确定事实审理者是否可能得出排除初审法院所得出的结论以外的其他结论。相反，上诉法院关注的是初审法院的结论，以及得出这些结论的方法，以确定这些结论在法律上是否正确，是否有充分证据支持。

上诉法院从先例中认识到，促进不受约束的竞争和保护企业免受不公平行为的影响之间存在微妙的平衡。衡平法将在最大程度上保护雇主在商业秘密和其他方面的财产权，但公共政策和自然正义要求衡平法也应关注所有人固有的权利，而不是被消极契约所约束，以在生活中继续从事任何相同职业。每个人都对从事其可能选择的任何职业、业务或职业有绝对的支配权。**前雇员有权为自己从事竞争性业务，并有权与其前雇主进行竞争，即使是围绕其前雇主的客户进行竞争，前提是此类竞争是公平合法的。**

平心而论，上诉法院承认个人从事自己选择的业务和职业的重要法律权利。有些人会把这种自由视为美国拥有的最宝贵的商业权利之一。然而，**维护美国的自由市场经济体系的另一个基本原则是，有为商业或职业成功发挥智慧和勤奋的权利，免受他人无端使用"辛勤原则"的影响。**

在该案事实背景下，初审法院认定，被告已经不再依赖他们在屋顶行业多年经验所产生的一般技能和知识，并且不当地利用了茅利弗公司的商业秘密。因此，他们被正确地禁止在这种情况下继续竞争，并被认定从这种使用中获得利益而有责任赔偿其前雇主。

一、机密客户名单为商业秘密

1984 年，加利福尼亚州的立法机构通过颁布 UTSA，将加利福尼亚州也列入采纳 UTSA 的一长串州名单中。这些州已确定自由竞争权不包括使用他人机密工作产出的权利。当然，并非所有在企业经营过程中产生的信息都会受到保护，UTSA 对此类知识产权的法定保护范围限制如下：

"（d）'商业秘密'是指以下信息，包括配方、模式、汇编、程序、装置、方法、技术或工艺：

"（1）由于不为公众或其他可从其披露或使用中获得经济价值的人普遍所知悉，从而获得实际或潜在的独立经济价值；（2）是在合理情况下采取合理努力保持其保密性的对象。"

被告辩称，茅利弗公司的客户名单不符合"商业秘密"的法定定义，因为屋顶维修和保养的潜在客户的身份是业内普遍知道的信息。被告声称，无争议的证据表明，"茅利弗公司的客户群没有本质上的秘密或机密，因为所有商业建筑都需要对现有屋顶或新屋顶进行维修"。这些"法律论点"忽视了初审法院在这个问题上的事实认定。

在总结茅利弗公司的客户名单属于 UTSA 下商业秘密的定义时，初审法院认定，"茅利弗公司提供了一种相对不寻常的屋顶服务，即商业屋顶维修和维护，与更换屋顶不同"。它的客户名单是"多年来编制的客户名称、地址和联系人的汇编，包含使用其服务客户的特定屋顶和屋顶需求的定价信息和知识。因此，该名单具有独立的经济价值。屋顶行业通常不知道使用此类服务的特定商业建筑的身份"。

初审法院进一步强调，"茅利弗公司通过限制客户名单的传播，并通过雇佣协议和员工手册，告知其员工，包括佩里和鲍尔史密斯，茅利弗公司认为这些信息有价值且保密，从而尽了合理的努力维护客户身份的保密性"。上诉法院认可初审法院的判决，即茅利弗公司的客户名单是商业秘密，除非记录显示没有实质性证据支持。

关于客户信息的普遍可用性，法院不同意保护客户名单，因为这些名单包含通过商业目录等公共来源"易于确定"的信息。另外，**如果雇主花费了时间和精力识别具有特定需求或特征的客户，法院将禁止前雇员利用这些信息获取市场份额。这样的名单要区别于单纯的客户身份和地点名单，据此任何人都可以很容易地将具有屋顶维修需求的实体识别为潜在客户。作为一般原则，获取信息越困难，雇主在收集信息时花费的时间和资源越多，法院就越有可能认定此类信息构成商业秘密。**

客户名单必须具有经济价值才能被视为商业秘密，这一要求被解释为该信息的保密性为企业提供了"实质性的商业优势"。在这方面，可以发现客户名单具有经济价值，因为它的披露将使得竞争对手将其销售努力指向那些已经表现出愿意使用独特类型的服务或产品的客户，而不是那些可能只感兴趣的人。使用这种客户名单使得前雇员"能够更有选择性和更有效地征求意见"。

该案中，初审法院听取了证词，称茅利弗公司的客户不容易确定，只有付出巨大努力才能发现，而且这些客户的光顾是通过花费大量的时间和金钱获得的。

茅利弗公司的总裁作证说，销售人员在越过"看门人"和识别并接触有权购买屋顶服务的实际决策者时遇到了困难。茅利弗公司通过在电话营销、销售拜访、邮件、广告、行业协会会员资格、推荐和研究方面的投资来发展其客户群。在电话营销部门联系的 100 人中，只和大约 10 人取得了联系。他估计，茅利弗公司销售人员的初次拜访需要花费公司 238 美元。

虽然将信息标记为"商业秘密"或"机密信息"不能最终确定该信息符合此描述，但这是确定信息价值的一个重要因素，且信息不能轻易从公开来源获得。此外，**"为了向雇主提供保护，这些信息不需要以书面形式提供，但可以存储于雇员的记忆中"**。

上述证据足以证明法院的结论，即被告使用的信息对茅利弗公司和被告具有独立的经济价值，且不为公众所知悉，满足"商业秘密"法定定义的第一个方面。

初审庭审记录也充分支持了第二个方面。也就是说，茅利弗公司采取了合理的措施来保护信息不被披露。根据该案的事实，毫无疑问，茅利弗公司有意将其客户信息保密，并采取了措施确保这一目的。公司总裁认识到客户信息对公司的重要性，称其为"主要资产"。他解释说，"没有客户信息，就没有生意"。因此，客户信息存储在访问受限的计算机上。此外，在佩里签署的雇佣合同中，茅利弗公司明确提到了客户名称和电话号码的保密条款。《茅利弗公司员工手册》明确声明，员工不得在受雇后使用或披露茅利弗公司秘密或机密信息，包括"现有和未来客户名单"。

因此，该记录包含大量证据，确认茅利弗公司采取合理措施保护其声称为商业秘密的信息不被披露，从而满足第二项独立的商业秘密保护法定要求。

二、不当挪用

被告主张，即使茅利弗公司证明其客户名单值得商业机密保护，茅利弗公司也未能证明他们"不当挪用"商业秘密。一旦雇主证明一份顾客名单有权得到商业秘密保护，就必须证明前雇员不当挪用了该信息以获得不公平的竞争优势。根据UTSA，**术语"不当挪用"被定义为包括未经同意的披露或使用商业秘密**。

初审法院认定，被告利用对茅利弗公司客户的了解，积极地向伯林盖姆建筑公司客户承揽生意，从而"共同不当挪用"了茅利弗公司的客户名单。初审法院解释说佩里和鲍尔史密斯提供了茅利弗公司客户的名称和地址，这些信是以佩里的名义寄出的，为新公司招揽生意。佩里和鲍尔史密斯还打电话，亲自拜访他们受雇于茅利弗公司而认识的公司，去为伯林盖姆建筑公司拉生意。

事实上，被告在庭审中承认，当开办新公司时，他们积极地从茅利弗公司的前客户那里招揽生意。当佩里作证时，他承认使用从茅利弗公司拿来的名片为伯林盖姆建筑公司联系潜在客户，与茅利弗公司的前客户通过电话联系，有时候还会进行私人拜访。

前雇员披露或使用客户信息是否属于前雇员使用常识和经验的权利范围，或者是否构成违禁滥用前雇主的商业秘密，这一直是加利福尼亚州诉讼的主要问题。**虽然加利福尼亚州法院不愿无条件禁止与前雇主的客户做生意，但禁止非法使用商业机密招揽这些客户。**

在通过 UTSA 之前和之后判决的案件中，判决将招揽行为等同于"使用"或"不当挪用"受保护信息。加利福尼亚州最高法院曾在先例中给出了这样一个粗略的定义："'招揽'……的意思是：'寻求（某物）；申请获得某物；热切询问；以回报为目的相求'。"相比之下，"如果不提供更多信息，只是向客户通知其前雇主有变动，就不算招揽"。

没有正当理由对前雇员的以下两种行为进行区分：在雇佣期间使用本人为前雇主开发的客户信息与使用由没有客户联系方式的其同事开发的完全相同的信息。人为地区分这两种雇员的行为，不能"消除"前类雇员的记忆，这种区分构成对竞争活动合法规定的不合理摒弃，并忽视了保护符合商业秘密定义标准的信息的首要利益。

贸易秘密和商业秘密及保密材料是雇主的财产，雇员不能为自己的利益使用。服务是由智慧、时间、劳动力和多年投入的费用建立起来的。服务的订阅者名单是雇主的财产，是商业中的商誉，在某些情况下，是他的整个生意。雇员因受雇工作而获得有关名单的资料，不得用作雇员的私有财产或损害雇主的利益。

如果一名前雇员在与前雇主竞争时试图利用客户联系方式为个人谋利益，这是他在受雇期间的个人关系和友谊的额外影响……这使得被告向前客户求助，这对他的前雇主是不公平的。

被告辩称，招揽只能通过基于逐个客户的直接证据来确定。原告未能提供证据证明所有茅利弗公司的客户都受到了直接招揽的影响。这种意见在法律或逻辑上都是没有根据的。

上诉法院在早些时候已经将庭审时引用的证据，如与茅利弗公司客户联系的范围和性质，以及初审法院从证据中提炼出的事实调查结果进行了分类。初审法院有理由从茅利弗公司一些前客户的证词，以及其面前其他证据中推断出被告参与了一般的招揽活动。因此，被告为伯林盖姆建筑公司的利益利用了茅利弗公司的客户名单，这一初审法院的结论有充分的证据支持。

三、救济

伯林盖姆建筑公司主张，初审法院发布的禁令过于宽泛和不公正。

作为茅利弗公司获得永久禁令的一部分，法院永久禁止被告与 32 家在被非法招揽后将其业务从茅利弗公司转到伯林盖姆建筑公司的实体进行业务往来。法院还禁止被告"在禁令解除之前，向任何与茅利弗公司有业务往来的实体中招揽任何业务，前提是他们在茅利弗公司工作期间获得了客户的信息"。

初审法院在给予禁令救济方面施加的限制似乎并不比有关法规所允许的范围更广，而且似乎完全符合法院过去执行的类似限制。该禁令不包括被告在茅利弗公司期间没有联系的潜在客户以及他们没有获得任何信息的潜在客户。禁令适用于被告滥用在茅利弗公司工作期间获得的茅利弗公司的商业秘密信息。鉴于法院已明确被告有违反 UTSA 的情况，该禁令正确地划定了界限，并容许伯林盖姆建筑公司自由招揽身份不属于商业秘密的客户。

关于禁令救济的期限，UTSA 表明，即使有关商业秘密已合法地被披露，为了消除因挪用而获得的商业利益，该禁令仍可继续有效，禁令的期限不一定是永久的。初审法院在其判决书中特别指出，可根据《加利福尼亚州民法典》第 3426.2（a）条寻求终止禁令。

上诉法院同样驳回了伯林盖姆建筑公司对赔偿金额的质疑。这笔赔偿金据称是被告因为侵害商业秘密而获得的。被告的不当得利证据是以他们在伯林盖姆建筑公司公司前 6 个月运作期间所赚取的薪金。初审法院将被告的综合收入的 33% 认定为被告的不当得到，反映出伯林盖姆建筑公司在前 6 个月的业务中，有 33% 的收入来源为茅利弗公司的前客户。

在初审法院书面调查结果中，它将判赔给原告的 39293.47 美元定性为被告由于不当挪用茅利弗公司的机密客户信息而获得的收益的"合理近似值"。上诉法院不能说初审法院的决定是武断的，或者没有实质性的证据支持。被告根据《加利福尼亚州民法典》第 3426.3 条申辩正确的损害赔偿数额应该是确定合理的授权费。然而，被告没有提出任何证据让初审法院可以确定在有关情况下来决定合理的授权费。因此，他们不能成功反驳。

此外，根据 UTSA，**只有在法院认为对商业秘密持有人的实际损害或使用者的不当得利均无法证明的情况下，才会征收合理的授权费**。鉴于法院在不当得利问题上的肯定认定，上诉法院确认，另一种强制征收授权费的补救办法不适用。

四、其他声音

上诉法院法官之一保罗·R. 哈尔勒（Paul R. Haerle）觉得这是个极其棘手的案子。虽然他不情愿，但同意多数人的意见。但实际上，而且仅仅是实际上，初审法院关于被告的"客户名单"是商业秘密这一事实的关键认定，得到了大量证据的支持。但哈尔勒法官认为对该认定的支撑有点太宽松了。换句话说，如果哈尔勒法官是初审法官，看到这些庭审记录，几乎肯定会和上诉法院的其他法官有所不同。但上诉法院的角色是在有确凿证据的情况下，遵从事实审判者的意见，所以他尽管非常担心，也要遵从。

哈尔勒法官约一半的担心来自，上诉法院法官非常重视的加利福尼亚州最高法院某先例。其中强调**"前雇员有权为自己从事有竞争力的业务，并有权与其前雇主竞争，甚至围绕那些曾经是其前雇主顾客的人开展业务竞争"**，当然，这样做的条件是竞争必须是公平合法的。哈尔勒法官担心的是，或许初审法院的认定部分来自一个未说明的前提，即情况恰恰相反，且存在一种类似的假设，即雇员不能离开自己的工作，围绕这些客户的生意与前雇主展开竞争。

哈尔勒法官希望现在的法律不是这样，未来也不会这样。哈尔勒法官另外一半的疑虑来自该案的庭审记录。他提交的记录支持被告的立场，远多于支持原告的立场。首先，值得强调的是，被告从未被指控窃取大多数人提到的"存储在限制访问权限的计算机上的客户信息"。佩里只带了一些名片，上面有客户的名称和电话号码，当然还有他的记忆。值得注意的是，许多前销售员也做过类似的事情，并没有被认为违反了规定。

哈尔勒法官认为，同样值得注意的是，在作证的茅利弗公司4名客户中，只有3人作证自己被被告招揽过。根据这份稀疏的记录，初审法院"推断"被告准备并列入证据的名单上的所有32名客户都是被告非法获取的。**这是一个令人沮丧的小样本，但初审法院却从中可以作出如此大的推断性飞跃。**但更令人不安的是，从这3名客户中，禁令不仅排除了对被告名单上的32个客户的招揽，而且排除了"在被告停止在茅利弗公司工作之前与被告有业务往来的任何个人或实体，以及被告在受雇期间获得的知识"。因此，根据3名前茅利弗公司客户的证词（第四名客户明确作证说她曾与被告接触），初审法院决定禁止被告招揽任何茅利弗公司客户，这些客户"是被告在受雇期间认识的"。这种极端的广度及其狭窄的证据基础，使得从证据和衡平法院的自由裁量权中逻辑得出的推论概念几乎达到了临界点。

哈尔勒法官认为，记录提供了足够多的证据，证明了：首先，即使没有伯林盖姆建筑公司，茅利弗公司在屋顶承包业务上也存在竞争；其次，含伯林盖姆建筑公司在内，竞争对手们完全知道谁是可能的客户。

哈尔勒法官与初审法院的观点恰恰相反，也就是说，这种表明"在屋顶行业中不为公众所知"，哈尔勒法官很不情愿地承认，有足够的证据符合美国自由的"实质性证据"标准，来支持这一结论。但哈尔勒法官仍然对此感到困惑，他认为不仅因为大部分证据都指向另一个方向，还因为这个结论与常识和对私营部门实际运作的基本理解相结合，是不符合事实的。

哈尔勒法官还有最后一个问题，即关于被上诉的禁令的期限。初审法院在其判决书中使用了"无限期"一词，在其禁令中使用了"永久"一词。它在判决书中加了一个意味深长的脚注，大意是"当然，可以根据《加利福尼亚州民法典》第3426.2.2（a）条寻求对禁令的指控"。哈尔勒法官希望如此，因为根据执行部分的法律，"禁令救济只应该持续到维护当事人权利所必需的时候"，即"只有在消除一个人通过不当挪用获得的商业利益所必需的时候"。

这份禁令是该案上诉审理前一年多前签署的，哈尔勒法官相信审判庭会考虑，当提出这样的申请时，茅利弗公司建议的时间跨度是否已经过期。

判决结果

上诉法院支持初审法院的认定，即伯林盖姆建筑公司利用商业秘密与茅利弗公司进行不公平竞争。对伯林盖姆建筑公司的金钱和禁令救济是有证据支持的。

因此，上诉法院对初审法院判决给予确认。

案例学习意义

客户名单是否构成商业秘密秘点是个棘手的问题。这时候不仅要考虑客户名单本身，也要结合前雇员在雇佣期间和解约后的行为以及行业特性。在考虑这个问题的过程中，要注意的是，商业秘密法需要平衡知识产权，鼓励公平竞争，保护雇员就业变动。

促进不受约束的竞争和保护企业免受不公平行为的影响之间存在微妙的平衡。在该案中，法官们对如何展开适当的平衡有所分歧，也更好地使读者意识到平衡的重要性与重心。

一方面，法律在最大程度上保护雇主在商业秘密和其他方面的财产权；另一方面，公共政策和自然正义要求法律也应关注所有人固有的权利，如就业自由权，而不是受到消极契约的约束，继而失去在人生中作出自由职业选择的权利。每个人对自由就业享有绝对的支配权，有权从事自己可能选择的任何职业、业务。前雇员有权为自己从事竞争性业务，并有权与其前雇主进行竞争，即使是围绕其前雇主的客户进行竞争，但前提是此类竞争是公平合法的。

通过学习该案，可以领会促进不受约束的竞争和保护企业免受不公平行为影响之间微妙的平衡，其本质是保护商业秘密持有者的私人利益与保障员工自由就业的公共利益之间的平衡。截至2023年3月，该案被美国案例判决文书引用340次，被其他法律文件引用746次。

第三节　雇员离职后有默示的保密义务

法律问题

雇佣关系下是否存在默示的保密义务？这种义务是否延续到离职后？是否可以被扩张至限制后续就业？

> **麦考姆斯诉麦克莱兰德案**
> *McCombs v. McClelland*, 223 Ore. 475（1960）

■ **原告/被上诉人**：艾伦剪报社（Allen's Press Clipping Bureau）、菲利普·麦考姆斯（Philip McCombs）、里维斯·艾伦（Lewis Allan）
■ **被告/上诉人**：露丝·麦克莱兰德（Ruth McClelland）
■ **法院**：俄勒冈州最高法院第二分部

案例背景

该案发生在企业与其前雇员之间。

艾伦剪报社为大量订阅者提供新闻剪辑服务，在洛杉矶、圣弗朗西斯、西雅图和波特兰设有分公司。这项业务需要雇佣需要大约 6 个月培训才能熟练工作的"审阅人"。

麦克莱兰德于 1948 年 10 月被原告聘请为一名"审阅人"，对自己的工作非常精通，一直工作到 1958 年 10 月 31 日。作为其职责的一部分，她必须了解客户的要求，在某些情况下还了解所服务客户的身份，尽管在大多数的实际情况下并非如此。

直到 1957 年左右，至少在波特兰地区，艾伦剪报社还没有遇到任何商业竞争。此时，西北剪报社（Northwest Clipping Bureau）进入这一领域，与之开始了积极而激烈的竞争。事实上，艾伦剪报社不得不修改方法以应对竞争。显然，雇佣和留住熟练的"审阅人"对两家公司都至关重要。为了应对这种情况，艾伦剪报社试图与包括麦克莱兰德在内的多名雇员签订协议。

因此，1957年3月8日，当时担任波特兰办事处分公司经理的沃尔特·柯林斯（Walter Collins）给了麦克莱兰德一份书面协议。这里既没引诱签署的情况，也没有由于她不执行该协议而建议继续雇佣或终止雇佣。经理对她说："给你，如果你想签就签吧。"

麦克莱兰德随后签署了以下协议：

> 雇佣协议：考虑到雇主和雇员之间的雇佣互利，以及艾伦剪报社经营的业务的保密性质，以下签字的雇员同意，未经雇主事先书面同意，雇员在雇佣期间或之后的任何时间，不得向任何人披露公司或公司雇员在艾伦剪报社工作过程中或工作中可能获得的任何信息，包括但不限于有关客户要求、商业秘密和客户名单的数据，以及与雇主业务或事务有关的信息。
>
> 此外，员工同意，在艾伦剪报社雇佣关系终止后的下一年内，员工不会受雇于或向任何其他组织或个人提供服务，这些组织或个人在艾伦剪报社继续服务的区域内提供新闻剪辑服务。
>
> 日期：1957年3月8日 艾伦剪报社；露丝·麦克莱兰德。

麦克莱兰德继续受雇于原告，直到1958年10月31日，她自愿终止雇佣关系。她表示，这样做是因为她不断面临增加工作量的压力，并受一名后受雇于西北剪报社的前同事的招揽。

于是，麦克莱兰德后受雇于竞争对手公司，但每月还是拿和之前一样的265美元的基本工资。之前，艾伦剪报社除了给她发工资外，有时还会给她一点奖励，以奖励她的功绩。

艾伦剪报社表示，麦克莱兰德不仅因从事其他工作而违反了协议，而且还向敌对雇主和竞争对手提供了与艾伦剪报社业务有关的商业秘密性质的信息，为此，寻求禁令救济，禁止她披露任何与自己商业事务及商业秘密有关的资料，以及禁止她为敌对雇主担任"审阅人"或从事任何辅助艾伦剪报社前客户所需的新闻剪辑服务。

争议焦点

是否存在充分的法律依据对麦克莱兰德施以禁令。

诉讼过程

俄勒冈州波特兰市法院对被告作出不利判决，禁止被告披露与原告商业事务有关的任何信息，包括与客户要求、商业秘密和客户名单有关的数据。这些数据是被告可能因受雇于原告而获得，并进一步禁止她在 1959 年 10 月 31 日前担任"审阅人"或协助任何为原告前客户提供新闻剪辑服务的竞争对手。

被告提起上诉。

俄勒冈州最高法院第二分部意见

有关自己的跳槽，被告辩称，法院在如上所述禁止被告方面存在错误，特别是敦促被告应遵守所依据的协议（即竞业限制协议）不可执行，因为该协议没有任何对价的支持。一般而言，此类协议（部分限制了贸易）必须符合以下条件，才能作为合同强制执行：①在时间或地点上进行部分限制或限制合同实施；②必须考虑周全；③必须合理。

如果被告在第一次就业时就签署了协议，则不会出现任何关于对价的问题，因为她会因获得就业而得到利益。她已经被雇佣了，因此，仅仅因为这个事实，她目前无法获得任何福利。

一些法院试图根据单方面合同的意图，即对行为的承诺，来维持这种协议。但根据这一理论，似乎应存在继续就业的明确承诺，或者可以从具体情况或者存在其他某种考虑中默示这一承诺。如果雇员在这种情况下继续履行义务，则认为有充分的对价。其他案件似乎以履行对价理论为依据；也就是说，如果一方当事人根据另一方当事人的要求履行了一份因缺乏相互性而可撤销的合同，则该合同成为义务。

但是，对这类雇佣合同相关案件的审查表明，当合同以此为基础得以维持时，法院总是会寻找继续雇佣的承诺，或者可以从具体情况中得到默示。这里没有明确承诺继续就业。相反，所表达的对价提到了一份预先存在的雇佣合同。原告本可以在被告签署合同后立即解除其职务。雇佣合同也不能默示任何继续就业的承诺，因为原告没有要求她签字作为就业条件。相反，原告的经理只告诉她"如果你想签就签"。被告进一步毫无矛盾地作证说："我们不是被迫签字的。"

先例中曾有解释，"服务合同中消极限制性契约的有效性和可执行性，受其未包含在原始雇佣合同中，而是包含在后续雇佣合同中的事实影响"。该先例还指出：

"对于本协议所述类型的契约的有效性和可执行性，存在不同意见。该契约是在雇佣开始后订立的。一些法院认为，在这种情况下，该协议没有对价，因此，该协议对雇员不可执行；另外，有些法院认为，就业持续性是这种契约的充分对价。"

另有先例表示，"合同没有承诺任何额外的就业机会。事实上，这显然不是一份雇佣合同，而是该案被告的一项附带的单方面约定。它对被告未来的就业没有任何承诺，对工资也没有任何规定。但在该案中，该合同完全缺乏给予被告以对价"。同样的陈述也适用于该案的事实。

仔细审查这些先例可以发现，后续协议中或协议外的表述，主要表明继续雇佣的协议，或者情况表明，如果该雇员不执行该协议，他将失去工作。员工有一项默示义务，即在离职后，不得为自己或第三方的利益使用商业秘密或机密信息。

曾有先例阐述："法律明确规定，**雇佣合同的一个隐含条款是，雇员将对其在雇佣过程中获得的任何商业秘密或其他机密信息保密**，因此，离职的雇员有默示义务，不得为自己或竞争对手的利益，以及损害其前雇主的利益，使用其在受雇过程中获得的商业秘密或其他机密信息。"

因此，被告因其以前的工作而有义务不泄露商业秘密或机密信息，无论后一项协议如何。庭审记录中没有任何违反这一义务的直接证据。相反，原告仅依靠间接证据来支持这一被指控的渎职行为。

原告最初拥有 3000 多个客户。被告承认，西北剪报社有"15～20 个"客户，这些客户以前是在原告公司接受服务的。这家竞争公司的经理认为，西北剪报社服务了 25 次或更多；但在盘问中，他承认可能会更多。在很大程度上，上诉法院无法知道这些客户是在被告终止雇佣关系之前还是之后不再使用原告的服务。原告经理作证说，在被告离开原告的工作岗位后，"我们失去了几个"客户，但除了麦考德公司（McCord Company）和公共码头委员（Commissioner of Public Docks）外，他未能确认它们的身份。公共码头委员承认与被告没有任何联系。麦考德公司似乎是在比较这两家的服务后离开了原告的。没有直接证据表明被告与此事有关。同样合理的假设是，授权此服务变更的沃尔特·柯林斯之前受雇于原告，对此负有全部责任。此外，被告在受雇于西北剪报社期间有明确规定，不要求她披露在原告受雇期间获得的秘密信息，并且被告证明，她未泄露任何此类信息，因此，也未就此类信息对她进行任何调查。

充其量，引用的证据只表明原告担心她可能会这样做。原告证据不足。如果原告要胜诉，必须表明危险是可能的或有威胁的。禁令的颁发不仅是为了减轻个人的恐惧和担忧。

被告可能在原告雇佣期间获得了相当多的经验，这一事实并不是禁令救济的理由。雇主不得通过合同阻止其雇员在雇佣关系终止时使用通过雇佣过程中获得的经验、技能和才智。

该判决书中涉及被告未来就业的部分内容似乎涉及一个目前尚未解决的问题，因为协议中包含的限制性就业期限现已到期。事实并非如此，因为在法庭辩论中，似乎有人提议或计划对被告提起藐视法庭诉讼。

📋 判决结果

如果被告在受雇于原告时被要求签订一项协议，除其他事项外，该协议规定在其雇佣关系终止后，她在一年内不会受雇于竞争组织或向竞争组织提供服务，则该协议不可执行。鉴于事实，该协议缺乏对价，因为没有承诺任何额外的就业机会，也没有承诺雇员未来的就业机会，也没有规定任何工资。

鉴于得出的上述结论，初审法院的判决被推翻。

👑 案例学习意义

美国法律明确规定，雇佣合同存在默示的隐含条款是，雇员将对其在雇佣过程中获得的任何商业秘密或其他机密信息保密。因此，离职的雇员有默示的信赖义务，不得为自己或竞争对手的利益，以及损害其前雇主的利益，使用其在受雇过程中获得的商业秘密或其他机密信息。但是，这样一项义务不得限制雇员在雇佣过程中积累的经验或所获得或提高的技能和智慧。竞业限制协议不存在经济补偿、工作机会等对价时，无法有效执行。

学习该案的目的在于了解离职雇员可以使用在前雇主期间积累的经验和技能，但对前雇主单位承担有默示保密义务。截至 2023 年 3 月，此案被美国案例判决文书引用 31 次，被其他法律文件引用 35 次。

第四节　对价是竞业限制协议有效且合理的根基

法律问题

签署了竞业限制协议，在后续就业中就要受到相应的局限吗？有哪些法律理由可以证明相关协议或条款的无效呢？

> ## 拉布里奥拉诉波拉德公司案
> *Labriola v. Pollard Group*，*Inc.*，152 Wn. 2d 828（2004）

- **原告/上诉人**：安东尼·A. 拉布里奥拉（Anthony A. Labriola）
- **被告/被上诉人**：波拉德集团公司（Pollard Group，Inc.，以下简称"波拉德公司"）
- **法院**：华盛顿州最高法院

案例背景

该案发生在一名劳动者与其前雇主之间。

1997 年，波拉德公司雇佣拉布里奥拉担任商业印刷品销售员，双方签订了《雇佣协议》。根据该协议，波拉德公司可以无故解雇后者。员工薪酬包括基本工资和销售佣金。该协议还包含一项限制性约定，即在雇佣关系结束后的 3 年内拉布里奥拉不参与定制印刷业务的竞争。另外，该协议没有地域限制。

将近 5 年后的 2002 年 4 月，在波拉德公司的要求下，拉布里奥拉签署了《竞业禁止和保密协议》（以下简称《竞业禁止协议》）。《竞业禁止协议》要求雇员 3 年内在华盛顿州塔科马市雇主企业 75 英里范围内不与其竞争对手建立雇佣关系。该员工仍然是一名临时工，没有收到任何额外福利。波拉德公司不承担《竞业禁止协议》中的额外义务。《竞业禁止协议》还包含保密、可分割性，以及律师费条款。

几个月后，也就是 2002 年 7 月，波拉德公司宣布了一项新的佣金销售补偿计划。新计划提高了支付佣金所需的销售门槛。旧计划支付佣金的阈值是员工当月销售额至少为 2.5 万美元，而新计划是仅在当月的销售额超过 6 万美元后才向员工支付佣金。

新计划将使拉布里奥拉的收入减少约 25%，于是他开始在其他地方寻找类似职位的工作。2002 年 11 月 12 日，波拉德公司发现拉布里奥拉有意向竞争对手谋职，于是解雇了他。波拉德公司给有意雇佣拉布里奥拉的竞争对手发了一封信，表示有意执行员工的《竞业禁止协议》。该竞争对手没有雇佣拉布里奥拉，尽管他寻求的是与在波拉德公司中担任的职位类似的职位，但未能成功。

拉布里奥拉向波拉德公司提起宣告性救济诉讼，要求宣告《竞业禁止协议》无效，波拉德公司对自己的业务进行了非法干预。

争议焦点

《竞业禁止协议》是否无效。

诉讼过程

初审法院作出了有利于波拉德公司的简易判决，判决拉布里奥拉败诉，并维持协议，还驳回了拉布里奥拉的动议，即请求初审法院将 2002 年《竞业禁止协议》的时间限制从 3 年修改为 6 个月。

初审法院批准了拉布里奥拉的另一项动议，驳回了波拉德公司的两项积极主张（未能减轻损害后果和非当事方过错）和 5 项反诉（违约、衡平法救济、违反忠诚义务、违反《统一商业秘密法》及侵占）。

拉布里奥拉提出上诉，要求废除部分简易判决，不执行《竞业禁止协议》。

华盛顿州最高法院意见

一、《竞业禁止协议》的有效性

在该案中，上诉法院会考虑：当波拉德公司没有向拉布里奥拉提供其他额外福利或承诺时，拉布里奥拉在受雇 5 年后被解雇，其《竞业禁止协议》签署的有效性。

拉布里奥拉寻求宣告与波拉德公司签订的《竞业禁止协议》无效。雇佣开始后签订的《竞业禁止协议》只有在对独立对价达成协议时才有效。当一名已经受雇于雇主的雇员签署了《竞业禁止协议》，但没有收到新的福利，雇主也没有承担进一步的义务时，是否有考虑订立合同？

拉布里奥拉声称，由于缺乏考虑，《竞业禁止协议》应无效。换句话说，合同没有成立。波拉德公司辩称，《竞业禁止协议》是可执行的，因为未来和持续的就业和/或工作培训是雇主对雇员执行《竞业禁止协议》的交换条件。

法院执行有效且合理的竞业禁止协议，对价是"对法律关系的任何行为、克制、建立、修改或破坏，或作为交换的回报承诺"。对价是交换承诺的条件。

《合同法（第二重述）》规定："第一，要构成对价，必须就履行或返还承诺进行讨价还价；第二，若允诺人寻求履行或返还允诺以换取其允诺，并且受允诺人给予履行或返还允诺以换取该允诺，则履行或返还允诺是可以讨价还价的；第三，行为可能包括：①承诺以外的行为，或②不作为，或③法律关系的建立、修改或破坏。"

根据先例，**法院通常不调查对价的充分性，而是采用法律充分性测试。充分性与比较价值无关，而是与支持承诺的价值有关。华盛顿州的一般法律规则是，如果员工在第一次被雇佣时签订了《竞业禁止协议》，就存在对价。如果雇佣后签订的《竞业禁止协议》得到独立对价的支持，则该协议将被强制执行。修改或后续协议的有效形成需要独立、额外的对价。**当"一方履行某些额外义务，而另一方仅履行其在原始合同中承诺的义务"时，不存在对价。独立对价因素可能包括增加工资、晋升、奖金、固定雇佣期限，或者获取受保护信息。对价包括双方之前不需要的新承诺或义务。

上诉法院推理得出：当每个员工签署保证书时，任何人可能都不会误解，因为该保证书在前三条条款中明确规定："①我的全部时间都将投入；②在这样的工作期间，我不会做违背保证的事；③无论是在离职期间还是离职后，我都不会采取任何行动。"每份法庭报告中包含的此类保证肯定是未来就业的基础和部分对价。

对价是交换承诺的条件。对《竞业禁止协议》签订前后的波拉德公司状况进行比较，确认2002年《竞业禁止协议》是在没有对价的情况下签订的。波拉德公司没有因《竞业禁止协议》承担额外的责任或义务。

《竞业禁止协议》没有提及雇主的指导作为对价，以换取雇员不竞争的承诺。这是因为雇主不打算向雇员提供任何额外福利或承诺。虽然波拉德公司声称拉布里奥拉在签署《竞业禁止协议》后接受了培训，但并未证明在签署《竞业禁止协议》后接受的培训与 1997 年的《雇佣协议》中的受约束内容有任何不同。

二、减轻损害后果

可避免后果或减轻损害的原则，使受害方无法获得通过合理努力可以避免的损害赔偿。

上诉法院曾在先例中阐述：对于因他人错误而被迫陷入可能受到伤害或损失的困境的人来说，必须给予广泛的酌处权。他只需采取合理行为即可。如果出现两种合理的选择，被迫选错的人不能抱怨其选择了一种而非另一种。

一项不争的事实是，拉布里奥拉在终止雇佣关系后，去寻求一个与在波拉德公司职位类似的职位。他在证词中曾表示，他在以下公司申请了销售职位，包括强生公司、索尔瓦制药公司、弗劳德美国公司、休伯特研究公司和塔科马新闻论坛报。拉布里奥拉也向招聘人员寻求帮助。尽管作出了这些努力，他仍然失业。

波拉德公司辩称，拉布里奥拉未能减少损失，因为他没有寻求《竞业禁止协议》中 75 英里半径限制以外的兼职或季节性就业或任何其他就业机会。可避免后果原则只要求雇员采取合理行动以减少损失。拉布里奥拉寻找类似职位的工作策略是合理的。上诉法院认为，初审法院驳回波拉德公司未能减少损失的观点时，并没有犯错。

波拉德公司的另一主张是，非当事人存在过失。这是针对拉布里奥拉对波拉德公司的侵权性商务干预主张所提出的抗辩。但是，在初审法院对部分问题作出简易判决后，拉布里奥拉自愿撤销了该主张。他没有在该主张下寻求恢复原状。上诉法院维持初审法庭驳回波拉德公司该主张的决定。

初审法院驳回波拉德公司的 5 项反诉，即违约、衡平法救济、违反忠诚义务、违反《统一商业秘密法》及侵占。根据简易判决，波拉德公司没有提出足够的事实来证实自己的 5 项反诉。在没有表面证据的情况下，波拉德公司不能避免法院就这 5 项反诉请求作出不利于它的简易判决。

📖 判决结果

上诉法院没有讨论 1997 年的协议是否可强制执行的问题，因为拉布里奥拉承认该协议是可强制执行的。上诉法院认定，2002 年签订的《竞业禁止协议》缺乏独立的对价，不能强制对雇员执行，因此撤销了初审法院的简易判决。因此，上诉法院推翻了初审法院对拉布里奥拉作出的简易判决，作出有利于他的简易判决，即 2002 年的《竞业禁止协议》并未有效成立。

上诉法院认为，初审法院驳回波拉德公司对 2002 年《竞业禁止协议》的五项反诉请求时，没有错误。

案例学习意义

商业秘密的重要性已被越来越多的企业所认识，企业在雇佣员工时，多有要求雇员签订竞业限制协议。雇员与雇主签订竞业限制协议时，法院执行有效且合理的竞业限制协议。相关协议有效、合理、可被执行的核心与根基是，是否存在合理的对价。对价是指受要约方作出承诺的交换条件，"对法律关系的任何行为、克制、建立、修改或破坏，或作为交换的回报承诺"。对价可以是广义的，包括金钱性质的与非金钱性质的。缺少对价会致使保密协议无效或不存在有效的保密义务。

通过学习该案可以深入理解竞业禁止、竞业限制协议中对价的作用和重要性。截至 2023 年 3 月，该案被美国案例判决文书引用 167 次，被其他法律文件引用 350 次。

第五节　在竞争对手中雇佣有经验的
高科技员工的法律风险

法律问题

雇佣竞争对手的核心员工本身是否构成侵犯商业秘密？怎样的行为会规避或加重这类法律风险？

> ### 高露洁－棕榄公司诉卡特产品公司案
> *Carter Prods. v. Colgate － Palmolive Co.*，230 F. 2d 855（1956）

■ **原告/被上诉人**：卡特产品公司（Carter Products，Inc.，以下简称"卡特公司"）、乔瑟夫·斯皮策（Joseph Spitzer）等

■ **被告/上诉人**：高露洁－棕榄公司等（Colgate － Palmolive Company，以下简称"高露洁"）等

■ **法院**：美国联邦第四巡回上诉法院

案例背景

该案发生在前雇主和前雇员及他的新雇主之间。这是一起因专利侵权和涉嫌非法窃取机密信息及挪用商业秘密而提起的损害赔偿诉讼。

1949 年 3 月，斯皮策、瑞查（Reich）和范纳（Fine）开始研发工作。1950 年 4 月，卡特公司将"瑞丝"（Rise）推向市场。1950 年 5 月和 7 月，高露洁分析了"瑞丝"，并试图复刻它，但没有成功。尽管高露洁声称"瑞丝"配方已完全被复刻，但结果并不令人满意，特别是因为它没有使得产品从罐中充分耗尽。此外，高露洁也对产品的飞溅感到不安。

1950 年 9 月，范纳进入高露洁工作，但他是"瑞丝"的共同发明人。10 月，

范纳向高露洁揭示了溅射的原因。11 月，范纳向高露洁透露了"瑞丝"的精确配方，并将该配方与稀释的高露洁泡沫混合，制成了"快剃 1 号"。此外，范纳还向高露洁及其阀门供应商透露了卡特公司为"瑞丝"采用的虹吸管淬火工艺。

1951 年 8 月，高露洁以范纳的名义提交了一件专利申请，涉及"快剃 1 号"的配方，该配方体现了他最初在"瑞丝"上所做的工作。11 月，范纳经过精心准备，并向他在高露洁的助手透露了一个"瑞丝"的重复配方，即含有过量脂肪物质（超级肥皂）。

1952 年 9 月至 1953 年 2 月，高露洁一直在尝试用凡士林、碳蜡和过量硬脂酸为"瑞丝"配方添加超滤料，然后在市场上销售其"快剃 2 号"。1953 年 9 月，高露洁以范纳和助手的名义，根据范纳在为斯皮策请来的化学顾问福斯特·斯奈尔（Foster Snell）工作期间所做的开发工作，提交了第二件专利申请。

斯皮策等基于涉及专利侵权和非法盗窃秘密信息及不当挪用商业秘密，提起损害赔偿诉讼。

 争议焦点

是否存在侵犯商业秘密的行为，若存在，什么是适当的赔偿。

地区法院意见

地区法院认为，被告高露洁通过将原告的商业秘密包含在加压泡沫剃须成分中，非法不当挪用原告的商业秘密，具体如下：

（1）将原告产品"瑞丝"中肥皂溶液配方的商业秘密与稀释的高露洁泡沫霜结合，制成"快剃 1 号"。

（2）在聚乙烯虹吸管的热退火过程中，在一些容器中使用原告的商业秘密"快剃 1 号"配方。

（3）将一种含有凡士林、碳蜡和过量硬脂酸的肥皂溶液混合在一种加压起泡组合物中，并在其产品"快剃 2 号"和"快速理发剃须"中体现上述秘密组合。

原告的专利未披露上述第三项商业秘密。

初审法院禁止被告使用其非法不当挪用的商业秘密，还命令高露洁将基于商业秘密的专利申请转让给原告。判决原告追回他们至该案判决为止花费的费用和应纳税支出，包括高露洁在该诉讼中花费的合理律师费，并指示特任法官在其报告中列入关于允许的律师费数额的建议。

美国联邦第四巡回上诉法院意见

上诉法院同意地区法官的意见，即高露洁必须为其在开发剃须膏时不当挪用和使用"瑞丝"配方承担责任。

这个配方是斯奈尔为斯皮策的公司秘密研发的。范纳作为为斯奈尔工作的一名员工与斯奈尔签订了合同，不得披露在工作过程中获得的信息。高露洁知道范纳的工作以及他在"瑞丝"开发方面的工作，即使在市场上购买并进行分析后，高露洁也无法生产这种产品。尽管高露洁在此之前曾两次拒绝雇佣范纳，知道他受雇于斯奈尔的秘密性质，但在致力于开发加压剃须膏的过程中雇佣了他，并在雇佣后 1 个月内让他着手解决这个问题。他即刻解决了这个问题，将"瑞丝"配方与高露洁开发不成功的配方结合使用。

根据这些事实，毫无疑问，高露洁在生产加压剃须膏时使用了范纳的知识，这些知识与斯皮策及其同事的商业秘密有关。高露洁没有与范纳达成公开协议披露该机密信息，这不构成有效抗辩。范纳在受雇后有权为高露洁的利益使用其技能，这也不是一种有效抗辩。但他无权将斯奈尔的公司向他披露的商业秘密让与高露洁。高露洁也不可能对该事实熟视无睹。而事实就是，范纳就是那样做了，即便他并不是为这一明显的目的而被雇佣的。任何人不得通过雇佣受委托人并允许其使用他人的商业秘密来逃避盗用商业秘密的责任。

对此，地区法官说：我们没必要也没发现高露洁启用范纳最初是为了让他泄露在斯奈尔处获得的"瑞丝"专利的机密信息。上诉法院判定高露洁的行为错误的依据是：高露洁知道，或必须通过适用公平商业原则而知道，范纳与斯奈尔之间工作的确切性质很可能被包含在范纳与斯奈尔之间的协议中，该协议规定范纳不得泄露商业秘密。因此，高露洁有义务在确定范纳可能向高露洁披露的信息问题上要比现在做得更多，以限制他可能向高露洁泄露信息。高露洁在确认范纳加入高露洁时的非常状态方面做得不足，这一点是它的错误。当时，范纳是"瑞丝"的共同发明人和专利权人。换句话说，范纳愿意，并且被高露洁有意安排他从事与在斯奈尔共同工作直接竞争的工作，最终获得自己的专利。范纳能够做到这一点，这一事实本身就应该让安排范纳工作的高露洁代表产生一种感觉，即在这种情况下，他正在从事一项相当奇怪的工作。因此，对于高露洁来说，仅说会看到范纳达到他与斯奈尔的合同规定的限制是不够的。可靠证据的分量表明，高露洁远远没有足够的热情去确定这些限制到底是什么，并让范纳履行这些限制。

《侵权法（重述）》第 757 条明确规定了适用的法律原则，即一方在没有豁免权的情况下披露或使用另一方的商业秘密，如果"他从第三人处获悉该秘密，并从第三人处知道这是一个秘密，第三人以不正当手段发现该秘密，或第三人在其他方面违反了他对另一人的义务，披露该秘密"，则须对该另一方负责。

这条规则已经很好地解决了这一问题，即所谓涉及的**秘密配方和工艺是受禁令保护的财产权**，不仅针对那些试图披露或使用这些配方或工艺的违反保密关系或明示或默示合同的人，也针对那些知道这类信赖关系或合同而参与此类尝试的人，尽管他们可能会通过自己的独立实验或努力最终达到相同的结果。

上诉法院认为，初审法院有关将聚乙烯管浸入热水中进行退火的认定是不成立的。虽然范纳在斯奈尔了解到了这一点，并将其知识传达给了高露洁，但这一工艺是众所周知的，不能被视为商业秘密或秘密泄露。然而，这并不重要，因为没有就此给予任何禁令救济，以及损害赔偿金，无论是基于原始"瑞丝"配方还是超级肥皂配方的使用，都不会因此受到影响。

这不是一起普通的侵权案，是一起故意侵犯专利权且故意侵犯商业秘密的案件，而高露洁本身正是以此为基础试图获得专利的。

 判决结果

确认被上诉的法令。

案例学习意义

企业在从竞争对手中招募有经验的高科技员工同样面临着较高的侵犯商业秘密法律风险。任何人不得通过雇佣受委托人并允许其使用他人的商业秘密来逃避盗用或不当挪用商业秘密的责任。

该案对高露洁招聘范纳的行为给出了很好的阐述。当企业招聘存在竞争关系的员工，甚至是试图反向工程的项目的工程师时，不仅有义务确认该员工或工程师是否存在保密义务的情况，更要提醒和限定他们不要在新岗位中泄露相关信息，否则会有构成故意侵犯商业秘密的风险。

招聘有经验的高科技员工是企业创新的一项重要措施，但招聘过程和日后对相关员工的管理也要注重规避侵犯他人商业秘密的法律风险。通过学习该案可以理解这类招募所涉及的法律风险与规避风险的有效行为。截至 2023 年 3 月，该案被美国案例判决文书引用 124 次，被其他法律文件引用 72 次。

第六节　商业秘密不可避免泄露原则

法律问题

什么是不可避免泄露原则？它的本质是什么？与保密协议与竞业禁止条款的关系是怎样的？彼此间能否转换？

> **怀特诉施拉格公司案**
>
> *Whyte v. Schlage Lock Co.*，101 Cal. App. 4th 1443（2002）

■ **原告（反诉被告）/被上诉人：** J. 道格拉斯·怀特等（J. Douglas Whyte et al.）

■ **被告（反诉原告）/上诉人：** 施拉格锁公司（Schlage Lock Company，以下简称"施拉格公司"）、英格索兰公司（Ingersoll Rand）

■ **法院：** 加利福尼亚州上诉法院第四分区

案例背景

该案发生在一名劳动者与他的前雇主之间，他的现雇主与前雇主存在激烈的竞争关系。

施拉格公司是被告英格索兰公司的子公司。凯特安（Kwikset）和施拉格公司均生产和销售锁及相关产品。它们是激烈的竞争对手，在家得宝（Home Depot）家具店激烈争夺货架空间。家得宝是锁具的主要销售商，占施拉格公司销售额的38%。

怀特（Whyte）曾担任施拉格公司的销售副总裁，负责向家得宝、家安（HomeBase）、劳斯（Lowe's）、梅纳德氏（Menard's）和西尔斯（Sears）等其他"大盒子"零售商的销售。怀特签署了一份保密协议，以保护施拉格公司的专有信息，并同意遵守施拉格公司的道德规范。该规范禁止为个人或非公司用途披露机密信息。怀特没签署竞业限制协议。

家得宝定期对其供应商的产品线、价格、定价和营销优惠以及交付产品的性能进行审查。它利用这一"产品线审查"来确定将销售哪些产品，以及将哪些产品下架。作为产品线审查的一部分，家得宝通常会要求凯特安和施拉格公司等供应商提交定价和营销优惠、促销折扣和广告资金的建议，并提供有关产品变化和新产品的信息。

2000 年 2 月，家得宝与施拉格公司进行了一次产品线审查。家得宝遵循施拉格公司的建议，移除了凯特安的"屉安"（Titan）品牌锁，并扩大了施拉格公司在货架上的影响力。怀特参与了这次产品线审查，并起草了产品线审查协议，确认了施拉格公司与家得宝之间的业务关系。

怀特的销售能力给奎克塞特的总裁克里斯多夫·梅茨（Christopher Metz）留下了深刻印象。梅茨向怀特发出邀请。怀特显然得到了应有的回报，因为他在 2000 年 6 月 3 日接受了凯特安的一份工作。然而，在 6 月 5 日代表施拉格公司参加与家得宝的秘密会议后，他直到 6 月 14 日才从施拉格公司辞职，并于 2000 年 6 月 16 日离开施拉格公司。

施拉格公司对怀特不满意，分开得也不友好。施拉格公司辩称，怀特是为了报复施拉格公司总裁罗伯特·斯坦曼（Robert Steinman）的轻视言论，称怀特否认了一项保密协议，窃取了商业秘密信息（包括与家得宝签订的产品线审查协议），还谎报了公司信息。怀特否认接受任何商业秘密，声称他重申了保密协议，并辩称斯坦曼在 6 月 16 日的离职面谈中发誓要毁掉自己的职业生涯。

2000 年 6 月 25 日，怀特成为凯特安负责国家账户这个客户的销售副总裁。他在凯特安的工作职责与施拉格公司的基本相似，为家得宝和其他"大型零售商"处理锁具产品。

怀特离开施拉格，随后引发一场诉讼风暴。

争议焦点

是否存在受保护的商业秘密。

怀特离职并加入凯特安的行为是否在不可避免泄露原则下构成不当挪用商业秘密，并应受到禁令的约束。

诉讼过程

英格索兰公司在科罗拉多州法院起诉怀特，要求对他发出禁令。英格索兰公司敦促科罗拉多州法院，根据不可避免泄露原则发布禁令。2000 年 6 月 27 日，科罗拉多州法院驳回了英格索兰公司的禁令请求。6 月 30 日，怀特起诉英格索兰公司和施拉格公司，寻求对于预合同的侵权损害赔偿以及确权自己有为凯特安工作的自由。

7 月 11 日，施拉格公司就不公平竞争、侵占商业秘密、违约、违反信托责任、故意和过失干涉经济关系和转换等问题提起了反诉。第二天，施拉格公司提交了一份缺席审判申请，要求暂时禁止怀特使用或泄露商业秘密，以等待初步禁令申请的听证会。

法院于 7 月 25 日批准了施拉格的缺席审判申请并发出临时禁令，禁止怀特使用或披露 20 项商业秘密资料，以及命令怀特交回其占有的任何该等资料。作为回复，怀特交出了一个可以占满厨房面积大小的垃圾袋，里面装满了粉碎的文件，还有一个装有 7 张被销毁的软盘和 9 张被销毁的压缩盘的密封袋。

在申请的第一次听证会上，法院驳回了不可避免泄露原则的使用，但根据提交的事项，考虑根据实际或威胁的不当挪用发布临时禁令。

在 2000 年 10 月 24 日的第二次听证会上，法院表示将拒绝禁令申请。在宣布判决的时候，法院宣布施拉格公司想要保护的信息不是商业秘密。10 月 24 日晚些时候，法院作出了一份简易判决，驳回了初步禁止令的请求，并批准了怀特在不说明理由的情况下驳回临时禁令的动议。

尽管英格索兰公司没有就禁令救济提出反诉，也没有提出或参与初步禁令申请，但它提出上诉。

加利福尼亚州上诉法院第四分区意见

一、上诉是否有意义？

在讨论案情之前，上诉法院讨论了怀特的建议，即上诉没有实际意义，因为施拉格公司的商业秘密信息已经"过时"了。施拉格公司回答说，大多数商业秘密信息的"有用保存期"为 2 年，因此"大多数（该案所描述的秘密信息）……今天仍然有效"。如果发生的事件并非被告的过错，致使任何上诉决定无法为当事人提供救济，则上诉便失去意义。

禁止侵犯商业秘密的强制令应只在维护当事人权利所必需的情况及消除侵犯商业秘密的人而获得的商业利益下有效。

怀特没引用任何证据或来源来证明，禁令不再是消除他可能通过所谓的盗用而取得的任何商业利益的必要条件。怀特没提议驳回上诉请求，上诉法院也找不到相关依据。

二、施拉格公司提供的信息是否构成商业秘密？

根据《加利福尼亚州民法典》第3426（d）条，"商业秘密"是"信息，包括配方、模式、汇编、程序、装置、方法、技术或工艺：①由于不为公众或其他可从其披露或使用中获得经济价值的人普遍所知悉，从而获得实际或潜在的独立经济价值，且②是在这种情况下采取合理努力保持其秘密性的对象"。

施拉格公司试图禁止使用的临时禁令第一段所指的一系列商业秘密，包括："①关于其新产品的信息；②向客户销售其产品的定价；③向客户销售其产品的利润率；④向客户销售产品的生产成本；⑤家得宝产品线审查文件；⑥向其客户提供的价格优惠；⑦向其客户提供的促销折扣；⑧向其客户提供的广告津贴；⑨对其产品给予客户量大折扣；⑩对其客户作出的营销优惠；⑪其市场调研数据；⑫2000年日历年广告战略计划；⑬对其客户的贸易折扣；⑭向其客户提供并由其供应商提供的付款条件；⑮向其客户提供的折扣激励；⑯其广告、销售和促销预算；⑰其新的和现有的产品加工工艺；⑱复合材料加工技术（即其在产品中使用的独特复合材料以及应用于这些复合材料的工艺）；⑲1年、3年和5年战略计划文件；⑳公司人员信息。"

怀特认为，这些商业信息类别"宽泛"而没有足够的特殊性，不值得商业秘密保护。他还主张，正如初审法庭口头陈述的那样，这些信息都不构成商业秘密。施拉格公司认为：首先，对其商业秘密进行了必要的详细描述；其次，这些确认的信息是商业秘密，施拉格公司为维护信息的秘密性作出了合理努力。

上诉法院依次讨论这些论点，并根据所提交的证据得出结论，认为施拉格公司寻求保护的部分信息是商业秘密。

（一）施拉格公司是否充分识别了其商业秘密

除新产品信息外，上诉法院认为施拉格公司的商业秘密具有必要的特殊性。在现阶段，寻求保护商业秘密的一方当事人必须"具有足够的特殊性，将商业秘密的主题事项与该行业的一般知识事项或熟悉该行业的人的特殊知识事项区分开来，并让被告至少确定秘密所在的边界"。

临时禁令所涉及信息的第①至⑲项符合这一要求。它们被起草得有充分的细节，以让怀特识别和理解受保护的信息。施拉格公司根据《加利福尼亚州民事诉讼法》第2019条作出的描述补充了简报和声明，消除了对"秘密所在边界的任何疑问"。

凯特安在理解假定的商业秘密信息的范围方面没有困难。在证词中，凯特安的总裁梅茨被逐一询问，临时禁令中的每一项信息是否都是秘密的。梅茨理解每项信息的范围和意义，因为他证明这些信息对凯特安是保密的，他没有理由相信对施拉格公司而言不是保密的。

虽然关于施拉格公司新产品的信息当然可能是商业秘密，但内容过于宽泛。

信息①"关于新产品的信息"过于宽泛，无法强制执行，因为施拉格公司没区分真正的秘密信息（如配方和产品设计）和已公开披露的新产品信息。施拉格公司未说明人事信息中的内容是否得到充分描述或是否构成商业秘密，因此该论点无效。

（二）施拉格公司确认的信息是否为商业秘密

对商业秘密的测试是，是否存在寻求保护的事项：第一，因为他人不知道而有价值的信息；第二，所有者试图保密的信息。

上诉法院首先讨论施拉格公司为维护其商业秘密的保密性所作的努力。上诉法院在先例中曾阐述**"保护秘密的合理努力包括向员工告知商业秘密的存在、在'需要知道'的基础上限制对商业秘密的访问，以及控制相关地区的访问"**。

庭审记录显示，施拉格公司的商业秘密除一个重大例外，均未公开传播，并且包括怀特在内的施拉格公司高管都受所签署保密协议的约束。要求员工签署保密协议是确保秘密性的合理步骤。此外，凯特安认为此项信息是机密信息。

例外情况是家得宝产品线审查文件，即第⑤项。施拉格公司似乎并未对产品线审查文件保密，因为这些文件已向家得宝披露。施拉格公司主张，产品线审查文件和相关信息受施拉格公司和家得宝之间的保密协议约束。但是，正如施拉格公司在口头辩论中承认的那样，保密协议没有记录在案。如果没有保密协议，家得宝可能会将产品线审查文件交给凯特安和其他施拉格公司竞争对手。由于保密协议未记录在案，出于本次上诉的目的，上诉法院不将审查文件以及向家得宝披露的任何其他信息视为商业秘密或机密信息。出于同样的原因，就本次上诉而言，向施拉格公司客户披露的任何信息（如价格优惠、商业折扣和折扣优惠）均不得视为商业秘密或机密。

因此，上诉法院得出结论，根据上诉记录，施拉格公司作出了合理的努力来维护其商业秘密信息的秘密性，但家得宝产品线审查文件和其他向家得宝或施拉格公司客户披露的信息除外。

接下来，上诉法院讨论了施拉格公司试图保护的信息是否会因他人不知道而产生价值。上诉法院在下文中回顾了施拉格公司在临时禁令中确定的信息项（除①⑤⑳外），并得出结论，它们符合本测试。

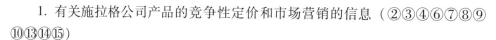

1. 有关施拉格公司产品的竞争性定价和市场营销的信息（②③④⑥⑦⑧⑨⑩⑬⑭⑮）

这些信息包括施拉格公司的定价、利润率、生产成本、价格优惠、促销折扣、广告津贴、数量回扣、营销优惠、付款条件和回扣优惠。这些信息涉及"施拉格公司向其大型箱式零售商和家得宝等其他非零售客户销售锁具产品的价格"，并被施拉格公司用于对产品进行竞争性定价。这些信息具有独立的经济价值，因为施拉格公司的定价政策对于竞争者来说是有价值的，可以设定与施拉格公司的价格相当或者低于它的价格。上诉法院已经认识到，有关成本和定价的信息可以是商业秘密。

怀特认为施拉格公司的成本和价格信息只是"做生意的一般方法"，不能作为商业秘密加以保护。在这样的论证中，怀特未能区分施拉格公司独有的成本和定价数据（可能被视为商业秘密）并且通常被用于行业定价。

2. 施拉格公司的战略和营销计划以及营销研究（⑪⑫⑯⑲）

这些信息是指保密的市场研究结果、广告和市场战略、计划和技术，以及施拉格公司的 5 年战略计划。在竞争对手知道这些信息的情况下，这些信息将是有价值的，因为这将使竞争对手能够预测并对抗施拉格公司的广告和营销。根据加州法律，施拉格公司的市场营销策略和计划（包括其 5 年战略计划）构成商业秘密。

施拉格公司的市场调查并不享受这种全面的商业秘密保护。如果市场调查"探索了众多不同买家的需求"，那么它可以是商业秘密，但如果它"涉及一个知名的买家，而这个买家大概知道自己的需求……"那么它就不能被保护。客户的喜好和要求，不是商业秘密。因此，如果施拉格公司的市场调查仅仅与家得宝或任何一个重要客户的需求有关，那么它就不是商业秘密。

3. 与施拉格公司工艺技术有关的信息（⑰⑱）

这些信息包括具体的铸造技术、流量技术、制造技术、施拉格公司的电镀和电镀浴化学品和方法。怀特并不认为施拉格公司的加工技术不属于商业秘密，事实上，这种技术"诀窍"是典型的商业秘密。

三、怀特有没有实际或威胁的不当挪用？

现在来看怀特是否真的有不当挪用的行为。法院可以禁止"侵犯或威胁不当挪用"商业秘密。"不当挪用"通常是指不当获取商业秘密或非双方同意使用或泄露商业秘密。

施拉格公司辩称，直接和间接证据表明，怀特参与了实际或威胁的不当挪用行为，包括怀特有权获取其商业秘密的证据、发誓要报复施拉格公司的总裁、隐瞒了他离开施拉格公司参加与家得宝的保密会议的情况违背了保密协议、谎称归还机密信息；谎称销毁了施拉格公司机密信息，保留了一份下载到磁盘上的家得宝审查协议副本，发了封电子邮件，将机密报告附在他的个人电子邮件地址上；接受了凯特安的职位，其职责与施拉格公司相同，以便使用施拉格公司的机密信息。

怀特否认这些指控，辩称，施拉格公司没人证明他对自己的不当挪用或威胁不当挪用商业秘密知情。怀特指出，有证据表明，在从施拉格公司辞职之前，他销毁了所有包含施拉格公司机密信息的东西，并应施拉格公司营销副总裁的要求下载了家得宝产品线审查协议，并将磁盘留在副总裁的办公桌上。在任何情况下，怀特均不承认对施拉格公司的制造技术和工艺有任何了解。怀特声称，凯特安指示他不要泄露任何施拉格公司的商业秘密。几名凯特安经理证实，怀特没有透露施拉格公司的商业秘密。

证据分歧很清晰。双方都收集陈述、证物和证词，以支持各自的立场。但上诉法院不需要，也不可能解决证据中的冲突或重新衡量。

适用的审查标准规定，上诉法院"根据最有利于胜诉方的观点解释事实，并专注于所有合理的推论，以支持裁判法院的命令"，即使证据是通过陈述提出的。由初审法院判断这些陈述的可信度。

因此，上诉法院必须将事实解释为有利于拒绝初步禁令的命令，因此得出结论，怀特确定的证据没有威胁或实际上盗用施拉格公司的商业秘密。

上诉法院强调，上诉法院的决定不是对实际或可能不当挪用问题的最终判决。上诉法院热切关注庭审记录中的证据，那些证据显示怀特拿走了施拉格公司的商业秘密或销毁了证据。然而，上诉法院受制于适用的审查标准，以及上诉法院作为审查法院的有限角色，无法以有利于初审法院命令的方式查清事实。

四、不可避免泄露原则是加利福尼亚州的法律吗？

作为证明实际或威胁不当挪用的替代方案，施拉格公司敦促上诉法院根据不可避免泄露原则，撤销并禁止怀特为凯特安的锁具部门工作。**根据不可避免泄露原则，"原告可以通过证明被告的新工作将不可避免地导致他依赖原告的商业秘密来证明商业秘密被不当挪用的主张"。**

不可避免泄露原则导致禁令禁止雇佣，而不仅仅是使用商业秘密。该理论的理由是，除非员工"具有划分信息的不可思议的能力"，否则员工在履行其新的工作职责时，必然会有意识或无意识地依赖前雇主的商业秘密知识。适用不可避免泄露原则的法院考虑了雇员的前任和现任职位之间的相似程度、前任和现任雇主之间的竞争程度、现任雇主保护前任雇主商业秘密的努力，以及这位前雇员"在接受工作之前的活动中……以及在证词中都缺乏坦率"（参见百事可乐诉雷德蒙德案，本书第一章第七节"法律问题"）。

百事可乐诉雷德蒙德案是关于不可避免泄露原则的主要案例。其中，百事可乐试图禁止其前雇员雷德蒙德为竞争对手桂格燕麦公司工作。施拉格公司断言，这里的事实与可口可乐"惊人地相似"，上诉法院倾向于同意。

施拉格公司和凯特安是激烈的竞争对手；怀特在凯特安的工作职责几乎与他在施拉格公司的职责相同；怀特知道施拉格公司的商业秘密（尤其是那些对家得宝很重要的秘密）；怀特签署了保密协议；而且，如果上诉法院采纳施拉格公司的证据，怀特对施拉格公司并不"坦率"。

怀特的证据确实表明，凯特安有努力保护施拉格公司的商业秘密。尽管如此，这起案件与百事可乐诉雷德蒙德案和其他不可避免泄露案件之间的相似性意味着无法根据事实区分这些案件。

加利福尼亚州没有公开地决定接受或拒绝不可避免泄露原则。两个美国联邦地区法院得出结论，不可避免泄露原则并非该州的法律。这些联邦判决当然并不确定加利福尼亚州的法律或对其法院产生约束。上诉法院可以自由考虑不可避免泄露原则，且拒绝它。

上诉法院的调查证实，解决这一问题的大多数司法管辖区都采用了某种形式的不可避免泄露原则。然而，存在虽然数量少但却逐步增长的案件反对适用不可避免泄露原则。

拒绝适用不可避免泄露原则的决定正确地平衡了相互竞争的员工流动公共政策和商业秘密保护。不可避免泄露原则允许雇主在无须证明雇员实际或威胁使用商业秘密的情况下，基于雇员不可避免地会在新工作中使用其对这些商业秘密的了解的推断（反过来基于间接证据），禁止前雇员使用这些商业秘密。其结果不仅是产生禁止使用商业秘密的禁令，而且是限制就业的禁令。

《加利福尼亚州商业和职业法》第 16600 条一般禁止限制竞争的协议，加利福尼亚州公共政策强烈支持员工流动。该法条保护一个人"从事生活中任何一般职业"的权利。上诉法院同意不可避免泄露原则"创造了一个事实上的不竞争契约"，并且"与加利福尼亚州支持员工流动的强有力公共政策背道而驰"。然而，支持员工流动的政策本身并不要求拒绝不可避免泄露原则，因为加利福尼亚州法律也保护商业秘密。

施拉格公司提出的禁令只会禁止怀特向家得宝出售锁具，这似乎是为了保护施拉格公司的商业秘密。**不可避免泄露原则规定竞业禁止协议的主要弊端在于其事后性质：该协议是在签订雇佣合同后规定的，因此未经雇员同意就改变了雇佣关系。**如本协议所述，当保密协议到位时，不可避免泄露原则"实际上将保密协议转化为事实上的竞业禁止协议"。或者，正如另一家联邦法院所说："法院不应允许原告利用不可避免泄露作为事后竞业禁止协议，禁止雇员为其选择的雇主工作。"

因此，不可避免泄露原则改写了雇佣协议，"此项目追溯性变更且扭曲了雇佣关系的条款，打破了法院在解释竞业禁止协议时试图达到的平衡"。由于不可避免泄露原则，雇主从其未支付费用的合同条款中获得利益，而雇员受法院强制执行的合同条款约束，没有机会协商条款或对价。

施拉格公司和怀特没有达成竞业禁止协议。上诉法院拒绝通过采用不可避免泄露原则来实施竞业禁止义务，无论该义务的范围多么有限。

除非对上诉法院持有任何疑问，上诉法院完全拒绝了不可避免泄露原则。如果竞业禁止协议（例如，非合并条款）是雇佣协议的一部分，则不得援引不可避免泄露原则来补充协议、改变其含义或使其他不可执行的协议可执行。

加利福尼亚州关于执行竞业禁止的法律将衡量范围、意义和有效性。上诉法院的意见并没有改变这条法律。在该案所述情况下，雇主可能会通过为保护商业秘密而狭义起草约定合理的不向雇主客户推销的条款来阻止商业秘密的披露。因此，无论竞业禁止协议是否是雇佣协议的一部分，不可避免泄露原则都不能作为证明实际或威胁盗用商业秘密的替代品。

由于上诉法院拒绝不可避免泄露原则，且证据未能证明实际或威胁盗用商业秘密，因此上诉法院不讨论施拉格公司有关有利于发布禁令的观点。

🖥 判决结果

驳回施拉格公司申请初步禁令，并确认批准提出解除临时禁令的动议的命令。

👑 案例学习意义

雇员离职后会不可避免地披露原雇主的商业秘密，这一原则被称为不可避免泄露原则。美国不同的州对不可避免泄露原则采取的态度不一致。加利福尼亚州法律也尚未对不可避免泄露原则作出明确且一致的表态。

　　不可避免泄露原则缔造了一个事后契约，限制员工的流动性。该原则允许商业秘密所有者阻止前雇员为竞争对手工作，尽管所有者未能证明雇员已经或威胁使用商业秘密。根据该原则，员工可能会被要求证明其新的工作职责不会不可避免地导致依赖前雇主的商业秘密。

　　不可避免泄露原则的适用能反映对相互竞争的员工流动公共政策和商业秘密保护之间平衡的态度。在该案中，上诉法院反对不可避免泄露原则，认为该原则违反了加利福尼亚州的法律和政策，限制员工的流动性。这样的观点恰好与第一章介绍的伊利诺伊州的百事可乐诉雷德蒙德案形成对比，两案相似，但法庭的观点却截然不同。对比地学习和看待这两个案件能使读者更全面地理解美国司法是如何看待不可避免泄露原则的。

　　学习该案可以加强对不可避免泄露原则和竞业禁止条款有效性的深入认识。截至 2023 年 3 月，此案被美国案例判决文书引用 439 次，被其他法律文件引用 1214 次。

第五章　商业秘密保护的新情况

商业秘密法律的构建基于反不正当竞争法、物权法、侵权法、合同法等，类比于专利法、商标法、著作权法。随着美国联邦商业秘密刑法《经济间谍法》的出台，司法实践对商业秘密法的解释与适用出现了一些与以上法律中有关词汇含义的差异。这些差异正逐步一般化，构成商业秘密法的自身特点。例如，《经济间谍法》与一般刑法上的未遂标准不同，前者更易达到。又例如，不为公众所知悉的"公众"较一般公众更小，仅指原告的竞争对手等。这些问题在司法实践中对案件的审理具有重要的影响。本章通过6个案例对这些在司法实践中存在且有重要影响的问题作了梳理，便于相关人员了解与把握。

第一节　《经济间谍法》规定法律上的不可能不能作为辩护理由

 法律问题

不存在商业秘密时，是否可能构成预备和共谋盗窃商业秘密罪？尚未真正泄露的商业秘密需在庭审过程中如何展示？

> **美国政府诉许案**
> *United States v. Hsu*，155 F. 3d 189（1998）

■ **原告/上诉人**：美国政府（United States of America）

■ **被告/被上诉人**：凯－罗·许（Kai－Lo Hsu）、切斯特·霍（Chester Ho）、

杰西卡·周（Jessica Chou）
■ **法院：**美国联邦第三巡回上诉法院

 案例背景

该案是一起通过钓鱼执法捕捉到犯罪嫌疑人后发生的刑事诉讼。

1995年6月7日，当时中国台湾源丰纸业公司（Yuen Foong Paper Company）的业务开发经理周向美国联邦调查局（FBI）卧底约翰·哈特曼尼（John Hartmann）索要有关紫杉醇的信息，周误以为他是美国的技术信息经纪人。紫杉醇是一种由百时美公司（Bristol - Myers，以下简称"百时美"）生产的抗癌药物，被该公司视为极具价值的商业秘密。

从1995年8月28日到1996年1月12日，周多次联系哈特曼尼，以获取有关紫杉醇生产技术和分销的信息。1996年2月27日，哈特曼尼和源丰纸业公司的运营技术总监许在洛杉矶会面。据称，许在那次会议上告诉哈特曼尼，源丰纸业希望在生物技术领域实现多元化，并将先进国家的技术引进中国台湾。哈特曼尼回应称，百时美将不太可能与源丰纸业分享其秘密技术。据称，许回应说，"我们将以另一种方式获得该技术"，并告诉哈特曼尼继续向百时美员工支付机密紫杉醇配方的费用。

在接下来的14个月里，许和周与哈特曼尼"多次沟通"，讨论紫杉醇技术的转让，并就收购百时美商业秘密的具体价格进行谈判。哈特曼尼回应表示，有一名"腐败"的百时美科学家愿意向源丰纸业出售紫杉醇信息。这位"腐败"的科学家实际上是一名与美国联邦调查局合作的百时美公司员工。

对该前景感兴趣的周据称于1997年3月13日向哈特曼尼发送了一封电子邮件，概述了源丰纸业完成交易所需的"核心技术"，包括：①具有商定规模的生物反应器的设计和组装；②光照要求；③生长和生产的介质要求；④工艺的操作模式（如分批或连续）；⑤产量，如细胞密度、滴度、紫杉烷组成；⑥达到最大产量的培养时间；⑦适用于生物反应器的红豆杉物种的学名；⑧排除的细胞系。

周还告诉哈特曼尼，他将向这位百时美的科学家提供40万美元的现金、股票和版税，以换取他披露紫杉醇的秘密。此外，周和许开始安排双方1997年的会面，目的是让源丰纸业确定"腐败"科学家的真实性，并确定哈特曼尼是否真的能够提供周和许要求的紫杉醇商业机密。

哈特曼尼同意会面，1997年6月14日，他和百时美的科学家在费城四季酒店会见了源丰纸业的三名代表，其中包括许、霍和另一位身份不明的科学家。霍是中国台湾交通大学生物技术创新中心的主任和生物技术教授，负责在会上帮助源丰纸业评估紫杉醇技术。

这次会议的大部分内容包括关于紫杉醇生产工艺的详细讨论。这位百时美的科学家解释了紫杉醇生产的背景和历史，并展示了百时美文件的副本，概述了与药物生产有关的具体技术流程和科学数据。这些文件包含商业秘密，并且清楚地标明了百时美的标识以及"保密"字样。许和源丰纸业的另一名员工在会议期间审查了这些文件，并向百时美科学家提出了有关紫杉醇技术特定领域的"许多"问题。

最后，哈特曼尼和百时美的科学家离开房间后，美国联邦调查局冲进酒店，逮捕了许和霍。

1997 年 7 月 10 日，联邦大陪审团起诉许、霍和周三人，诉由为涉嫌共谋从百时美施贵宝窃取公司商业秘密。起诉书称，被告试图获得生产紫杉醇的工艺、方法和配方。

争议焦点

根据 1996 年《经济间谍法》（*Economic Espionage Act of 1996*，EEA）的规定，是否存在违反《美国法典》第 18 编第 1832（a）（4）和（a）（5）条的两项犯罪行为，包括预备窃取商业秘密和共谋窃取商业秘密。

法律上的不可能是否是预备和共谋犯罪的抗辩理由。

诉讼过程

起诉书发出后不久，辩方在调查中要求提供一份百时美公司在 6 月 14 日会议上向许和霍披露的文件副本。然而，同年 8 月 12 日，政府方根据《美国法典》第 18 卷第 1835 条和美国联邦储备委员会的规定提出了一项动议，要求发布保护令，以防止披露据称包含在这些文件中的百时美商业秘密。政府建议地区法院下达一项命令，根据该命令，初审法官将对文件和百时美提出的修订进行秘密审查，然后允许对专有秘密信息进行编辑。审判时将使用经编辑过的文件。政府论点的要点是，被告本身不需要实际的商业秘密，因为根据 EEA，他们只被指控预备和共谋窃取商业秘密，而不是实际窃取商业秘密。

然而，被告人坚持认为，刑事起诉依据的宪法和独特程序要求要求他们在调查期间可以充分查阅向其出示的文件。被告人还辩称，需要这些文件来为法律上的不可能进行辩护，如果这些文件实际上不包含商业秘密，他们就不能被判试图窃取商业秘密。因此，他们提出了一项保护令动议，根据该保护令动议，百时美文件中的专有信息将被披露，但仅限于选择辩护团队的成员，如被告的律师和审判专家，并根据该保护令，文件将被密封存档，并在案件结束时返还或销毁。

地区法院最终同意被告的意见，并采纳了他们的动议保护令的版本。地区法院命令政府披露所指控的商业秘密，因为商业秘密的存在是盗窃商业秘密罪的一个基本要素，并且在该起诉中商业秘密的存在是被告的一项权利——由陪审团决定的事实问题。该法院认为，被告人将被指控实际盗窃和预备盗窃商业秘密，并得出结论，"如果我们拒绝被告人完全使用紫杉醇技术的证明，我们将禁止他们进行有效盘诘的宪法权利，以及他们由陪审团而非法官来确定是否存在'商业秘密'的权利"。因此，地区法院认为，被告"有权在其宪法权利范围内查阅 6 月14 日的文件"。

地区法院在意见中"鼓励"政府提出中间上诉，以澄清该案提出的"尚未解决的重要法律问题"。政府于 1997 年 11 月 25 日根据 EEA 规定（第 1835 条）对地区法院的命令提出上诉，该条款规定，"美国的中间上诉应来自地区法院授权或指示披露任何商业秘密的决定或命令"。

美国联邦第三巡回上诉法院意见

上诉法院一开始就注意到，对于所指控的罪行，上诉法院不同意地区法院的意见。起诉书仅限于指控被告人预备和共谋，不包含实际窃取商业秘密的指控。正如将在下面讨论的，上诉法院相信这将极大地改变分析过程。不过，上诉法院首先对 EEA 进行了概述，并分析了相关的法律规定。

EEA 于 1996 年 10 月施行。当时，企业安全面临的威胁越来越大，国际和美国国内经济间谍活动日益猖獗。冷战结束使政府间谍匆忙进入私营部门，为企业从事非法工作，到 1996 年，研究显示，每年有近 240 亿美元的企业知识产权被盗。由于缺乏针对窃取商业秘密的全面联邦补救措施，检察官只能将经济间谍罪强行纳入针对其他罪行的法规。这一问题进一步加剧。

EEA 由九个部分组成，以保护专有信息不被盗用。对上诉法院的分析来说，有三个部分特别重要：法规对哪些行为进行了处罚、法律如何定义"商业秘密"，以及何时对商业秘密保密。

一、犯罪活动

EEA 将两大类企业间谍行为定为刑事犯罪，即《美国法典》第 18 卷第 1831 条定义的"**经济间谍**"和第 1832.8 条定义的"**窃取商业秘密**"。前一条规定惩罚那些故意不当挪用、预备或共谋不当挪用，意图或明知其犯罪行为将有利于外国政府、外国机构或外国代理人的商业秘密。立法史表明，只有在"有证据表明外国政府赞助或协调了情报活动"的情况下，第1831条才适用。相比之下，第1832条是一项一般性的刑事商业秘密条款。根据该条款对被告人进行起诉。它适用于任何故意窃取商业秘密，或预备或共谋窃取商业秘密的人，"意图将与外州或外国商业产品有关或包含在该产品中的商业秘密转化为除其所有者以外的任何人的经济利益，并意图或明知该罪行将损害该商业秘密的任何所有者"。第1832（a）条明确指出，未遂和共谋是不同的罪行，并将其与法条规定的既遂犯罪分开列出。

第1832条还包含第1831条中未发现的至少三个附加限制。首先，根据第1832条被起诉的被告人必须打算将商业秘密"转化为其所有者以外任何人的经济利益"，包括被告人本人。这一"经济利益"要求不同于仅规定犯罪"利益"的第1831条，这些利益可以是任何方式的外国政府、机构或代理人的利益。因此，根据第1832条提出的起诉要求，被告人打算将经济利益授予被告人或其他个人或实体。其次，第1832条规定，被告人必须有意或知道该罪行会伤害商业秘密的所有者，这是第1831条中没有的限制。立法史表明，这要求"行为人知道或知道自己的行为会导致这样的结果"。最后，与第1831条不同，第1832条还要求商业秘密"与为跨州或外国商业生产或放置的产品有关或包含在其中"。

二、什么构成"商业秘密"

EEA定义了"商业秘密"，首次根据联邦法明确将保护范围扩大到对无形信息的盗用。《美国法典》第18卷第1839（3）条规定，"商业秘密"是指：所有形式和类型的金融、商业、科学、技术、经济或工程信息，包括模式、预备、汇编、程序设备、配方、设计、原型、方法、技术、工艺、步骤、程序或代码，无论是有形的还是无形的，无论是以物理、电子、图形的方式存储、编译或记忆，还是以照片或书面形式，条件是其所有人已采取合理措施对该信息保密；和这些信息因公众不普遍知晓，也不容易通过适当手段确定而产生独立的实际或潜在经济价值。

EEA对"商业秘密"的定义与许多州民事法规和能够对盗用商业秘密提起民事诉讼的示范条例《统一商业秘密法》（UTSA）中的定义类似。然而，有几项关键差异有助于扩大EEA的范围。

首先，也是最重要的一点，EEA**保护的技术和无形信息比现行民法更广泛。商业秘密不再局限于配方、模式和汇编，而且包括程序和代码，"无论是有形的**

还是无形的，以及是否或如何存储"。

其次，EEA 改变了必须对其专有信息保密的相关方。根据 UTSA 第 1.4 条，被归类为"商业秘密"的信息不能被商业秘密所有人的商业领域或竞争对手普遍知晓。然而，EEA 指出，**商业秘密不能为公众所知，也不能由公众轻易确定，而不仅限于那些能够从披露或使用该秘密中获得经济价值的人**。

最后，EEA 包含了一个专门针对非法行为的定义。虽然立法者取消了规定一般知识、技能和经验不是"商业秘密"的措辞，但很明显，美国国会并不打算将商业秘密的定义扩大到禁止合法竞争，如使用一般技能或平行开发类似产品。（应注意，该立法不以任何方式禁止企业、制造商或发明人使用其技能、知识和经验来解决问题或发明他们知道其他人正在研究的产品）。

三、保密

EEA 还包含一项条款，旨在在刑事起诉期间保护商业秘密的保密性。第 1835 条规定，法院应根据联邦刑事和民事诉讼规则、联邦证据规则和所有其他适用法律的要求，发布必要且适当的命令并采取其他行动，以保护商业秘密的保密性。美国的中间上诉应针对地区法院授权或指示披露任何商业秘密的决定或命令。

当然，该条法律并没有废除对刑事被告人的现有宪法和法律保护。然而，它确实代表了美国国会的一个明确指示，**即在 EEA 诉讼期间，商业秘密将得到最大程度的保护**。此外，该条法律还通过保护权利人来进一步鼓励执法行动，否则**权利人可能"不愿在起诉中合作，因为担心进一步将其商业秘密暴露在公众面前，从而进一步贬低甚至摧毁其价值"**。

因此，与商业秘密的定义一样，保密条款旨在在保护专有信息和刑事诉讼中固有的独特考虑之间取得平衡。

四、讨论

考虑到这一法定框架，上诉法院将注意力转向确定地区法院是否恰当地命令政府披露该案中的涉嫌商业秘密。上诉法院首先承认，根据第 1832 条，被告人仅被指控试图窃取和共谋窃取商业秘密。地区法院认为，被告被指控犯有盗窃商业秘密预备犯罪和根据第 1832（2）条未经授权转让商业秘密罪。因此，地区法院发现，如果不充分披露百时美的文件，被告人接受交叉询问和公平审判的宪法权利将受到侵犯。

然而，地区法院的分析代表了对起诉书的误读，以及对根据 EEA 提出的指控的错误看法。起诉书中没有第 1832（2）条。更重要的是，被告人没有被指控盗窃商业秘密罪。根据第 1832（a）（4）和（a）（5）条，他们仅因试图窃取和共谋窃取商业秘密而被起诉。因此，上诉法院的任务是审查被告人对他们所寻求的信息的权利，作为对 EEA 中的未遂和共谋条款的抗辩，而不是盗窃既遂条款。上诉法院不需要像地区法院那样，决定不披露商业秘密是否会损害根据本法被控犯有完全罪行的被告人的宪法权利。

被告人辩称，即使在 EEA 对预备和共谋的起诉中，也需要不受限制地获取机密文件。他们主张，包含商业秘密的文件"对被告人的辩护准备至关重要"，因此，必须按照美国民事诉讼法予以披露。尤其是，他们认为披露是有理由的：①提供法律上不可能的抗辩，以及②需要获得与他们对起诉书指控的抗辩和对指控罪行的其他抗辩有关的专有信息。

（一）法律上的不可能：商业秘密的存在与被指控的罪行之间的关系

如前所述，地区法院认为，被告被指控犯有窃取商业秘密的实质性罪行，并且在根据 EEA 法令提起的诉讼中对商业秘密保密担忧的情况下没有详细说明，得出的结论认为，被告人的宪法权利要求披露经编辑的材料。

地区法院的观点基于这样一个事实，即存在商业秘密是一项构成犯罪的要件，因此，根据宪法第五修正案和第六修正案的正当程序和公平审判保障，被告人有权获取所指控的秘密。

上诉法院不需要确定地区法院的裁决是否正确，因为实际指控的罪行不包括窃取商业秘密的实质性罪行。相反，根据第 1832（a）条，**被控预备和共谋的罪行不需要证明存在实际的商业秘密，而只需要证明存在某人蓄意窃取商业秘密的预备或共谋**。上诉法院必须确定这如何以及在多大程度上改变了分析语境，包括关于 EEA 规定的保密性的法律和政策考虑，以及联邦刑法规则规定的重大信息披露原则。

首先应该指出的是，EEA 的保密规定并非真空存在。正如 EEA 在第 1835 条中规定的那样，保密必须与其他法律原则共存，或受到其他法律原则的限制，包括被告人的宪法权利和联邦刑事诉讼规则。因此，上诉法院必须首先问，如果被告人为预备和共谋窃取商业秘密的指控辩护，不披露商业秘密数据是否会产生影响。**答案在于解决了一个问题，即商业秘密的不存在是否有助于为未遂或共谋犯罪辩护**。如果对法律不可能的辩护是可行的，也就是说，如果被告没有犯预备犯罪，材料不是真正的商业秘密，那么它可能很重要，并且被告人的宪法或法定权利可能会受到牵连。如果对法律不可能的辩护不成立，那么实际商业秘密的存在或不存在对未遂或共谋犯罪几乎没有影响。

因此，上诉法院将首先讨论法律上的不可能是否是预备和共谋犯罪的辩护这一基本问题，因为这一讨论构成了其余分析的框架。

1. 预备

被告人在地区法院的主要论点，以及在上诉中的主要论点之一，是需要查看未经修改的紫杉醇文件，以证明他们对法律不可能的辩护。他们声称，如果在1997年6月14日会议上使用的文件实际上不包含商业秘密，他们可以成功地对预备窃取商业秘密的指控进行辩护。只有通过披露，他们才能确定这些材料实际上是否包含专有信息，从而展开辩护。

"不可能的预备"定律受到了许多学术界的关注，但仍然是该定律的一个模糊领域。 普通法区分了法律上和事实上的两种不可能，并规定前者是抗辩，而后者不是。在这方面，"如果所预备的行为，即使完成，也不构成犯罪，则称为发生法律上的不可能。"相比之下，"当行为人不知道或无法控制的外部情况妨碍了预备犯罪的完成时，就说发生了事实上的不可能"。

例如，当张三开枪打死一具张三相信还活着并打算谋杀的尸体时，这在法律上就不可能发生；这一预备即使完成，也不构成谋杀。当张三向床上开枪想要杀死李四，而李四不在床上时，事实上不可能发生；由于张三无法控制的外部因素，该犯罪无法完成。

当然，困难在于，事实上的不可能和法律上的不可能之间的区别本质上是一个语义问题，因为每一个法律上的不可能都可以合理地描述为事实上的不可能。例如，张三射杀尸体，而不是人，也是张三无法控制的环境的产物；李四没有杀人，因为他想杀死的人已经死了。

类似地，在该案中，被告人辩称，如果6月14日文件的修订部分不包含商业秘密，他们的罪行在法律上是不可能的。然而，这也很容易被描述为事实上的不可能，因为被告不知道的无关情况，即他们认为包含商业秘密的文件确实不存在，会阻止他们完成犯罪。**因此，绝大多数司法管辖区现在已经认识到，法律和事实上的不可能"在逻辑上无法区分"，并废除了不可能作为辩护理由。**

事实上，上诉法院是唯一一个继续承认普通法抗辩的巡回法庭。上诉法院曾在先例中确立了其有效性，认为法律上的不可能是对某些预备犯罪的辩护。

上诉中，上诉法院同意被告人的意见，认为他的罪行在法律上是不可能的。上诉法院认识到，"排除不可能作为辩护理由……符合压倒性的现代观点"，但得出结论，法律上的不可能仍然是普通法下预备犯罪的有效辩护。上诉法院强调"联邦刑法纯粹是法条式的"，曾在先例中写道，在没有其他规定的联邦法规的情况下，上诉法院别无选择，只能承认对法律不可能的辩护。因此，上诉法院声明，"预备做不属于犯罪的事情并不意味着预备犯罪"。

在回顾了 EEA 立法史后，上诉法院得出结论，美国国会不打算以法律上的不可能作为辩护理由，来试图根据其条款制造犯罪。美国国会从未在任何关于该法令的报告或辩论中直接谈到为什么使用"预备"一词，或关于法律上不可能的问题。然而，上诉法院发现国会的预备是不应适用法律不可能这一辩护理由。

在这里，出现了与 EEA 立法史完全相同的目标和语言。EEA 试图提供一个"全面"机制，以遏制不断升级的企业间谍活动威胁。参议院的报告包含题为"需要一部全面的联邦法律"的一整节内容，并"强调对经济间谍问题制定系统方法的重要性"。同样，众议院的报告指出，EEA 旨在为商业秘密盗窃提供"系统性解决方法"，并声称"全面的联邦刑事法规将更好地促进对这一犯罪的调查和起诉"。众议院还解释说，EEA 旨在惩罚几乎所有形式的非法工业间谍活动。

最后，上诉法院注意到，根据该法令，被告人的立场可能会对执法造成潜在损害。如果上诉法院认为法律上的不可能是预备窃取商业秘密的辩护理由，政府将被迫在秘密行动中使用实际的商业秘密，以便根据第 1832 条（a）（4）定罪。这除了会造成逻辑性困难，还将产生一种奇怪的效果，迫使政府向涉嫌窃取商业秘密的人披露商业秘密，从而破坏 EEA 有效实施相关保护而作出的努力。上诉法院认为，美国国会不可能有这样的意图，因为它正在努力防止经济间谍活动，并维护商业秘密的保密性。

因此，考虑到立法意图的强烈指向，以及相反结论的实际重要性，上诉法院得出结论，美国国会不可能打算让 EEA 未遂犯罪适用法律不可能这种模糊且很少使用的普通法对法律不可能的辩护。

2. 共谋

上诉法院还认为，被告人无须使用紫杉醇文件来抗辩政府的共谋指控，因为上诉法院得出结论，法律上的不可能不是对共谋的抗辩理由。尽管上诉法院已经声明，"不可能"可能是预备犯罪的有效辩护，但从未承认共谋指控的辩护，上诉法院被地区法院的观点和其他巡回上诉法院的判决说服，认为实现共谋目标的不可能与犯罪本身无关。共谋和未遂在刑法中扮演着不同的角色，这一点已达成共识。传统上，未遂法被视为一种"处理造成直接有害后果风险的行为"的方法。即使在现代观点下，未遂起诉通常只针对那些已朝实质性犯罪迈出"实质性一步"的人。然而，共谋法更具预防性，旨在在犯罪行为有机会发展成更不祥的行为之前将其扼杀在萌芽状态。

因此，百时美文件中的紫杉醇商业秘密对于被告人的不可能抗辩准备而言并不"重要"，因为根据 EEA，证明被告试图窃取实际商业秘密的证据不属于未遂或共谋罪的一部分。根据第 1832（a）（4）或（a）（5）条，即使被告人的预备行为在法律上是不可能的，也可以被判犯有未遂或共谋罪。

（二）被控秘密信息与国防战略其他方面的相关性

上诉法院已经得出结论认为，针对政府案件的某个要素进行辩护时并不需要被告人有权获取实际的商业秘密，还未解决的问题仍然是，被告人获取与其他抗辩相关的信息的权利是否通过了实质性测试。

被告人辩称，这些未经修改的文件对于准备诱捕、政府不当行为和司法管辖权的潜在抗辩也很重要，并辩称这些文件是针对预备和共谋、起诉指控以及政府打算在审判中提出的证据进行抗辩所必需的。

首先，上诉法院对修订后的商业秘密信息与这些问题的重要性表示怀疑，更不用说相关性了。例如，被告人辩称，他们需要未经修改的文件来反驳预备的故意和"实质性步骤"要素以及共谋的"公开行为"要求。然而，这些因素的证据必须独立于百时美文件中包含的任何商业秘密，因为即使这些文件中根本不包含任何机密信息，被告人也可能犯有预备和共谋窃取商业秘密的罪行。

然而，基于两项原因，上诉法院将不处理被告人关于需要对案件的任何其他辩护或方面进行修订的主张。首先，被告人从未向地区法院提出过修订后的信息相于任何其他抗辩理由的重要性，地区法院也从未在其意见中提及这些其他论点。

被告人向地区法院提交的案情摘要仅指出，政府必须在预备和共谋的起诉中证明存在实际的商业秘密，法律上的不可能仍然是一种可行的辩护。上诉法院将不审查在上诉中首次提出的关于商业秘密信息的重要性或相关性的其他争议。

因此，上诉法院将把这一诉讼发回地区法院。如果被告人在地区法院提出在上诉中主张的其他论点，上诉法院希望地区法院进行不公开审查，以确定文件是否经过适当修改，仅排除机密信息，并评估修改后的内容对抗辩是否"重要"。

在这种情况下，由于"公共政策要求保护文件的某些部分……初审法官或治安官的目光进行私下审查是不可避免的"。

即使实际商业秘密的证据不是第 1832（a）（4）和（a）（5）条的要素，也可以用第 1835 条的措辞对材料是否仍然可识别进行独立评估。其中规定，地区法院"应根据联邦刑事和民事诉讼规则、联邦证据规则和所有其他适用法律的要求，发布必要且适当的命令，并采取其他行动，以保护商业秘密的保密性"。联邦刑事诉讼规则第 16（a）（1）（C）条规定，被告人可以获得政府持有的文件，这些文件对他们准备辩护至关重要，或者打算在审判时被政府用作主要证据。这些原则表明，地区法院应审查百时美文件的相关部分，以评估被要求扣留的文件部分的重要性。如果被告人要求重审，上诉法院将把这些问题的最终解决权留给地区法院。

判决结果

对于 EEA 规定的盗窃商业秘密预备犯罪，法律上的不可能不是一个可行的辩护理由，因此上诉法院驳回了被告的论点，即他们需要文件来证明这一主张。

地区法院 1997 年 10 月 27 日的命令将被撤销，案件将被发回重审，以便进行与本意见一致的进一步诉讼。

案例学习意义

EEA 作为联邦商业秘密刑法，与普通法刑法存在差异。刑法在普通法中的原则区分了法律上和事实上的两种不可能，并规定前者是有效抗辩理由，而后者不是。而 EEA 规定的盗窃商业秘密预备犯罪，法律上的不可能却不是一个可行的辩护理由。法律上的不可能不能作为辩护理由，这更加体现出美国商业秘密的保护强度和 EEA 的力量，可以为立法目的而突破普通法下的刑法规则。

该案的核心是控方起诉被告人试图窃取商业秘密，但尚不知是否存在商业秘密。法律上的不可能能否成为构成刑事犯罪的有效辩护一直存在学术争议，在司法实践中尚属于模糊领域。它触及被告人宪法权利与商业秘密保护这一公共政策之间的平衡。该案的处理体现出个人的宪法权利要受到保护，但不是绝对地能跨越美国国会在商业秘密领域实施的公共政策。

该案阐述了商业秘密刑事处罚中，适用 EEA 的刑事规则及抗辩理由与普通法下刑事规则与抗辩理由的区别。根据 EEA，法律上的不可能不能作为辩护的理由，这一点与普通法截然不同。截至 2023 年 3 月，该案被美国案例判决文书引用 81 次，被其他法律文件判决文书引用 303 次。

第二节 窃取并试图出售未授权数据商业秘密是犯罪行为

法律问题

未经许可，窃取并许诺出售涉商业秘密的数据包，是否构成犯罪？此处对商业秘密的判定标准能否采纳行为实施人的主观认识？

美国政府诉兰格案
United States v. Lange，312 F. 3d 263（2002）

■ **原告/被上诉人：**美国政府（United States of America）

■ **被告/上诉人：**马修·兰格（Matthew Lange）

■ **法院：**美国联邦第七巡回上诉法院

案例背景

该案涉及企业对前雇员采取刑事手段维权。

兰格是一名对其雇主RAPCO（Replacement Aircraft Parts Co.）不满的前雇员，他提供的销售信息是获得多个部件认证所需的所有信息，这些部件与RAPCO持有认证的部件相同。

RAPCO的业务是为售后市场制造飞机零部件。它购买原始设备部件，然后将其拆解以识别（并测量）每个部件。反向工程的这一初始步骤通常由兰格等绘图员执行，生成一组测量值和图纸。

以制动器为例，确切了解制动器的外观并不能使RAPCO去复制。它必须弄清楚如何制造具有相同（或更好）技术规格的替代品。刹车依靠摩擦力将动能转化为热量来降低飞机的速度，能很好地完成这项工作的表面是由固体金属烧结而成的，通常由粉末制成，不熔化。售后市场制造商必须对不同的合金和成分进行试验，直到达到联邦航空管理局为每个制动器总成设定的要求为止。

完成的部件必须经过全面测试，以证明所有要求均已满足，并达到美国联邦航空管理局（Federal Aviation Administration，FAA）的要求；只有到那时，FAA才能证明该零件可供出售。对于制动器，这需要对原型进行 100 次破坏性测试，使一个 60 吨重的旋转车轮在测功机测得的规定减速度下停止。需要对成品部件进行进一步测试。RAPCO 需要一两年的时间来设计复杂的零件，并获得批准。单是测功机测试就要花费 75000 美元。但是，如果制造商证明其零件（成分和制造工艺）与已经认证的零件相同，则可以避免试验和测试过程。

兰格通过互联网，向任何愿意付 10 万美元价格的人提供一个软件包，其中包括一份盗版的 AutoCAD®，这是 RAPCO 用来维护其图纸和规格数据的计算机辅助绘图软件。有一个兰格试图向其兜售数据的人通知了 RAPCO，RAPCO 向美国联邦调查局（FBI）求助。

兰格在经过一段录音谈判后被捕。理由是，兰格从前雇主 RAPCO 处窃取了计算机数据，并试图将该数据出售给 RAPCO 的某竞争对手。如果数据符合商业秘密的法定定义，这些谈判将提供定罪所需的所有证据。

争议焦点

数据是否构成商业秘密，以至于兰格是否触及《经济间谍法》（EEA）下的盗窃商业秘密罪名。

诉讼过程

美国威斯康星州东部地区法院判决兰格的行为违反《美国法典》第 18 篇第 1832 条，也是 1996 年 EEA 中的内容。

兰格不否认自己的行为，但否认该数据符合商业秘密的法定定义，从而上诉。

初审法院意见

兰格作为绘图员的知识（他有平面设计的副学士学位）以及他在 AutoCAD 中操作图纸的能力是促成其犯罪的特殊技能。前者使兰格能够选择并掌握有商业价值的数据，后者有助于其出售和隐藏。在谈判销售时，兰格使用 AutoCAD 删除了 RAPCO 的所有识别标记，并将其替换为潜在客户的徽标和其他细节，以便买方可以将图纸作为自己的图纸提交给 FAA。这种操纵会使该软件包对任何买家都更有吸引力，从而助长犯罪行为。

 ### 美国联邦第七巡回上诉法院意见

EEA 规定，未经所有者同意，出售、传播或以其他方式交易商业秘密，或试图这样做，均属重罪。

商业秘密的第一项要件是，"**其所有人已采取合理措施保守此类信息的秘密**"。兰格辩称，证据不足。但是，明智的事实判定者（即该案的地区法官）已得出结论，RAPCO 采取了"合理的措施来保守信息的保密性"。RAPCO 将其所有图纸和制造数据存储在其 CAD 室中，该 CAD 室由一个特殊的锁、报警系统和运动检测器保护。将敏感信息的副本数量保持在最低限度，多余的副本被撕碎。计划中的一些信息是编码的，很少有人知道这些编码的关键。图纸和其他制造信息包含 RAPCO 知识产权的警告；每位员工都会收到一份通知，告知其工作的信息是保密的。RAPCO 的分包商均未收到完整的示意图副本；通过在供应商之间分配工作，RAPCO 确保没有人能够复制该产品。这使得 RAPCO 是否要求供应商签署保密协议变得无关紧要。它依赖于行为（任务的分割），而不是承诺保持保密。

尽管正如兰格所说，工程师和起草者知道从哪里去拿 CAD 室的门钥匙，但将这些员工拒之门外并不能成为"合理的信息保密措施"的组成部分，否则就没人能做任何工作了。发送给分包商的计划也是如此，这就是为什么向供应商传播不会削弱商业秘密的主张。

商业秘密的第二项要件是，"**信息因公众不普遍知晓，也不容易通过适当手段确定而产生独立的实际或潜在经济价值。**"兰格表示，通过反向工程获得的其他产品的所有数据都"很容易被公众确定"，因为每个人都可以像 RAPCO 那样做：购买原始零件，拆解和测量，然后复制。检察官回应这一论点时指出，"公众"无法对飞机刹车总成进行反向工程。检察官的假设是，第 1839（3）条中对"公众"的法定提及是指一般公众，即街上的人。一般人手中没有 AutoCAD 和 60 吨飞轮。但这里的公众是正确的基准吗？法条本身没有给出答案，"公众"一词可以像检察官所设想的那样，在前面暗指"一般人"，但也可以在前面暗指"受过教育的"或"经济上重要的"或其他任何限定词。

一旦上诉法院开始用文字来为法条增加细节，甚至是在"公众"中添加"一般"一词，通常最好的做法是询问下法律有什么功能。

在刑事案件中，询问未经编辑的文本是否模棱两可也很重要，因为如果是，

应该阅读条文以防止意外。这是严格解释规则的功能。

利用公众作为识别商业秘密的参考群体的一个问题是，工程师、科学家和其他知识产权受 EEA 保护的人都知道许多公众不知道的事情。这使得公众在区分商业价值的秘密和晦涩（但众所周知）的信息时，是一个糟糕的基准。

假设兰格提出以 1 美元的价格出售阿伏伽德罗数。阿伏伽德罗数 6.02×10^{23} 是每摩尔气体的分子数。这是个重要的常数，化学家从 1909 年就知道了，但公众（甚至所有化学课的应届毕业生）都不知道。上诉法院不能相信阿伏伽德罗数会被称为商业秘密。其他原则是不被理解的。大多数人都知道能量公式 $E = mc^2$，但对一般公众的突击调查会显示，他们并不明白该公式意味着什么，也不知道如何有效地使用它。

有人可能会回应说，"公众"一词的上下文解决了这个问题。第 1839（3）（B）条的全文是："信息因公众不普遍知晓，也不容易通过适当手段确定而产生独立的实际或潜在经济价值。"阿伏伽德罗的数字和其他模糊的知识对街上的人来说并不是"普遍知道的"，但对这个假想的人来说可能是"容易确定的"。它出现在任何数量的科学手册中。同样，你也可以去图书馆阅读爱因斯坦自己对他著名方程式的讨论。一般公众可以通过咨询专家来确定甚至是深奥的信息，比如薛定谔的量子场方程，因为高中学历以下的人可以通过聘请律师来利用晦涩的法律规则。但这种方法使用"随时可用"一词来对待"一般公众"，就好像它在技术上更有能力一样。这就提出了一个问题，即首先使用"一般"以外的限定词是否更好。

第 1839（3）条源自《统一商业秘密法》（UTSA）中商业秘密的定义。许多州都采用了 UTSA。第 1839（3）（B）条将其中的"能够通过披露或使用信息获得经济价值的人"替换为"公众"。

检察官认为，这一替换支持了美国国会提到公众的结论。然而，人们可以**说，"公众"是一个较长短语的简写，然后将其理解为"与经济相关的公众"——那些人对某项信息的忽略造就了它的经济价值。**

上诉法院回到"公众"的法定语境：这些信息因公众不普遍知晓，也不容易通过适当手段确定而产生独立的实际或潜在经济价值。第 1839（3）（B）条作为一个整体指的是经济价值的来源，即信息不为能够有效使用的人所知或不易被他们发现。为了实现这一点，必须理解"易于确定"或"公众"这两个短语，以便将注意力集中在信息的潜在用户或其代理人（也就是说，"确定"信息能力相同的人）身上。在这种情况下，这些人将是飞机零件的工程师和制造商，他们有足够的手段对竞争对手的产品进行反向工程。正是通过对竞争对手保密，RAPCO 获得了设计和测试工作的回报。因此，没有必要在这里决定"一般"是否属于"公众"——因为即使它属于"公众"，对一般公众、受过教育的公众、与经济相关的公众或这些群体的任何合理代理人来说，经济上有价值的信息也不是"容易确定"的。

检察官的另一项论点是，第 1832（a）（4）条规定，未经所有者许可，试图出售商业秘密是犯罪行为。即使兰格没有掌握真正的商业秘密，他认为自己掌握了，因此也可能会因许诺销售而受到处罚。这一论点在先例（本章第一节的美国政府诉许案）中获得支持。美国政府诉许案的法院认为，为了避免"灰色邮件"，即威胁检察官必须在诉讼记录中披露秘密才能获得定罪，案件可以以第 1832（a）（4）条为基础，而不必披露商业秘密的所有细节。

上诉法院同意这类先例中的观点。美国政府诉许案将许诺销售认为是商业秘密信息行为，类比为射杀相信它还活着的尸体，或者出售相信它是可卡因的糖。**这类事件构成了一条格言的基础，即事实上的不可能不是起诉未遂的辩护理由。**

兰格也许从前雇主处盗取的数据很可能包含商业秘密，因此有理由称销售准备是完成犯罪的实质性步骤，因此是应受谴责的预备犯罪，即使该员工盗取了错误的数据文件，且没有获得有商业价值的信息。

上诉法院只需要注意该主张的可能性及对事实的判定，即员工认为他自己偷了什么样的数据等。因为没有必要就商业秘密案件中已完成行为的危险程度宣布一条明确的规则：法官有权且的确认定了兰格从他的立场上看已拿到了真实的商业秘密。

兰格希望上诉法院确认，他试图出售的只是任何人在拆卸原始设备零件后都可以用卡钳测到的数据。如兰格所说，如果有关组件易于拆卸和测量，则此类测量数据不能称为商业秘密。但没有人为此会支付 10 万美元，即便兰格告诉客户他所提供的数据会比该要价更值钱。

兰格拥有并试图出售的是完整的规范和工程图，反映了测量后完成的所有工作：冶金数据、烧结细节、测试结果、生产成品所需的计划，获得 FAA 认证所需的一切，该认证的零件应该与已批准的零件相同。这些细节"在公众不普遍知悉，也不容易通过适当手段确定的情况下，衍生出独立的实际或潜在经济价值"。除了最初的设备制造商和 RAPCO 之外，每家公司都必须付出高昂的代价来设计、测试和获得类似部件的批准。竞争对手不知道的细节，也并不可测，具有相当大的"独立经济价值……不被普遍知晓"。**一个明智的事实判定者可以断定兰格试图出卖**

商业秘密。阻止交易成功的是他的客户与 FBI 合作，而不是公众获取了数据。

判决结果

上诉审查遵从地区法院判决，地区法官没有滥用自由裁量权。

案例学习意义

该案是明显且典型的商业秘密盗窃案。被告人从其前雇主处窃取计算机数据并试图出售。EEA 规定，未经所有者同意，出售、传播或以其他方式交易商业秘密，或试图这样做，均属刑事处罚高于一年的重罪。对刑事案件中的商业秘密的判定标准会参考被告人的主观认识或意图为标准，而不必披露商业秘密的所有细节而对其进行定罪。

通过学习该案，可以了解 EEA 法下对商业秘密定义的判定，尤其可以启发数据等难以被客观判定是否构成商业秘密的主题类型。截至 2023 年 3 月，该案被美国案例判决文书引用 17 次，被其他法律文件引用 62 次。

第三节 保证金是发布禁令的先决条件

 法律问题

侵犯商业秘密案件中，原告申请禁令，有哪些前置性条件？相关条件的门槛如何？

阿巴橡胶公司诉西奎斯特案

ABBA Rubber Co. v. Seaquist, 235 Cal. App. 3d 1 (1991)

■ **原告／被上诉人**：阿巴橡胶公司（ABBA Rubber Company）
■ **被告／上诉人**：罗伊·西奎斯特（Roy Seaquist）、乔瑟·乌里贝（Jose Uribe）、托尼·乌里贝（Tony Uribe）
■ **法院**：加利福尼亚州上诉法院第四分部

 案例背景

该案发生在企业及前员工之间。

1959 年，西奎斯特以阿巴橡胶公司的名义开始生产胶辊，并于 1980 年卖掉这家公司。现在的经营者于 1982 年接手。乔瑟·乌里贝于 1973 年开始在阿巴橡胶公司工作。1987 年升任副总裁兼总经理。他弟弟托尼·乌里贝于 1985 年开始为该公司工作，后晋升为销售经理。在这些职位上，两位乌里贝都非常熟悉阿巴橡胶公司客户的身份。与此同时，西奎斯特创办了一家金属制造企业，命名为西奎斯特公司。

1985 年，在出售阿巴橡胶公司的协议中的竞业限制条款到期后，西奎斯特也开始生产胶辊产品，既没有销售人员，也没有显著的扩张。

1989 年 9 月 11 日，乔瑟·乌里贝离开阿巴橡胶公司。同日，他受雇于西奎斯特公司。几周后，西奎斯特聘请托尼·乌里贝为推销员。托尼·乌里贝于1989年初被阿巴橡胶公司解雇，此后一直为另一家橡胶辊制造商工作。

虽然两位乌里贝否认他们从阿巴橡胶公司拿走任何记录，但承认向阿巴橡胶公司的一些客户招揽生意。他们这样做的部分方式是通过写信，宣布乔瑟·乌里贝从阿巴橡胶公司调到西奎斯特公司，并邀请收件人就西奎斯特"提供……具有优势价格、质量和服务的能力"与他联系。

1990年6月13日，阿巴橡胶公司提起诉讼，指控商业秘密被不当挪用、不正当竞争等，将西奎斯特公司和两名乌里贝列为被告，并请求获得初步和永久的禁令救济和损害赔偿。

争议焦点

使用禁令是否合适。

诉讼过程

原告提起诉讼6天后，申请缺席临时保护令及不向被告提供发出初步禁令理由的法令。最终，审判法庭驳回了临时保护令的申请，但批准了初步禁令的申请。初步禁令于1990年8月20日签署，并于24日发布。

该禁令禁止被告从事以下任何行为：

1989年9月15日由被告发出邀请函的收件人中的任何一人进一步要约业务；

从1989年1月1日至1990年8月7日期间从阿巴橡胶公司购买胶辊的任何个人或实体处招揽业务，并在1989年9月11日之前在阿巴橡胶公司客户名单上（以下简称"阿巴橡胶公司客户"），或为任何其他个人或实体招揽阿巴橡胶公司客户提供便利；以及

根据本初步禁令第2款规定的限制，泄露、公布或以任何方式使用阿巴橡胶公司关于客户的商业秘密，该商业秘密包括：①阿巴橡胶公司客户的姓名；②阿巴橡胶公司客户的联系人、地址和电话号码；③阿巴橡胶公司客户从阿巴橡胶公司购买的胶辊的数量和类型；④每个阿巴橡胶公司客户最后一次从阿巴橡胶公司购买胶辊的日期；⑤关于每个阿巴橡胶公司客户在阿巴橡胶公司开立账户的时间的信息；以及⑥与阿巴橡胶公司客户的需求和预期需求有关的任何其他信息，这些信息由客户传达给阿巴橡胶公司。

被告主张初审法院滥用自由裁量权，提出上诉。

加利福尼亚州上诉法院第四分部意见

一、保证金是否过低？

在发布初审法院宣布其对初步禁令申请裁决的法令之前，原告和被告均未提及原告申请获批时原告应提交的保证金要求或金额的问题。因此，毫不奇怪，诉讼记录没有提及任何保证金的必要性或金额。此后，原告提交了一份拟议的初步禁令，其中也没有任何保证金的规定。

虽然没有以命令的形式举行听证会，但被告向法官提交了对原告提出形式的书面异议。这些异议提出了对保证金没有任何规定的问题，并根据原告先前提交有关西奎斯特从原告前客户处获得的收入的证据，提出了31.5万美元的赔偿金。

原告回应称，被告放弃了"请求"保证金的权利，而且在任何情况下都不需要保证金。另外，原告指出，在向法院提供的范例中只规定了一项1000美元的保证金。初审法院修改了原告提出的命令格式，增加了1000美元保证金的要求，并签署了禁令。

上诉后，被告再次对缺乏足够的保证金表示异议。

（一）被告是否放弃异议权？

作为被告对保证金的反驳的首次回应，原告再次辩称，异议权已被放弃。具体而言，原告在没有法律权利的情况下辩称，被告放弃了提出此类疑问的权利，因为他们未能在初审法院对初步禁令申请作出裁决之前提出该问题。虽然原告没有明确提出，但上诉法院也考虑了被告未能通过送达动议对保证金的充分性提出疑问是否导致弃权这一问题。

1. 未提前请求保证金的，不导致弃权

根据规定，发布初步禁令的条件是提供保证金，即"在发布禁令时，法院或法官必须要求申请人提出保证……"这种责任是强制性的，而非随意性的。在要求并提供保证金之前，禁令不会生效。如果保证金未在法规允许的时间内提交，则初步禁令必须解除。由于保证金是发布初步禁令必不可少的先决条件，无论受约束方是否提醒法院要求申请人发布禁令，受约束方都不会因未明确请求而放弃其获得法定保护的权利。因此，被告最初的沉默并没有放弃他们对保证金要求的权利。

此外，被告不仅有权获得任何的保证金，而且有权获得一项足以支付其损失的保证金金额，"如果法院最终裁定申请人无权获得禁令，他们可能因禁令而承担损害赔偿"。

同样地，这是法条赋予初审法院的义务，独立于当事人提出的任何限制请求。因此，在初审法院受理原告提交的初步禁令申请之前，被告没有明确要求任何此类禁令以充分保证金为条件，这一事实并不能导致被告放弃质疑后续保证金的权利。

2. 未提交动议不意味着弃权

一个更密切的问题是，这种弃权是否因为被告未能严格遵守管辖对保证金异议的法定程序。

1982 年生效的《债券保证金法》（*The Bond and Undertaking Law*，以下简称"《保证法》"）适用于所有保证金，"根据本州任何法条作为担保提供的，除非该法条规定了不同或不一致的规则"。

《加利福尼亚州民事诉讼法》第 995、930 条规定了提出此类异议的方式：第一，异议应以书面形式提出，并应通过送达动议提出。送达动议应指明异议的确切理由。如果异议的理由是保证金不足，送达动议应说明不足的原因，并应包括对足够金额的估计数值。第二，异议应在保函副本送达受益人后 10 天内或规定保函的法规要求的其他时间内提出。第三，如在法律规定的时间内无人提出异议，则受益人须当作已放弃所有异议，但如有充分理由证明未能在法条规定的时间内或因情况改变而提出异议，则属例外。

显然，这里的被告将异议传达给初审法院的方式是缺席异议，而不是送达动议，不符合这些法定程序的规定。然而，这种方式是否充分从而阻挠以上第三点的弃权威胁？

先例曾阐述："除非法条的意图只能通过要求严格遵守其条款来实现，否则实质性遵守是最重要的测试""实质性合规……指对法规的每一合理目标至关重要的实质性合规"。因此，上诉法院考虑《加利福尼亚州民事诉讼法》第 995、930 条所述异议程序的目的。

由于本法条的程序目的之前尚未经过司法裁决，上诉法院将它类比为一项广受司法关注的异议法条：《加利福尼亚州证据法典》第 353 条。该法条要求及时提出并明确说明任何证据异议。这些要求的目的是防止初审法院出现错误，避免对对方当事人造成不公平的意外。

遵守该法条从两个方面推进了这两个目标。第一，给初审法官"一个具体的法律主张，以传递……"；第二，向对方律师建议所谓的缺陷，让他有机会重新提出或撤回问题（同上），上诉时"打下额外的基础，修改证据提议，或采取其他旨在尽量减少撤销可能性的措施"。

《加利福尼亚州民事诉讼法》第995、930条的异议程序具有类似的目标：降低初审法院坚持错误，从而未能履行其要求提交足够保证金义务的可能性；并以向对方提供充分送达的方式作出有意义的回应。它寻求以各种方式实现这些目标。

例如，在这种情况下，它要求保证金受益人，即这种情况下被要求的一方，以书面形式明确说明保证金不足的确切方式。通过要求送达异议，该法条确保异议的性质将在要点和权限备忘录中进一步解释。送达的要求也保证了对方有机会作出回应。通过要求异议方估算充分的保证金，该法条向初审法院提出了具体的选择方案。最后，异议的短时限确保了初审法院假定的错误会被迅速提出来。

在考虑被告不完全遵守第995、930条是否足以防止非故意放弃时，上诉法院根据这些法定目的衡量他们的表现。

他们的书面异议提醒法院和律师注意具体问题（即拟议的法令"未能提供保证金"，以保护被告"免受原告在审判中无法胜诉的可能性"的损失）。被告列出了一份关于充足保证金的估计（每年31.5万美元），确定了该估计所依据的证据，并解释了如何根据这些证据计算出该数字。在作出任何最终判决之前，原告能够以书面形式作出回应（上诉法院可以补充说，原告没有辩称异议不及时反对异议程序不当，或者主张由于送达不当而受到了损害）。

最后，异议意见不仅在初审法院作出初步判决时被迅速提出，而且在该判决通过正式命令生效之前提出。

简言之，尽管异议意见不符合规定的形式，但符合每项法定要求的实质内容，因此符合《加利福尼亚州民事诉讼法》第995、930条的目的。虽然被告采用的简化程序没有被授权，但严格遵守该法条的程序要求是否会实质性地增加异议的实质内容，而非其长度，值得怀疑。相反，初审法院将面临相同的事实、相同的论点和相同的问题。

根据这些事实，上诉法院发现，被告针对缺席的异议基本上符合质疑保证金充分性的法定程序。被告没有放弃让上诉法院在上诉时审查保证金是否充足的权利。

（二）保证是否不足？

《加利福尼亚州民事诉讼法》第529（a）条要求，保证金的金额应足以"向被禁止的一方支付该方可能因禁令而承受的损害赔偿，前提是法院最终认定申请人无权获得禁令"。因此，初审法院的职能是评估禁令可能对受约束方产生的有害影响，并将保证金设定为该金额。

在审查初审法院的评估时，第一步是确定法律允许受约束方在判决发布禁令不合理的情况下追讨的损害赔偿类型。该法条规定的唯一限制是，损害必须是由错误发布的禁令直接造成的。因此，被告正确地寻求将其因禁止继续向原告的前客户招揽业务而遭受的损失包括在内的保证。在异议中，被告辩称，根据原告对证据的分析，这些客户占西奎斯特公司开出发票的 87.7%，每月销售额为 2.6 万美元，或每年 31.5 万美元。无论是在下文还是在上诉中，原告都没有对他们对于证据的异议进行解释。因此，虽然这些销售损失无疑会在一定程度上被销售费用或销售商品成本减少所带来的节约所抵消，但毫无疑问，禁令将导致被告蒙受巨大的利润损失。

在禁令申请的最终听证会上，初审法院似乎认为，被告为其产品寻找新客户将是一件简单的事情，拟议的禁令禁止他们向原告的客户寻求进一步的订单，这只是一个"小小的不便……。这可能是初审法院将保证金设定为 1000 美元名义金额的理由。当然，这也是原告寻求证明该诉讼正当的理由。

然而，该理由忽略了一个事实，即第 529 条要求在假定初步禁令发布错误的情况下（即原告无权阻止被告招揽其客户）应估计潜在的损害赔偿。在这种假设情况下，被告有权向原告的前客户和全新客户招揽业务，因此有权保留向这两部分潜在买家销售的所有利润。因此，被告可能因无法从现有客户群中招揽业务而遭受的损失，无法通过向新客户销售而获得的任何利润来抵消。在没有禁令的情况下，被告的销售额和盈利能力可能会上升，但被告的盈利能力可能会保持不变，这就不能证明名义上的保证金是合理的。

此外，原告的分析忽略了保证金必须考虑的另一类损害：律师费。如果初步禁令表面上是有效且正常的，要求被告对主要诉讼进行抗辩，以证明该禁令的发布是错误的。胜诉被告可以追讨其律师费的一部分，该部分可归因于对授予初步禁令所依据的诉讼理由进行抗辩。

因此，在计算该案所需的保证金时，初审法院应至少考虑：首先，被告因失去其绝大多数现有客户而损失的利润；其次，在对初步禁令上诉时产生的律师费和费用，或在审判中针对已获得初步禁令救济的诉讼原因进行辩护的律师费和费用。通过将这项保证金定为 1000 美元，初审法院含蓄地估计，这两类损害赔偿总额不会超过这一数额。

这种估计是不合理的。即使不考虑利润损失，律师通过上诉或审判解除禁令所需的费用也不可能不超过 1000 美元。众所周知，诉讼费用极高。在这类商业诉讼中尤其如此。

在这类诉讼中，两家企业因涉嫌盗用商业秘密和不公平竞争而争夺向特定客户群销售产品的权利。这场争议很可能会激烈进行，双方就初步禁令申请提交的意见书的数量和长度就表明了这一点。单是费用就可能大大超出初审法院设定的赔偿责任限额。

事实上，在目前的上诉中，提交费和准备书记员和报告人的笔录费用肯定已经占据了其中的一半以上。如果把律师费和利润损失加在等式中，这项保证金显然是完全不充分的。

二、发布禁令是滥用自由裁量权吗？

原告辩称，根据《加利福尼亚州商业秘密法》和不正当竞争的法定补救措施，该禁令对于限制商业秘密的盗用是必要的。上诉法院的结论是，原告就商业秘密被盗用的证据证明，初步禁令是正当的，因此，上诉法院不确定，是否也可以以不正当竞争为由证明其正当性。

（一）审查标准

法院可以禁止实际或威胁盗用商业秘密。在决定是否发布初步禁令时，**初审法院应评估两个相互关联的要件。第一个要件是原告在审判中胜诉的可能性。除非原告有合理的可能性成功主张其权利，否则禁令的请求必须被拒绝。第二个要件是将如果禁令被拒绝，原告可能遭受的临时损害与如果发布初步禁令被告可能遭受的损害相比较。**初审法院平衡了这两个要件，以确定"在根据案情进行审判之前，被告应或不应被限制行使其主张的权利"。该裁决"由初审法院的合理自由裁量权决定，上诉时……不得受到干涉，滥用自由裁量权的除外"。初审法院只有在"超出合理限度或违反无冲突的证据"的情况下，才会被认定滥用其自由裁量权。因此，上诉法院要调查的是：被告是否清楚地表明，当初审法院得出结论，他们应该被限制行使其声称的权利以招揽原告的客户时，他们超出了合理界限，或者违反了无争议证据？

（二）商业秘密的定义

虽然被告对禁令的形式和范围提出疑问，但他们对禁令实质内容的唯一疑问是，初审法院滥用了其自由裁量权，因为没有证据证明原告的客户名单符合商业秘密定义的所有要件，无论是否存在矛盾。

"商业秘密"是指信息，包括配方、模式、编译、程序、设备、方法、技术或工艺：①由于不为公众或其他引以从其披露或使用中获得经济价值的人所普遍知悉，从而获得实际或潜在的独立经济价值；以及②是在该情况下采取合理努力保持其秘密性的对象。因此，该定义由三个要件组成：信息、因他人未知而有价值的信息，以及所有者试图保密的信息。

1. 这些信息是公众所知的吗？

被告关注第二项要件：**信息具有价值，这是因为其他人（即原告的竞争对手）通常不知道该信息，而其他人可以通过使用该信息获得经济价值。**

初审法院明确认定这一要件成立，但被告辩称该结论没有诉讼记录支持。具体而言，被告辩称，虽然原告确实提供了证据，证明其客户名单是有价值的，但并没有证明其价值来自其保密性。

被告正确地指出，仅展示价值本身不足以满足（商业秘密价值的）法定定义。一份表明愿意订购并为特定企业商品或服务买单的人员名单将始终对该企业有价值。然而，**法律还要求，这些信息对其他不知道的企业具有价值，这些企业可以将这些信息（如果知道的话）用于有益的用途。**

就其本身而言，了解从特定的商品或服务供应商处购买商品或服务的企业身份对该供应商的竞争对手没有特别的价值。然而，如果这些信息向竞争对手透露了一个他们以前不知道的事实——这些企业使用竞争对手出售的商品或服务，那么对竞争对手来说是有价值的。

举例来说，假设一个由 5 家小器械销售商提供的市场。已知有 10 万家企业在运营中使用该小器械。然而，小器械卖家无法确定哪些企业使用小器械、哪些不使用。卖家张三有一份 500 家企业的名单，他最近向这些企业出售过小器械。这份名单证明他的竞争对手所不知道的事实，即那 500 家他正试图销售小器械的企业是小器械消费者。因此，这份名单对这些竞争对手具有独立的价值，因为这将使他们能够经论证将那些肯定是小器械的消费者从 10 万潜在消费者中区分开来。那些潜在消费者可能是小器械市场的一部分，也可能不是。有了这份名单，竞争对手就知道应该把销售重点放在这 500 家企业上，而不是放在另外 500 家可能永远不会使用小器械的企业上。

现在再想象一个相同的事实，但假设其他 4 个小器械卖家都知道张三客户名单上的企业是经过验证的小器械消费者（尽管他们不知道这些企业向张三处购买小器械）。在这种情况下，张三的客户名单没有独立的经济价值，因为竞争对手已经知道这些消费者的身份了。在这两种情况下，从张三处购买小器械的企业身份都是未知的。用来区分的要素是，那些企业是否购买了小器械这个情况是未知的。因此，第一个假设中的客户名单将是可保护的商业秘密，而第二个假设中的客户名单则不是。

在对摆在上诉法院面前的事实进行区分时，关键的事实问题是，原告客户名单上的企业是否是胶辊的消费者。如果胶辊的竞争供应商知道这一事实，那么这些企业是原告客户的事实就不是商业秘密。然而，如果不知道这些企业使用胶辊，那么他们作为原告客户的身份就是商业秘密。

在这里，大量证据表明这些信息并不为人所知。例如，原告的总裁作证说："原告工作中最困难的部分之一是确定美国所有企业中哪些公司需要胶辊……客户不容易辨认或识别，而揭示潜在客户姓名的过程……既昂贵又耗时""客户名单代表了从可能使用胶辊或橡胶模制产品公司的一般名单，到数量更有限的现有和潜在客户有价值的、各自的名单的筛选过程。这些名单对原告以及任何竞争对手来说都是极为宝贵的资源。事实上，任何竞争对手……都不能在没有多年努力与投入的情况下复制那些名单"。

这些名单是保密的，以使其内容不被原告的竞争对手发现。初审法院本可以从这些证据中推断出人们并不普遍知道这些企业使用的是胶辊。

2. 这些信息易于查明吗？

被告辩称，尽管如此，胶辊消费者的身份仍不符合商业秘密的定义，因为这些身份"易于查明"，因此不是秘密。具体而言，他们主张，这些消费者的身份在商贸目录、电话簿和其他来源中被披露，这些来源列出了"几种常用胶辊的企业……"

这种观点一定会失败，因为一项事实是否"易于查明"在加利福尼亚州并不是商业秘密定义的一部分。统一州法的全国会议委员们起草的《统一商业秘密法》第1（4）（i）条提到的信息"由于不被他人普遍知悉或无法被他人通过适当手段轻易确定继而通过其披露或使用它而获取经济价值，从而具有实际或潜在的独立经济价值……"

简言之，加利福尼亚州立法者选择将行业已经知道的信息排除在定义之外，而不是行业易于被调查的信息。因此，**根据加利福尼亚州法律，信息可以是商业秘密，只要它尚未被业内其他人查明，即使它易于被查明。**因此，上诉法院否决先例中有关信息已知或易于查明都不构成商业秘密的说法。

📇 判决结果

基于程序问题，撤销初审法院发布初步禁令的命令。

未来在该案中发布的任何初步或永久禁令，应根据本意见书中表达的观点明确且狭义地界定被禁止活动的范围。

案例学习意义

在发布禁令时，法院或法官必须要求禁令申请人作出保证。保证或保证金是发布初步禁令必不可少的先决条件，且保证金的金额应该充分。若禁令申请不当，相关保证金会作为后续对被告在禁令期间受到损害的赔偿。

该案还进一步补充了商业秘密构成要件的说明。不为公众所知悉的一项特性是信息具有经济价值。这里的经济价值未必是信息本身的客观价值，有可能是竞争对手通常不了解的信息，且可以通过使用该信息获得经济价值。而对于易于查明的信息，显然美国法院在裁判上有所分歧。有些案件中认为易于查明的信息和被公众所知悉的信息一致，不构成商业秘密。但该案中，法院认为易于查明不影响信息构成商业秘密。

通过学习该案，可以深入理解申请禁令的条件与要求，还可以进一步了解商业秘密判定的标准。截至 2023 年 3 月，该案被美国案例判决文书引用 277 次，被其他法律文件引用 669 次，并被编入多本美国案例教科书。

第四节 《防卫商业秘密法》诉讼

法律问题

选择商业秘密救济时，联邦法和州法有哪些区别？联邦法有哪些特殊要求？法院适用联邦法时，相对以往适用州法时，有怎样的不同偏好吗？

> ### 自由乡村有限公司诉德雷恩案
> *Free Country Ltd. v. Drennen*，235 F. Supp. 3d 559（2016）

■ **原告：** 自由乡村有限公司（Free Country Ltd，以下简称"自由乡村公司"）

■ **被告：** 布莱恩·德雷恩（Brian Drennen）、马修·范德·怀登（Matthew Vander Wyden）、罗素服饰集团（Rousso Apparel Group, Inc.，以下简称"罗素集团"）、圣达菲服饰（Santa Fe Apparel, LLC，以下简称"圣达菲"）

■ **法院：** 纽约州南部地区法院

案例背景

该案发生在企业与离职员工及他们的新雇主之间。

自由乡村公司是一家服装制造商和批发商，约有 65 名员工。它在一个共享网络系统上维护各种各样的业务信息，并向其员工提供电子邮件账户。员工通过登入自由乡村公司账号提供的受计算机保护的密码来访问这些系统。自由乡村公司通常要求新员工签署保密协议并确认公司手册。通过签署这些文件，员工同意不传播自由乡村公司的专有信息。2014 年 8 月，自由乡村公司聘请有 20 年服装行业经验的德雷恩担任销售副总裁，负责监管男装和女装活动服。2015 年 11 月，自由乡村公司聘请具有 30 年服装行业经验的范德·怀登担任男式外套销售总监。

德雷恩和范德·怀登在受雇期间都有从自由乡村公司服务器转移材料的习

惯。2015年3月左右，德雷恩在公司电脑上安装了一个名为"存储箱"的文件共享程序，允许用户使用在线"云"账户在"链接"设备之间传输信息。德雷恩在路上或家中会使用该程序帮助工作，并在自由乡村公司时将三台个人设备连接到他的存储箱账户：一台Android手机、一台iPad和一台iMac。

相反，范德·怀登经常通过电子邮件发送给自己自由乡村公司的"主要联系人名单"，其中包含该公司客户的联系信息。范德·怀登在代表自由乡村公司旅行时使用了这份名单。

德雷恩和范德·怀登在自由乡村公司工作得都不愉快。2016年9月底，德雷恩和范德·怀登开始与罗素集团进行雇佣谈判。范德·怀登随后于10月13日从自由乡村公司辞职，此前他收到了为罗素集团新成立的部门"山地和岛屿"创建竞争产品线的提议。然而，范德·怀登在离开之前，于10月10日和11日通过电子邮件向他的个人邮箱地址发送了几份文件的副本，其中包括自由乡村公司的主要联系人名单，以及一封包含四种可追溯到20世纪90年代中期的产品设计的电子邮件。

范德·怀登辞职的同一天，德雷恩开始将大量信息从自由乡村公司的服务器转移到他的存储箱账户，包括2017年秋季的客户订单和设计信息。德雷恩于2016年10月18日转移了更多信息，并于三天后从自由乡村公司辞职，加入"山地和岛屿"部门。德雷恩在同一天从他的自由乡村公司计算机上卸载了存储箱。

自由乡村公司在查看了德雷恩的笔记本电脑后发现了文件传输，并于2016年10月27日向德雷恩和范德·怀登发出了要求终止和停止的警告信。

2016年11月10日，自由乡村公司提出缺席诉讼的动议，要求法院下达对两人及罗素集团与圣达菲的初步禁令和临时限制令，还指控他们不当挪用自由乡村公司的商业秘密，违反了纽约州法和联邦的《防卫商业秘密法》（*Defend Trade Secret Act*，DTSA）。

争议焦点

是否具备颁发初步禁令和临时限制令的条件。

诉讼过程

原告主张其前雇员德雷恩和范德·怀登盗用了其商业秘密，以便为被告罗素集团和圣达菲建立一条相互竞争的产品线。

最初，法院通过2016年11月10日的命令批准了原告的动议，并于17日进行了修订，禁止被告德雷恩和范德·怀登招揽自由乡村公司的客户，除非被告能证明在受雇于自由乡村公司之前拥有此类客户的联系信息。修订后的命令要求被告德雷恩允许双方同意或法院指定的中立鉴定专家检查其存储箱账户。

根据 2016 年 11 月 20 日和 21 日批准的命令，法院任命中立的鉴定专家罗伯特·克努森（Robert Knudsen），并制定了他对账户进行检查的协议。11 月 29 日，克努森向法院提交鉴定报告，法院于第二天向双方提供了该报告。在被告律师出庭后，法院于 12 月 5 日、7 日和 8 日举行了为期三天的证据听证会，以在对抗系统下检验临时限制令。

根据对该听证会上提交的证据评估（包括对证人行为和可信度的评估），法院于 12 月 9 日发布命令，禁止被告使用或传播原告的机密信息，部分批准了原告关于延长临时限制令的动议，但驳回了原告请求，即禁止被告在 2017 年秋季期间招揽自由乡村公司的客户。

被告意见

德雷恩和范德·怀登提出要求。虽然他们各自都可以被证明不当挪用了原告的信息，但没有证据表明他们为此目的相互勾结，或相互交换任何据称的机密信息。

纽约州南部地区法院意见

法院必须分别处理临时限制令对这些被告的适用性问题，因为每个被告涉嫌盗用的信息性质不同。

一、获取临时限制令与初步禁令的要求

临时限制令的标准基本上与初步禁令标准相同。主要区别在于，第一，临时限制令通常是缺席判决下授予的，但此后的使用期限有限；第二，即使在临时限制令随后有对抗性听证的情况下，通常也会在充分调查之前进行。

因此，临时限制令，也许比初步禁令更为重要，是一种"特殊而激烈的补救措施，除非申请人以明确的表现承担说服的责任，否则不应给予这种补救"。

寻求临时限制令的一方，犹如寻求初步禁令的一方，通常必须表明具备四个要件：第一，诉讼最终胜诉的可能性；第二，如果不批准临时限制令，申请人将遭受无法弥补的损害的可能性；第三，对动议方有利的困难的平衡；第四，所给予的救济不损害公共利益。

与初步禁令一样，临时限制令"永远不会被视为正当裁决"。潜在的实质性主张主要基于对自由乡村公司商业秘密的盗用指控。根据州和联邦法，盗用商业秘密的要求类似。根据纽约州法，一方当事人必须证明两点：第一，其拥有商业秘密；第二，被告人违反协议、保密关系或职责，或通过不正当手段发现该商业秘密。

同样地，根据DTSA，一方必须证明"一方使用不正当手段获取商业秘密，或未经许可披露或使用商业秘密，在披露时，知道或有理由知道该商业秘密是通过不正当手段获得的，是在有义务维护该商业秘密的情况下获得的，或来自或通过负有该义务的人获得的"。

二、是否存在商业秘密及不当挪用

自由乡村公司指控范德·怀登盗用了两类专有信息：自由乡村公司的客户名单和与自由乡村公司产品有关的定价信息。

尽管法院对范德·怀登在某些方面的可信度存在一些疑虑，但这些担忧与当前目的无关，因为法院不相信他被指控盗用的两种信息中的任何一种都是商业秘密。根据法院对原告客户名单的审查，自由乡村公司的客户是知名服装零售商，它们的身份不受保护。这些公司的联系信息可以通过拨打其总热线来确定，也可以通过领英和谷歌等外部来源以及服装行业买家名录确定。事实上，原告的执行副总裁在证词中承认，自由乡村公司客户的身份和联系方式在公司之外是已知的。因此，法院认定，原告未能证明存在成功不当挪用自由乡村公司联系人名单事实的可能性。

原告关于自由乡村公司定价信息的指控同样存在缺陷。在某些情况下，与定价有关的数据可能构成商业秘密。然而，这通常是指公司使用某种类型的专有公式，使其具有独特的优势，例如金融业务中复杂的定价或交易算法。另外，与自由乡村公司基本机制有关的信息，如材料价格和制造成本，不是商业秘密，因为"任何公开的卖方价格都会向竞争对手发出一些信息，透露出有关卖方定价结构基本机制"。

在这方面，自由乡村公司提供了证据，证明其服装生产线的定价、来源或制造适用的标准不是行业惯例。自由乡村公司的前雇员、被告德雷恩作证称，自由乡村公司使用业界普遍使用且易于反向工程的"基本采购信息"确定定价。虽然这一证词可能是德雷恩自说自话，但自由乡村公司未能提供任何令人信服的相反证据。因此，法院认为，原告未能证明争议中的定价信息构成自由乡村公司被不当挪用索赔的商业秘密。

此外，即使原告作出如此证明，也不能证明不当挪用主张的第二项要件：

"被告范德·怀登将违反保密协议或信赖关系使用此类定价信息。"原告不认为范德·怀登目前拥有任何包含自由乡村公司定价信息的具体文件。相反，原告辩称，范德·怀登在自由乡村公司的部分职责是了解此类信息的，应禁止其为竞争对手工作，因为这些信息现储存于他的大脑中。

纽约州法承认原告在这种情况下保护信息的一种具体方式——竞业限制条款。在没有此类规定的情况下，该州巡回法院将仅在个人窃取其前雇主的商业秘密且"不可避免地"向其新雇主披露的情况下限制其就业。

在此，原告未能证明被告范德·怀登窃取了与定价有关的专有信息，更别说范德·怀登将不可避免地披露此类信息。平心而论，范德·怀登对在离开自由乡村公司之前"意外"给自己发了四份产品设计邮件的解释是不可信的。尽管如此，这些几十年前设计中包含的信息不太可能是商业秘密，即使是商业秘密，也与定价无关。范德·怀登可能对设计感兴趣，但这并不意味着他很可能会披露有关自由乡村公司定价的秘密信息。

法院也不认为范德·怀登被控挪用的两类信息可能造成的任何伤害都不能通过金钱赔偿来弥补。至于客户名单，虽然失去客户关系可能会造成无法弥补的损失，不然这种关系将在未来几年内产生不定量的业务，但原告在此不认为会有任何此类的持续损失。至于定价信息，没有证据表明范德·怀登涉嫌盗用的定价信息在 2017 年秋季之后仍具有相关性，或者原告将遭受任何持续的客户商誉损失。相反，原告主张范德·怀登将利用其定价信息，在一段分散的时间内，以其特定的客户群体来削弱其业务，这在庭审中很容易量化。至于平衡公平性，毫无疑问，临时限制令禁止范德·怀登在 2017 年秋季向自由乡村公司的客户出售产品，这实际上意味着范德·怀登不能为他的新雇主工作。这不仅影响到范德·怀登的个人福利，而且也影响到其未来的就业前景。因此，基于上述原因，原告未能证明禁止范德·怀登在 2017 年秋季向自由乡村公司的客户销售产品的临时限制令是合理的。

三、临时限制令是否合理

法院接下来审理原告对被告范德·怀登提出的临时限制令请求。

很明显，范德·怀登在辞职前明确复制了大量自由乡村公司的信息，法院认为，他这样做只是为了帮助他辨别哪些信息是个人信息，哪些不是个人信息，这种说法是荒谬的。虽然原告没有具体说明哪些复制文件（包括客户销售信息，设计包以及过去、现在和未来业务的生产包）是专有的，但法院同意原告的意见，即这些信息作为一个整体是对原告业务至关重要的商业秘密。

然而，原告未能证明被告德雷恩将转移至其存储箱账户的专有信息用于不当目的的可能性，或者未来他可能会这样做。在证据听证会上，德雷恩说，截至2016年10月22日，他已从存储箱账户中删除了任何与自由乡村公司有关的信息，并且在删除之前，他没有转移任何自由乡村公司信息。范德·怀登同样作证称，他从未访问过德雷恩的存储箱账户，也没有从德雷恩那里收到自由乡村公司的信息。

中立的鉴定专家在实质上证实了这一证词。具体而言，德雷恩在从他的存储箱用户中删除了除486份文件以外的所有文件，未删除的文件似乎都不包含专有信息。也没有证据显示，德雷恩将自由乡村公司的资料转移到了另一台设备上，或者在删除自由乡村公司文件的日期上撒了谎。

平心而论，发现德雷恩不再拥有自由乡村公司资料并不意味着德雷恩在删除文件之前没有查看这些文件。因此，自由乡村公司理论上可以根据德雷恩头脑中的信息提出不可避免的披露要求。但这一论点仍将失败。

原告承认，德雷恩转让的材料仅作为信息"载体"对竞争对手有用。德雷恩传输了近50000个文件，尽管这些文件中只有一部分可能是专有的，但原告承认，即使是单个文件也包含"大量"信息。德雷恩对争议性文件的持有时间最长为9天，法院不相信他能够在如此短的时间内背下来有关自由乡村公司过去、现在和未来业务的千兆字节数据。因此，在没有有关滥用的证据情况下，法院认定原告未能证明针对德雷恩的不当挪用这一主张有成功的可能。

此外，原告未能证明其将因德雷恩的复制而遭受任何迫在眉睫、不可弥补的损害，该复制现在需要禁令救济。不可弥补的伤害需要"既不是遥远的，也不是推测的，而是实际的、迫在眉睫的伤害"。

最后，正如德雷恩的案件一样，在原告迄今为止没有提出更有力证据的情况下，衡平法支持不阻止德雷恩从事他的新工作。

四、针对新雇主的处理

法院从一开始就认定，没有证据表明被告罗素集团和圣达菲有任何不当行为。虽然它们明确（合法）的意图是与自由乡村公司进行直接竞争，但在本次诉讼之前，他们似乎不知道被告德雷恩和范德·怀登将任何涉及诉讼的秘密信息转至这两人自己手中，也没有证据表明罗素集团或圣达菲曾拥有过此类信息。

因此，法院认定，原告未能证明对被告罗素集团和圣达菲胜诉的可能性，因此无权对圣达菲实施临时限制令，限制其在2017年秋季招揽自由乡村公司的客户。

判决结果

部分批准了原告关于延长临时限制令的动议，但驳回了原告关于禁止被告在2017 年秋季征集自由乡村公司客户的请求。

案例学习意义

2016 年美国国会颁布 DTSA，对于商业秘密给予了联邦民事救济。该案正是最早的一个原告通过 DTSA 针对不当挪用商业秘密而寻求禁令救济的案例。由于 DTSA 颁布时间较短，虽然属于联邦法，且理论上保护商业秘密的强度高于此前州层面的《统一商业秘密法》，但司法实践中并非绝对优先被适用。因此，关于当事人与法院如何使用及适用 DTSA 值得进一步关注。

通过学习该案，可以了解 DTSA 的实施，以及与既有商业秘密保护体系的结合。截至 2023 年 3 月，该案被美国案例判决文书引用 66 次，被其他法律文件引用 47 次。

第五节 商业秘密的综合判例

 法律问题

当商业秘密所有人主张使用禁令对其损失进行弥补时，如何对多项法律问题，如秘点识别、不当挪用行为的识别、发布禁令的条件等，体系性地一一解决？

> **威廉·勒琼诉硬币接收者公司案**
> *LeJeune v. Coin Acceptors, Inc.*, 381 Md. 288（2004）

- **原告/上诉人：** 威廉·勒琼（William LeJeune）
- **被告/被上诉人：** 硬币接收者公司（Coin Acceptors, Inc.）
- **法院：** 马里兰州上诉法院

案例背景

该案发生在企业与前雇员之间。

硬币接收者公司是密苏里州的一家公司，从事设计、制造、维护硬币兑换机、钞票兑换机以及类似的机器。硬币接收者公司在营销和售卖这些机器方面有三个独立"渠道"：第一，"自动售货机"，包括可口可乐和百事可乐等饮料灌装商；第二，"娱乐"，包括视频游戏制造商和分销商；第三，"特色市场"，包括运输公司或提供"自助结账"服务的公司。勒琼自 1993 年加入这家公司，作为"销售与区域服务代理"。他的工作是售卖、维修设备，并主持关于硬币接收者公司机器维修和保养的研讨会。1997 年，勒琼被提升为分公司经理，负责管理巴尔的摩分公司，包括在马里兰州、弗吉尼亚州、特拉华州和西弗吉尼亚州销售和维护硬币接收者公司的自动售货设备。

2002年，公司改制为区域客户经理，取消了分公司经理的职位，新增了区域客户经理、服务中心经理和客户服务代表三个职位。勒琼作为合伙人，继续负责销售硬币接收者公司自动售货机产品，但是销售范围扩大。

2003年1月，硬币接收者公司推出了MC2600纸币承兑机，这是娱乐市场上的一种新产品。虽然勒琼一直售卖自动售货机产品，但硬币接收者公司指定他负责市场营销和销售MC2600，因为许多娱乐消费者也是自动售货机的顾客。然而，勒琼从未在娱乐市场上销售过一台MC 2600，实际上，只接触过一个娱乐业客户，向其推销这种产品。硬币接收者公司在2002年和2003年选择让勒琼加入一个员工团队，负责调查该公司如何在专业市场渠道上培养客户。勒琼参加了团队的首次会议后，公司领导告诉他，要把工作重点放在自动售货机市场上，不要让他在专业市场团队的工作干扰这个重点。勒琼没再参与专业市场小组后来的任何会议。最终，团队制订了一个战略计划，分析了特殊市场和公司在这些市场的机会。勒琼收到了该计划的副本，但是他从来没有仔细看过。

在受雇期间，勒琼从未与硬币接收者公司签订竞业限制协议或保密协议。他从事销售工作，不参与制造或研发。不过，他通过自己的服务和销售经验，对硬币接收者公司的产品有了广泛的了解。他还了解了硬币接收者公司的定价、定价策略、市场营销和商业活动，以及销售策略，但并不了解与公司与客户签订的合同有关的所有信息。勒琼在自己安纳波利斯的家里工作，在那里他定期收到公司文件。

勒琼于2003年5~6月考虑换新工作，与硬币接收者公司在货币承兑业的主要竞争对手迈斯（Mars）进行了几次面试。

在5月的一次介绍性电话面试中，勒琼描述了他在硬币接收者公司的工作经历，并向面试人克里斯·穆夫特（Chris Mumford）提到，"硬币接收者公司最近在其投资组合中添加了货币控制产品，以调用密西西比以东的零售或报亭账户"。他还说硬币接收者公司担心迈斯的姐妹公司康勒克斯会影响硬币接收者公司的销售。勒琼后来去了宾夕法尼亚州的兰开斯特，在那里他和其他几个迈斯人员面谈。勒琼讲述了他在硬币接收者公司的经历，并解释了为什么要在迈斯工作。其中一位面试人两次向勒琼解释，面试期间不能讨论任何机密信息。

2003年7月7日，勒琼签署了一份来自迈斯的工作录取函，并接收了一份娱乐业原始设备制造经理的职位。新职位将要求勒琼集中向娱乐业销售，尽管他将与服务于娱乐和自动售货市场的"全线经销商"有一些联系。

7月14日勒琼通知上司威廉·摩根（William Morgan）他要离开硬币接收者公司，去迈斯工作。16日，摩根和勒琼会面了几个小时，检查了勒琼的账户状况。摩根要求勒琼继续为硬币接收者公司工作两周,这样就可以把公司客户介绍给勒琼的继任者。谈话中,勒琼说,他在迈斯会处于一个"独特"的位置是因为他在本公司的经验。摩根明白这意味着勒琼打算利用他对硬币接收者公司商业策略的了解。勒琼说,提到他的"独特"地位,说明他在自动售货行业拥有丰富经验,进入以娱乐市场为重点的工作。同一天勒琼把笔记本电脑,以及一箱硬币接收者公司的文件和材料还给了摩根。

在这次与摩根会面之前,勒琼曾三次从他的硬币接收者公司笔记本电脑中将大量文件的数字拷贝转移或"刻录"到一张 CD 光盘上。7 月 8 日,勒琼复制了硬币接收者公司的可执行预算软件,其中包括硬币接收者公司的制造成本和利润率。勒琼在 7 月 8 日进行了第二次"刻录",包含大量存储在公司笔记本电脑上的个人文档。7 月 16 日,勒琼再次复制了笔记本电脑上的各种文件,其中一份包含了与硬币接收者公司专业市场战略计划有关的价格信息。在把所有文件复制到 CD 上之后,勒琼又复制了一份磁盘。硬币接收者公司的电脑鉴定专家指出,当勒琼复制可执行的预算软件时,该文件并不属于"我的文件"。鉴定专家还发现,勒琼删除了公司笔记本上的信息,试图隐藏下载的内容。该专家修复了被删除的信息。

除了计算机文件外,勒琼还保留了一些其他硬币接收者公司文件的纸质版。这些文件中包括硬币接收者公司的价格和成本信息、服务定价、首选经销商名单以及与娱乐产品 MC2600 和公司自动售货机有关的详细技术规格。

硬币接收者公司根据《马里兰州商业秘密法》(MUTSA)寻求禁令救济,以防止雇员不当挪用商业秘密,从而给潜在新雇主带来不公平的竞争优势,该雇主是原告雇主在货币承兑机器行业的主要竞争对手。新泽西州阿伦德尔初审法院授予原告初步禁令。雇员提出上诉。

2003 年 7 月 24 日,硬币接收者公司向法院提出了禁令和其他救济的请求,并动议对勒琼下达临时限制令。

🖐 争议焦点

根据 MUTSA,勒琼在辞职后保留硬币接收者公司的文件,包括其价格表、客户名单、预算软件和产品规格时,是否不当挪用了硬币接收者公司的商业秘密。

根据 MUTSA,勒琼是否应该被禁止在自动售货机、娱乐和专业市场工作,因为他将不可避免地向迈斯透露硬币接收者公司的商业秘密。

是否适用初步禁令。

诉讼过程

初审法院在收到原告申请第二天批准了临时限制令，在原告初步禁令动议结果出来之前，禁止勒琼在"自动售货业、娱乐业和/或专业市场行业"为迈斯工作。

2003 年 8 月和 9 月，在连续三天的时间里，初审法院就硬币接收者公司的初步禁令动议举行了听证会。结论是，批准该动议。

勒琼对初审法院的命令提出上诉。

马里兰州上诉法院意见

一、审查标准

上诉法院对初步禁令的审查是"有限的"，因为"现在还未对各方论点最终作出结论"。相反，上诉法院一般会决定审讯法官在研究发出**初步禁令所必须考虑的四项要件**时，是否行使了适当的酌情权。

作为一般规则，**授予中间禁令的适当性取决于四项要件：①原告根据案情胜诉的可能性；②"便利性平衡"取决于给予禁令是否会对被告造成比拒绝禁令更大的伤害；③除非获得禁令，否则原告是否会遭受无法弥补的伤害；④公众利益。**

在审查无法弥补的损害时，初审法院可能会在最终结果出来之前考虑"维持现状的必要性"。上诉法院通常不会干扰上诉的初步禁令，除非初审法院滥用了自由裁量权。尽管如此，"即使是在自由裁量事项上，初审法院也必须根据正确的法律标准行使其自由裁量权"。

二、关于 MUTSA

早在 1989 年 MUTSA 颁布之前，马里兰和美国内外的其他司法管辖区就对商业秘密的保护进行了监管。曾有学者在 1930 年发文认为，即使在罗马法下，商人也有理由对引诱其奴隶泄露秘密商业信息的竞争对手提起诉讼。至少从 1837 年起，当法院在维克里诉韦尔奇案中（见第一章第一节的"法律问题"）下令巧克力磨坊的卖家不得将其秘密巧克力制作配方透露给除磨坊买家以外的任何人时，美国法院已采取行动，保护被称为"商业秘密"的秘密商业信息的保密性。

商业秘密法的现代发展迈出了重要的一步，1939 年，《侵权法（第一次重述)》（以下简称《重述》）的起草者纳入了商业秘密的定义（对商业秘密及侵权判定的具体定义见第一章案件，此处略）。20 世纪中期，随着商业秘密案件数量的增加，以及美国全国各地的法院开始采用《重述》，商业秘密的这一定义得到了广泛接受。上诉法院就接受了其中对商业秘密的定义。

1979 年，美国全国统一州法律委员会议通过了《统一商业秘密法》（UTSA），在很大程度上基于《重述》提出了商业秘密的定义。UTSA 还对"不当挪用"进行了定义，并规定了商业秘密被不当挪用时的损害赔偿和禁令救济。该法通过后不久，许多州开始承认 UTSA 是商业秘密保护立法的典范。

1989 年 7 月 1 日，MUTSA 生效后，马里兰州成为第 29 个采用该统一法某些版本的州。1992 年，50 个州中的 42 个州和哥伦比亚特区已经颁布了某种形式的 UTSA。MUTSA 的实质性条款与 UTSA 略有不同，因为马里兰的版本"可能（不得）被适用或解释为放弃或限制（马里兰州侵权法）下定义的任何普通法或法定抗辩理由或州公务人员拥有的豁免权"。

MUTSA 为不当挪用商业秘密提供了唯一的民事补救措施，"取代了本州相互冲突的侵权、恢复原状和其他法律"，为此类行为提供了民事补救措施。

MUTSA 设定了禁令救济实施的措辞，明确了"可能禁止"实际或威胁不当挪用"商业秘密"。因此，根据 MUTSA 提出的索赔，引发了两个核心问题：第一，争议信息是否符合商业秘密的条件；第二，一个人是否实际或威胁盗用了该信息。

三、关于商业秘密

上诉法院首先检查该案中所称的商业秘密是否符合 MUTSA 规定。勒琼认为，硬币接收者公司未能作出合理的努力来保护其信息的秘密性。因此，根据勒琼的说法，他保留的文件和信息不符合商业秘密的条件。另外，硬币接收者公司声称，勒琼拥有的大量计算机文件和纸质文件属于机密、专有物品，符合"商业秘密"的定义。硬币接收者公司特别抱怨道，在勒琼获取的计算机文件中，可执行预算软件和特殊市场战略营销计划是商业秘密。它还主张，勒琼以纸质形式保留了商业秘密，包括定价和成本信息、服务定价信息、首选分销商列表，以及 MC2600 和验钞器的规格。

上诉法院曾在先例中指出，**"有两种类型的商业秘密：技术发展和内部运营信息"**。显然，在处理"内部运营信息"时，法院曾承认，在某些情况下，定价信息和营销策略可能被视为商业秘密。尽管如此，法院强调，只有在满足两项要求的情况下，信息才是 MUTSA 规定的商业秘密。

摆在上诉法院面前的这个案例与那些寻求保护有价值数据集的公司类似，硬币接收者公司在其可执行预算软件、专业市场战略计划和纸质定价文件中汇编了大量与其制造成本和利润率相关的信息。硬币接收者行业竞争激烈，仅由两家公司主导。因此，如果迈斯能够获得硬币接收者公司的成本和利润信息，那么可以降低硬币接收者公司的所有价格，从而轻松获得经济优势。由于货币接收者行业的独特性和竞争性，MC2600 和验钞器的详细规格对迈斯也有经济价值。如果迈斯学会了这些机器中使用的技术，可以应用这些技术来提高自己产品的商业价值。

上诉法院没发现有任何证据表明，迈斯在不花费大量资源的情况下，可以从市场上获得所有这些信息。事实上，硬币接收者公司是一家私营公司，不会向美国证券交易委员会提交公开文件，公布其利润信息。通过证据发现，计算机文件和纸质文件（预算软件、专业市场战略计划、定价和成本文件以及 MC2600 和验钞器规范）中包含的信息对迈斯具有经济价值，且"不易于查明"。

此外，从诉讼记录中可以明显看出，硬币接收者公司采取了合理措施，对定价和成本信息、专业市场战略计划和机器规格保密。它采用分层定价方案，还与其客户协商了保密协议，以防止客户与其他客户讨论价格。此外，它在验钞器规范、专业市场战略计划和其他定价文件上标注了"保密"，勒琼将这些文件刻录或以纸质形式保存。在公司的员工手册中，硬币接收者公司通过要求员工将此类信息作为机密信息加以保护，传达了其制造过程和商业方法的秘密性。

鉴于这些努力，上诉法院认为，初审法院恰当地确定，MC2600 和验钞器的规格以及专业市场战略计划、可执行预算软件和其他纸质定价文件中包含的定价和成本数据符合 MUTSA 规定的商业秘密。

四、关于不当挪用

硬币接收者公司无权获得禁令救济，除非其证明勒琼不当挪用了其商业秘密，包括硬币接收者公司的可执行预算软件、专业市场战略计划、纸质定价和成本清单，以及 MC2600 和验证器的规格。

勒琼辩称，根据 MUTSA 发布禁令的唯一依据是发现"实际或威胁"的不当挪用行为。勒琼坚称，他没有不正当地获取任何信息，因为硬币接收者公司自愿向他提供了所有保留的文件，然后在诉讼开始之前没有要求归还这些文件。此外，勒琼辩称，硬币接收者公司没有提供任何证据证明他使用或泄露了商业秘密，或他有这样做的意图。作为回应，硬币接收者公司敦促，证据确实支持勒琼盗用商业秘密的结论。它还声称，证据表明勒琼不当挪用了这些信息，他将硬币接收者公司笔记本电脑上选定的机密文件复制到 CD 上，并在告诉硬币接收者公司已归还了所有东西后，保留了纸质件。

MUTSA 描述了两种常见的不当挪用行为——**以不正当手段获取商业秘密、泄露商业秘密**。上诉必须结合 MUTSA 考虑这一定义，该条款规定了"实际"或"威胁"不当挪用的禁令。因此，法院可以发布禁令，以防止以下情况之一：通过不正当手段实际或威胁获取商业秘密，或实际或威胁泄露商业秘密。

五、关于以不正当手段获取商业秘密

初审法院被说服，认为勒琼通过不正当手段获取商业秘密的证据充分。双方同意，勒琼拥有属于硬币接收者公司的文件。上诉法院确定其中一些文件符合商业秘密。

MUTSA 规定，商业秘密是通过"盗窃、贿赂、虚假陈述、违反或诱使违反保密义务，或通过电子或其他方式进行间谍活动"获得的，即通过"不当手段"获得的。

硬币接收者公司没允许勒琼将商业秘密从公司的笔记本电脑转移到 CD 上。为了证明自己的行为是正当的，勒琼说，他从公司的笔记本电脑上转移了"我的文件"文件夹，以保留结婚照片等个人文件，并在这个过程中捕获了许多硬币接收者公司文件。然而，硬币接收者公司的专家证实，勒琼不仅下载了"我的文档"文件夹，而且还传输了一些特定文件，其中包含商业秘密。考虑到这一证据，初审法官显然不相信勒琼对事实的说法，上诉法院认为没理由打乱事实调查者的可信度判断。

勒琼辩称，他没不正当地获取商业秘密，因为这些文件是硬币接收者公司提供的，并且离职后程序上也不能收集这些文件。为了支持这一论点，勒琼引用了一个先例，其中员工在离职后保留了公司寄给她的某些公司文档和文件。该公司辩称，该行为相当于 MUTSA 下的不当挪用行为，但法院不同意，认为那些文件不构成商业秘密。其中的法官指出，即使商业秘密存在争议，"允许其在家工作，定期向她家发送文件，现在也不能抱怨她持有这些文件违反了 MUSTA"。

勒琼的论点没抓住要点，因为他的情况与先例不同。该案中，初审法院发现，受争议的信息是敏感的商业秘密信息。在勒琼受雇的最后一天，他特别选择了原告的具体机密文件，并主动将其从硬币接收者公司笔记本电脑转移到一张 CD 上，供个人使用。传输完文件后，勒琼从笔记本电脑上删除了 400 多个文件。这表明勒琼试图隐瞒自己的行为，并意识到转移文件是不恰当的。当勒琼告诉主管"一切"都已归还时，他再次表现出隐藏其商业秘密的意图，尽管勒琼仍拥有大量纸质的商业秘密。

该案的证据足以支持初审法院的裁决，即勒琼通过不正当手段获取了硬币接

收者公司的商业秘密。

六、关于不可避免的泄露或威胁泄露

勒琼通过不当获取商业秘密而盗用商业秘密的结论并不能解释上诉法院调查初审法院的禁令是否适用于该案。

从本质上讲，**禁令救济只针对未来可能发生的事情，不能补救过去发生的不当行为**，例如不当获取商业秘密。事实上，MUTSA 的规定对过去的不当挪用行为根本没有提供任何补救措施。换言之，如果勒琼已经盗用了商业秘密并将其返还，法院无法通过禁令让时光倒流，并消除勒琼因未经同意获取商业秘密而造成的任何损害。尽管如此，如果证据表明未来有可能出现不当挪用行为，禁令性补救措施可以保护原告。

如前所述，MUTSA 允许法院禁止：①以不正当手段实际或威胁获取商业秘密，或②实际或威胁泄露商业秘密。

关于第一类情况，证据显然不足以支持勒琼继续不当获取商业秘密，或他威胁以其他不正当手段获取原告商业秘密的结论。至于第二类情况，庭审记录没显示任何证据表明勒琼确实泄露了原告的商业秘密，并需要禁令来阻止这种行为。因此，该案唯一的问题是，针对未来任何可能泄露或使用商业秘密的行为是否有理由在诉讼的现阶段发布禁令。然而，初审法院没有发现存在对原告商业秘密的"泄露威胁"。相反，初审法院决定根据一种被称为"不可避免的泄露"理论发布初步禁令。

马里兰州以外的法院已采用"不可避免的泄露"理论。当法院确信离职员工在为竞争对手工作不可避免地会使用或泄露商业秘密时，禁止离职员工为竞争对手工作。换句话说，"不可避免的泄露"之所以被如此命名，是因为基于原雇主的说法，即被允许为竞争对手工作的前雇员，即使出于最大诚意行事，也不可避免地需要使用或泄露前雇主的商业秘密，以从事新的工作。

另有文献解释说，当前雇员没有签署竞业限制协议时，该原则经常出现。值得注意的是，如果雇员未与其前雇主签署或甚至拒绝签署竞业限制协议或保密协议，且不存在雇员直接或间接地使用或向其新雇主泄露其前雇主的商业秘密的威胁，则采用不可避免的泄露原则。

勒琼主张，由于上诉法院不承认"不可避免的泄露"理论，初审法院错误地基于它发布禁令，限制他为迈斯工作。然而，勒琼辩称，即使上诉法院决定采用"不可避免的泄露"，也不应适用于该案件。据勒琼说，他在原告的自动售货渠道工作时可能获得的任何商业秘密对他在迈斯的娱乐频道工作都不会有用。因此，在勒琼看来，泄露销售商业秘密并非不可避免。

然而，根据原告的说法，"不可避免的泄露"虽然在马里兰州没有得到明确承认，但在该案中得到了正确的应用。因为这是 MUTSA 规定的一种"威胁"不当挪用行为。原告主张，勒琼在为迈斯工作时，不可避免地会透露他对硬币接收者公司商业战略的广泛了解，从而给新雇主带来不公平的竞争优势。在原告看来，之所以如此，是因为勒琼表现得缺乏坦率，并愿意使用或泄露商业秘密。因此，原告认为，"不可避免的泄露"理论在这种情况下是合适的，因为勒琼了解原告对娱乐频道的战略计划，他将作为娱乐行业的国家账户代表专注为迈斯服务。

上诉法院不同意原告的观点，并拒绝在当前情况下采用"不可避免的泄露"理论。早在采纳 UTSA 之前，第一批适用"不可避免的泄露"的案件就涉及特殊情况，即有公司试图保护某些曾推动该公司成为行业领先者的技术的保密性。自 UTSA 被各州采纳并得到广泛承认以来，涉及"不可避免的泄露"的最著名案件是百事公司诉雷德蒙德案（见本书第一章第七节"法律问题"）。没有一家解释 MUTSA 条款的法院应用了"不可避免的泄露"理论。其他法院，包括解释 UTSA 其他版本的法院，对这一理论仍然存在相当大的分歧。

上诉法院认同加利福尼亚州上诉法院第四分部在先例中的说法：

"拒绝不可避免的泄露原则的决定正确地平衡了相互竞争的员工流动公共政策和商业秘密保护。不可避免的泄露原则允许雇主禁止前雇员在没有证据证明雇员实际或威胁使用商业秘密的情况下，基于推定雇员将会在新工作中使用这些商业秘密。该禁令在结果上不仅禁止使用商业秘密，而且限制了就业。"

加利福尼亚州上诉法院第四分部表示，这一原则的应用"**创造了一个事实上的竞业限制协议**"，并且"**与加利福尼亚州支持员工流动的强有力的公共政策背道而驰**""**不可避免的泄露原则规定的竞业限制协议主要弊端在于其事后性质：该协议是在签订雇佣合同后规定的，因此未经雇员同意就改变了雇佣关系。如此处所述，当保密协议到位时，不可避免的泄露原则'实际上将保密协议转化为竞业禁止协议'或者**，正如另一家美国联邦法院所说，'法院不应允许原告利用不可避免的泄露原则作为事后竞业限制协议，禁止雇员为其选择的雇主工作'"。

上诉法院发现这种推理很有说服力，尤其是适用于上诉法院面前案件的情况。马里兰州有一项类似于加利福尼亚州的、有利于员工流动的政策。

此外，原告决定不与勒琼签订保密协议或竞业禁止协议。在这种情况下，承认"不可避免的泄露"将影响勒琼与迈斯的雇佣关系，即使原告选择不与勒琼协商限制性条款或保密协议。

采用这一理论也将使法院能够仅从自然人接触到的商业秘密中推断出一些不可避免泄露的商业秘密。基于这些原因，上诉法院得出结论，"不可避免的泄露"理论不能作为根据 MUTSA 授予原告禁令救济的依据。

七、关于无法弥补的伤害和初步调查的广度

初审法院基于"不可避免的泄露"理论发布了初步禁令，禁止勒琼"在他必须使用或泄露硬币接收者公司机密和商业秘密信息的任何领域为迈斯工作，具体包括自动售货业、娱乐业和/或专业市场行业，还包括作为迈斯娱乐业的国家账户代表"。

禁令背后的分析基于这样一个假设，即勒琼接触到商业秘密将导致这些秘密由于勒琼与竞争对手的新雇佣关系而"不可避免地被泄露"。因此，初审法院的命令"不仅是禁止使用商业秘密，而且是限制就业"。由于"不可避免的泄露"不适用，初审法院发布禁令限制勒琼受雇于迈斯的范围是错误的。相反，重点应该放在防止商业秘密的泄露上。

🖥️ 判决结果

证据支持初审法院的裁决，即勒琼不当挪用了硬币接收者公司的商业秘密。

上诉法院进一步认为，初审法院依赖"不可避免的泄露"理论是错误的，该理论在马里兰州不适用。此外，由于授予初步禁令的决定是基于这一法律错误作出的，撤销初审命令，并将案件发回重审，以便进行与本意见一致的进一步诉讼；费用由被上诉人支付。

👑 案例学习意义

商业秘密通常有两种类型——技术发展信息和内部运营信息。违反商业秘密法的两种通常方式是不当挪用和泄露。在美国针对前雇员违反商业秘密法的诉讼中，雇主申请禁令的理由通常有不可避免的泄露与禁止泄露。这两种理由折射出背后的不同理论逻辑与政策价值，美国各州的法院对不可避免的泄露采取的处理态度不同，也体现了保护商业秘密持有者与公共利益的平衡。

该案涉及商业秘密保护多个法律问题，如秘点识别、不当挪用行为的识别、发布禁令的条件等。通过学习该案可以体系性认识和理解商业秘密在司法案件中的判定过程，进一步领悟商业秘密法的价值。截至 2023 年 3 月，该案被美国案例判决文书引用 83 次，被其他法律文件引用 209 次。

第六节　商业秘密的存在不限于载体形式

法律问题

没有复制行为，是否意味着不构成不当挪用商业秘密？未存储于有形载体的信息是否意味着不是商业秘密或无法基于不当挪用商业秘密被执行禁令？

艾伦诉乔哈尔公司案
Allen v. Johar, Inc., 823 S. W. 2d 824（1992）

■ **原告/上诉人：**杰里·艾伦（Jerry Allen）
■ **被告/被上诉人：**乔哈尔公司（Johar, Inc.）
■ **法院：**阿肯色州最高法院

案例背景

该案发生在企业与前雇员之间。

乔哈尔公司从事将橡胶制成运动设备、摩托车和工具手柄的业务。乔哈尔公司自从加利福尼亚州的一家公司购买了两台生产机器后，引入了手柄业务。虽然这些机器以目前的构造能够生产橡胶把手，但乔哈尔公司的总裁兼所有者特里·维也纳（Terry Vienna）决定重新设计机器，使其更具生产力，从而更具竞争力。

艾伦在乔哈尔公司工作了约9年，主要是销售经理，之后被解雇。紧接着，艾伦开始开发2台研磨机，使他能够与乔哈尔公司竞争。弗拉沃斯（Flowers）是乔哈尔公司的长期维护人员，他也为艾伦工作。艾伦机器是由弗拉沃斯建造的。弗拉沃斯表示，他在设计生产机器方面的知识不是来自乔哈尔公司。

在艾伦离开乔哈尔公司时，乔哈尔公司声称，包含客户姓名和其他信息的文件和列表丢失。乔哈尔公司提起诉讼，指控艾伦在设计生产机器和联系乔哈尔公司的客户时使用了机密信息，并试图禁止艾伦开展一系列活动。

 争议焦点

是否存在商业秘密，能否使用禁令进行补偿。

 诉讼过程

初审法院发现，乔哈尔公司的机器设计和工艺及客户名单受阿肯色州商业秘密法保护，并禁止艾伦使用他的生产机器或乔哈尔公司客户名单。艾伦被命令拆除他的生产机器。此外，艾伦被禁止在判决之日起18个月内联系乔哈尔公司的任何现有客户。

艾伦上诉。

 阿肯色州最高法院意见

在裁定乔哈尔公司的机器受到阿肯色州商业秘密法的保护时，初审法院院长根据证词和对机器的观察，对乔哈尔公司和艾伦的机器进行了详细的比较。

初审法院法官发现，艾伦机器与乔哈尔公司的机器非常相似，尺寸相同，切割装置和滑动台相同，双面工艺相同。总之，虽然艾伦机器有更大的电机和一些乔哈尔公司机器上没有的新安全功能，但在设计、模式和操作方法上是相同的，用于切割成品、装载和保存加工原材料，以及调整产品尺寸。因此，庭审记录中的证据清楚地证明，乔哈尔公司的机器符合阿肯色商业秘密的定义。

上诉法院还在庭审记录中找到了对初审法院调查结果的支持，即维也纳符合商业秘密法规定的保密要求。维也纳作证说，和竞争者们一样，他不允许建筑被参观。此外，有证据表明，这是一项竞争非常激烈的业务，因为涉及的公司数量有限，有3~4家大公司、2家小公司。简言之，上诉法院不认为乔哈尔公司的生产机器受到阿肯色州商业秘密法的保护这一观点是明显错误的。

在第二个问题上，艾伦辩称根据阿肯色州商业秘密法，初审法院院长在保护乔哈尔公司的客户名单方面犯了错误。上诉法院不同意。虽然上诉法院在以前的案件中处理了客户名单的保护问题，但这些案件是在阿肯色州商业秘密法通过之前作出的决定，因此对这些财产的保护是基于普通法对商业秘密的救济。

阿肯色州商业秘密法于1981年颁布，是一部统一法。其他司法管辖区也有很多案例认为客户名单是商业秘密。通常，客户名单是通过商业努力获得的，并且花费的时间和金钱不易于被查明，也处于保密状态，继而作为商业秘密予以保护。

该案中，维也纳证实，自1974年以来乔哈尔公司一直在积累客户，其客户名单和文件包含有关客户个性特征、爱好和喜好、信用记录、购买习惯和定价协议的详细信息。维也纳证实，一家公司需要2~3年才能获得此类信息。

在目前的情况下，乔哈尔公司产品的用户并不容易确定。维也纳证实，弗拉沃斯花费数年通过贸易展和大量订阅杂志才积累了一份乔哈尔公司的客户名单。此外，艾伦没有表明他挖掘了客户。如前所述，确定客户名单是否为商业秘密的一个重要因素是，雇主是否采取保护该名单的保密措施或确保其保密性。在这方面，庭审记录支持初审法院的裁决，即乔哈尔公司对其客户名单和文件保密。维也纳作证说，这些信息是保密的，不得离开公司。此外，他作证说，**他下令过销毁老客户的打印件。**

上诉法院得出结论，证据清楚地支持初审法院院长的观点，即乔哈尔公司的客户名单符合商业秘密保护的要求。在该案中，上诉法院注意到，艾伦并未真正主张应允许他在其业务中使用乔哈尔公司的客户名单和文件。相反，他主要挑战初审法院要求他从记忆中抹去乔哈尔公司客户名字。换句话说，**艾伦不承认使用了乔哈尔公司的书面客户信息，但承认在联系10名乔哈尔公司客户时调取了他的记忆。**上诉法院认为，**所使用的客户信息是否被记录或背下来是无关紧要的，正确的问题是该信息是否可以作为商业秘密进行保护。**在该案中，情况是这样的。

 判决结果

确认初审法院判决。

案例学习意义

商业秘密的存储形式不严格拘泥于物理储存形式，不当挪用商业秘密行为也未必需要将信息通过载体进行硬件或软件的复制。哪怕是通过记忆，获取的秘密信息也无法自由使用。判定不当挪用商业秘密是否存在与救济形式是否合适的核心问题在于该信息是否可以作为商业秘密进行保护。该案肯定了非书面方式存储或转移的信息，只要符合商业秘密定义，也在保护范围内，可以通过禁令救济。

该案可以加强读者对商业秘密形态和保护手段的了解，不以书面形式存在的商业秘密也受到保护，可以受禁令限制。截至 2023 年 3 月，该案被美国案例判决文书引用 19 次，被其他法律文件引用 64 次。

第六章　过度的商业秘密诉讼

　　财产权益、信赖关系、商业伦理、平衡商业秘密所有人商业秘密权益与公共利益的法律保护范式的成功司法实践，使得商业秘密所有人学会使用法律武器维护自己的商业秘密权益。商业秘密法律保护的本质是政策补贴。任何政策补贴都存在平衡临界点，商业秘密法律保护也不例外。超过临界点就进入过度界限，在司法实践中企业以商业秘密保护为借口提起诉讼，限制竞争、窥视竞争对手商业秘密或以商业秘密豁免为保护伞获取不法利益的案例越来越普遍，如进行恶意诉讼、使用灰色邮件、以法律豁免为挡箭牌等。

　　本章通过 8 个案例，全面介绍如何对过度主张侵犯商业秘密诉讼进行甄别，确使实施商业秘密法律保护在范式的边际内，既要充分保护，又要避免过度使用或过度救济。

第一节　如何平衡个人隐私的利益与公共利益

 法律问题

　　提交给政府的信息是否受法律保护而无须公开？当有专门保护这类数据的法律时，面对重大公共利益需求，如何平衡公共利益与个人利益，继而决定这些信息的可公开性？

WP 公司诉美国小企业管理局案
WP Co. LLC v. United States SBA, 502 F. Supp. 3d 1 (2020)

■ **原告**：WP 公司（WP Company LLC）等媒体组织、公共诚信中心（Center for Public Integrity, CPI）
■ **被告**：美国小企业管理局（U. S. Small Business Administration, SBA）
■ **法院**：哥伦比亚特区地区法院

案例背景

该案发生在媒体和受媒体监督的政府之间，媒体要求政府公开获得的企业有关信息。

2020 年 1 月 31 日，由于 2019 年新型冠状病毒疾病的肆虐，美国联邦政府宣布进入公共卫生紧急状态。在接下来的几个月里，病毒几乎对美国各行各业造成了损失。到该案为止，据称 2019 年新型冠状病毒疾病已在美国造成超过 2.33 万人死亡。经济也受到了不利影响，失业率在 2020 年 4 月达到 14.7%的高位，到同年 9 月，则稳步下降至 7.9%。

《冠状病毒援助、救济、经济保障法》（*Coronavirus Aid, Relief, and Economic Security Act*, CARES）是当时美国联邦政府对疫情引发经济危机的主要立法回应。与此相关的是，该刺激方案开启了工资保护计划（Paycheck Protection Program, PPP），为 SBA 提供资金和权力，在财政部的支持下，运营一个新的贷款计划，以帮助受 2019 年新型冠状病毒疾病危机不利影响的小企业。CARES 为小企业提供援助。具体而言，修订了《小企业法》的部分内容。根据该法，SBA 拥有向符合条件的小企业和独资企业发放贷款的一般权限，包括为私人贷款人的贷款提供担保。PPP 暂时扩大了 SBA 可向其提供担保贷款的实体类型，包括非营利组织、独立承包商和个体经营者，并允许 SBA 为所有此类贷款提供担保。

需获得 PPP 贷款的话，潜在借款人可以向贷款机构提出申请并进行善意自我证明，证明符合资格，以及当前的经济"不确定性"使得贷款请求"有必要支持接收者的持续经营"。申请人还确认，贷款资金将"用于留住工人和维持工资或支付抵押贷款、租赁和公用事业费用"。

SBA 作出表示，如果贷款实际上用于此类成本，且至少 60%的收益用于工资支出，则贷款将被完全免除。

截至 2020 年 8 月 8 日，SBA 通过 520 多万个人贷款申请批准了高达 5250 亿美元贷款。SBA 最新的紧急经济伤害灾难贷款（Economic Injury Disaster Loans，EIDL）数据同样反映了新增的 1920 亿美元新冠相关贷款。值得注意的是，这一总计 7170 亿美元的数字超过了 2018 财年政府的医疗补助支出，以及美国总统对国防部 2021 年整个财年预算的要求。

在 2020 年 4 月至 5 月期间，共 11 家国家新闻组织根据《自由信息法》（Freedom of Information Act，FOIA）提交请求，要求公开记录 SBA 的新冠相关贷款项目，包括 PPP 和 EIDL 项目。尽管这些组织的要求有所不同，但它们普遍寻求关于每项已批准 PPP 和 EIDL 贷款的数据，包括贷款接收人的姓名和地址、贷款金额、批准日期、贷款人身份和其他细节。SBA 要么拒绝及时回应这些请求，要么发信称，在"未来"的某个时候，它将努力向公众提供特定于贷款的数据。

新闻机构没获得满意的结果，于是在 2020 年 5 月 12 日向法院提起诉讼，要求法院强制要求 SBA 提供上述贷款水平数据，并主张，拒绝提供机构记录和行政上诉的请求，以及实际和推定拒绝快速处理的请求，全部都违反了 FOIA。

争议焦点

SBA 掌握的个人与企业数据是否受法律保护而无须公开。

诉讼过程

2020 年 6 月 29 日，该法院下令要求 SBA 对新闻机构的 FOIA 请求作出最终回应，并提供任何回应性的非豁免记录。

一周后，SBA 发布了迄今为止大约 490 万 PPP 贷款的贷款水平数据。然而，令原告非常不快的是，这些数据并没有提供贷款金额以及单一贷款的收款人姓名和地址。相反，SBA 采取了"非此即彼"的方法。它通知新闻机构原告，"根据 FOIA 第 4 条和第 6 条，部分 PPP 数据被保留"。

FOIA 第 4 条和第 6 条以豁免的方式，分别保护秘密商业信息和披露，将构成明显无正当理由侵犯个人隐私的信息。SBA 很快通过采用类似披露的方式，就 EIDL 数据要求与原告和解。2020 年 7 月 20 日，SBA 宣布公布所有 EIDL 贷款的数据，保留独资企业和独立承包商的名称和街道地址，并根据第 6 项豁免予以保留。

新闻机构强调，根据 SBA 与新冠病毒相关的贷款计划，纳税人资金的大规模支付需要完全透明，这对公众来说意义重大。它们通知 SBA，打算对所谓的保留提出疑问。

SBA 提出了一项简易判决动议予以反驳，辩称 FOIA 第 4 条和第 6 条豁免保护保留的信息不被披露。新闻机构原告反对该动议，并提出了自己的交叉动议，辩称 FOIA 不允许 SBA 保留任何 PPP 或 EIDL 贷款数据。

另外，CPI 作为原告在法院提起了一项单独诉讼，寻求与新闻机构原告相同的信息，以及一些与该案无关的其他材料。CPI 和 SBA 还交换了简易判决动议。

通过这两个案件的简述，法院认定，它们提出了相同的事实和法律问题，且没有收到任何一方对集体审议所有动议的反对意见，法院现在合并处置动议。

🔲 哥伦比亚特区地区法院意见

美国国会颁布 FOIA "以刺破行政机构的面纱，并公开行政机关的行为，让公众监督"。"FOIA 的基本目的是确保公民知情，这对民主社会的运作至关重要，需要制止腐败，并让行政官员对被管理者负责。"

根据先例，审查法院有责任记住，"任何时候……'强烈推定 FOIA 支持披露'"。**法院可以强制公开任何不符合一项以上豁免要求的记录。**

在这里，SBA 依靠 FOIA 第 4 条和第 6 条豁免来支持拒绝提供所要求的贷款数据特定部分的决定。由于原告对这两项豁免的适用性提出异议，法院将依次处理各自的论点。

一、FOIA 第 4 条豁免

SBA 援引 FOIA 第 4 条豁免，保留所有 PPP 贷款 15 万美元或以上的确切金额，以及所有 PPP 贷款低于这一数字的借款人的姓名和地址。

法院首先制定有关豁免的法律框架，然后才将豁免适用于该案的情况。FOIA 第 4 条豁免在《美国法典》第五篇第 552（b）（4）条中定义为"从个人获得的商业或财务信息以及特殊免责或保密信息"的披露保护。为了证明该豁免保护了被保留的信息，SBA 必须证明该信息是：①商业或金融信息；②从个人处获得的信息；③特殊免责或保密信息。

该案涉及的是第三个方面。美国最高法院曾在 2019 年的先例判决中讨论了向另一方传达的信息被视为"保密的"的两个潜在条件：第一，信息"通常由传递信息的人保密，或至少严格保密"；第二，接收信息的一方"提供了一定程度的保证，保证信息将保持秘密性"。

虽然第一个条件"必须"得到满足，才能根据 FOIA 第 4 条豁免将信息视为是保密的，但法院认为，"无须解决"第二个条件是否同样是强制性的，即私人持有的信息是否会"在当无法保证政府会为其保密时传达给政府的情况下，出于FOIA第4条豁免的目的，失去其保密性"。

因此，法院得出结论，至少在商业或金融信息通常和实际上都被其所有者视为私密的，并在提供给政府时具有隐私保障的情况下，该信息在FOIA第4条豁免下是"保密"的。

SBA不认为请求的贷款数据或其中包含的任何内容本身是保密的商业信息。相反，它主张必须保留贷款数据，因为发布必然会揭示完全不同的机密信息，即特别是借款公司的平均工资。也就是说，按照SBA的说法，一家企业从习惯上和事实上都将其工资信息视为机密信息。

尽管SBA不遗余力地辩称，根据FOIA第4条豁免，企业的工资是"保密"的，新闻机构原告基本上承认了这一点。但是，原告瞄准了SBA论点背后的核心假设，如果没有这个假设，SBA的整个理论就会崩塌。也就是说，所要求的贷款数据必然会揭示企业的工资信息。贷款数据不能根据FOIA第4条豁免予以保留，因为不会披露任何先例中涉及"习惯上和事实上被视为隐私的"信息。值得注意的是，SBA从未提出任何相反的建议。

SBA在辩称公布借款人的确切贷款金额"实际上会披露其工资信息"时，明确"假设"了两个事实前提：第一，"一个PPP借款人以允许的最高金额贷款"；第二，"如果PPP借款人的任何员工工资超过10万美元，该借款人将很可能不还"。实际上，SBA的这两个前提都不一定适用于任何特定借款人。

SBA对其主张没提供任何支持。更重要的是，SBA也没有为其明显的假设提供任何依据，即"所有小企业"涉及群体是指有资格获得、寻求和接受PPP贷款的实体。

如果SBA提供证据证明，几乎所有PPP借款人都获得了最高金额，且支付给员工的工资不超过10万美元，那么情况可能会有所不同。这样一来，除极少数情况外，披露他们的身份和贷款数据会泄露借款人的工资信息。

然而，目前的情况与假设的情况相去甚远。作为提醒，FOIA要求"有利于披露的强烈推定"。政府"有责任证明其在拒绝FOIA请求时主张的任何法定豁免的适用性"。而且它必须提供"详细和具体的信息"来证明其保留的正当性。

SBA在这里没有履行这一义务。因此，即使假设企业的工资符合FOIA第4项豁免规定的"保密"条件，SBA也不得根据该规定保留借款人的姓名、地址和贷款金额，因为披露不会泄露先例中关注的任何"通常和实际上被视为隐私"的商业信息。

作为结语，即使 SBA 正确地认为发布贷款数据可以计算出许多借款人的工资和工资信息，它也可能无法根据 FOIA 第 4 条豁免保留此类信息。之所以如此，是因为 PPP 贷款申请明确以免责声明的形式通知潜在借款人，他们的姓名和贷款金额将根据 FOIA 的要求"自动被公开"。

在这里，SBA 没解释，当政府不仅没有提供对隐私的保证，而且还明确告知借款人信息将被披露时，贷款数据如何在 FOIA 第 4 条豁免下是"保密"的。

二、FOIA 第 6 条豁免

由于 SBA 只需主张一个有效豁免即可成功保留记录，因此，它也会认为 FOIA 第 6 条豁免是张幸运门票。这项豁免在《美国法典》第五篇第 552（b）(4) 条下被定义为包括"人员和医疗档案以及类似档案，披露这些档案将构成对个人隐私的明显无理侵犯"。SBA 依据这一豁免，不公开低于 15 万美元 PPP 贷款借款人的姓名和地址，以及获得任何金额 EIDL 贷款的独资企业和独立承包商的姓名和地址。

事实上，美国哥伦比亚特区巡回上诉法院曾在先例中认为，"第 6 项豁免适用于生意记录中的财务信息，前提是该生意为个人所有或密切持有，且'记录必须至少会披露所有者个人财务的一部分'"。正如 SBA 所解释的，新闻机构原告没异议的那样，接受 15 万美元以下贷款生意中的"很大一部分"是个人所有或被严密控制的，因此披露其身份将揭示其所有者个人财务的一部分。

相反，双方的分歧集中在披露不到 15 万美元的 PPP 贷款和任何金额的 EIDL 贷款借款人身份是否"会构成对个人隐私的明显无理侵犯"。根据先例，这一调查反过来涉及**"在保护个人的私人事务不受不必要的公共审查和保护公众获取政府信息的权利之间实现利益平衡"**。

因此，法院从不公开借款人姓名和地址的私人利益开始，然后转为公开披露的公共利益，并在两者之间取得平衡。由于天平明显倾向于披露，法院认为 SBA 援引 FOIA 第 6 条豁免并不比主张 FOIA 第 4 条豁免更成功。

（一）私人利益

FOIA 第 6 条豁免的基准是"文件的披露是否会损害实质性的而非最低限度的隐私利益，因为如果不涉及重大隐私利益，则 FOIA 要求披露"。美国哥伦比亚特区联邦巡回上诉法院的先例阐述过，**"实质性的隐私利益大于最低限度的隐私利益。"**然而，即使隐私利益被认为是实质性的，先例也暗示了某些利益可能没有其他利益那么令人信服。在任何情况下，"发现实质性的隐私利益并不能结束案件调查；这只会将调查推至一个法院可以解决的问题，即**公开的公共利益是**

否超过个人隐私所关注的问题"。

一些 PPP 和 EIDL 借款人是个人，而另一些是企业。对于前者，SBA 辩称，"个人在与财务信息有关的姓名和地址的保密方面有隐私利益"，获得贷款的不同个人显然符合条件。至于后者，由于其中一些是独资企业和控股公司，SBA 认为，这些实体的个人所有人同样"在其企业获得 EIDL 或 PPP 贷款的事实上拥有大量隐私权益"。SBA 在美国哥伦比亚特区巡回上诉法院判例法中找到了对这一立场的支持，尽管"企业本身在第 6 项豁免下没有受保护的隐私权益"，但对"泄露易于追溯到个人的财务信息……不危及第 6 项豁免保护的个人隐私权益"的记录予以披露。

原告并不否认，作为一般事项，独资企业和私人控股企业的个人所有者在可随时追踪到他们的财务信息中拥有合理的隐私权益。相反，原告辩称，在该案的"特殊情况"下，贷款数据中的任何隐私权益"至多是极小的"，因为 SBA 在申请贷款时"明确告知借款人，他们的姓名和贷款金额将公开"。

出于以下原因，法院同意，至少 SBA 自己的贷款材料大大降低了这里的隐私利益。**当个人向政府提供信息时，相关机构将向公众披露信息，但 FOIA 第 6 条豁免项下的隐私权益会减少**。如果 SBA 明确无误地告诉贷款申请人，他们的姓名和批准的贷款金额将不会被保密，则此类通知实质上"减轻"了被保留信息中的任何个人隐私权益。

明确地说，法院并不认为免责声明本身解决了有利于原告的豁免问题。但 SBA 现在援引的任何过失主张都无法改变一个事实，即它明确告诉潜在借款人，他们的身份和贷款金额将被披露，从而降低他们对隐私的期待。

最后，SBA 坚持其主张，"借款人的专有数据不会定期提供给第三方"。据 SBA 称，由于贷款数据表面上显示了"专有"工资信息，免责声明"强化了 SBA 承诺保密的结论"。然而，即使贷款数据必然显示了借款人的工资，正如法院所解释的那样，事实并非如此，SBA 的论点仍然站不住脚。尽管是在法定解释中，但众所周知，当两条规定发生冲突时，为了消除矛盾，必须将具体规定解释为一般规定的例外情况。

因此，即使假设存在冲突，当 SBA 总体上告诉潜在借款人它将保护专有数据，但具体指示它将自动公布姓名和贷款金额时，理性的读者也很难期待前者的保证以某种方式凌驾于后者之上。随着为个人借款人、个人独资企业和私人控股公司的个人所有者确立了有效的隐私权，法院现在可能会转向公共利益。

（二）公共利益

在法院平衡隐私利益和公开的公共利益之前，必须有适当的公共利益来衡

量，在这一平衡中，唯一需要权衡的与披露相关的公共利益，是披露在多大程度上符合 FOIA 的核心目的，这对公众了解政府的运作或活动起到了重要作用。因为这一基本目的"涉及公民了解政府行动的权利"，所以"揭示政府履行法定职责"的信息符合公共利益。

在这方面，法院毫不怀疑，披露被保留的信息将符合公共利益。鉴于 SBA 负有管理美国联邦政府在前所未有的经济和健康危机中维持国家小企业生存的重大法定责任，**了解 SBA 如何履行职责的公共利益尤其明显。**这些信息"**本身对增进'公众对政府运营或活动的了解'很有价值**"，也有助于对 PPP 和 EIDL 项目的运营是否符合适用的法律进行有意义的评估，资金分配是否公平、公正、无欺诈，以及这些项目是否达到了目的。

美国哥伦比亚特区巡回上诉法院在先例中承认，在类似的案件中，**公开信息对公众有"重大"利益，强调"特别需要对以补贴和其他财务利益的形式分配大量公共资金的机构行动进行公开审查"。**

原告找到了围绕 SBA 处理其 CARES 义务的一系列问题，披露隐瞒的信息将有助于解决这些问题。更为关键的与手头的重大公共利益相关的是，与 CARES 资金的支付和接收有关的欺诈指控有充分的证据。"**保护公共财政与每个公民都相关。**"因此，在确定分配纳税人资金的政府项目是否涉及欺诈、浪费或滥用方面，有许多案例都意识到了公众利益。

就 SBA 而言，它在很大程度上忽视了上述问题，甚至承认，了解公共资金如何通过 PPP 和 EIDL 项目进行配置符合公众利益。相反，SBA 试图将这类利益降到最低，辩称其中大部分"已经被公开的信息所满足"。毫无疑问，SBA 之前的披露已经被证明有助于揭示以前完全不透明的项目。但这些项目运作的许多重要方面仍被掩盖着。

事实上，在分配给目前身份不明受益人的庞大公共资金池中，很有可能洞察到"政府在做什么"。

首先，披露贷款接受者的身份将进一步促进"识别针对政府的欺诈行为"的"重要公共利益"。全面公布借款人身份还将"使媒体和公众能够监控纳税人资金是否得到了公正和公平的分配"。让公众能够挖掘贷款数据并将其与其他公开信息交叉引用，从而更全面地了解政府批准的借款人范围，这是非常有价值的。只要借款人身份不被公开，公众实际上就无法在这一监督过程中发挥有意义的作用。

与 SBA 的明显信念相反，公众已经知道有关 CARES 贷款活动的一些信息，这一事实并不排除"重大公共利益"的存在，而发布更多信息将有助于实现这一利益。如果没有根据 FOIA 第 6 项豁免不公开的信息，"公众将很难"确定 SBA 是否公平、公正地将纳税人的巨额资金分配给了最小的企业，从而将欺诈的可能性降至最低。这一现实反映出信息披露中强烈的公共利益。

（三）平衡

在贷款数据的**"披露中发现了极大的隐私利益和重大的公共利益"**，法院**"现在必须平衡两者，以确定政府是否已履行其责任，证明'个人隐私的实质利益不会被披露的公共利益所压倒'"。在平衡这些利益时，"除非侵犯隐私是'明显有根据的'，否则必须以公开信息的公共利益为准"**，政府不得不公开 FOIA 第 6 项豁免下的文件。事实上，"该法的目的和明确的措辞要求有利于披露的有力推定"。

在这方面，法院认为两者之间的平衡难以达成。SBA 管理 PPP 和 EIDL 项目的公共利益远超过有关有限的不披露的私人利益。先例曾得出结论，**"与披露中的'重大'公共利益相比，'最小'的私人利益相形见绌，这可能有助于根除'欺诈和滥用'，并'澄清政府在达成管理涉嫌腐败程序方面的程度'""对'监督'政府项目管理的公共利益超过了'相对较弱的私人利益'"**。

披露被隐瞒的信息将涉及"实质性的隐私利益"，但仍然得出结论，**"披露中的重大公共利益……超过了该隐私利益"**。

📖 判决结果

批准新闻机构原告的交叉动议进行简易判决，以及 CPI 的交叉动议进行部分简易判决，并命令被告在 2020 年 11 月 19 日前公布所有获得 PPP 和 EIDL 的新冠相关贷款的个人和实体姓名、地址和确切贷款金额。

👑 案例学习意义

现代社会管理大量依靠信息与数据。为获得信息和保护信息提供者的利益，FOIA 安排了披露信息的商业秘密信息豁免条款。信息披露与数据商业秘密保护的一项重要法律原则就是在保护个人的私人事务不受不必要的公共审查和保护公众获取政府信息的权利之间实现利益平衡。在重大公共事件管理中，"监督"政府项目管理的公共利益超过了"相对较弱的隐私利益"。出于公共利益的考量，特别需要对以补贴和其他财务利益的形式分配大量公共资金的政府行动进行公开审查。公开信息对社会公众有重大利益，与披露会涉及的这些重大公共利益相比，隐私等个人利益相形见绌。

通过学习该案可以对通过商业秘密如何平衡私人利益和公共利益有进一步的认识，特别是在涉及众多小微群体的重大公共决策实施中。该案虽于 2020 年底结案，但重要性逐渐攀升。截至 2023 年 3 月，该案被美国案例判决文书引用 20 次，被其他法律文件引用 7 次。

第二节　不存在商业秘密的商业秘密诉讼

法律问题

当企业主观认为存在商业秘密时，以不当挪用商业秘密作为诉由提起诉讼是否明智？

> **丹森国际诉自由多元国际案**
> *Denson Int'l Ltd. v. Liberty Diversified Int'l, Inc.,*
> 2015 U. S. Dist. LEXIS 116092（2015）

■ **原告**：丹森国际有限公司（Denson International Limited，以下简称"丹森国际"）

■ **被告**：自由多元国际公司（Liberty Diversified International, Inc., 以下简称"自由多元国际"）

■ **法院**：明尼苏达州地区法院

案例背景

该案发生在两家合作企业之间，采购代理公司有员工与被代理的企业有过信息沟通，从而该采购代理公司起诉了被代理公司。

自由多元国际是销售办公家具和设备的萨夫科产品公司（Safco Products Co.）的母公司。2004年至2012年7月，自由多元国际还拥有并经营着一家生产和销售金属手推车的山谷工艺公司（Valley Craft, Inc.）。丹森国际是一家现已倒闭的中国香港贸易公司，与中国制造商签订合同，生产办公设备和家具，随后将成品出售给自由多元国际等公司。

1992年，自由多元国际聘请丹森国际与中国的几家工厂合作，生产办公产品。通常情况下，自由多元国际会将所需产品的图纸或样品发送给丹森国际，然后由丹森国际确定制造产品的中国制造商。丹森国际与制造商协商批发价格，并进行质量控制。这些任务主要由丹森国际的前运营经理文森特·杜（Vincent To）执行。

自由多元国际的"绝大多数"产品，特别是萨夫科公司的产品，是由 EKO 和南京蓝渠进出口有限公司这两家中国工厂制造并由丹森国际代表采购的。丹森国际还与三家较小的中国制造商进行了协调。

尽管丹森国际是自由多元国际在中国的主要联系人，但当自由多元国际认为丹森国际的价格过高时，会与其他经纪人进行协调。2008 年 4 月，自由多元国际在上海开设了办事处，并开始在没有丹森国际参与的情况下直接购买产品。自由多元国际最终完全停止通过丹森国际的采购。

2007 年 3 月，杜联系自由多元国际员工菲尔·曼迪戈（Phil Mandigo）和潘·拉方丹（Pam LaFontaine），讨论与自由多元国际的潜在雇佣关系。该联系是保密的，即通过私人电子邮件账户、电话和面对面交流。起初，他们向杜提议由他们管理自由多元国际在中国的运营。2008 年 4 月 17 日，拉方丹要求对自由多元国际预计的每月费用进行估算。杜回答了关于工资、人员配备和生产控制的一般想法，并估计拉方丹每年可以为自由多元国际节省 10% 的费用。拉方丹回应说，"当我们采用产品线并为它们估价时，我们已经预见会节省大约 35%"。2008 年 5 月 22 日，拉方丹拒绝了杜的提议，称自由多元国际已经在上海开设了办事处，预计将在夏末开始运营。

约两年后，杜提出为自由多元国际担任顾问，并帮助将萨夫科制造业务从丹森国际直接转移到最初的供应商和工厂。当自由多元国际拒绝了这一提议时，杜提出担任为萨夫科生产产品的三家规模较小的中国工厂的经纪人。丹森国际询问杜是否可以提供该协议涵盖的项目和价格清单。

2011 年 4 月 21 日，杜向拉方丹发送了一份"三家工厂剩余产品的价格清单"。该文件显示，"规格、要求、质量和包装将与丹森国际装运相同……"价格比丹森国际向自由多元国际收取的低 5% ~ 15%。

自由多元国际接受了该提案，并且，杜于 2011 年 5 月从丹森国际辞职。此后不久，丹森国际在中国香港起诉了杜，双方于 2012 年 8 月和解。作为和解协议的一部分，杜承认他违反了对丹森国际的信赖义务。然而，他否认自己"曾披露、泄露或提供丹森国际的任何机密信息或商业秘密的副本或摘录"。

丹森国际于 2012 年 12 月 13 日对自由多元国际提起诉讼，指控其盗用商业秘密以及故意和恶意不当挪用商业秘密。

 争议焦点

是否存在商业秘密。

 明尼苏达州地区法院意见

丹森国际辩称，自由多元国际不当挪用了其商业秘密，违反了《明尼苏达州统一商业秘密法》。为了在该索赔中胜诉，丹森国际必须证明存在商业秘密，以及商业秘密被不当获取、披露或使用。商业秘密是指：①必须不为公众所知或不易确定的信息；②从其保密性中获得独立的经济价值；③经过合理努力保持其秘密性的信息。

丹森国际主张，自由多元国际与杜不当挪用了以下商业秘密：①按工厂、客户和产品类型列出的价目表、价格折扣、运输和开发票流程；②财务信息，包括利润率、直接成本和费用、工资、工资支出、办公室租金、办公室管理费用和其他内部费用；③质量控制程序、检验报告和检验清单；④制造工艺的工程图纸。

一、未能识别涉嫌的商业秘密

自由多元国际辩称，丹森国际的主张之所以失败，是因为它没有充分确定其所谓的商业秘密。为了在商业秘密不当挪用索赔中胜诉，原告必须首先以足够的具体性定义其所指控的商业秘密。如果没有经证实的商业秘密，就不可能对不当挪用行为提起诉讼，即使被告的行为是错误的。自由多元国际辩称，丹森国际没有充分描述什么是"制造工艺的工程图纸"。

法院同意。首先，丹森国际董事大卫·维尔（David Weil）承认，就连他自己也不知道"制造工艺的工程图纸"是什么意思。其次，尽管丹森国际的证人确定了一家公司为其绘制图纸的产品，但他没有提供图纸的示例，也没有解释其内容的任何特殊性。

自由多元国际接着辩称，丹森国际未能充分说明其主张为商业秘密的财务信息。丹森国际声称，这一类别包括"关于我们的就业、员工水平、工资、管理费用、开支……我们的利润率"和"关于企业生存能力和盈利能力的所有其他信息"。这样的概括不足以将商业秘密确立为法律问题。尽管丹森国际根据自由多元国际的动议提交了最近的年度财务报表，但它没有具体说明这些报告中应被视为商业秘密的信息。因此，法院不能认定丹森国际所确认的丹森国际的工程

— 303 —

图纸和财务信息是商业秘密。

二、其余商业秘密

法院还发现，丹森国际没有确定其余类别的信息是商业秘密。丹森国际未能证明其采取了任何措施，更不用说合理的措施，以维护其任何涉嫌商业秘密的保密性。丹森国际未提供任何证据证明其员工签署了保密或不披露协议，其采取了要求某些信息保密的措施，或其将任何文件标记为机密文件。相反，丹森国际只是辩称，中国香港企业普遍理解保密的重要性。这在法律上是不够的。此外，丹森国际还没有充分证明其批发价格表的经济价值来自其保密性。为了满足这一点，该名单"必须为丹森国际提供竞争优势"。

丹森国际辩称，其批发价格是有价值的，因为向自由多元国际提供的价目表据称来自丹森国际的价格。然而，即使这是真的，庭审记录显示，自由多元国际早在提供清单之前就已经与制造商进行了价格谈判，并将其价格与丹森国际向自由多元国际提供的价格进行了比较。实际上，自由多元国际对杜的名单进行了审查，并指出，杜提出的节约方案与自由多元国际直接与南京和 EKO 工厂谈判后获得的节约方案相近。

自由多元国际进一步辩称，丹森国际的质量控制程序和所培训的工艺很容易确定。法院同意。尽管丹森国际的检查员对每种产品都进行了详细观察，但丹森国际使用的程序是一种在互联网上很容易获得的军用标准。

因此，丹森国际涉及的每一项商业秘密都不符合明尼苏达州法律规定的至少一项要素，这一点不存在可信的争议。

判决结果

对丹森国际的不当挪用索赔进行了简易判决。

案例学习意义

除商业秘密恶意诉讼的情况外，由于很多企业对商业秘密的主观定义，出于多种因素考虑，会以商业秘密为由提出诉讼。这是过度使用商业秘密诉讼的表现形式之一。对于不存在商业秘密使用商业秘密诉讼的对策能否限制竞争对手令人怀疑，首先违背商业伦理道德，其次未必产生收益。

该案介绍了一种并非恶意诉讼但以商业秘密为由过度诉讼的情形。丹森国际在对自由多元国际提起商业秘密诉讼时列出了一系列的商业秘密清单。清单名义虽属于商业秘密主题范围，但缺乏具体实在内容，不能满足商业秘密定义所要求的要素条件。

过度使用商业秘密会降低司法效率，并且使企业背负高诉讼成本，导致并不能使得企业和商业秘密保护制度达到各自的目的。

第三节　非商业秘密所有人提起商业秘密诉讼

法律问题

商业秘密的跨国共同所有人是否具备诉权？若想具备诉权，应提供哪些证据？

凌感公司诉石池案
uSens, *Inc. v. Shi Chi*, 2018 U. S. Dist. LEXIS 175570（2018）

- **原告**：凌感公司（uSens, Inc.）
- **被告**：石池（Shi Chi）
- **法院**：加利福尼亚州北部地区法院

案例背景

该案发生在企业与其独立承包商之间。

凌感公司是一家总部位于加利福尼亚州圣何塞的公司，从事"为增强和虚拟现实产品构建基于人工智能的计算机视觉跟踪解决方案"。2013年7月22日至2017年12月27日，石池作为独立承包商为凌感公司工作。在石池作为凌感公司的独立承包商工作的一段时间内（2015年4月13日至2017年12月27日），他还作为首席运营官受雇于另一家公司——杭州凌感。

凌感公司就不当挪用商业秘密向石池提起初步禁令的动议。

争议焦点

凌感公司是否具备可主张的商业秘密。

📇 原告的主张

第一，原告主张，被告获得并分发了杭州凌感 2018 年 2 月 3 日的内部业务会议记录。在会议上，原告和杭州凌感的首席执行官何安莉讨论了各种商业话题，并与员工分享了敏感的产品技术，包括产品研发进度、业务发展成果、财务预测和未来项目的路线图。会议快结束时，她还在与会者的询问下讨论了涉及被告的各种不当行为。

第二，原告主张，杭州凌感的前雇员陈国进（音译）未经授权下载了凌感公司与杭州凌感的源代码。更具体地说，原告声称，陈先生离开杭州凌感后不久，在 2018 年 2 月 15 日至 25 日期间使用公司密码和系统密钥下载了"SLAM 算法"的源代码。据原告称，陈先生后来被中国警方逮捕，并供认了两点：被告知道陈先生会在采取行动之前窃取源代码，并鼓励他这么做；被告指示陈先生记录 2 月份的会议，并将记录提供给被告。

第三，原告声称被告未能归还公司发的戴尔笔记本电脑和手机。

📇 被告的回应

被告承认，在收到一份未经请求的录音后，他传播了 2 月份会议的录音片段，总共不到 10 分钟。然而，被告声称，这些剪辑只发送给公司的员工、独立承包商或顾问、投资者。他还表示，视频中只包括何女士对被告的评论和反驳评论。

📇 加利福尼亚州北部地区法院意见

原告凌感公司辩称，其有权获得初步禁令，因为：第一，原告的商业秘密不当挪用索赔案的结果存在严重问题；第二，难题的平衡急剧向对原告有利的一方倾斜。

原告的两个论点都缺乏足够的证据支持，无法证明出"必要的事实能够被证实的可能性"。原告的初步禁令动议是以其商业秘密主张为前提的。**商业秘密是指：第一，由于公众或其他可以通过披露或使用商业秘密获得经济价值的人不知道商业秘密而产生的实际或潜在的独立经济价值的信息；第二，采取合理措施保持其秘密性。**

第一，原告没有充分确定其主张的信息是商业秘密。关于据称记录并发送给被告的 2 月份会议，原告表示，讨论的议题包括"各种业务议题"和"敏感产品技术"，具体包括"产品研发进展、业务开发成果、财务预测和未来项目"。**虽然这些广泛的类别可能包括商业秘密，但原告未能提供事实支持其结论，即所讨论的信息构成商业秘密。**

同样，尽管原告声称陈先生下载的"SLAM 算法源代码"是"公司增强和虚拟现实产品的基础"，并且"被视为公司高度保护的商业秘密"，但这些主张过于笼统，无法证明源代码符合商业秘密的法律定义。

关于手机和笔记本电脑，原告辩称，"被告很可能在戴尔笔记本电脑上复制或保存了公司的机密信息""被告目前拥有公司发的手机也很可能包含公司的机密信息。这些主张是推测性的，没有充分说明手机和笔记本电脑上的所谓商业秘密。原告要求法院禁止被告"披露、复制或使用原告的机密信息"的请求同样缺乏具体性，禁令必须"合理详细地描述出，而不是通过提及本诉状或其他文件来描述限制或要求的行为"。

第二，原告未证明其主张的信息是商业秘密，且不符合保护商业秘密的法定要求。原告未提供任何证据证明该信息不为公众所知，或因不为公众所知而产生独立价值，或为其秘密性作出合理努力。

第三，更根本的是，原告没有证明自己是所指控商业秘密的所有人。原告为支持其初步禁令动议而提交的大部分证据与原告凌感公司没有直接关系，而是与杭州凌感有关，原告称杭州凌感与凌感公司"有关"。例如，凌感公司引用了被告分发的 2018 年 2 月 8 日杭州凌感召开的一次内部商务会议的记录。原告还辩称，其有权要求返还发给被告的戴尔笔记本电脑和手机。但提交的证据表明，这些物品是杭州凌感购买的，而不是原告的。

杭州凌感不是此次诉讼中的一方。无论是在法律上还是在事实上，原告均未证明被告与非当事人杭州凌感的所谓互动使原告有权获得初步禁令，尤其是与被告拥有据称属于杭州凌感的信息和物品有关的禁令。

原告辩称，自己与杭州凌感有关，并提交了证据，证明两家公司共有一名首席执行官何安莉。原告还表示，杭州凌感和凌感公司"具有平行的公司结构，受共同控制"，杭州凌感在中国开展业务，凌感公司在美国开展"完全相同的业务"。然而，原告尚未提交足够的证据证明被告对杭州凌感的指控行为可能会导致原告在本次诉讼中胜诉，或者在没有初步禁令的情况下原告将遭受无法弥补的损害。

原告辩称，笔记本电脑上包含的机密信息"同时属于杭州凌感和凌感公司"。可以肯定的是，**商业秘密可以被共同所有。然而，原告的主张不包含关于**

共享商业秘密的指控，也没有提供证据证明其在本案中所涉商业秘密中的利益。因此，无论根据哪种颁布禁令的测试方法，原告都没有提出证据来满足初步禁令的标准，因此原告的动议被驳回。

📋 判决结果

基于上述原因，原告的初步禁令动议被驳回。被告被提醒，在本诉讼未决期间，他有义务保存证据，包括但不限于诉状中提到的笔记本电脑和手机。

🏅 案例学习意义

企业可能以广泛的类别提起商业秘密诉讼。虽然这些广泛的类别可能包括商业秘密，但如果原告未能提供支持其主张的事实，或无法证明自己是所指控商业秘密的所有人，就无法获得快速、有效的禁令救济。如果原告使用他人的商业秘密，想获得诉权的话，必须证明自己与权利人共有该商业秘密且享有商业秘密带来的经济利益。

该案虽然有在先的中国刑事手段介入，但由于无法充分证明美国公司与中国公司作为不当挪用商业秘密受害人的关系，也没有成功主张其商业秘密的存在，即便在保护商业秘密较为完善且力度较大的美国，也无法获得有效保护。

第四节　简易判决防止虚假主张、否认、抗辩

 法律问题

如何识破基于侵犯商业秘密的虚假诉讼？法院又该如何回应？

美国航空公司诉荷航案

American Airlines, Inc. v. KLM Royal Dutch Airlines, Inc., 114 F. 3d 108 (1997)

■ **原告/上诉人：** 美国航空公司（American Airlines, Inc., 以下简称"美国航空"）

■ **被告/被上诉人：** 荷兰皇家航空公司（KLM Royal Dutch Airlines, Inc., 以下简称"荷航"）

■ **法院：** 美国联邦第八巡回上诉法院

 案例背景

该案发生在两家竞争对手之间。

在 1978 年航空业"放松管制"之前，航空公司很少向乘客提供票仓等级，所有航空公司对同一起点和目的地之间的航班收取非常相似的费率。1978 年后，航空公司之间产生了竞争，它们引入了一种富有想象力的方法来增加收入，包括提高舱位票价和费率。用行业的说法是，一个被称为"收益管理"的概念应运而生。航空公司开发了收益率管理模型，该模型旨在平衡航空公司的客运能力和服务需求，从而使最有利可图的票仓等级利用率最大化。

这些收益管理模型非常复杂，开发成本相当高。这些模型包括分析和应用财务、物流和市场数据，以最大限度地提高航班收入或收益。这些模型利用计算机系统和详细的数学方程、算法和常数来模拟和预测供应和需求。航空业中有许多

数学"元素",这些元素在公共领域被广泛使用并被认为是开发有效收益管理系统的重要因素。如果一家公司能够通过其收益管理系统最有效地将需求与最有利可图的头等舱票价相匹配,那么该公司将获得竞争优势。

美国航空在几年的时间里,投入大量资源开发了一种独特的收益管理系统——动态库存和维护优化器(Dynamic Inventory and Maintenance Optimizer,DINAMO),DINAMO 包含五种特定的元素。美国航空的竞争对手西北航空公司(Northwest Airlines Inc.,以下简称"西北航空")与荷航各自的业务运营一致。

1993 年 11 月 19 日,美国航空对荷航提起诉讼,称其违反《明尼苏达州统一商业秘密法》不当挪用商业秘密。美国航空声称,荷航从西北航空获得了其以前从美国航空非法获得的商业秘密。

🔷 争议焦点

是否存在不当挪用商业秘密。

🔷 原告意见

美国航空坚持认为其 DINAMO 收益管理系统是独特的,有权作为商业秘密受到保护。1993 年 8 月 2 日,美国航空决策技术部副总裁巴里·史密斯(Barry Smith)作为美国航空的专家证人作证,决策技术部是美国航空的一个部门,主要负责美国航空的收益管理系统。史密斯证实,美国航空使用的五个"要素"(也被称为"概念和因素")结合在特定的算法和公式中,构成了其产量管理系统 DINAMO。他证明,这五个元素虽然在航空业和公共领域的概念层面上是已知的,但除了美国航空之外,还没有其他公司成功地将算法和公式混合在一起,正是美国航空这些要素的组合和实施构成了一个独特的模型,而该模型尚未公开,因此,美国航空的独特模式是根据《明尼苏达州统一商业秘密法》有权获得保护的专有商业秘密。

美国航空声称,西北航空在雇佣了许多前美国航空雇员后获得了这些专有材料。

🔷 被告意见

该案的被告荷航声称,由于西北航空和荷航之间的密切商业关系,该专有材料随后从西北航空转交给荷航。然而,没有任何指控或证据表明,概述美国航空的算法和公式的文件被传递给了荷航，也没有证据表明 DINAMO 的五个"要素"中有四个以上被传递给了荷航。

1995 年 5 月 5 日，荷航提出了一项动议，要求简易判决。在提交简易判决动议之前，史密斯作为西北航空诉讼中的美国航空专家作证。史密斯作证说，美国航空的商业秘密被定义为五个"要素"及其在算法、公式和方程式中实现的独特组合。在荷航提出简易判决动议后，据了解，荷航在不了解算法或公式的情况下，最多只收到五个要素中的四个，西北航空在随后的证词中作证，"在我看来，四个要素，不包括特定的系数值，将构成商业秘密。"

在提出简易判决的动议时，荷航坚称，不存在任何实质性事实的真实性争议，因为在提交荷航的简易判决动议后，美国航空通过改变其关于所指控商业秘密内容的证词，制造了争议的表象。荷航敦促地区法院忽略史密斯后来的证词，因为简易判决的通常标准存在"虚假例外"。

🏛 诉讼过程

明尼苏达州地区法院对荷航的看法表示同意，并认定美国航空的商业秘密是"通过特定算法和公式，将 DINAMO 的五个需求预测要素结合并实施"。

地区法院批准了荷航的简易判决，因为记录确凿地证明，荷航没有收到任何详细的算法或公式，说明如何将五个需求预测要素纳入其中，但只收到了概念层面的四个一般要素，没有关于如何将这些概念结合起来的信息。

美国航空坚持认为"虚假例外"适用不当，提出上诉。

🏛 美国联邦第八巡回上诉法院意见

上诉法院重新审查了有关简易判决的授予，采用了与地区法院相同的标准。如果上诉法院发现不存在实质性事实的真实性争议，且提出诉讼的一方有权依法获得判决，上诉法院将确认地区法院的判决。若要成功反对简易判决动议，非动议方必须提供实质性事实存在真实争议的证据。非动议方必须提供可接受的证据，使得一个合理的陪审团可以根据这些证据作出对其有利的裁决。这需要的不仅是一点证据，而且必须有具体的事实表明存在真正需要庭审的问题。

简易判决动议的当事人不得为了推翻简易判决而制造虚假的事实争议。法院不得剥夺陪审团在决定实质性事实的真正争议中的作用，但是，**不应允许当事人仅仅为了妨碍依法批准简易判决动议而制造实质性事实的争议。**

虽然地区法院必须格外小心，不要剥夺陪审团判定事实的真正争议的义务，但不应允许一方通过反驳自己先前的证词来制造可信度问题。宣誓人证词的含糊不清甚至自相矛盾通常是陪审团需要解决的问题，**但如果一方突然对证词进行无法解释的修改，造成了以前不存在的事实争议，地区法院可以作出简易判决**。否则，任何一方都可以通过用新的宣誓书取代之前的临时证词来反对简易判决动议，任何案件都不适合进行简易判决。

上诉法院还确认，根据"虚假例外"原则的适用，准予简易判决的动议。根据《联邦民事诉讼规则》第 56 条作出简易判决的目的，正是为了防止提出毫无根据的主张，或介入虚假否认或虚假抗辩。如果一方当事人只要提交一份与自己先前证词相矛盾的宣誓书，就可以提出一项事实争议，这将大幅削弱简易判决作为筛选虚假事实争议的程序效用。

地区法院应该极其谨慎地审查这些问题。并且，只有在证词和宣誓书之间存在的矛盾涉及虚假争议等特定情况下，应准予**简易判决**。在这种情况下，地区法院有责任谨慎地阐明解决此类冲突的理由。

在该案的庭审记录中，不存在实质性事实的真正争议问题。在宣誓证词中，美国航空的专家证实，所有五个要素的具体组合构成了商业秘密。毫无疑问，荷航从未收到所有五个元素。在荷航提交简易判决动议后，美国航空专家随后作证称，在概念层面上，这五个要素中有四个构成商业秘密，这完全是为了避免简易判决。

在仔细检查了美国航空的专家证词后，上诉法院同意地区法院的结论，即美国航空试图制造重大事实争议，只是为了通过莫名其妙地更改证词来逃避简易判决的影响。因此，地区法院正确地无视了后来美国航空制造的相互矛盾的证词，并得出结论认为，由于荷航从未收到美国的任何商业秘密，审判不存在任何事实争议。

判决结果

确认地区法院的判决。

案例学习意义

该案是一项典型的恶意诉讼的情形。美国航空只是以侵犯商业秘密来应对与荷航之间有关员工问题的一系列诉讼和管理事务纠纷。在涉及侵犯商业秘密这一特定案件中，被告荷航坚称，不存在任何实质性事实的真实争议，因为在提交荷航的简易判决动议后，美国航空通过改变其关于所指控商业秘密内容的证词，制造了争端的表象。原告虽然以商业秘密被侵害为由提起诉讼，但当不存在实质商业秘密侵害的问题时，原告修改证词，试图以"虚假例外"获得救济。法院识破了原被告纠纷的本质，判决拒绝原告基于"虚假"而索赔。因为简易判决的目的是防止提出毫无根据的诉讼主张，或介入虚假抗辩或反驳。

通过学习该案增加对过度使用以侵犯商业秘密作为诉由起诉的理解。截至2023 年 3 月，该案被美国案例判决文书引用 71 次，被其他法律文件引用 167 次。

第五节　逐案酌情，却正在增长的"调查前识别"趋势

 法律问题

原告调查取证难，能否由法院下达强制调查令？强制调查有什么未明确写于民事诉讼法却对调查批准产生实质性影响的要求吗？

JJ 木板公司诉鲍曼案
JJ Plank Co. , LLC v. Bowman , 2018 U. S. Dist. LEXIS 123792（2018）

■ **原告**：JJ 木板公司（JJ Plank Company LLC）、干燥剂技术公司（Xerium Technologies）

■ **被告**：格瑞·鲍曼（Gary Bowman）

■ **法院**：路易斯安那州西部地区法院

 案例背景

该案发生在企业与前雇员之间，所介绍的内容是在案件开庭前的部分诉讼环节。

开庭前，原告提起一项快速动议，要求被告遵守强制服从令以加急调查。这项动议要调查有关四类证据的复制品：鲍曼电子邮件保管账户的可行镜像（包括已删除的电子邮件）、鲍曼工作电脑的镜像、公司发放给鲍曼的智能手机的镜像、鲍曼几周内创建或访问的任何文件，包括从鲍曼办公室收集的任何硬拷贝文件。

被告格瑞·鲍曼和第三人福伊特织物卷筒系统公司（Voith Paper Fabric Rolls Systems, Inc., FRS）反对该动议。

争议焦点

能否批准原告的加速调查动议。

 路易斯安那州西部地区法院意见

首要问题是，双方对动议本身的范围存在争议。FRS 辩称，上述最后三类证据发现未明确包含在传票中。原告坚持认为，动议中列出的调查类别将对传票要求的出示内容作出回应，但这些类别要求的数量超过传票明示条款要求的数量。只有后一项条款才可以通过该动议实际执行。如果该动议根据传票中未明确包含的条款要求出示，则该动议是没有根据的。

相反，法院将对动议中列出的文件类别进行解释，以表明传票的部分，或者更确切地说，传票中"文件请求"项下列出的项目，在原告看来是悬而未决且可调查的。

如另一个重要问题一样，鲍曼坚持认为，并通过他的反对有效地证明，他没有回应传票的文件，也没有能力生成回应动议的文件或图像。鲍曼正确地指出要求出示一方"拥有、保管或控制"的文件和物品。因此，如果该动议寻求鲍曼的进一步生产或回应，它也是没有价值的。

在解决这些初步问题之后，法院转向了动议所涉及的基本原则。

第一，在发出传票时，原告有避免向 FRS 施加不当负担或费用的一般义务："负责发出和送达传票的一方或律师必须采取合理措施，避免向受传票约束的人施加不当负担或费用"。法院的任何命令都必须保护 FRS 作为非当事人方，"免于因合规而产生的重大费用"。

第二，法院认为这一调查争议是基于强制动议，而不是根据 FRS 撤销或修改传票的动议，或根据 FRS 的保护令动议。因此，法院的判决必须处理传票的请求是否符合该案中的证据开示的适当范围。除其他事项外，与该判决相关的还有本诉讼的性质、要求披露一方的立场以及该方的反对意见。

本质上，这起诉讼涉及涉嫌不当挪用商业秘密。FRS 的立场是寻求调查一方的非缔约方竞争对手。FRS 反对这两项有争议的文件请求，认为其内容过于宽泛，与该案的需要不成比例，且与所提供的对涉嫌不当挪用的文件或商业秘密的任何调查无关。

"根据《联邦民事诉讼规则》第 26（b）（1）条，**当事方可就任何与任何一方的主张或抗辩有关并与案件需要相称的非免责事项取得证据**"。在评估证据开示请求的相称性时，法院必须考虑"诉讼中利害攸关问题的重要性、争议的数量、当事方相对获得相关信息的机会、当事方的资源、证据开示在解决问题中的重要性，以及拟议证据开示的负担或费用是否超过其可能的利益"。

法院的责任是，利用当事人提供的所有信息，考虑这些因素和所有其他因素，以便就具体案件确定适当的识别范围。**法院对具体案件的裁决必须遵循商业秘密法理学的最新发展。"越来越多的共识似乎倾向于要求那些提出侵犯商业秘密诉讼的原告，带着合理的专项性，识别所涉及的商业秘密"。这就是先例中提及的所谓的"调查前识别"。**

然而，有其他法院也认可有一些**对抗性政策考量**。"根据《联邦民事诉讼规则》，原告有广泛的调查权""商业秘密原告，特别是，如果它是一家拥有成百上千商业秘密的公司，在能调查被告是如何运作的之前，可能无法知道哪些商业秘密被不当挪用""如果商业秘密原告在不知道哪些商业秘密被不当挪用的情况下被迫识别有争议的商业秘密，则被置于逻辑悖论中，即如果调查清单太笼统，将包括被告能够证明的不构成商业秘密的材料""如果太具体，可能会漏掉被告的行为"。

美国司法当局的平衡似乎倾向于前一套政策考量。**因此，要求调查前识别似乎是主流趋势。不过，尽管可能正在形成强烈的共识，但还没有获得法律授权。该领域的诉讼是复杂的、有争议的、事实密集型的。因此，法院可能很久都没有授权。也许也应该是这样。**

俄亥俄州的一个地区法院很好地总结了由此产生的情况："**各联邦法院在是否要求调查前识别商业秘密的问题上用不同判决强化了这样一种观点，即关于调查限制的判决是对个案的决定，法院必须在很大程度上根据任何特定诉讼的不同情况行使其广泛的自由裁量权**。主审法院在就该问题作出判决时，应当权衡原告广泛相关披露的一般权利与商业秘密不当挪用请求权引起的特殊影响。"

在这种情况下，法院不需要就是否在所有案件中，甚至在这一个案件中，有必要进行调查前识别作出明确的判决。根据法院目前的记录，这样的判断是困难的，而且可能带有偏见。取而代之的是，法院只是决定它能做什么，也应该做什么，即争议的请求是否属于法院目前所设想的适当的调查范围。

因为传票上的两个有争议的调查请求实际上是无边界的，法院认为动议不应该被批准。第一项请求，要求查阅鲍曼工作账户上的所有电子邮件，这与任何不当挪用没有任何可争辩的联系。该请求要求生成的文件超出了该案中任何可争辩的调查范围。第二项请求，寻求复制所有鲍曼在第三人 FRS 期间制定或有权查看的文件，包括和所有与卷筒有关客户的沟通。这样的文件，至少在理论上，包括鲍曼在 FRS 工作之前的机密商业秘密，或者其他不能被发现的秘密。

因此，法院认为这些请求不在允许调查的范围之内。在任何性质的案件中，法院"不允许当原告无法识别被不当挪用的秘密信息时而过度调查"。法院也认为这个动议太草率了。原告用了大约 5 页的篇幅，逐一列举出所谓的商业秘密。由于几个原因，这一回应是不够的。首先，法院没发现该商业秘密清单可以如何聚焦以限制其调查要求。原告似乎从几个不同的来源，搜集了这份清单。其次，在答复中提供这样一份清单，必然剥夺了 FRS 评估的机会，如果 FRS 有正当理由，则会反对原告的提案。正是基于这个原因，目前的记录不足以让法院就调查前识别问题作出判决。

然而，法院观察到的是，原告的清单似乎包含了鲍曼对商业秘密的全部认识，或关于涂抹式卷筒的专有信息。当然，这份清单并没有说明原告认为鲍曼可能实际不当挪用了哪些商业秘密。但是，即使假定不应要求原告以这种具体程度来具体确定鲍曼涉嫌的不当挪用行为，该清单本身也可能超出了调查范围。

因此，原告的论点与其他法院提出的要求进行调查前识别的主要政策考虑因素之一非常接近：原告可能会试图围绕他们接收到的识别结果来调整他们的诉讼主张。

诚然，原告可能会辩称，由于该案涉及的某些情况，有必要进行调查，以准确识别不当挪用行为，或者至少是可能被不当挪用的商业秘密。这一论点似乎站不住脚。例如，这不是一个涉及"数百或数千项商业秘密"的案件。但无论如何，简单地说鲍曼接触到了许多可被识别的商业秘密，不足以获得传票中寻求的全面调查。

在 FRS 提交后，如果原告选择寻求这种性质的额外发现，无论是否选择调查前识别，原告必须将传票限制在涉嫌不当挪用的范围内。如果所指控的不当挪用行为的范围是无定论的，原告必须证明这一点。无论哪种方式，原告都必须在提请强制执行前让 FRS 有机会作出回应。

这些指令在该案尤其合理，尽管诉讼速度很快，但关键的调查和勘察步骤已经发生。这些步骤可能会将该案与其他不需要调查前识别的同类案件区分开来。这些情况使得要求原告基于某项精确要求缩小其请求的范围，至少在提交并赢得强制执行请求之前，让其请求变得更加合理。

最后，保护令本身声明，不要求复制"超出允许的调查范围"的文件。同样，无论保护令的效力如何，这些文件请求都超出了允许的范围。

判决结果

基于上述原因，原告的加速动议获得批准，但强制遵守快速调查的动议被拒绝。

原告提出的请求超出了允许的证据开示范围。因此，其请求加急强制服从的动议被驳回。

案例学习意义

法院在裁判商业秘密案件时，会有政策考量，也会考虑不同民事诉讼程序使用背后的法理学基础。在这样的思维方式下，考虑到商业秘密案件的性质和负担，许多美国法院正达成一项共识，即主张不当挪用商业秘密的原告基于合理的特殊性，在正式调查前，应确认所涉及的商业秘密。换言之，原告在提起商业秘密诉讼中提请调查令时，必须至少提供一个合理的专项调查方向，然后再进行商业秘密调查。但是，调查前识别这项要求和识别的程度都尚不是强制的，因为还未采纳到法条中，而是在司法实践中被大家正逐步认可、逐案酌情。

调查前识别有助于法院确定适当的调查范围，并确定原告的发现请求是否属于该范围。更重要的是，这为被告提供了平等的竞争环境，让他们有充足的时间和机会展开辩护，而不是由于诉讼受到商业伏击。

通过该案学习，可以了解到美国普通法对提起商业秘密诉讼的原告所要求的"调查前识别"这样一项发展趋势，也会对中国商业秘密司法过程中正在纠结"刑先民后"及刑事调查先于民事诉讼的情形有所启发。

第六节 滥用商业秘密诉讼

法律问题

员工离职后的哪些行为会招致商业秘密诉讼？提起商业秘密诉讼是否能成为阻碍竞争对手的有效方式？界限在哪里？

普伦蒂斯诉西北烘干机公司案

E. V. Prentice Dryer Co. v. Northwest Dryer & Mach. Co.，246 Ore. 78（1967）

■ **原告/上诉人**：E. V. 普伦蒂斯烘干机公司（E. V. Prentice Dryer Company，以下简称"普伦蒂斯"）

■ **被告/被上诉人**：西北烘干机机械公司（Northwest Dryer & Machinery Co.，以下简称"西北烘干机公司"）、黛尔·戈登（Dale Gordon）等

■ **法院**：俄勒冈州最高法院

案例背景

该案发生在企业与其前员工和他们创业的新企业之间。

普伦蒂斯从事胶合板单板干燥机的制造和销售。它于 1957 年开始生产烘干机，在此之前，只是代理销售他人生产的单板干燥机。当时，普伦蒂斯在胶合板烘干机的设计方面几乎没有经验，因此雇佣了 W. D. 马丁（W. D. Martin）。马丁对烘干机的服务、销售和维修有着广泛的知识。然而，他不是工程师或机器设计师，他建议普伦蒂斯雇佣戈登，因为戈登有在这些领域的技能和知识。戈登当时在另一家烘干机制造商处工作。

普伦蒂斯主要是通过担任其首席工程师的戈登的技术知识，对其烘干机进行了某些当时竞争对手没有使用的改进。其中一些新功能包括改进的气流、改进的

密封件和插销、控制气流的可调节歧管门、链条驱动机构、弹簧加载的链条张紧器，以及烘干机管道上的波纹顶板。

1962 年，马丁从普伦蒂斯辞职后，戈登接任马丁为公司经理，但戈登也继续担任首席工程师和机器设计师。然而，在 1964 年中，戈登和其他几名员工一起从普伦蒂斯辞职，成立了西北烘干机机械公司。西北烘干机公司也从事单板烘干机的制造和销售。此后不久，西北烘干机公司开始制造并提供一种胶合板单板烘干机，该烘干机在许多方面与普伦蒂斯出售的烘干机相似。

普伦蒂斯提起该诉讼，指控戈登、西北烘干机公司、几名当初离职的员工使用了他们在雇佣期间获得的普伦蒂斯的机密信息，将各种原告开发的想法不当使用于单板干燥机的设计和制造。

争议焦点

被告是否构成不当挪用商业秘密。

被告意见

他们没有违反信赖关系，因为他们使用的所有信息都属于公共领域，而且戈登只是利用其自己的在制造西北烘干机方面的工程知识和技能。

初审法院意见与诉讼过程

初审法院认为，原告主张的普伦蒂斯单板干燥机设计中的各种创新并非商业秘密。这些创新为其他从事单板干燥机制造或使用的人所熟知。

此外，有大量证据支持被告的论点，即普伦蒂斯烘干机的设计改进主要是戈登创造性努力的结果。原告没有向戈登透露任何有关普伦蒂斯烘干机设计的信息，这些信息可能被视为机密信息。在戈登的雇佣合同条款中，或在他的工作性质中，没有任何东西可以默示他不能为自己的目的使用自己设计的特征。

初审法院判决被告的行为不构成不公平竞争。于是，原告提起上诉。

俄勒冈州最高法院意见

原告辩称，被告错误地挪用了原告的材料清单、客户清单、各工厂单板干燥机的性能数据、工作建议和规格、蓝图，以及与单板干燥机制造和销售有关的其他信息。这些信息以单板干燥机业务领先的形式为被告提供了竞争优势。这些信息都不属于商业秘密的定义范围。也不能说戈登是在原告表明对该信息进行了保密性披露的情况下获得该信息的。基本上，所有信息都是戈登作为原告雇员在工作过程中获得的。其中一些数据是戈登自己工作的结果。最清晰的剽窃证据是被告在追踪和复制时使用原告的蓝图。但在被告这样做的时候，他们并未获得任何关于普伦蒂斯制造或销售方法的信息，戈登之前受雇于原告和其他公司时也不知道这些信息。

此外，证据显示，普伦蒂斯以及竞争公司烘干机的打印件可能由被告从原告处以外的来源获得。这可能是因为被告在使用原告的图纸时侵犯了原告在图纸中享有的法律保护权益，但假设认为他们没有侵权，上诉法院不认为被告使用图纸构成不公平竞争。

上诉法院不认为戈登在受雇期间获得的关于普伦蒂斯生产和销售干燥机的印刷品或任何信息具有保密属性。而且，正如上诉法院已经说过的，原告和戈登之间的关系中没有任何其他东西可以推断戈登不能去使用他在受雇期间学到的东西。**因此，上诉法院的结论是，被告使用这些信息并不构成不公平竞争。**

原告辩称，被告在受雇于普伦蒂斯期间获得的有关向潜在客户提交的投标书和建议书的信息是保密的，因此，被告不能利用这些信息进行竞争性投标和策划。

戈登作为原告的雇员了解到制造各种烘干机零件的成本以及建造和安装烘干机所涉及其他成本的一般知识，未被证明是机密的。戈登有幸利用这一知识进行竞标。然而，原告辩称，戈登向一个潜在买家公司提出竞价时，利用了他对原告先前竞价的了解。正如上诉法院已经指出的，戈登在提出被告的投标时，可以自由地利用他对制造和安装成本相关因素的了解。如果戈登知道原告的出价金额，被告将有优势，使他们有可能提出低于原告的出价。但证据并不能让上诉法院相信，戈登对原告投标的了解是被告获得相关合同的一个因素。

戈登作证说，在投标时，"根据我对成本的了解，计算出烘干机中材料的大致成本，并计算出税率、运输、这段时间内我们公司的工程和运营的预计时间，以获得总体成本，我还加上了利润"。他算进去了"10%的利润和间接成本"。当他被问到"当你制作提案时，有没有从普伦蒂斯获得任何信息"时，他回答说，"只有我脑中的信息，以及我在过去六年半与这些公司合作所获得的知识"。有了这些他有权使用的信息，问题就缩小到他了解原告投标金额的重要性。

显然，不可能确定他是否为了使报价低于原告提交的报价而降低报价。差额是比原告168540美元的报价少540美元。但由于没有证据表明原告的出价是秘密的，因此没有理由不允许被告以这种方式出低价。

此外，被告接受投标的一个更重要的因素可能是对戈登生产优质产品的能力有信心的潜在买家。招标公司经理的证词证明了这是一个因素，作证说，他决定从西北烘干机购买主要是因为对戈登技术能力的看法。

上诉法院的结论是，庭审记录中没有任何迹象表明戈登向招标公司提交西北烘干机公司竞标时不公平地利用了普伦蒂斯的信息。

初审法院花费很多时间对该案的证据进行了仔细评估，得出结论认为原告未能承担证明被告存在不正当竞争的举证责任。上诉法院认为，初审法院对证据的评估是合理的，上诉法院将该评估作为本意见的一部分。

原告的大部分论点都基于这样一个前提，即戈登在成立西北烘干机公司后使用的信息具有商业秘密的性质，或者该信息是在默示协议的情况下泄露给戈登或由他获得的，即不使用该信息与原告竞争。

正如上诉法院之前所说，上诉法院不同意对事实的这种解释。在该案中，被告是一名技术熟练的员工，不仅在竞争公司获得了单板烘干机结构的具体知识，而且还掌握了通用工程知识和技能，利用这些知识和技能，他开发了原告烘干机的大部分（如果不是全部的话）创新。原告目前正试图保护这些创新成果。上诉法院不知道有任何案例表明，在这种情况下，员工有义务不去竞争。

 判决结果

确认初审判决。

案例学习意义

该案中，原告企业的目的是限制被告与其竞争。被告曾经是原告的核心技术团队，帮助原告在行业中成长并立足，但如今却成为其有力的竞争对手。但是在没有保密协议，也不存在商业秘密的情况下，企业难以要求员工离职后不再使用雇佣期间获得的知识与信息。

通过该案学习可以了解到原告出于限制竞争的目的，存在假借商业秘密进行诉讼的情形。该案可以与第五章第六节的法律问题一起对比学习，区分哪些信息在没有载体地被员工带走后，可以被员工自由使用，甚至是以与企业竞争的方式来使用。截至2023年3月，该案被美国案例判决文书引用9次，被其他法律文件引用6次。

第七节　商业秘密恶意诉讼识别

 法律问题

如何识别商业秘密恶意诉讼？主观和客观要件的标准是怎样的？会造成怎样的法律后果？

赛普拉斯公司诉美信公司案
Cypress Semiconductor Corp. v. Maxim Integrated Products, Inc.,
236 Cal. App. 4th 243（2015）

■ **原告／上诉人：**赛普拉斯半导体公司（Cypress Semiconductor Corporation，以下简称"赛普拉斯公司"）

■ **被告／被上诉人：**美信集成产品公司（Maxim Integrated Products, Inc.，以下简称"美信公司"）、通奇·多卢卡（Tunç Doluca）

■ **法院：**加利福尼亚州上诉法院第六分部

 案例背景

该案发生在两家竞争对手公司之间。

2011年2月，美信公司招聘多项职位，其中至少有一些职位需要有触摸屏技术方面的经验。为此，它聘请了一名招聘官——锡恩·穆谢尔（Zion Mushel），由他在以色列境外开展业务。

2010年6月，穆谢尔曾与赛普拉斯公司某员工就美信公司在圣何塞总部开设"业务经理或触摸界面产品总监"一职通过电子邮件沟通过。在2011年1月，该员工通过电子邮件联系了美信公司，询问在得克萨斯州奥斯汀设立一个现场应用工程师（Field Applications Engineer，FAE）的岗位。2月9日，穆谢尔向该员工发送了一封关于另一家总部开业的电子邮件。该员工回复说："我收到了你关于触摸屏业务经理职位的电子邮件。我的个人资料在领英上，所以你可以看到，我肯定是符合资格的。不过，第一个问题……这是给美信公司的吗？我之前已经和他们谈过关于触摸屏业务经理的空缺。"

同日，美信公司的经理巴特·德坎（Bart DeCanne）告诉包括穆谢尔在内的五名招聘官，美信公司正在寻求填补一个业务经理职位和一个产品定义职位。穆谢尔问："哪家公司有最适合的应聘人担任这两个职位？"德坎给他寄了一份包括赛普拉斯公司在内的五家公司的名单。作为工作回应，穆谢尔最终为美信公司提供了一些"来自除赛普拉斯公司以外的名单上的公司，以及不在名单上的公司"的候选人。其中一名候选人是员工甲，但德坎告诉穆谢尔，美信公司没有适合他的职位。

从 2011 年 2 月到 4 月，穆谢尔招揽了至少 9 名赛普拉斯公司员工专门从事触摸屏领域的员工。2011 年 4 月 6 日，赛普拉斯公司总裁 T. J. 罗杰斯（T. J. Rodgers）写信给美信公司总裁通奇·多卢卡（Tunç Doluca），指控美信公司"试图通过针对精通触摸屏技术的赛普拉斯公司员工非法获取赛普拉斯公司的专有信息"，他警告说，"如果美信公司坚持采取这些行动，赛普拉斯公司将起诉美信公司，并禁止其使用通过前员工从赛普拉斯公司获得的任何触摸屏专业知识来制造或分销任何产品"。之后，双方通了信，多卢卡否认对赛普拉斯公司的触摸屏技术感兴趣，而罗杰斯继续坚称美信公司的行为可能导致诉讼。6 月 8 日，赛普拉斯公司提起诉讼，起诉美信公司和多卢卡。

赛普拉斯公司申请临时缺席限制令，禁止美信公司和多卢卡招揽赛普拉斯公司触摸屏员工，并要求他们"立即归还所知悉的所有赛普拉斯公司商业秘密、机密和专有信息，尤其包括从事触摸屏技术工作的赛普拉斯公司员工的任何名单或名册"。

初期争议焦点

是否存在商业秘密和不当挪用商业秘密的行为。

诉讼过程与相关证据

罗杰斯和赛普拉斯公司人力资源官托马斯·苏雷特（Thomas Surrette）在申请书中都声明了赛普拉斯公司"将其技术信息和员工信息作为机密信息加以保护"所采取的步骤。他宣称赛普拉斯公司员工签署了一份"专利和保密协议"，承诺不会"不当使用或泄露赛普拉斯公司的专有信息"。他主张，该协议"适用于……其他赛普拉斯公司员工的姓名、技能和薪酬"。员工还同意遵守"赛普拉斯公司商业行为和道德规范"，该规范将"客户、经销商和员工名单"描述为专有和机密信息，不得泄露。员工还接受了"保密义务培训"，包括"有关赛普拉斯公司……员工名单……的任何数据，以及赛普拉斯公司员工的技能和薪酬，以及他们正在从事的项目，都是专有和保密的，不应发布或以其他方式泄露"。

支持该申请的还有赛普拉斯公司触摸屏技术专家——员工甲的声明。他对2011年3月16日至3月28日期间与穆谢尔交换的电子邮件副本进行了确认。这反映出穆谢尔联系他说，他正在寻找4个涉及"触摸界面产品"职位的候选人。员工甲于3月25日回复，表示希望"与穆谢尔谈谈这个机会"，并表示他符合4个职位中的两个。

德坎反对临时禁令，他主张，当业务部门有职位空缺时，他将职位描述转发给穆谢尔在内的几名外部招聘官。美信公司还提交了其律师莱尔·安达拉（Lael Andara）的一份声明，他描述了自己是如何仅使用公开来源来识别赛普拉斯公司的触摸屏专家的。他聚焦于作为一家专业社交网站的领英平台，查看了赛普拉斯公司在领英上的页面，其中有一部分提到一名员工的职位从"触摸屏营销总监"变更为"高级技术人员"。通过在领英上的这些和其他搜索，他能够识别出大约20名具有触摸屏或看似具有相关经验的赛普拉斯公司员工。安达拉声明提交时，既有未经批准的版本，有条件地加盖公章存档，又有删去赛普拉斯公司员工姓名和其他身份信息的修订版。

在反对申请限制令的同时，美信公司以包含"赛普拉斯公司员工的个人信息"为由，还提出要封存未经修订的声明版本。出于"员工隐私权"的考虑，美信公司此前已从官方记录中对这些信息进行了保留。美信公司表示，它"还向原告律师发出了通知……如果原告律师希望试图提出其他理由，以保证对修订后的员工信息进行封存"。

限制令申请定于2011年6月17日审理。那天，双方约定，法院下令，30天"相互静止"，任何一方都不得招揽另一方员工。法院还发布了一项规定的命令，以封存静止命令。2011年6月29日，根据《加利福尼亚州民事诉讼法》第2019.210条，美信公司提出书面请求，要求赛普拉斯公司"确认其主张不当挪用商业秘密的商业秘密"。赛普拉斯公司拖到10月31日才回复，当时它作出一项保密回复，指出了两项主张的商业秘密：第一，赛普拉斯公司触摸屏技术和产品领域的员工及其信息，包括联系方式；第二，赛普拉斯公司关于其专有触摸屏技术和高性能产品的实质性机密信息。

此外，在 2011 年 7 月 11 日，美信公司公开反对诉讼并主张，第一，赛普拉斯公司触摸屏员工的身份不属于商业秘密，因为该等资料是公开的；第二，诉讼未指控被告有任何不当挪用的行为；第三，被告多卢卡没有任何可受指控的行为；第四，第二个诉由，即非法商业行为，已被《加利福尼亚州统一商业秘密法》优先约束。

赛普拉斯公司提交了自己的动议，除要求封存安达拉声明及其证物外，还要求封存员工甲的声明。为支持这项动议，赛普拉斯公司的律师宣称，经过编辑的材料指认了"赛普拉斯公司触摸屏员工"。这是"赛普拉斯公司起诉书中主张的商业秘密之一"。美信公司提出了反对意见，认为这些雇员的身份，以及他们拥有的触摸屏经验，不可能是可以保护的商业秘密或者受到封存的约束，因为这些信息可以从公开渠道获得，而且确实是从公开渠道获得的。

赛普拉斯公司提交了一份答复，其中对这些前提提出了争议，但也辩称，不管这些信息是否是可染指的商业秘密，根据《加利福尼亚州民法典》第 3426.5 条，都必须被密封。**该法条的阐述是："法院应通过合理的方式保护被指控的商业秘密的秘密性，其中可能包括……密封诉讼记录……"**赛普拉斯公司强调术语"被指控的"，并主张，法院实际上不能不考虑诉讼信息的商业秘密特性，而是必须阻止任何信息的泄露，除非经过审判或简易判决，否则还未被视为商业秘密。

2011 年 11 月 15 日，初审法院听取赛普拉斯公司的动议。听证会开始时，法庭要求赛普拉斯公司的律师确认，他的论点要点是"即使信息可能对公众开放，事实上该信息被主张为商业秘密，直到这个问题被诉讼或判决，你有权得到保护"。律师回答说"没错"，在提出这个问题后，法庭驳回了该动议。2011 年 11 月 23 日，赛普拉斯公司修改了自己的诉由，修改后的版本和之前的版本稍有不同。2012 年 2 月 2 日，美信公司提交了一份成本账单，索赔 1049.95 美元。一周后，美信公司根据赛普拉斯公司的"恶意提交并维持上述诉讼"提出动议。6 月 1 日，初审法院批准了美信公司的动议，作出了金额为 180817.50 美元的判决，外加费用。11 天后，赛普拉斯公司提出上诉。

加利福尼亚州上诉法院第六分部意见

一、争议焦点和审查标准

《加利福尼亚州民法典》第 3426.4 条规定："如果提出不当挪用索赔是恶意

的……法院可以向胜诉方判予合理的律师费和花销的赔偿。"

这项规定的适用自然会引发三个问题：该案被告是胜诉方吗？索赔是出于恶意吗？什么是合理费用？

赛普拉斯公司在这里就前两点对裁决提出疑问，否认被告是胜诉方，并辩称法院错误地认定索赔是恶意提出的。只要初审法院的行为取决于事实的调查结果，上诉法院通常直接顺从初审法院。只要判决取决于法律问题，比如对"胜诉方"的定义，上诉法院不会直接顺从初审法院的判决，而是会独立解决这个问题。只要判决取决于初审法院被赋予自由裁量权的问题，上诉法院仅会在能够断定初审法院自由裁量权被滥用的情况下干扰其行为。

二、胜诉方

初审法院明确认定，就第3426.4条而言，美信公司是胜诉方。赛普拉斯公司以两个理由质疑这一判决：一是初审法院采用了错误的标准，二是根据正确的标准，"没有胜诉方"。上诉法院拒绝这两种观点。

如果一项法规仅仅或主要为胜诉方来预测所获得费用，将不可避免地提出这样一个问题：为什么结论有争议的或模棱两可的胜诉方能够从对手那里收到费用？这里的类似问题是，**为什么应该允许恶意提出商业秘密主张的一方将辩护费用强加给其对手**。鉴于存在明显的立法意图以避免此类强制措施，该法规似乎有理由对"胜诉方"进行自由解释，相信"恶意"的要求可以过滤掉可疑案件。然而，上诉法院不需要最终决定这个问题，因为上诉法院确信，任何合理的事实发现者都可能会发现，美信公司在实际层面上是胜诉方。

赛普拉斯公司提出了一项诉讼，正如上诉法院在下文讨论的那样，该诉讼表面上毫无价值，基于的责任理论不仅虚假，而且毫无意义。**这起诉讼的明显目的是迫使美信公司，或许还有其他竞争对手，限制它们本有权参与的行为**，正如上诉法院下面讨论的那样。赛普拉斯公司在每一个诉讼子阶段都会败诉，这也是它本该有的结果。赛普拉斯公司最终放弃了这一诉讼，而不是去面对一个肯定会对其不利的裁判结果。与它的论点相反，它没有从诉讼中获得任何合法利益，无论是实际的还是其他的。**它至多成功地告知了劳动力市场，它会通过提起诉讼来防止"偷猎"其员工**。由于这一目标违反了加利福尼亚州法律和政策，因此根据第3426.4条，该目标实现不能被视为将维持现行胜诉方地位的胜利或阻止对手胜诉。

在其他争辩中，赛普拉斯公司扭曲了证据。首先，它主张，它只是放弃了诉讼，因为"在初审法院错误地拒绝了其封存动议之后"，它"必须将其商业秘密放在官方记录中"，才能继续提起诉讼。该描述中没有任何部分经得起仔细检查。

首先，**上诉法院认为初审法院驳回封存动议没有错误。该动议的前提是，一方当事人仅需提交一份将某些信息定性为商业秘密的诉状，就可以使法院将该信息保留在官方记录中，直到其最终裁定不属于商业秘密**。在信息至少是秘密的情况下，这个前提会很重要。在法庭面前，没有机密信息。

庭审记录显示，赛普拉斯公司试图封存的几乎所有信息都是由其对手从公共来源汇编而成的，直到今天，任何拥有适当订阅权限的人都可以找到并仔细阅读这些信息。这些信息并不能被视为商业秘密，赛普拉斯公司称为商业秘密并不意味着法院有义务对其进行封存或采取任何其他行动防止其进一步披露。赛普拉斯公司的相反论点所依据的法规要求法院采取"合理手段"来"保护"一项"被指控的商业秘密"。在这方面，无论是合理的还是其他的，初审法院都没有办法遵从这项请求，因为没有秘密需要被保护。

在其他情况下，赛普拉斯公司放弃诉讼的动机是为了防止信息泄露，这一点非常不可信。没有理由假设或预期解雇会产生这种效果。如果赛普拉斯公司的封存动议中存在争议的信息由赛普拉斯公司提交，当封存动议被否决时，这些信息将被退还给赛普拉斯公司。但争议中的大部分信息是由美信公司提交的。一旦封存动议被否决，相关材料就没有法律依据被继续封存。赛普拉斯公司在从该法院令寻求上诉救济时，可能有权暂时延续其封存状态，但它没有寻求此类救济。在没有此类程序的情况下，赛普拉斯公司没有理由认为这些材料将被保持封存。当然，仅仅取消这一诉讼是不可能实现这一结果的。

因此，上诉法院拒绝封存动议请求。上诉法院不可能将赛普拉斯公司对该诉讼的放弃解释为试图保护信息不被泄露，即使值得这样保护的信息出现在庭审记录中，且事实并非如此。

最后，上诉法院注意到，赛普拉斯公司现在认为其放弃诉讼的动机似乎从未被初审法院提及。赛普拉斯公司主张撤诉，"因为被告显然已经停止了获取赛普拉斯公司商业秘密的努力，因此赛普拉斯公司实现了其主要诉讼目的"。

赛普拉斯公司在反对收费动议时按如下解释这一假设的胜利："赛普拉斯公司提起诉讼后，被告明确同意在30天内不招揽赛普拉斯公司的员工，此后自愿不招揽赛普拉斯公司的触摸屏员工。这项诉讼的作用是对赛普拉斯公司的事实禁令，防止对其商业秘密的威胁。实际上，赛普拉斯公司是胜诉方，因为它实现了向本法院寻求的主要补救措施，即禁止被告进一步不当招募的禁令"。

不出所料，初审法院认为这一事件的解释没有说服力；赛普拉斯公司上诉时也没有在这一点上施压，而是辩称"没有胜诉方"，因为美信公司未能实现其诉讼目标。但美信公司的诉讼目的和所有被告一样，都是避免承担责任。美信公司没有达到这一目标的唯一原因是，正如它指出的那样，赛普拉斯公司"保留其重新提起诉讼的权利……"但对任何一方来说，提起诉讼的权利都不是案件的核心。此案的核心是美信公司招揽赛普拉斯公司员工的权利。

上诉法院发现赛普拉斯公司对这些点的处理存在显著的不对称性。赛普拉斯公司辩称，一方面，它没败诉，尽管被驳回起诉，因为仍然可以根据同样的理由自由提起另一项诉讼。另一方面，美信公司确实败诉了，因为暂时同意停止联系赛普拉斯公司员工，尽管只在一个月内遵守了这一承诺，而且很久以来一直像起诉前那样自由地联系赛普拉斯公司员工。

美信公司自愿默许对其行为进行短暂的限制，这与赛普拉斯公司完全放弃诉讼截然不同，当然也不是赛普拉斯公司所祈求的"禁令"。禁令将会永久禁止美信公司"招揽赛普拉斯公司的触摸屏员工"。相反，赛普拉斯公司撤销一项客观上虚假的诉讼，放弃了其在推定信函中详细传达的强烈要求，尽管从技术上讲，这种放弃不会排除以后再进行诉讼。上诉法院毫不怀疑，对于对手，支持其费用代表着胜利。

为了确定撤诉是情况超出其控制的结果，赛普拉斯公司主张，撤诉是因为它无法去穆谢尔处调查。但是，赛普拉斯公司撤诉的唯一合理解释是，担心诉讼结果。如果法院听了美信公司的抗辩，美信公司几乎肯定会被支持，没理由相信赛普拉斯公司有任何能力改变其抗辩阶段。

正如下文将更深入讨论的那样，赛普拉斯公司似乎没有任何事实表明美信公司做了任何违法的事情，或威胁要这样做。初审法院可以相当恰当地推断，撤诉是为了避免必然会对案情作出不利判决。因此，这场诉讼没有达到合法目的。

相比之下，美信公司在收到诉状时却放弃了所有的权利，除了赛普拉斯公司强迫美信公司花费的律师费，还有所有的钱。初审法院认为美信公司是胜诉方，这一点没有错。

三、恶意的举证责任

上诉法院转向这个问题，判定是否恰当地发现赛普拉斯公司声称其商业秘密不当挪用是恶意的。赛普拉斯公司辩称，调查结果因程序错误而受损，因为法院错误地将说服法院该诉讼并非恶意进行的责任推给赛普拉斯公司。这一论点基于对庭审记录的歪曲。

赛普拉斯公司首先引用了法院在费用动议听证会上对赛普拉斯公司律师的评

论，即"举证责任在你"，但断章取义地引用了这句话。法院首先询问律师，"美信公司雇佣穆谢尔专门招募赛普拉斯公司员工的证据在哪里？"律师提到了一封赛普拉斯公司的电子邮件，"特别提到赛普拉斯公司半导体员工是合适的"。他主张，这已经足够"为了提起诉讼，我们可以找到证据并问穆谢尔，你在干嘛？你使用了什么信息？你从哪里获得信息？"律师表示，如果穆谢尔作证说，他是通过互联网搜索来定位赛普拉斯公司的员工，"这将是赛普拉斯公司要了解的重要信息，以决策是否继续推进该案件"。

正是在这里，法院作出了赛普拉斯公司这里引用的评论，即法院错误分配举证责任的证据："这是我对你的逻辑提出的问题。我理解你的意思。但你是该案的原告。你要求驳回被告——该责任不在他们身上。证明他们没权利这样做的责任在你。因此，事实是被告没有回来并提供所有这些证据而且我们可能最终不知道。该事实不满足你作为原告的责任，因为你没有事实或证据作为依据。"

这些评论涉及赛普拉斯公司作为诉讼原告的举证责任，而不是费用动议的举证责任。必须达到"相当严格的标准"的"他们"只能是被告，他们的责任在于向法院提出费用动议，以说服法院该诉讼是恶意的。笔录中没有任何内容表明法院误解了这一基本点。

四、识别恶意

（一）引言

上诉法院转向这样一个问题：庭审记录是否支持初审法院的判决，即赛普拉斯公司恶意提起了该诉讼。先例表示，"**尽管立法机构没有定义'恶意'，法院制定了一个双管齐下的标准：①诉讼主张的客观虚假性；②提起或维持诉讼的主观恶意，即出于不正当目的**。"

赛普拉斯公司承认，如果有确凿的证据支持，那么初审法院会认定恶意，但将问题界定为"美信公司的证据……证明了客观是虚假的"。这不是正确的法律标准。根据第3426.4条而索赔律师费的被告"不需要确凿地证明否定（他们未不当挪用原告的商业秘密）。相反，根据'客观上虚假'的标准，被告指出记录中没有不当挪用证据就足够了"。

此外，支持某项调查结果证据的充分性不仅通过审查一方提交的证据来检验，还提出了这样一个问题："在整个庭审记录中，是否存在实质性的证据，无论是矛盾的还是不矛盾的，都将支持判决……如果可以从事实中合理地推断出两个或两个以上的推论，上诉法院就无权以其推论替换初审法院的推论。"

任何关于原告诚信的问题都必须要考虑，并且通常始于，审查原告自己的诉

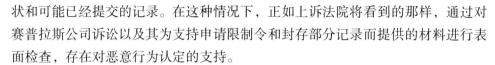

状和可能已经提交的记录。在这种情况下，正如上诉法院将看到的那样，通过对赛普拉斯公司诉讼以及其为支持申请限制令和封存部分记录而提供的材料进行表面检查，存在对恶意行为认定的支持。

（二）客观虚假性证据的充分性

客观虚假性，是指"该诉讼表面上似乎有价值，但完全缺乏支持该主张的证据"。 当然，第一条是多余的，没有合理原因要求该诉讼"表面上似乎有价值"。在这里，令人怀疑是否属于这样的情况。最初的起诉书只经过了不合理的修改，是一种回避、模棱两可和迂回的辩护模式。该起诉书大部分段落都是完全无关的事由。许多段落读起来像是宣传赛普拉斯公司触摸屏技术的新闻稿。其他段落违反了诉讼法，听起来就像是套话。因此，诉状以表格形式列出了有关多卢卡在与罗杰斯通信的一系列事实主张，并与据信证明其虚假性的"事实"并列。这纯粹是对"被告假象"作出主张的例子，这些假象不构成正当诉由的一部分。

在这些糟粕中，美信公司唯一可被诉的行为就是通过穆谢尔试图招募赛普拉斯公司的员工。在没有额外责任产生的情况下，这种行为是完全合法的。"竞争对手招揽其竞争对手的员工，或者雇佣其竞争对手的一名或多名临时雇员，只要其离职的诱因不是伴随着非法行为，就不存在可被起诉的错误行为。"

更具体地说，"在没有雇佣合同的情况下，向雇员提供离职和与竞争公司合作的机会，并不违法""但是，若叛逃的雇员或竞争对手犯有某种伴随的、不合情理的行为，受损害的前雇主有理由要求赔偿其因此遭受的损害。"因此，如果"招募过程中存在不当挪用商业秘密，所请求的救济将获批"。

赛普拉斯公司未能成功指控有任何不当挪用商业秘密的行为，无论是"作为美信公司招揽"赛普拉斯公司员工的"伴随行为"，还是以其他方式。在这一点上，该诉由隐藏了两种截然不同的理论：第一，美信公司利用商业秘密来识别赛普拉斯公司的"触摸屏员工"；第二，美信公司试图雇佣这些员工以获取他们在赛普拉斯公司工作时得知的商业秘密。

第一种理论最初的说法是"美信公司利用猎头公司反复接触赛普拉斯公司触摸屏员工，明显是利用不正当获得的赛普拉斯公司触摸屏员工的机密信息来达到目的"。当然，一项主张"明显"发生过什么的指控从表面上看是推测性的。这在辩护中没有立足之地，因为意味着承认它可能根本没有发生过。

上诉法院在起诉书的其他部分发现了一项指控，称美信公司不正当地针对赛普拉斯公司招揽其员工，不正当地获得了赛普拉斯公司触摸屏技术员工的名单或名册，并不正当地利用这些信息，试图挖走赛普拉斯公司在这一领域拥有先进技术成就的员工。

这项指控看起来没有前一项那么模棱两可，但是有两项主要缺陷：首先，关于某人"不当"达到所述结果的指控，不能替代关于确认其违反职责或使行为者承担责任具体情况的指控。其次，引言部分使该指控变得模棱两可，它似乎描述了美信公司获取"名单或名册"的过程，开启了美信公司通过从赛普拉斯公司员工或其他来源收集相关数据增量来编辑名单本身的可能性。事实上，这正是穆谢尔所做的。正如赛普拉斯公司本身提供的电子邮件所反映的那样，穆谢尔给潜在候选人的信息中经常包括要求推荐他们可能认识的任何其他合适的候选人。穆谢尔或美信公司用这种方法编制可能未来在美信公司就业的其他公司员工的"名单"，具备完全合法的基础。

除起诉状外没有任何证据表明，美信公司或穆谢尔掌握了某种赛普拉斯公司触摸屏公司员工的内部秘密名单，甚至是合理的怀疑。赛普拉斯公司甚至从未直接主张这份名单的存在，更不用说该名单成为商业秘密的情况了。充其量只是暗示有一个"雇员名单"，赛普拉斯公司认为这是"私有的"，没有"发布或分享"。这份名单从未因指控或其他原因与美信公司或穆谢尔的任何行为有关。赛普拉斯公司也没有前后一致的主张，或试图表明，由赛普拉斯公司员工泄露同事的身份会构成泄露受法律保护的信息。换句话说，即使是上面提到的内容"显然"也没有得到证实。

赛普拉斯公司试图主张不当挪用商业秘密的第二个理论是，美信公司试图雇佣赛普拉斯公司员工"是为了获得并利用赛普拉斯公司的机密信息努力赶上……触摸屏产品的发展"。根据这一说法，美信公司正在试图雇佣赛普拉斯公司员工，以窃取他们可能知道的任何商业秘密。上诉法院可能认为"赛普拉斯公司的触摸屏技术"至少在某些方面是真正的商业秘密。然而，很明显，在提出上诉时没有发生这种不当挪用行为。美信公司向一名赛普拉斯公司员工提供了一份工作，该员工最初接受了这份工作，但最终被说服留在赛普拉斯公司。记录显示，美信公司从未向任何其他"触摸屏员工"提供过工作机会。因此，它从没有时机或机会参与到假定的所谓"头脑提取"中。这一指控纯粹是不当挪用的威胁之一。诉讼中的任何内容，以及赛普拉斯公司自提起诉讼以来提交的任何内容，都不足以证明美信公司招揽赛普拉斯公司员工的目的是从他们身上窃取商业秘密的说法。

在初审法院，美信公司认为赛普拉斯公司在这方面的指控隐含了基于不可避免泄露原则。根据该原则，一些司法管辖区将允许原告"通过证明被告的新工作将不可避免地导致他依赖原告的商业秘密"来证实针对离职雇员的商业秘密指控。

正如美信公司所指出的，这一理论在加利福尼亚州遭到断然拒绝，因为它与支持员工流动强有力的公共政策不相容。不可避免泄露原则将违反这一政策，即"允许雇主禁止前雇员，而无须根据推断证明该雇员实际或威胁使用商业秘密"，员工不可避免地会在新工作中使用他或她对这些商业秘密的了解。其结果不仅是禁止使用商业秘密的禁令，而且是限制就业的禁令。

赛普拉斯公司明确否认任何对不可避免泄露原则的依赖，但在没有该原则的情况下，上诉法院无法发现其对威胁的不当挪用的指控依据。在没有任何证据的情况下禁止雇佣其员工……实际或威胁使用商业秘密，正是赛普拉斯公司在这里期待的："对被告的初步和永久禁令……禁止他们招揽赛普拉斯公司的触屏雇员。"鉴于完全没有任何一致的事实指控表明可能存在不当挪用行为，赛普拉斯公司的第二种救济理论是一种不可避免泄露主张，或者根本不是主张，在这两种情况下，它都没有说明根据加利福尼亚州法律进行救济的理由。

上诉法院已经整体针对赛普拉斯公司的原始诉讼进行评论，因为该诉讼请求反映了赛普拉斯公司在提起诉讼时的知识和理解状态。然而，这些评论同样适用于修改后却没什么帮助的诉由。在证实赛普拉斯公司立场的后续动议中，也没有任何材料为其诉讼请求中的回避和结论性责任主张增添任何实质内容。因此，上诉法院不能认定初审法院对客观上虚假的认定缺乏实质性证据支持。

（三）缺乏对主观因素的明确识别

这引出了一个问题，即初审法院是否恰当地认定存在恶意的"主观"因素。赛普拉斯公司再次以程序性异议开始了对该问题的处理，即法院"对赛普拉斯公司在该案中针对美信公司的主观信念完全没有作出任何认定"。该论点的不成立存在明显的三项原因。

首先，上诉法院对恶意这一主观因素"根本没有作出任何认定"这一说法是完全错误的。上诉法院没有就这一问题作出明确的认定，但上诉法院此前拒绝了根据第3426.4条判定费用，法院必须"陈述其裁判依据"的主张。即使法律不是这样，赛普拉斯公司也得放弃这一请求，因为它没及时提出相关主张。

其次，赛普拉斯公司主张的程序错误取决于庭审记录的另一种非自然理解。在批准费用动议的命令中，法院承认，判定费用时既需要客观虚假性，也需要"出于不正当目的提起或维持诉讼的主观恶意"，上诉法院随后用两句话解释了其对客观虚假性的认定。

赛普拉斯公司全部有关错误的主张都基于法院未能同样解释其主观恶意的认定。初审法院的法院令中仅是表述上缺乏平行结构，这项缺陷很难支持赛普拉斯公司有关该法院忽视其刚刚明确承认的要求这一观点。考虑到这一记录，一个更为合理的解释是，该案的目的过于不当，以至于初审法院认为，列举所有支持这一认定的证据既没有必要，也过于繁重。

最后，赛普拉斯公司在这里和其他地方提到其"对其案情的主观信念"，显然是为了传达这样一种印象，即缺乏这种信念对于第3426.4条的费用判定至关重要。上下文讨论的情况提供了充分的依据，可以发现赛普拉斯公司对其主张的裁判结果缺乏主观信念。但这样的裁判是没有必要的，因为法律测试不是原告对其客观上虚假的主张所相信的，而是原告追求这种主张的目的。如果法院认定一项索赔在客观上虚假，并且原告提出索赔的目的不正当，那么法院也不需要认定"对案件的裁判结果缺乏主观信念"。

同样，对自己的主张的裁判结果缺乏信心，这是强有力的证据，表明主张的目的不是维护自己的权利。但是，那也不意味着且也不是如果有确凿证据证明客观上虚假的索赔是出于不正当目的而提出的，那么对裁判结果的主观追求就会禁止其获得赔偿。

（四）不正当目的的证据的充分性

如果说有什么区别的话，那就是不正当目的的证据比客观虚假性的证据更有力。双方的假定沟通支持一个合理的推论，即赛普拉斯公司总裁罗杰斯的动机是为了吓退美信公司，使其在任何情况下，无论是否合法，都不要试图雇佣赛普拉斯公司的任何触摸屏员工。

在相关沟通的信中，罗杰斯写信给美信公司的总裁多卢卡，"本函目的是通知您，美信公司正试图通过针对精通触摸屏技术的赛普拉斯公司员工非法获取赛普拉斯公司的专有信息。如果美信公司继续开展这些行动，赛普拉斯公司将起诉美信公司，并禁止其使用通过前员工从赛普拉斯公司获得的任何触摸屏专业知识制造或分销任何产品"。关键的是，罗杰斯明知"这是美国，而且……员工可以在他们想要的时候换工作"。

罗杰斯在吹嘘赛普拉斯公司在触摸屏技术方面的卓越专业技能后，主张美信公司"在非法不当挪用我们的触摸屏系统知识的努力中犯了一个……严重错误。贵公司雇佣了一家以色列猎头来雇佣我们的工程师，特别是我们的触摸屏工程师，我们有书面记录"。当然，罗杰斯所有的"书面形式"都是穆谢尔发给赛普拉斯公司员工的电子邮件，所有这些电子邮件显示，穆谢尔认为来自赛普拉斯公司和其他公司具有适当经验的员工"适合"他被雇佣填补的职位。

赛普拉斯公司从未提供任何具体证据，证明任何赛普拉斯公司员工通过提供穆谢尔要求的任何信息而违反了对赛普拉斯公司的任何义务。信的最后两段再次进行威胁，要提起诉讼，并由此产生费用，如果美信公司没有停止尝试雇佣赛普拉斯公司员工："你可能对我很了解，知道我不会作出无谓的威胁。请再读一遍：下次美信公司非法招揽或雇佣赛普拉斯公司从事触摸屏技术工作的员工时，赛普拉斯公司将起诉贵公司，寻求所有可用的法律补救措施，以防止美信公司通过非法雇佣窃取我们的知识产权；下一位你试图从赛普拉斯公司非法雇佣的人对你的公司来说并不便宜，因为赛普拉斯公司将不遗余力地保护其员工和技术。"

这封信支持这样一种推论，即诉讼目的是对美信公司雇佣赛普拉斯公司技术员工的企图施加经济处罚，从而阻止其雇佣赛普拉斯公司技术员工。

事实上，**可以推断，该诉讼目的不仅是禁止美信公司，也禁止其他竞争对手试图从事同样的、完全合法的行为**。这种推断在赛普拉斯公司放弃诉讼当天发布的一份新闻稿中得到了证实。在里面，赛普拉斯公司宣布放弃对美信公司提起的商业秘密诉讼。该诉讼指控美信公司试图通过不公平地针对赛普拉斯公司的关键员工来获取赛普拉斯公司的触摸屏知识产权。赛普拉斯公司虽放弃了该诉讼，但如有必要，可以在未来再次提起诉讼。

赛普拉斯公司总裁兼首席执行官罗杰斯说："我们非常清楚，我们的员工是我们最大的资产，我们不会容忍不公平地企图引诱我们的员工离开，以获取我们的商业秘密的行为。在这种情况下，美信公司在雇佣员工和进军触摸屏市场方面都没有成功，这让我们放弃了诉讼。然而，如果我们发现有更多不公平地努力雇佣我们的员工的行为，我们将再次提起诉讼。"

需要强调的是，尽管多次提到"不公平"，而并非非法招聘行为，赛普拉斯公司在任何时候都没有指出任何倾向性信息，表明美信公司所做的事已超出仅为自己企业的空缺寻找最合格候选人的范围。

当然，任何从赛普拉斯公司雇佣的技术人员都可能拥有他们不能合法地与新雇主分享的商业秘密。但正如罗杰斯本人写给多卢卡的信所述，雇佣这样的员工对美信公司也构成了固有的风险。他写道，如果美信公司成功地雇佣了赛普拉斯公司员工，这些员工拥有这样的秘密，那么他们就有可能"用知识产权责任污染你的触摸屏产品"。当多卢卡明确将这一风险与美信公司可能雇佣的那位员工联系起来时，他承认了这一风险，但认为该风险是可控的。信中写道，那名员工"根本不会从事触摸技术工作"，并补充道，"我将确保他不会污染我们的触摸屏技术"。

赛普拉斯公司继续坚持认为，仅仅试图雇佣该员工和其他人就可以获得司法救济，这表明赛普拉斯公司完全暴露在一种普遍风险中，即熟悉某一特定专业的员工不仅可以让新雇主受益于他们的专业知识，还可以受益于在以前的工作中获得的商业秘密。如前所述，这实际上是对该州法院已拒绝的"不可避免泄露"原则的援引。

初审法院也有权得出结论，**该诉讼是以一种故意扩大美信公司法律费用的方式进行的，这种方式阻碍了赛普拉斯公司自己的诉讼进程，同时采用了一些策略，这些策略说得好听是不礼貌的、不体谅人的，说得难听是无理取闹的、压迫性的**。例如，赛普拉斯公司一直等到最后一天才修改其起诉书，在那一天，它本可以对美信公司在近 4 个月前提出的异议提出反对。如前所述，经修改的起诉书相对于之前版本没有增添任何实质性内容。然而，它的提交要求美信公司再次提出异议，并将对起诉状的法律充分性的任何裁定确定又推迟了 4 个月。

赛普拉斯公司回应美信公司提出有关商业秘密说明的要求拖沓且推诿，这也支持了对拖延和压迫意图的推断。正如律师所指出的，赛普拉斯公司无权之后才提出对商业秘密的明确指控。

最后，初审法院也有权处理赛普拉斯公司提出的进一步诉讼，以及诉讼费用的明显不合理之处，因为赛普拉斯公司试图从公共来源中封锁美信公司编制的赛普拉斯公司触摸屏技术人员汇编。诚然，美信公司试图将这些信息封存起来，这本身在早期就造成了一些混乱。然而，一旦它放弃了这一努力，赛普拉斯公司及其律师是很清楚的，记录中没有任何内容可以推翻有利于公众参与法庭诉讼进程的推定。

总之，该记录充分支持了初审法院的隐含认定，即维持该诉讼是出于不正当目的的。

📖 判决结果

初审法院的调查结果没有程序错误。对恶意的调查结果有充分的证据支持，证据表明被告没有做多余的事，只不过是试图招募竞争对手的员工，这是加州法律赋予的权利。美信公司胜诉，因为初审法院隐含认定了实质性证据，赛普拉斯公司放弃了诉讼以避免判决结果对它判定。因此，上诉法院确认初审法院关于费用的判定。

总之，竞争对手是胜诉的一方，竞争对手的制造商员工名单不是属于制造商的商业秘密，竞争对手试图招募制造商员工并不是一种威胁挪用商业秘密的行为，制造商的不当挪用商业秘密索赔是恶意的。

 案例学习意义

企业出于阻碍竞争对手的目的，有可能过度使用商业秘密诉讼手段。在请求适用不可避免泄露等原则时，可能会被视为恶意诉讼，继而被要求赔偿商业秘密诉讼被告的法律费用。

美国加利福尼亚州的法条中没有对"恶意"下定义，但法院在判例中制定了一项两步测试法：①诉讼主张存在客观虚假性；②提起或维持诉讼的主观恶意，即出于不正当目的。客观虚假性，是指该行为表面上似乎有价值，但完全缺乏支持该主张的证据。这里的主观恶意是指，对自己主张的裁判结果缺乏信心，这恰巧证实诉讼目的并非维护自己权利。这种恶意诉讼往往是出于恐吓竞争对手和其他进入行业对手的目的。

商业秘密法保护商业秘密，但更注重维护市场竞争秩序。以侵犯商业秘密为由阻碍竞争对手的正常商业行为不仅对一家竞争对手正常经营活动造成了干预，也对市场的正常生态造成了负面影响。并且，通过主张侵犯商业秘密的恶意诉讼方有可能在被告的主张下赔偿对方有关诉讼的经济损失。

通过学习该案，可以深入了解什么是商业秘密恶意诉讼、商业秘密恶意诉讼的判断标准及后果。截至 2023 年 3 月，该案被美国案例判决文书引用 41 次，被其他法律文件引用 151 次。

第八节　以限制竞争为目的的恶意商业秘密诉讼

法律问题

是否存在恶意主张商业秘密不当挪用,以实现限制竞争的目的? 这样的情形下,应如何救济? 美国法院又会如何在商业秘密和反垄断法的法律政策与美国宪法第一修正案的诉讼自由权之间进行平衡?

> ### CVD 公司诉雷神公司案
> ### *CVD, Inc. v. Raytheon Co.*, 769 F. 2d 842 (1985)

■ **原告 (反诉被告)/被上诉人:** CVD 公司 (CVD, Inc.)、罗伯特·多纳迪奥 (Robert Donadio)、约瑟夫·康诺利 (Joseph Connolly)
■ **被告 (反诉原告)/上诉人:** 雷神公司 (Raytheon Company)
■ **法院:** 美国联邦第一巡回上诉法院

案例背景

雷神公司是特拉华州的一家公司,在马萨诸塞州设有行政办公室,是一家多元化公司,专门从事商业和军事电子、材料和武器。多纳迪奥在 1959 年被聘为雷神公司高级材料部门的工程师,他在雷神公司工作至 1979 年秋天,离职后组建 CVD 公司。康诺利于 1972 年受雇于雷神公司,直到离职后组建 CVD 公司。

多纳迪奥与康诺利都曾签署雇佣协议,承诺保护雷神公司的专有信息。他们都参与了通过化学气相沉积生产硒化锌和硫化锌。该工艺是在经过特殊改造的高温 (约 900 摄氏度) 真空炉中将蒸发的锌固体与硫化氢或硒化氢结合。由此产生的固体材料被进一步加工成高精度光学材料,用于制造激光器、高速飞机和导弹的红外窗口等。这些材料是唯一适合某些苛刻光学用途的材料。

雷神公司在这些材料上的大部分工作都是根据与美国联邦政府签订的合同进行的。作为这些合同项下义务的一部分，雷神公司被要求提供定期报告，详细说明生产操作中使用的技术和工艺。

在 CVD 公司成立之前，雷神公司是世界上唯一一家通过化学气相沉积法生产用于商业销售的硒化锌或硫化锌的公司。另一家二至六公司（Ⅱ–Ⅵ，Inc.）生产少量供自己使用的硒化锌。由于其低孔隙率和高纯度，化学气相沉积工艺制备的硒化锌和硫化锌是唯一适用于某些苛刻光学用途的材料。具体来说，由于硫化锌的光学特性和耐用性，它是唯一适合用于导弹和喷气式飞机上 8～12 微米"前视红外"窗口的材料。硒化锌是高能二氧化碳激光器窗口的唯一合适材料。

1979 年秋天，多纳迪奥通知他的主管、高级材料部经理詹姆斯·帕比斯（James Pappis）博士，他打算离开雷神公司，成立一家新公司，通过化学气相沉积工艺生产硒化锌和硫化锌。帕比斯回答说，鉴于多纳迪奥的雇佣协议和雷神公司的商业秘密，这将带来一些法律难题。第二天，帕比斯咨询了雷神公司专利律师里昂·雷诺（Leo Reynolds），他与帕比斯进行了简短交谈，并检查了一些图纸和政府报告，以确定化学气相沉积工艺是否包含商业秘密。

第二天，多纳迪奥和康诺利会见了帕比斯、雷诺、雷神公司专利顾问和另一位雷神公司高管。雷诺告诉多纳迪奥和康诺利，如果不使用雷神公司的商业秘密，他们无法通过化学气相沉积工艺生产硒化锌和硫化锌。尽管多纳迪奥对雷诺关于涉及商业秘密的说法提出疑问，但雷诺威胁说，如果在没有雷诺公司许可的情况下开始生产化学气相沉积的硒化锌和硫化锌，他们将提起诉讼。

此后不久，多纳迪奥和康诺利被解雇。这次会面之后，多纳迪奥聘请了一位专门研究知识产权的律师杰瑞·科恩（Jerry Cohen）。在与雷神公司的讨论中，科恩认为雷神公司的化学气相沉积工艺不存在商业秘密，因为该技术已在政府报告中公布，因此属于公共领域。

雷神公司认为，报告中未包括重要的细节，因此，报告过于模糊，不会使任何人复制化学气相沉积工艺。科恩向雷诺索要雷神公司声称的商业秘密清单。雷诺拒绝了这一要求，理由是他无法提供一份"包罗万象"的名单。

在后来的一次会议上，雷诺口头宣读了一份所谓的秘密清单，但科恩对清单上的所有项目都提出了异议。然而，雷神公司坚持其立场，即其他人在不使用雷神公司商业秘密的情况下不能制造化学气相沉积的硒化锌和硫化锌，并坚持在

10 年内根据固定的收入或数量百分比来确定专利授权费。

最终，在 1980 年 2 月 15 日，双方签署了一项协议，分别为硒化锌、硫化锌设定了 15%、8% 的授权费率。然而，CVD 公司从未根据协议支付任何款项。

1981 年 8 月 28 日，多纳迪奥、康诺利、CVD 公司向雷神公司提起诉讼，主张其试图垄断化学气相沉积工艺中产生的硒化锌和硫化锌市场，违反《美国法典》第 15 卷第 2 条，且他们与雷神之间的许可协议是对跨州商业和贸易的不合理限制，违反了《美国法典》第 15 卷第 1 条。

雷神公司以对方不当挪用热等静压法处理硫化锌有关的商业秘密为诉由，提出反诉。热等静压法包括在高温下使材料承受高达每平方英寸 3 万磅的极高压力。在适当的条件下，该工艺将提高硫化锌的透明度，从而提高其光学质量。雷神公司主张，CVD 公司诱使其热等静压承包商工业材料科技公司（Industrial Materials Technology）披露了雷神公司在热等静压方面的商业秘密，特别是其运行条件以及使用铂箔包裹硫化锌。

🔳 争议焦点

雷神公司构成恶意诉讼和垄断，还是原告构成不当挪用雷神公司的商业秘密。

🔳 诉讼过程

陪审团发现被告雷神公司在硫化锌和硒化锌方面都具有市场影响力，但发现雷神公司在其化学气相沉积工艺中没有商业秘密，在热等静压工艺中没有商业秘密。雷神公司辩称，该公司将该索赔确定为法律问题，因此有权针对该索赔推翻陪审团意见，进行不依陪审团而作出的判决或新庭审。

被告还要求地区法院根据《联邦民事诉讼法》第 49（a）条作出裁决，并给予禁令救济，但地区法院拒绝了。陪审团判决被告支付 1060 美元，即原告解决与雷神公司的原始纠纷时产生的法律费用。地区法院维持了该决定。

雷神公司上诉。在试图解决争议时，科恩提出了一项协议，如果 CVD 公司能够证明其运营中没有使用雷神公司的商业秘密，CVD 公司就没有义务支付授权费。这个提议被拒绝了。

美国联邦第一巡回上诉法院意见

一、审查标准

在审查"恶意"主张专利侵权的案件时，法院在反垄断法和专利法下的联邦利益——自由竞争下的公共利益与自由诉诸法院的美国法院第一修正案利益之间进行了平衡。美国最高法院曾有先例，实施由欺诈获取到的专利，在其他垄断要件得到满足时，根据《谢尔曼法》第2条，该行为构成垄断或预备垄断。在判断一项行为是否符合该理论时，在反垄断主张的其他必要内容外，法院要保护执行专利法下的联邦利益以及自由诉诸法院的第一修正案利益。这时，法院要求在主张或追究侵犯专利主张时提供欺诈的"明确和令人信服的证据"。

因此，即使专利被证明是无效的，或者专利侵权诉讼不成功，对专利有效性存有善意信念的专利权人也不会受到反垄断的损害。要求提供明确和令人信服证据是为了防止阻碍专利法的有效实施。它还允许善意专利权人保护自己的专利，从而确保他们可以自由地诉诸法院，而不会因为维护自己的权利而承担不当的责任风险。

当然，专利保护和商业秘密保护有很大的区别。根据过往先例，**可受保护商业秘密的范围远超出可专利性技术的范围**。商业秘密的基础是秘密性。一旦商业秘密进入公共领域，其所有人对该秘密的专有权即告失效。此外，与专利不同的是，商业秘密并不意味着有任何权利阻止他人独立开发同一技术或知识。

与专利法一样，州商业秘密法的基本理念是鼓励发明创造，保护创新者的劳动成果。此外，商业秘密法的目的是维护和促进商业道德和公平交易的标准。这种情况下，法院必须解决的一项争议，使法院关注到反垄断法与商业秘密许可的公共利益之间的紧张关系。一般来说，商业秘密许可对公众有重大利益。通过授予商业秘密许可，许可方部分解除了其垄断地位，得以有效传播信息，其所希望的结果通过更大的竞争保证公众利益。

与其他知识产权所有人一样，商业秘密所有人有权对潜在的侵权人主张自己的权利，并在法庭上捍卫自己的权利。然而，**恶意主张商业秘密，即明知不存在商业秘密，以限制竞争为目的，并不能进一步推动反垄断法或商业秘密法所反映的政策。因此，显而易见，恶意地主张商业秘密，企图垄断，可能违反反垄断法**。同样地，一项主张许可商业秘密的协议，但实际上只不过是个骗局或是限制竞争的手段，可能违反反垄断法。

上诉法院认为，反垄断法和商业秘密法之间的适当平衡是通过要求反垄断原告除证明违反反垄断法的其他要素外，还应提供明确和令人信服的证据，证明被告在明知不存在商业秘密的情况下主张商业秘密。

为了证明违反《谢尔曼法》第1条限制交易的合同或其组合，原告还必须证明被告在相关市场上拥有市场势力，以及限制竞争的具体意图。根据《谢尔曼法》第2条，要想在预备垄断的诉讼中胜诉，原告必须证明被告具有垄断相关市场的特定意图，以及成功的危险可能性。正如其他法院所指出的那样，垄断或限制竞争的具体意图通常可以从恶意认定中推断而出。

上诉法院认为，只要能够证明违法行为的其他要件，恶意地去威胁提起无根据的商业秘密诉讼就足以构成反垄断法所规定的诉由。

二、商业秘密与恶意

存在商业秘密的证据，以及被告人在不存在商业秘密的情况下恶意主张商业秘密的证据，必然是相互交织在一起的。如前所述，为了受法律保护，对商业秘密必须保密。一些为保密而花费极大的措施并不重要，但必须采取合理的预防措施来保护信息。在每种情况下，商业秘密是否存在取决于"各方的行为和信息的性质"。尽管产品的独特性往往证明着商业秘密的存在，"没有更多独特性与拥有商业秘密是不相称的"。

此外，"雇员在终止雇佣关系时，可以带走并使用在雇佣过程中获得的一般技能或知识"。这一原则实现了劳动力流动的公共利益，促进了员工的职业自由和竞争自由。

雷神公司有关化学气相沉积的硒化锌和硫化锌制造工艺中是否存在商业秘密取决于相关信息的公开程度。上诉法院认定，陪审团可能已找到足够的证据，证明化学气相沉积工艺中包含的基本信息已进入公共领域，因此雷神公司不拥有该技术的商业秘密。此外，陪审团有足够的证据证明雷神公司知道不存在商业秘密。因此，陪审团可以得出结论，雷神公司对商业秘密的主张和对许可协议的苛求是恶意的。

具体来说，根据提交的证据，陪审团本可以找到以下事实来支持其结论，即化学气相沉积工艺在科学界是众所周知的。

雷神公司定期在向政府提交的报告中公布与化学气相沉积的硒化锌和硫化锌生产相关的示意图、图表、运行条件和其他详细信息，这是雷神公司合同义务的一部分。尽管政府出于安全目的暂时对一些报告进行了保密，但到1979年，所有这些报告都已向公众公开。在庭审中，原告证明，几乎所有最初声称为商业秘密的细节都在报告中被公布。还有证据表明，报告中没有具体提到的细节要么明

显，要么无关紧要，要么两者兼而有之。

此外，雷神公司的员工在科学期刊上发表了与化学气相沉积技术有关的论文。雷神公司还制作了一部关于这项技术的电影，并在工程师大会上（和陪审团会议上）放映。化学气相沉积炉内部的照片被发表在各种出版物上。雷神公司的员工向不同的小组进行了这项技术的讲座和演讲，通常伴随着设备的视图或幻灯片。尽管该设施的使用受到限制，但允许游客参观熔炉。

多纳迪奥作证说，根据向公众披露的信息，有称职的工程师可以建造并运行一个可行的系统，通过化学气相沉积法生产硒化锌或硫化锌。同样值得注意的是，CVD 制造的熔炉比雷神公司最新的熔炉小，并且在某些尺寸上有所不同。

尽管公开披露的范围很大，雷神公司认为，公共领域的信息过于模糊和不完整，任何人都无法在不进行成本高昂试错试验的情况下复制该系统。被告提供了支持这一观点的专家证词。

然而，陪审团不需要相信被告的证据。虽然多纳迪奥的证词符合他的个人利益，但这是基于他个人的知识和 20 多年化学气相沉积经验的专家意见。此外，在法庭调查中，雷神公司的专家承认，许多被主张是商业秘密的细节对于设计系统的称职工程师来说，如果不是显而易见的，也是合乎逻辑的选择。在这种情况下，法院无法判断证人的可信度。因此，陪审团有权，而且显然确实依赖并相信原告的证据，而不是被告的证据。

同样重要的是，无论是商业秘密的存在还是恶意的问题，雷神公司都没有遵守其保护商业秘密的既定程序。例如，尽管有书面政策规定，所有机密图纸和文件均应加盖限制性图例，警告文件的机密性质，但化学气相沉积炉的工程图纸均未加盖或标记任何限制性图例。此外，没有证据表明多纳迪奥或康诺利在离开雷神时带走了任何工程图纸。

陪审团也有足够的证据得出结论，雷神公司作出了一项决策，至少在某些方面不保护化学气相沉积工艺。例如，雷神公司的专利部门指示雷神公司的工程人员"应就每一种新的或改进的设备、系统、方法或物质成分提交发明披露……超出常规工程"。由一个委员会对这些表格进行了审查，并决定如何保护这些表格。然后，这些披露情况被标注状态码，以反映委员会的决定。代码 3 代表该对象应作为商业秘密被保护。代码 2 表示不会提交专利申请，并且该对象不会作为商业秘密受到保护。被指定为商业秘密保护的对象被归档在一个名为"商业秘密抽屉"的存档区。

法庭调查中引入的证据表明，与化学气相沉积工艺生产硒化锌或硫化锌相关的发明披露从未被指定为商业秘密进行保护。此外，从"商业秘密抽屉"中未发现任何与化学气相沉积的硒化锌和硫化锌有关的信息看来，与硒化锌有关的唯一发明公开是在1973年提交的，当时雷神公司还没有开发出更先进的熔炉。

雷神公司提出的证据倾向于最小化这些事实的重要性。然而，陪审团可以合理公正地推断，由于雷神公司没有遵循其正式程序以保护化学气相沉积的硒化锌和硫化锌技术，因此它无意将该技术作为商业秘密。其他倾向于证明恶意的证据包括，雷诺在没有彻底审查大多数政府报告或公开披露程度的情况下，仅进行了粗略调查，就主张有商业秘密，并威胁提起诉讼。雷诺也拒绝给科恩一份自己主张的秘密清单。根据这一点，陪审团可以推断雷诺无法列出这样的名单，因为他知道没有秘密。

还有证据表明，科恩向雷诺指出，雷诺在1980年1月22日的会议上主张的所有项目都是商业秘密，事实上，这些项目已在政府报告中公布。

简言之，庭审记录显示了大量的公开披露、雷神公司未能遵循其自身的商业秘密保护程序、拒绝在声明或协议中具体说明商业秘密，以及雷神公司坚持将10年期限的许可费率固定在15%和8%。鉴于这些事实，陪审团可以得出结论，雷神公司知道自己没有商业秘密，但却恶意主张这些秘密，以限制竞争，垄断化学气相沉积的硒化锌和硫化锌市场。

三、热等静压

雷神公司的员工查尔斯·威林汉姆（Charles Willingham）博士作证说，雷神公司使用铂箔的做法是独特和保密的。雷神公司还介绍了工业材料科技公司对雷神公司和CVD材料进行普通热等静压运行的证据。

然而，多纳迪奥在调查中说，他从未要求与雷神公司进行共同运营，也没有要求工业材料科技公司披露雷神公司的运营状况。多纳迪奥还说，基本上，他依靠工业材料科技公司总裁皮特·普瑞斯（Peter Price）来确定运行条件，普瑞斯博士是成型方面的领先专家。原告还提供证据，证明到1979年，成型提高透明度在科学界已广为人知。

尽管多纳迪奥和康诺利知道雷神公司正在提炼硫化锌，但他们在雷神公司期间从未被告知具体的运行条件。成型运行的压力和温度水平分别由工业材料科技公司处理量和硫化锌的化学性质决定。多纳迪奥作证说，使用铂箔是普瑞斯博士的建议。工业材料科技公司的前员工作证说，工业材料科技公司在使用其他材料时使用了铂箔包装。

关于成型问题，上诉法院发现有足够的证据支持陪审团的裁决。在回应被告的第 49（a）条规则动议时，地区法院法官发现，陪审团认定雷神公司在成型过程中没有商业秘密，这使他无法进一步调查事实，也无法就这一问题给予雷神公司任何救济。尽管该地区法院法官指出，他会发现使用铂箔构成雷神公司的商业秘密，但适当地遵从了陪审团对证据的评估。

四、信赖

被告雷神公司坚持认为，信赖是确立诉由的必要条件。由于原告没有信赖雷神公司的任何错误陈述，并在合格律师的代表下达成协议，雷神公司认为原告无权获得救济。

根据马萨诸塞州法律，以欺诈理论为由，在撤销合同或要求赔偿损失的诉讼中，这一论点可能是有道理的。然而，很明显，联邦反垄断法中表达的政策将推翻任何违反这些政策的协议，无论根据合同法这一私法是否合法。

美国联邦政府在"充分和自由地利用公共领域的思想"方面的利益将凌驾于与之相冲突的州法律之上，这一点也是众所周知的。"**旨在限制雇员使用事实上或法律上并非如此的所谓商业秘密权利的协议，根据公共政策是不可执行的**"。

在先例中，美国最高法院认为，当专利被许可人想对被许可专利的有效性提出疑问时，联邦专利法所依据的政策优先于州合同法的原则。因此，美国最高法院认为，被许可人不得被禁止在法庭上质疑专利有效性，如果成功，则撤销许可协议。

在该案中，陪审团发现雷神公司在其化学气相沉积工艺中没有商业秘密。陪审团进一步发现，**雷神公司知道自己没有商业秘密，却主张它们的存在，以便从 CVD 公司处获得许可协议，并限制竞争**。

多纳迪奥和康诺利作证说，虽然相信不存在商业秘密，但他们同意与雷神公司签署许可协议，因为他们别无选择。多纳迪奥作证说，雷神公司的诉讼威胁会使他们无法为新公司取得融资。因此，原告证实，雷神公司的诉讼威胁会有效地阻止他们进入这个行业。两人都被要求从雷神公司离职，并且失业。然而，由于他们不相信雷神公司拥有任何商业秘密，因此没有证据表明他们在签署授权许可时"依赖"了任何实质性的不正当行为。这些事实也不能证明原告是被胁迫的，以至于他们被"置于恐惧的影响之下，因而不能行使自由意志和判决"。

本质上，根据马萨诸塞州法律，欺诈源于普通法欺骗或不正当手段侵权行为。该案实践的争议——恶意索赔的主张，是反垄断法下掠夺性实践问题。根据反垄断法，原告不一定要被欺骗。他们往往只是一个强大竞争者掠夺行为的受害者，这些竞争者试图限制竞争或垄断市场。**恶意主张商业秘密索赔的行为已被认**

定为掠夺性行为。因此，该案所指控的行为应当根据反垄断法的既定原则进行适当的分析，而不是依据普通法的欺诈行为理论进行分析。因此，依赖不是一项需要被证明的基本要素。

被告在该案中的行为是一个比先例中更加明显的越权行为的例子。原告极力反对协议条款，认为没有任何授权的必要性。这里的原告除了使用不存在的商业秘密的权利和雷神公司不开展恶意诉讼的承诺外，没从协议中获得任何好处。有很多法院都已作出判决，原告完全、自愿和实质上平等地参与其所主张的非法计划，就不再有就违反反垄断法的行为获得赔偿的可能。

尽管在招揽业务时，CVD 公司声称自己是雷神公司专有技术的授权人，但 CVD 公司的参与不能说是平等或完全的。证据表明，CVD 公司强烈抗议实施许可协议，结果却被处于优势谈判地位的一方压倒。因此，完全参与的辩护理由在这里不适用。

美国最高法院在先例中认为，为申请中的专利善意签署授权协议与联邦专利法没有冲突，因此这样的协议是有效和可执行的。美国最高法院的理由是，双方当事人预期了专利不会被授权的风险，并在协议中具体规定了这种风险。作为对价，被授权方在签订协议后立即获得了发明人新设计的利益，并能够利用设备的新颖性。上诉法院发现，该协议鼓励联邦政府充分披露发明或创新。因此，美国最高法院在先例中维持了此类协议的有效性。

该案与这样一个先例不同。该案中，原告 CVD 公司仅收到雷神公司的诉讼豁免作为对价，**该诉讼本应属恶意**。由于陪审团发现雷神公司知道自己没有商业秘密，且恶意主张这些秘密，因此 CVD 公司支付授权费的承诺没有有效的对价。CVD 公司拒绝根据协议支付任何授权费的事实并不会改变这一结果。

五、反垄断损害

在抗辩理由中，雷神公司辩称，原告没有遭受反垄断法意图防止的损害。根据美国最高法院的先例，反垄断原告必须证明存在超出与反垄断违法行为有因果关系的损害。原告必须证明其损害源于被告行为的反竞争性质："原告必须证明存在反垄断损害，也就是说，反垄断法旨在防止由被告的违法行为造成的损害。损害应反映违规行为可能导致的反竞争行为。简而言之，它应该是'主张的违规行为……可能造成的损失类型'。"

事实上，证据表明，雷神公司给过多纳迪奥和康诺利三个选择：第一，为针对雷神公司的商业秘密侵权诉讼辩护；第二，避免在化学气相沉积生产硒化锌和硫化锌的制造方面与雷神公司竞争；第三，从雷神公司获得该案主张的商业秘密的使用许可。所有这些选择都会对原告产生不利的经济影响，以及反竞争效果。

事实上，前两种选择从生存顾虑来说，对 CVD 公司是致命的。雷神公司出于抑制竞争的目的恶意提出索赔，这是反垄断法旨在防止的情形。CVD 公司的损害，即在试图解决雷神公司的恶意索赔时产生的法律费用，反映了具有反竞争意图行为的反竞争效果。

因此，上诉法院支持将用于辩护恶意诉讼的法律费用裁定为反垄断损害赔偿的适当内容。原告迫于被告的压力以确立自己是化学气相沉积生产硒化锌和硫化锌制造商的事实并不剥夺他们在反垄断法下的地位。

因此，上诉法院认为，地区法院维持陪审团的裁决恰当。

判决结果

有足够的证据支持陪审团的事实调查结果。**处于谈判优势的一方出于限制竞争和垄断市场的目的，通过恶意主张商业秘密来强制执行许可协议，违反了反垄断法。**判决的损害赔偿金是被告反竞争行为的直接和可预见的结果，因此是适当的。因此，上诉法院确认陪审团对原告反垄断索赔的裁决，并驳回被告的反索赔。原告将获得诉讼费。地区法院应根据《美国法典》第 15 卷第 15 条授予原告合理的上诉服务律师费。

案例学习意义

商业秘密和专利带来一定的法定垄断权，但知识产权法的立法意图并不是通过它们限制竞争。当审查"恶意"主张专利侵权或不当挪用商业秘密的案件时，法院会衡量反垄断法和专利法的政策偏好，既考虑自由竞争下的公共利益，也要考虑美国宪法第一修正案下的自由诉讼权利。

基于维护竞争地位的目的，在对不确认是否存在的商业秘密主张权利时，合理维权与恶意诉讼必然会相互交织。然而，恶意地主张商业秘密，即明知不存在商业秘密，以限制竞争为目的，不符合反不正当竞争法和商业秘密法的政策。

通过学习该案，可以了解到具有较大谈判力量的一方即使没有商业秘密，往往通过滥用商业秘密诉讼也能达到限制竞争和垄断市场地位的目的，但可以通过反垄断法对他们的这类行为进行遏制。截至 2023 年 3 月，该案被美国案例判决文书引用 114 次，被其他法律文件引用 254 次。